易學典籍選刊

宋本周易注疏

〔魏〕王弼注
〔晉〕韓康伯
〔唐〕孔穎達疏
于天寶點校

中華書局

圖書在版編目(CIP)數據

宋本周易注疏/(魏)王弼,(晉)韓康伯注;(唐)孔穎達疏;于天寶點校. —北京:中華書局,2018.10(2021.4重印)
(易學典籍選刊)
ISBN 978-7-101-13155-0

Ⅰ.宋… Ⅱ.①王…②韓…③孔…④于… Ⅲ.《周易》-注釋 Ⅳ.B221.2

中國版本圖書館CIP數據核字(2018)第059932號

責任編輯:石 玉

易學典籍選刊
宋本周易注疏
〔魏〕王 弼 〔晉〕韓康伯 注
〔唐〕孔穎達 疏
于天寶 點校
*
中華書局出版發行
(北京市豐臺區太平橋西里38號 100073)
http://www.zhbc.com.cn
E-mail:zhbc@zhbc.com.cn
北京瑞古冠中印刷廠印刷
*
850×1168毫米 1/32 · 20½印張 · 4插頁 · 475千字
2018年10月北京第1版 2021年4月北京第3次印刷
印數:6001-8500冊 定價:58.00元

ISBN 978-7-101-13155-0

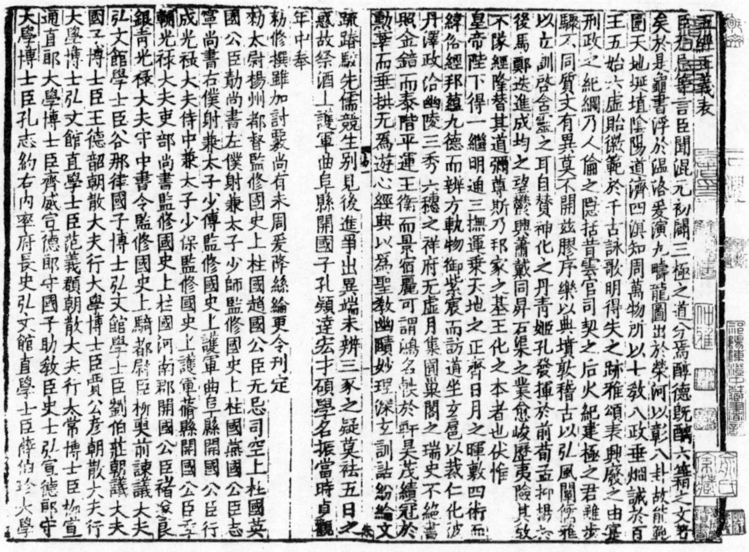

五經正義表

臣無忌等言臣聞混元初闢三極之道分焉醇德既醨六籍之文著
矣於是龜書浮於溫洛爰演九疇龍圖出於榮河以彰八卦故能範
圍天地埏埴陰陽道濟四溟知周萬物所以七教八政垂炯誡於百
王五始六虛貽徽範於千古詠歌明得失之跡雅頌表興廢之由實
刑政之紀綱乃人倫之隱括昔雲官司契之后火紀建極之君雖步
驟不同質文有異莫不開茲膠序樂以典墳敦稽古以弘風闡儒雅
以立訓啓含靈之耳目贊神化之丹青姬孔發揮於前荀孟抑揚於
後馬鄭迭進成均之望鬱興蕭戴同昇石渠之業愈峻歷夷險其致
不隊經隆替其道彌尊斯乃邦家之基王化之本者也伏惟
皇帝陛下得一繼明通三撫運乘天地之正齊日月之暉敷四術而
緯俗經邦藴九德而辨方軌物御紫宸而訪道坐玄扈以裁仁化汲
丹澤政洽幽陵三秀六穗之祥府无虛月集鳳巢閣之瑞史不絕書
照金鏡而泰階平運王衡而景宿麗可謂鴻名軼於軒昊茂績冠於
勳華而垂拱无爲遊心經典以爲聖教幽賾妙理深玄訓詁紛綸文
疏踳駁先儒競生別見後進爭出異端未辨三豕之疑莫袪五日之
惑故祭酒上護軍曲阜縣開國子孔穎達宏才碩學名振當時貞觀
年中奉
勅修撰雖加討覈尚有未周爰降絲綸更令刊定
勅太尉揚州都督監修國史上柱國趙國公臣无忌司空上柱國英
國公臣勣尚書左僕射兼太子少師監修國史上柱國燕國公臣志
寧尚書右僕射兼太子少傅監修國史上護軍曲阜縣開國公臣行
成光祿大夫侍中兼太子少保監修國史上護軍蓨縣開國公臣季
輔光祿大夫吏部尚書監修國史上柱國河南郡開國公臣褚遂良
銀青光祿大夫守中書令監修國史上騎都尉臣柳奭前諫議大夫
弘文館學士臣谷那律國子博士弘文館學士臣劉伯莊朝議大夫
國子博士臣王德韶朝散大夫行大學博士臣賈公彥朝散大夫行
大學博士弘文館直學士臣范義頵朝散大夫行太常博士臣柳宣
通直郎大學博士臣齊威宣德郎守國子助教臣史士弘宣德郎守
大學博士臣孔志約右內率府長史弘文館直學士臣薛伯珍大學

宋刻單疏本周易正義（中國國家圖書館藏）

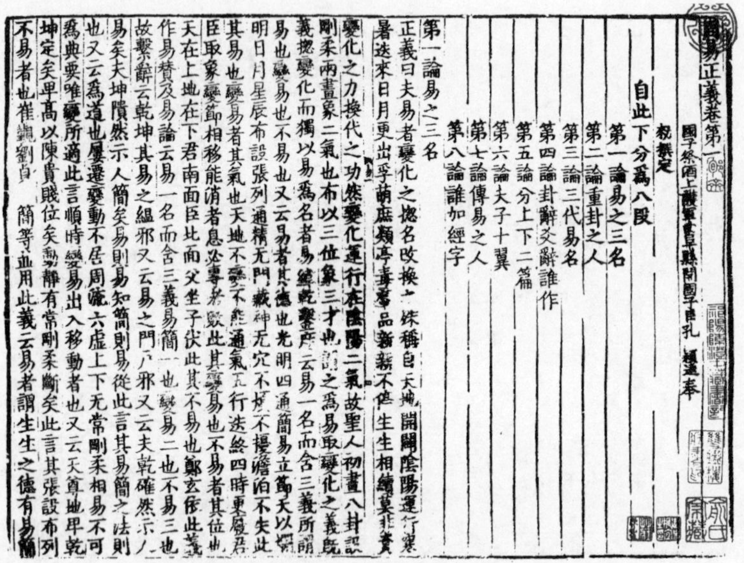
周易正義卷第一
國子祭酒上護軍曲阜縣開國子臣孔穎達奉
勑撰定
自此下分爲八段
第一論易之三名
第二論重卦之人
第三論三代易名
第四論卦辭爻辭誰作
第五論分上下二篇
第六論夫子十翼
第七論傳易之人
第八論誰加經字
第一論易之三名
正義曰夫易者變化之摠名改換之殊稱自天地開闢陰陽運行寒暑迭來日月更出孚萌庶類亭毒羣品新新不停生生相續莫非資變化之力換代之功然變化運行在陰陽二氣故聖人初畫八卦設剛柔兩畫象二氣也布以三位象三才也謂之爲易取變化之義既義摠變化而獨以易爲名者易緯乾鑿度云易一名而含三義所謂易也變易也不易也又云易者其德也光明四通簡易立節天以爛明日月星辰布設張列通精无門藏神无穴不煩不擾澹泊不失此其易也變易者其氣也天地不變不能通氣五行迭終四時更廢君臣取象變節相移能消者息必專者敗此其變易也不易者其位也天在上地在下君南面臣北面父坐子伏此其不易也鄭玄依此義作易贊及易論云易一名而含三義易簡一也變易二也不易三也故繫辭云乾坤其易之緼邪又云易之門戶邪又云夫乾確然示人易矣夫坤隤然示人簡矣易則易知簡則易從此言其易簡之法則也又云爲道也屢遷變動不居周流六虛上下无常剛柔相易不可爲典要唯變所適此言順時變易出入移動者也又云天尊地卑乾坤定矣卑高以陳貴賤位矣動靜有常剛柔斷矣此言其張設布列不易者也崔覲劉貞簡等並用此義云易者謂生生之德有易簡

宋刻單疏本周易正義（中國國家圖書館藏）

周易注疏卷第一

國子祭酒上護軍曲阜縣開國子臣孔穎達奉

敕撰

☰ 乾下乾上 乾元亨利貞 疏 正義曰乾者此卦之名謂之卦者易緯云卦者掛也言懸掛物象以示於人故謂之卦但二畫之體雖象陰陽之氣未成萬物之象未得成卦必三畫以象三才寫天地雷風水火山澤之象乃謂之卦也故繫辭云八卦成列象在其中矣是也但初有三畫雖有萬物之象於萬物變通之理猶有未盡故更重之而有六畫備萬物之形象窮天下之能事故六畫成卦也此乾卦本以象天天乃積諸陽氣而成天故此卦六爻皆陽畫成卦也此既象

宋兩浙東路茶鹽司刻八行本周易注疏（日本足利學校遺跡圖書館藏）

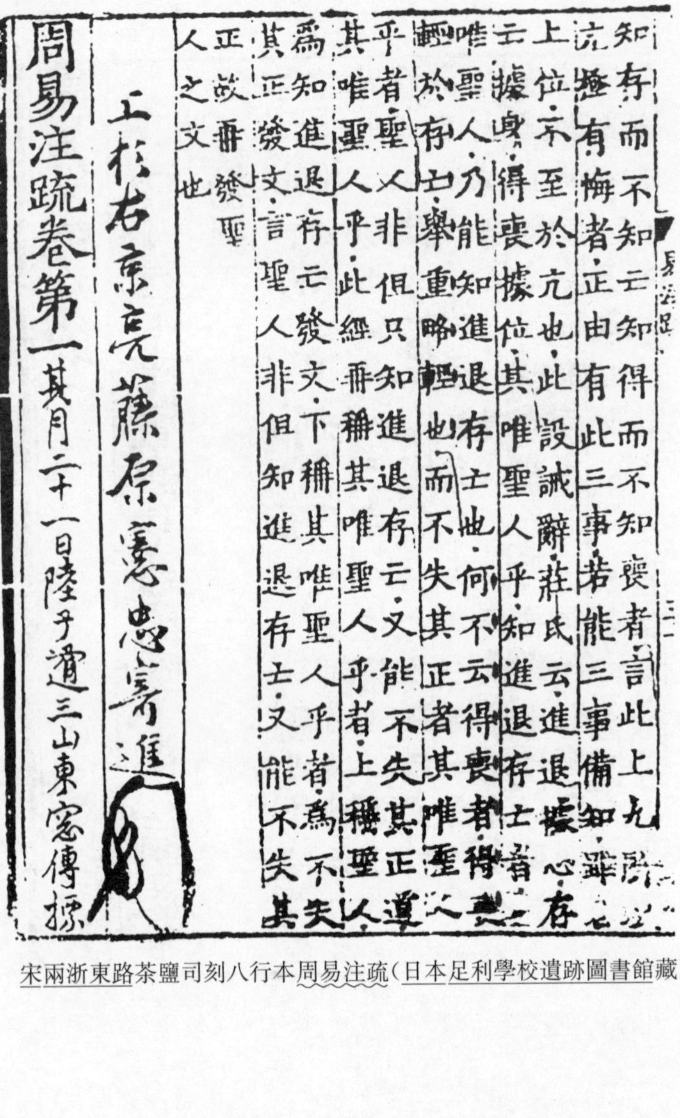
知存而不知亡知得而不知喪者言此上九所以
亢極有悔者正由有此三事若能三事備知雖居
上位不至於亢也此設誡辭莊氏云進退據心存
亡據身得喪據位其唯聖人乎知進退存亡者得
唯聖人乃能知進退存亡也何不云得喪者得喪
輕於存亡舉重略輕也而不失其正者其唯聖人
乎者聖人非但只知進退存亡又能不失其正道
其唯聖人乎此經再稱其唯聖人乎者上稱聖人
爲知進退存亡發文下稱其唯聖人乎者爲不失
其正發文言聖人非但知進退存亡又能不失其
正故再發聖
人之文也
上杉右京亮藤原憲忠寄進
周易注疏卷第一 其月二十一日陸子遹三山東窓傳標

宋兩浙東路茶鹽司刻八行本周易注疏（日本足利學校遺跡圖書館藏）

目録

前言

宋本周易注疏爲周易注與周易正義的合刻本。

周易亦稱易經，爲儒家經典五經之首。魏王弼及晉韓康伯爲周易作注，唐孔穎達等爲之正義。孔穎達奉太宗命編纂周易正義，爲唐初五經正義之一。周易正義是在王、韓易注的基礎上，融合衆多經學家見解，對原有經注進行疏釋，並對注文加以疏解。唐宋以來，科舉取士皆以正經及其注疏爲依據，周易注及周易正義作爲重要的易學典籍，影響深遠。

周易注及周易正義的成書

王弼（二二六—二四九），字輔嗣，三國時魏山陽郡（今山東金鄉縣）人。好論儒道，辭才逸辯，注易及老子，爲尚書郎，年二十餘卒。王弼把彖、象、文言附於各卦辭爻辭之下，並爲之作注；其門人韓康伯注繫辭、説卦、序卦、雜卦；弼又作略例。韓伯，字康伯，潁川長社（今河南長葛西）人，舉秀才，徵佐著作郎，並不就。

鄭玄、王弼皆傳費氏易，梁、陳以降，二注並列於國學。隋後，弼注獨行，宗鄭者謂弼爲野文，取弼者謂學爲獨冠。考之鄭主象占，王主義理，象據實而有徵，理懸空而勦説。孔穎達等以溺於象占不若暢以義理，遂專釋弼注，後世宗之，鄭學遂廢。

孔穎達（五七四—六四八），字仲達，冀州衡水（今河北衡水）人，少時曾跟隨當時著名經學家劉焯問學，明服氏春秋，鄭氏尚書、詩、禮記，王氏易。隋煬帝大業初年，舉明經高第，授河内郡博士，後補太學助教，旋因隋亂避匿於虎牢。唐高祖武德年間，遷國子博士。太宗貞觀初，封曲阜縣男，轉給事中。唐太宗初履帝位，百廢待興，孔穎達數進忠言，顧問左右，帝多從其説。拜國子祭酒。卒，陪葬昭陵。贈太常卿，謚曰憲。

太宗以經籍去聖久遠，文字多訛謬，詔前中書侍郎顔師古考定五經，頒於天下，命學者習焉。又以儒學多門，章句繁雜，詔國子祭酒孔穎達與諸儒撰定五經義疏，凡一百七十卷，名曰五經正義，令天下傳習。貞觀十四年（六四〇），太學博士馬嘉運以「穎達所撰正義頗多繁雜，每掎摭之，諸儒亦稱爲允當」（舊唐書馬嘉運傳）。於是，唐太宗下詔「更令詳定」。但次年孔穎達致仕，無法再主持修訂工作。貞觀二十二年（六四八），孔穎達病逝。終貞觀之世，五經正義的修訂未能完成。至唐高宗永徽二年（六五一），下詔儒臣繼續重修。永徽四年(六五三)三月,書成,仍以孔穎達領銜,正式頒行天下。

所謂「正義」,即對諸經傳注作疏解,其體例大體一致。先用「正義曰」標目,以總括章節經文義旨,然後各隨經文解釋,以闡發義理。再用「注某某」、「注某某至某某」等標誌,對注文進行具體的詮釋。在詮釋經注的同時,或辨章句異同,或解釋詞語,或考證名物禮制,或講明語法修辭,綜合古今,考訂異説,定於一尊。

孔穎達所作周易正義,既緊密沿承王弼的易學思想,全面引申發揮王、韓舊注義旨,又能參合六朝諸家之説,對周易義理學作了頗爲深入而全面的拓展,爲兩宋義理學之全面發展奠定了堅實的基礎。在周易正義中,孔穎達注意發明周易辭象卦爻義例,亦時而抒發其獨到的易學見解,其未盡之義因之以明,周易經傳的義理因之以凸顯;對於舊注從省或闕注之處,亦常能詳加解説而補足之,使易理得到全面的闡發。

周易注疏版本形態及流傳情況

有唐一代,諸經正義各以單行本流傳於世,且諸經正義與它們所依據的經注本也是分開的。唐宋以來,歷代科舉取士皆以經書及其注疏爲依據,故群經注疏之寫本、刻本流傳甚多。就宋元周易經注與正義的刊刻流傳情況而言，可分爲單疏本、八行本、兼義本三個版本系統。

（一）單疏本

北宋初年國子監始刻諸經正義，南宋初年又翻刻之，皆爲單刻本，稱單疏本。從南宋開始，便於閱讀的注疏合刻本出現，並逐漸流佈，而與經注别行的諸經正義本，因使用不便，宋以後未曾刊刻，而舊有版本亦漸次湮滅，不爲人知。清人錢大昕云：「唐人五經正義，本與注别行，後儒欲省兩讀，併而爲一，雖便於初學，而卷第多失其舊，不復見古書真面。」（潛研堂文集卷二七跋爾雅疏單行本）

今傳世群經注疏以單疏本爲最早，而流傳至罕。南宋初，國子監覆刻周易單疏本，爲傳世孤帙，十四卷全，屬南宋初覆刻北宋國子監本，今藏國家圖書館。此本半葉十五行，行二十六字，白口，左右雙邊，各卷尾題後有本卷字數，卷十四末有端拱元年（九八八）校勘銜名一葉。間有補版。刻工皆南宋初杭州地區名匠。卷中「桓」、「構」等字缺筆，避諱至「慎」字，證以刻工，是爲南宋初覆刻北宋本。玉海載：「紹興九年九月，詔下諸郡，索國子監元頒善本校對鏤版，十五年閏十一月，博士王之望請群經義疏未有版者，令臨安府雕造。二十一年五月，詔令國子監訪尋五經三館舊監本刻版，上曰：其他闕書亦令次第雕版，雖重修所費亦不惜也。繇是經籍復全。」據此推之，周易正義當刻於紹興十五年（一一四五）至二十一年（一一五一）之間。

此本宋代爲俞琰所藏，明代遞藏唐寅、王世貞家，入清則歸季振宜所有。季氏延令宋板書目中所説周易正義四册，即此本。清中葉又歸徐松，有翁方綱跋。此書清末爲徐坊所得，又由徐歸於傅增湘。一九三五年，傅氏將此書郵至日本，選集良工，精摹影印行世。

（二）八行本

北宋儒家經典的刊刻，或單經白文，或經注，或單疏。諸經正義本自成書，與經注別行。直到南宋高宗時，始有兩浙東路常平茶鹽司刻本，將易、書、周禮三經的經文、注文與疏文合刻在一起，成爲注疏合刻本。因其款式爲半葉八行，後世統稱爲八行本，或八行注疏本；又因刻於越州（兩浙東路茶鹽司及紹興府治所均在今浙江紹興，舊稱越州），故又稱越州本。八行本禮記正義卷末有三山黄唐跋云：「六經疏義，自京、監、蜀本，皆省正文及注，又篇章散亂，覽者病焉。本司舊刊易、書、周禮，正經注疏，萃見一書，便於披繹，它經獨闕。紹熙辛亥仲冬，唐備員司庾，遂取毛詩、禮記疏義，如前三經編彙，精加讎正，用鋟諸木，庶廣前人之所未備。」（宋紹熙三年兩浙東路茶鹽司刻本禮記正義跋，中華再造善本影印本）宋刻八行本是經注疏合刻之始，其文字較多保留了孔氏正義的原貌，以其校勘精審，較後來通行刻本多有勝處。日人山井鼎云：經傳下疏更引經文者，宋版刊去，直云「正義曰」，以下皆然。此本書版直至明代仍存於南監。

宋本周易注疏，今存兩部傳本：一藏日本足利學校遺跡圖書館（以下簡稱足利本），爲未經修補的原版印本，有陸游之子陸子遹的識語，一九七三年日本汲古書院曾影印該本並公之於世；一藏中國國家圖書館（以下簡稱國圖本），爲宋元遞修本，其序、表、卷一配清陳氏鄉堂抄本，有陳鱣跋，該本一九八六年由中華書局收入古逸叢書三編影印出版。

足利本最早於高宗時期，最遲至孝宗初年刊行，不是初印本，但屬於早期印本。就該書的完備程度而言，目前別無第二本。嚴紹璗先生言：「足利學校藏漢籍，當以宋刊本周易注疏爲首。」（嚴紹璗漢籍在日本的流佈研究，江蘇古籍出版社，一九九二年六月）此本十三卷，每半葉有界八行，行十六字至二十一字不等；注文雙行，每行十八字或十九字。白口，左右雙邊。版心題「易注疏幾」，下方記刻工姓名。卷中避宋諱，缺筆至「構」字。在每卷末有陸游之子陸子遹於端平元年（一二三四）十二月至翌年一月的「識語」，如卷二末書「端平改元冬十二月廿三日陸子遹三山寫易東窗標閲」一行，卷十三末有「端平二年正月十日鏡陽嗣隱陸子遹遵先君手標，以朱點傳之，時大雪始晴，謹記」二行等。各卷末又有足利學校創建者上杉憲實之子憲忠「上杉右京亮藤原憲忠寄進」十一字及花押，首葉横書「足利學校公用」六字。宋刊本、宋印本加之宋人點校，傳承有序，故而尤顯貴重。

山井鼎、物觀撰七經孟子考文補遺（以下簡稱「考文補遺」），即採用足利學校所藏宋版五經，足利本周易注疏即其中之一，亦即考文補遺中所云「宋版」者。考文補遺傳至中國，盧文弨撰群書拾補之周易注疏校正（以下簡稱「盧校」），阮元領銜編撰周易注疏校勘記，皆通過考文補遺，對宋本加以間接利用，然其中真本，皆未嘗得見。

（三）兼義本

越刻八行注疏本之後，福建建陽地區興起了附有陸德明釋文的注疏合刻本，將經注、正義、釋文合綴爲一書。因每半葉十行，故稱十行本。元代以後又再加翻刻。元代翻刻書版傳至明代，遞經修補刷印，後世頗有流傳，影響益廣。元明以後通行注疏合刻本，均源自南宋建陽地區坊刻十行本，不僅改變了原書卷次，於注疏文字亦多牽和，又經歷代重刻，妄改之處甚多（張麗娟宋代經書注疏刊刻研究，北京大學出版社，二〇一三年）。

此時周易合刻本稱「周易兼義」，乃分綴孔氏正義於王韓九卷周易注本相應經文注文之下，末附陸氏周易音義，而成周易兼義。山井鼎云：「宋板爻、象連爲一節，經文終乃有疏，每卦皆然。今本（按：指兼義本）斷章裁句，與宋板稍異。」就周易兼義而言，明正德本、閩本、監本、毛氏汲古閣本皆源於十行本。清代阮元主持刊刻的阮本周易注疏即是據十行兼義本校刻的。阮元以爲其所利用的十行本爲宋本，然實爲元刻十行本。按「兼義」字，乃合刻注疏者所加，取「兼併正義」之意也。曰「兼義」者，阮元謂「兼併正義」而刻之，以別於單注本；陳鱣謂他經音義附每節注後，獨周易總附卷末，故題爲「兼義」而不稱「附音」，阮説爲長。

傅增湘云：「易疏世行少善本，阮氏校刻十三經注疏，論者以周易爲最劣，瞿氏書目嘗深訾之。緣其所據爲十行兼義本，書屬晚印，補版已多，訛奪在所不免。自陳仲魚得八行注疏本，撰有跋文，臚舉勝異，斷爲注疏合刻之祖本，其佳處自出閩中、北監、汲古各本之上。

今其書在常熟瞿氏，然於單疏原本，迄未嘗見也。」（傅增湘宋監本周易正義跋）阮元周易注疏校勘記卷一亦云：「十行本、閩、監、毛本，每節内每段分屬，雖便讀者，究失舊第。」

本書整理情況説明

本書整理，以今日本足利學校遺跡圖書館藏八行本周易注疏的影印本爲底本，該本源於北宋監本，相較於後起的諸多版本而言，訛誤較少。其中經注部分，主要以四部叢刊影印南宋淳熙間撫州公使庫刻周易注九卷略例一卷（卷七至十配清影宋鈔本。簡稱單注本）及二〇一七年國家圖書館出版社影印宋本周易（爲經注附釋文本，簡稱「注附音本」）爲校本；疏文部分，以單疏本爲通校本。底本正義釋解經傳文畢，空一格，接着釋解王、韓注文，今在空格處加〇另起，以清眉目。附録收入了陸德明的周易釋文和王弼的周易略例，以及與本書相關的輯佚、解題、序跋資料，以便讀者利用。

前人易學研究考證成果豐富，有諸多校記可資參酌，重點利用了阮元周易注疏校勘記（北京大學出版社整理本，二〇一六年三月。劉玉才據阮元文選樓刊十三經注疏校勘記整理，簡稱阮校）、日本海保漁村周易校勘記舉正等先賢校勘成果。出校原則堅持少而精，以校正誤爲主，酌校異同。對於文字稍異又不影響文義的地方，則不一一出校。爲避免繁瑣校勘，凡底本和校本文義相通之處，只要不影響閱讀，則不出校記，而遇校本文義可以補充底本，且能幫助理解文義之處，則酌情出校指出。底本偶有漫漶之處，則利用國圖本及單疏本參酌補足，不出校記。遇有異體字、古今字、通假字，儘量仍舊，保存原本舊貌。惟新舊字形有變化者，則徑依新筆字形。

數年前，曾經嚮業師、易學專家郭彧先生提到整理宋本周易注疏的想法，郭師隨後把這個想法轉給了中華書局的張繼海主任，張主任欣然同意，並提出整理此書應當遵循的具體要點。後來應聘到北京大學儒藏編纂與研究中心工作，中心王豐先、沙志利等老師全力幫助我提高古籍整理等方面的專業知識，所有疑惑能隨時得到解答，於我學問提高多所裨益，謹致謝忱。

易理廣大而精微，本人深知，由於水平有限，掛一漏萬在所難免，敬希讀者隨時賜教補正，以使此書校點水準不斷提高。

校點者　于天寶

五經正義表〔一〕

臣無忌等言：臣聞混元初闢，三極之道分焉；醇德既醨，六籍之文著矣。於是龜書浮於温洛，爰演九疇；龍圖出於滎河，以彰八卦。故能範圍天地，埏埴陰陽，道濟四溟，知周萬物。所以七教八政，垂炯誡於百王；五始六虚，貽徽範於千古。詠歌明得失之跡，雅頌表興廢之由。寔刑政之紀綱，乃人倫之隱括。昔雲官司契之后，火紀建極之君，雖步驟不同，質文有異，莫不開兹膠序，樂以典墳，敦稽古以弘風，闡儒雅以立訓，啓含靈之耳目，贊神化之丹青。姬孔發揮於前，荀孟抑揚於後。馬鄭迭進，成均之望鬱興；蕭戴同昇，石渠之業愈峻。歷夷險其教不隊，經隆替其道彌尊。斯乃邦家之基，王化之本者也。

伏惟皇帝陛下得一繼明，通三撫運，乘天地之正，齊日月之暉。敷四術而緯俗經

〔一〕底本原無五經正義表、周易正義序及「八論」三文，今據單疏本補於卷首。

邦，蘊九德而辨方軌物。御紫宸而訪道，坐玄扆以裁仁。化被丹澤，政洽幽陵。三秀
六穗之祥，府无虛月；集囿巢閣之瑞，史不絶書。照金鏡而泰階平，運玉衡而景宿
麗。可謂鴻名軼於軒昊，茂績冠於勳華。而垂拱无爲，遊心經典，以爲聖教幽賾，妙
理深玄，訓詁紛綸，文疏踳駮。先儒競生別見，後進争出異端，未辨三家之疑，莫袪五
日之惑。故祭酒上護軍曲阜縣開國子孔穎達，宏才碩學，名振當時，貞觀年中，奉勑
修撰。雖加討覈，尚有未周，爰降絲綸，更令刊定。

勑太尉揚州都督監修國史上柱國趙國公臣無忌，司空上柱國英國公臣勣，尚書
左僕射兼太子少師監修國史上柱國燕國公臣志寧，尚書右僕射兼太子少傅監修國史
上護軍曲阜縣開國公臣行成，光禄大夫侍中兼太子少保監修國史上護軍蓚縣開國公
臣季輔，光禄大夫吏部尚書監修國史上柱國河南郡開國公臣褚遂良，銀青光禄大夫
守中書令監修國史上騎都尉臣柳奭，前諫議大夫弘文館學士臣谷那律，國子博士弘
文館學士臣劉伯莊，朝議大夫國子博士臣王德韶，朝散大夫行大學博士臣賈公彦，朝
散大夫行大學博士弘文館直學士臣范義頵，朝散大夫行太常博士臣柳宣，通直郎守
大學博士臣齊威，宣德郎守國子助教臣史士弘，宣德郎守大學博士臣孔志約，右內率

府長史弘文館直學士臣薛伯珍，大學助教臣鄭祖玄，徵事郎守大學助教臣隨德素，徵事郎守四門博士臣趙君贊，承務郎守大學助教臣周玄達，承務郎守四門助教臣李玄植，儒林郎守四門助教臣王真儒等，上禀宸旨，傍摭群書，釋左氏之膏肓，翦古文之煩亂，探曲臺之奥趣，索連山之玄言，囊括百家，森羅萬有。比之天象，與七政而長懸；方之地軸，將五嶽而永久。筆削已了，繕寫如前。臣等學謝伏恭，業慙張禹，雖罄庸淺，懼乖典正。

謹以上聞，伏增戰越。謹言。

永徽四年二月二十四日太尉揚州都督上柱國趙國公臣無忌等上。

周易正義序

夫易者象也，爻者效也。聖人有以仰觀俯察，象天地而育群品；雲行雨施，效四時以生萬物。若用之以順，則兩儀序而百物和；若行之以逆，則六位傾而五行亂。故王者動必則天地之道，不使一物失其性；行必叶陰陽之宜，不使一物受其害。故能彌綸宇宙，酬酢神明。宗社所以无窮，風聲所以不朽，非夫道極玄妙，孰能與於此乎！斯乃乾坤之大造，生靈之所益也。若夫龍出於河，則八卦宣其象；麟傷於澤，則十翼彰其用。業資九聖，時歷三古。及秦亡金鏡，未墜斯文；漢理珠囊，重興儒雅。其傳易者，西都則有丁、孟、京、田，東都則有荀、劉、馬、鄭，大體更相祖述，非有絕倫。唯魏世王輔嗣之注，獨冠古今，所以江左諸儒並傳其學，河北學者罕能及之。其江南義疏十有餘家，皆辭尚虛玄，義多浮誕。

原夫易理難窮，雖復玄之又玄，至於垂範作則，便是有而教有。若論住內住外之空，就能就所之說，斯乃義涉於釋氏，非爲教於孔門也。既背其本，又違於注，至若復卦云「七日來復」，並解云「七日」當爲「七月」，謂陽氣從五月建午而消，至十一月建子始復，所歷七辰，故云七月。今案輔嗣注云：「陽氣始剥盡至來復，時凡七日。」則是陽氣剥盡之後，凡經七日始復。但陽氣雖建午始消，至建戌之月陽氣猶在，何得稱七月來復？故鄭康成引易緯之說，建戌之月以陽氣既盡，建亥之月純陰用事，至建子之月陽氣始生，隔此純陰一卦，卦主六日七分，舉其成數言之而云「七日來復」。仲尼之緯分明，輔嗣之注若此。康成之說，遺跡可尋。輔嗣注之於前，諸儒背之於後，考其義理，其可通乎？又蠱卦云「先甲三日，後甲三日」，輔嗣注云：「甲者，創制之令。」又若漢世之時甲令、乙令也。輔嗣又云：「令洽乃誅，故後之三日。」又巽卦云「先庚三日，後庚三日」，輔嗣注云：「申命令謂之庚。」輔嗣又云：「甲、庚，皆申命之謂也。」諸儒同於鄭氏之說，以爲甲者宣令之日，先之三日而用辛也，欲取改辛〔一〕之義；後之三日而用丁也，取其丁寧之義。王氏注意，本不如此，而又不顧其注，妄作

〔一〕「辛」，阮校云：閩、監、毛本作「新」。

異端。今既奉勑删定，考案〔一〕其事，必以仲尼爲宗；義理可詮，先以輔嗣爲本。去其華而取其實，欲使信而有徵。其文簡，其理約，寡而制衆，變而能通。仍恐鄙才短見，意未周盡，謹與朝散大夫行大學博士臣馬嘉運、守大學助教臣趙乾叶等，對共參議，詳其可否。至十六年，又奉勑與前修疏人，及給事郎守四門博士上騎都尉臣蘇德融等對勑，使趙弘智覆更詳審，爲之正義，凡十有四卷。庶望上裨聖道，下益將來，故序其大略，附之卷首爾。

第一論「易」之三名

正義曰：夫「易」者，變化之揔名，改换之殊稱，自天地開闢，陰陽運行，寒暑迭來，日月更出，孚萌庶類，亭毒群品，新新不停，生生相續，莫非資變化之力、换代之功。然變化運行，在陰陽二氣，故聖人初畫八卦，設剛柔兩畫，象二氣也；布以三位，象三才也。謂之爲「易」，取變化之義。既義揔變化而獨以「易」爲名者，易緯乾鑿度

〔一〕「案」，阮校云：閩、監、毛本作「察」。

云：「易」一名而含三義，所謂易也，變易也，不易也。又云：「易」者，其德也。光明四通，簡易立節，天以爛〔一〕明，日月星辰，布設張列，通精无門，藏神无穴，不煩不擾，澹泊不失，此其「易」也。「變易」者，其氣也。天地不變，不能通氣，五行迭終，四時更廢，君臣取象，變節相移，能消者息，必專者敗，此其「變易」也。「不易」者，其位也。天在上地在下，君南面，臣北面，父坐子伏，此其「不易」也。鄭玄依此義作易贊及易論，云：「易」一名而含三義：易簡，一也；變易，二也；不易，三也。故繫辭云：「乾、坤，其易之緼邪？」又云：「易之門户邪？」又云：「夫乾，確然示人易矣；夫坤，隤然示人簡矣。易則易知，簡則易從。」此言其易簡之法則也。又云：「爲道也屢遷，變動不居，周流六虚，上下无常，剛柔相易，不可爲典要，唯變所適。」此言順時變易、出入移動者也。又云：「天尊地卑，乾坤定矣；卑高以陳，貴賤位矣；動静有常，剛柔斷矣。」此言其張設布列，不易者也。崔覲、劉貞簡等並用此義，云：「易者謂生生之德，有易簡之義；不易者，言天地定位，不可相易；變易者，謂生生之道，變而相續。」皆

〔一〕「爛」，阮校云：寫本作「炯」。

以緯稱，不煩不擾，澹泊不失。」此明是「易簡」之義，无爲之道。故「易」者易也，作難易之音。而周簡子云：「易者，易音亦。也；不易也，變易也。易者，易代之名。凡有无相代，彼此相易，皆是易義。不易者，常體之名。有常有體，无常无體，是不易之義。變易者，相變改之名。兩有相變，此爲變易。」張氏、何氏並用此義，云：「易者換代之名，待奪之義。」因於乾鑿度云「易者其德也」，或没而不論，或云「德者得也」，萬法相形，皆得相易，不顧緯文「不煩不擾」之言，所謂用其文而背其義，何不思之甚？故今之所用，同鄭康成等。「易者易也」，音爲難易之音，義爲簡易之義，得緯文之本實也。

蓋「易」之三義唯在於有，然有從无出，理則包无，故乾鑿度云：「夫有形者生於无形，則乾坤安從而生？故有太易，有太初，有太始，有太素。太易者，未見氣也；太初者，氣之始也；太始者，形之始也；太素者，質之始也。氣形質具而未相離謂之渾沌。渾沌者，言萬物相渾沌而未相離也。視之不見，聽之不聞，循之不得，故曰易也。」是知易理備包有无，而易象唯在於有者，蓋以聖人作易，本以垂教，教之所備，本備於有。故繫辭云「形而上者謂之道」，道即无也；「形而下者謂之器」，器即有也。

故以无言之，存乎道體；以有言之，存乎器用；以變化言之，存乎其神；以生成言之，存乎其易；以真言之，存乎其性；以邪言之，存乎其情；以氣言之，存乎陰陽；以質言之，存乎爻象；以教言之，存乎精義；以人言之，存乎景行，此等是也。且「易者象也」，物无不可象也。作易所以垂教者，即乾鑿度云：「孔子曰：上古之時，人民无别，群物未殊，未有衣食器用之利，伏犧乃仰觀象於天，俯觀法於地，中觀萬物之宜，於是始作八卦，以通神明之德，以類萬物之情。故易者，所以斷天地、理人倫而明王道。是以畫八卦、建五氣以立五常之行；象法乾坤、順陰陽，以正君臣、父子、夫婦之義；度時制宜，作爲罔罟，以佃以漁，以贍民用，於是人民乃治，君親以尊，臣子以順，群生和洽，各安其性。」此其作易垂教之本意也。

第二論重卦之人

繫辭云：「河出圖，洛出書，聖人則之。」又禮緯含文嘉曰：「伏犧德合上下，天應以鳥獸文章，地應以河圖洛書，伏犧則而象之，乃作八卦。」故孔安國、馬融、王肅、姚信等並云伏犧得河圖而作易。是則伏犧雖得河圖，復須仰觀俯察，以相參正，然後畫卦。伏犧初畫八卦，萬物之象皆在其中，故繫辭曰「八卦成列，象在其中矣」是也。雖有萬物之象，其萬物變通之理猶自未備，故因其八卦而更重之。卦有六爻，遂重爲六十四卦也，繫辭曰「因而重之，爻在其中矣」是也。然重卦之人，諸儒不同，凡有四說：王輔嗣等以爲伏犧重卦，鄭玄之徒以爲神農重卦，孫盛以爲夏禹重卦，史遷等以爲文王重卦。其言夏禹及文王重卦者，案繫辭，神農之時已有，蓋取諸益與噬嗑。以此論之，不攻自破。其言神農重卦，亦未爲得，今以諸文驗之。案說卦云：「昔者聖人之作易也，幽贊於神明而生蓍。」凡言「作」者，創造之謂也。神農以後，便是述脩，不可謂之「作」也，則幽贊用蓍謂伏犧矣，故乾鑿度云：「垂皇策者犧。」上繫論用蓍云：「四營而成易，十有八變而成卦。」既言聖人作易，十八變成卦，明用蓍在六爻之後，非三畫之時。伏犧用蓍，即伏犧已重卦矣。說卦又云：「昔者聖人之作易也，將以順性命之理。是以立天之道曰陰與陽，立地之道曰柔與剛，立人之道曰仁與義，兼三材而兩之，故易六畫而成卦。」既言聖人作易，「兼三材而兩之」，又非神農始重卦矣。又上繫云：「易有聖人之道四焉：以言者尚其辭，以動者尚其變，以制器者尚其象，以卜筮者尚其占。」此之四事皆在六爻之後，何者？三畫之時未有彖繇，不得有「尚其辭」。因而重之，始有變動，三畫不動，不得有「尚其變」。揲蓍布爻，方用之卜筮，蓍起六爻之後，三畫不得有「尚其占」。自然中間，以制器者尚其象，亦非三畫之時。今伏犧結繩而爲罔罟，則是制器，明伏犧已重卦矣。又周禮小史〔一〕：「掌三皇五帝之書。」明三皇已有書也。下繫云：「上古結繩而治，後世聖人易之以書契，蓋取諸夬。」既象夬卦而造書契，伏犧有書契則有夬卦矣。故孔安國書序云：「古者伏犧氏之王天下也，始畫八卦，造書契，以代結繩之政。」又曰：「伏犧、神農、黄帝之書，謂之三墳。」是也。又八卦小成，爻象未備，重三成六，能事畢矣。若言重卦起自神農，其爲功也，豈比繫辭而已哉！何因易緯等數所歷三聖，但云伏犧、文王、孔子，竟不及神農，明神農但有「蓋取諸益」，不重卦矣。故今依王輔嗣，以伏犧既畫八卦，即自重爲六十四卦，爲得其實。其重卦之意，備在説卦，此不具敘。伏犧之時，道尚質素，畫卦重爻，足以垂法。後代澆訛，德不如古，爻象不足以爲教，故作繫辭以明之。

〔一〕「小史」，據引文當作「外史」。

第三論三代易名

案周禮太卜「三易」云：「一曰連山，二曰歸藏，三曰周易。」杜子春云：「連山，伏羲。歸藏，黃帝。」鄭玄易贊及易論云：「夏曰連山，殷曰歸藏，周曰周易。」鄭玄又釋云：「連山者，象山之出雲，連連不絶；歸藏者，萬物莫不歸藏於其中；周易者，言易道周普，无所不備。」鄭玄雖有此釋，更无所據之文。先儒因此遂爲文質之義，皆煩而无用，今所不取。案世譜等群書，神農一曰連山氏，亦曰列山氏；黃帝一曰歸藏氏。既「連山」、「歸藏」並是代號，則周易稱周，取岐陽地名，毛詩云「周原膴膴」是也。又文王作易之時，正在羑里，周德未興，猶是殷世也，故題「周」，别於殷。以此文王所演，故謂之周易，其猶周書、周禮題「周」以別餘代，故易緯云「因代以題周」是也。先儒又兼取鄭説，云「既指周代之名，亦是普徧之義」。雖欲无所遐棄，亦恐未可盡通。其易題「周」，因代以稱周，是先儒更不別解，唯皇甫謐云：「文王在羑里演六十四卦，著七八九六之爻，謂之周易。」以此文王安「周」字。其繫辭之文，連山、歸藏无以言也。

第四論卦辭爻辭誰作

其周易「繫辭」凡有二説：一説所以卦辭、爻辭並是文王所作。知者，案繫辭云：「易之興也，其於中古乎？作易者其有憂患乎？」又曰：「易之興也，其當殷之末世，周之盛德邪？當文王與紂之事邪？」又乾鑿度云：「垂皇策者犧，卦道演德者文，成命者孔。」通卦驗又云：「蒼牙通靈，昌之成；孔演命，明道經。」準此諸文，伏犧制卦，文王繫辭，孔子作十翼，易歷三聖，只謂此也。故史遷云「文王囚而演易」，即是「作易者其有憂患乎」，鄭學之徒並依此説也。二以爲驗爻辭多是文王後事。案升卦六四：「王用亨於岐山。」武王克殷之後，始追號文王爲王，若爻辭是文王所制，不應云「王用亨於岐山」。又明夷六五：「箕子之明夷。」武王觀兵之後，箕子始被囚奴，文王不宜豫言「箕子之明夷」。又既濟九五：「東鄰殺牛，不如西鄰之禴祭。」説者皆云「西鄰」謂文王，「東鄰」謂紂。文王之時，紂尚南面，豈容自言己德受福勝殷，又欲抗君之國，遂言東西相鄰而已。又左傳韓宣子適魯，見易象云：「吾乃知周公之德。」周公被流言之謗，亦得爲憂患也。驗此諸説，以爲卦辭文王，爻辭周公。馬融、陸績等並同此説，今依而用之。所以只言三聖，不數周公者，以父統子業故也。案禮稽命徵曰：「文王見禮壞樂崩，道孤无主，故設禮經三百，威儀三千。」其「三百」、「三千」，即周公所制周官、儀禮。明文王本有此意，周公述而成之，故繫之文王。然則易之爻辭，蓋亦是文王本意，故易緯但言文王也。

第五論分上下二篇

案乾鑿度云：「孔子曰：陽三陰四，位之正也。」故易卦六十四，分爲上下而象陰陽也。夫陽道純而奇，故上篇三十，所以象陽也；陰道不純而偶，故下篇三十四，所以法陰也。乾、坤者，陰陽之本始，萬物之祖宗，故爲上篇之始而尊之也。離爲日，坎爲月，日月之道，陰陽之經，所以始終萬物，故以坎、離爲上篇之終也。咸、恒者，男女之始，夫婦之道也。人道之興，必由夫婦，所以奉承祖宗爲天地之主，故爲下篇之始而貴之也。既濟、未濟爲最終者，所以明戒慎而全王道也。以此言之，則上下二篇文王所定，夫子作緯以釋其義也。

第六論夫子「十翼」

其彖、象等「十翼」之辭，以爲孔子所作，先儒更无異論，但數「十翼」亦有多家。既文王易經本分爲上下二篇，則區域各别，彖象釋卦亦當隨經而分。故一家數「十翼」云：上彖一，下彖二，上象三，下象四，上繫五，下繫六，文言七，説卦八，序卦九，雜卦十。鄭學之徒，並同此説，故今亦依之。

第七論傳易之人

孔子既作十翼，易道大明，自商瞿已後，傳授不絶。案儒林傳云：「商瞿子木本受易於孔子，以授魯橋庇子庸，子庸授江東馯臂子弓，子弓授燕周醜子家，子家授東武孫虞子乘，子乘授齊田何子莊。及秦燔書，易爲卜筮之書，獨得不禁，故傳授者不絶。漢興，田何授東武王同子中及雒陽周王孫、梁人丁寬、齊服生，皆著易傳數篇。

同授菑川楊何字叔元，叔元傳京房，京房傳梁丘賀，賀授子臨，臨授御史大夫王駿。其後丁寬又別授田王孫，孫授施讎，讎授張禹，禹授彭宣。」此前漢大略傳授之人也。其後漢，則有馬融、荀爽、鄭玄、劉表、虞翻、陸績等及王輔嗣也。

第八論誰加「經」字

但子夏傳云：雖分爲上下二篇，未有「經」字，「經」字是後人所加，不知起自誰始。案：前漢孟喜易本云「分上下二經」，是孟喜之前已題「經」字。其篇題「經」字雖起於後，其稱「經」之理則久在於前，故禮記經解云：「絜静精微，易教也。」既在經解之篇，是易有稱「經」之理。案：經解之篇，備論六藝，則詩、書、禮、樂並合稱「經」。而孝經緯稱易建八卦，序六十四卦，轉成三百八十四爻，運機布度，其氣轉易，故稱「經」也。但緯文鄙僞，不可全信。

其八卦方位之所、六爻上下之次、七八九六之數、内外承乘之象，入經別釋，此未具論也。

周易注疏卷第一

國子祭酒上護軍曲阜縣開國子臣孔穎達奉勑撰

䷀乾下乾上。乾：元、亨、利、貞。

【疏】正義曰：「乾」者，此卦之名。謂之卦者，易緯云：「卦者，掛也。言懸掛物象，以示於人，故謂之卦。」但二畫之體，雖象陰陽之氣，未成萬物之象，未得成卦，必三畫以象三才，寫天、地、雷、風、水、火、山、澤之象，乃謂之卦也。故繫辭云「八卦成列，象在其中矣」是也。但初有三畫，雖有萬物之象，於萬物變通之理，猶有未盡，故更重之而有六畫，備萬物之形象，窮天下之能事，故六畫成卦也。此乾卦本以象天，天乃積諸陽氣而成天，故此卦六爻皆陽畫成卦也。此既象天，何不謂之天，而謂之「乾」者？天者定體之名，「乾」者體用之稱。故說卦云：「乾，健也。」言天之體，以健爲用。聖人作易本以教人，欲使人法天之用，不法天之體，故名「乾」，不名天也。天以健爲用者，運行不息，應化無窮，此天之自然之理，故聖人當法此自然之象而施人事，亦當應物成務，云爲不已，終日乾乾，無時懈倦，所以因天象以教人事。於物象言之，則純陽也，天也。於人事言之，則君也，父也。以其居尊，故在諸卦之首，爲易理之初。但聖人名卦，體例不同，或則以物象而爲卦名者，若否、泰、剥、頤、鼎之屬是也；或以象之所用而爲卦名者，即乾、坤之屬是也。如此之類多矣。雖取物象，乃以人事而爲卦名者，即家人、歸妹、謙、履之屬是也。所以如此不同者，但物有萬象，人有萬事，若執一事，不可包萬物之象；若限局一象，不可揔萬有之事，故名有隱顯，辭有踳駮，不可一例求之，不可一類取之。故繫辭云：「上下無常，剛柔相易，不可爲典要。」韓康伯注云「不可立定準」是也。「元、亨、利、貞」者，是乾之四德也。子夏傳云：「元，始也。亨，通也。利，和也。貞，正也。」言此卦之德，有純陽之性，自然能以陽氣始生萬物而得元始亨通；能使物性和諧，各有其利，又能使物堅固貞正得終。此卦自然令物有此四種使得其所，故謂之四德：言聖人亦當法此卦而行善道，以長萬物，物得生存而爲「元」也；又當以嘉美之事，會合萬物，令使開通而爲「亨」也；又當以義協和萬物，使物各得其理而爲「利」也；又當以貞固幹事，使物各得其正而爲「貞」也。是以聖人法乾而行此四德，故曰「元、亨、利、貞」。其委曲條例，備在文言。

初九，潛龍，勿用。注云：文言備矣。

【疏】正義曰：居第一之位，故稱「初」；以其陽爻，故稱「九」。潛者，隱伏之名；龍者，變化之物。言天之自然之氣起於建子之月，陰氣始盛，陽氣潛在地下，故言「初九，潛龍」也。此自然之象，聖人作法，言於此潛龍之時，小人道盛，聖人雖有龍德，於此時唯宜潛藏，勿可施用，故言「勿用」。張氏云：「以道未可行，故稱『勿用』以誡之。」於此小人道盛之時，若其施用，則爲小人所害。寡不敵衆，弱不勝强，禍害斯及，故誡「勿用」。若漢高祖生於暴秦之世，唯隱居爲泗水亭長，是「勿用」也。諸儒皆以爲舜始漁於雷澤。舜之時，當堯之世，堯君在上，不得爲小人道盛。比「潛龍」始起，在建子之月，於義恐非也。第一位言「初」，第六位當言「終」；第六位言「上」，第一位當言「下」。所以文不同者，莊氏云：「下言初，則上有末義。」故大過彖云：「棟橈，本末弱。」是上有末義。六言「上」，則初當言「下」，故小象云：「潛龍勿用，陽在下也。」則是初有下義，互文相通，義或然也。且第一言「初」者，欲明萬物積漸，從無入有，所以言「初」不言一與下也。六言「上」者，欲見位居卦上，故不言六與末也。此初九之等，是乾之六爻之辭，但乾卦是陽生之世，故六爻所述，皆以聖人出、處託之，其餘卦六爻，各因象明義，隨義而發，不必皆論聖人。他皆放此。謂之「爻」者，繫辭云：「爻也者，效此者也。」聖人畫爻，以倣效萬物之象。先儒云，後代聖人以易占事之時，先用蓍以求數，得數以定爻，累爻而成卦，因卦以生辭，則蓍爲爻卦之本，爻卦爲蓍之末。今案：説卦云：「聖人之作易也，幽贊於神明而生蓍，參天兩地而倚數，觀變於陰陽而立卦，發揮於剛柔而生爻。」繫辭云：「成天下之亹亹者，莫大乎蓍龜。」是故天生神物，聖人則之。」又易乾鑿度云：「垂皇策者犧。」據此諸文，皆是用蓍以求卦。先儒之説，理當然矣。然陽爻稱「九」，陰爻稱「六」，其説有二，一者乾體有三畫，坤體有六畫，陽得兼陰，故其數九，陰不得兼陽，故其數六。二者老陽數九，老陰數六，老陰、老陽皆變，周易以變者爲占，故杜元凱注襄九年傳「遇艮之八」，及鄭康成注易，皆稱周易以變者爲占，故稱九、稱六。所以老陽數九、老陰數六者，以揲蓍之數，九遇揲則得老陽，六遇揲則得老陰。其少陽稱七，少陰稱八，義亦準此。張氏以爲：陽數有七有九，陰數有八有六，但七爲少陽，八爲少陰，質而不變，爲爻之本體；九爲老陽，六爲老陰，文而從變，故爲爻之别名。且七既爲陽爻，其畫已長。今有九之老陽，不可復畫爲陽，所以重錢，避少陽七數，故稱九也。八爲陰數而畫陰爻，今六爲老陰，不可復畫陰爻，故交其錢，避八而稱六。但易含萬象，所託多塗，義或然也。

九二，見龍在田，利見大人。 注云：出潛離隱，故曰「見龍」。處於地上，故曰「在田」。德施周普，居中不偏，雖非君位，君之德也。初則不彰，三則乾乾，四則或躍，上則過亢。利見大人，唯二、五焉。

【疏】正義曰：陽處二位，故曰「九二」。陽氣發見，故曰「見龍」。田是地上可營爲有益之處，陽氣發在地上，故曰「在田」。且一之與二，俱爲地道，二在一上，所以稱「田」。「見龍在田」，是自然之象。「利見大人」，以人事託之。言龍見在田之時，猶似聖人久潛稍出，雖非君位而有君德，故天下衆庶利見九二之「大人」。故先儒云：若夫子教於洙泗，利益天下，有人君之德，故稱「大人」。案：文言云：「九二德博而化。」又云：「君德也。」王輔嗣注云：「雖非君位，君之德也。」是九二有人君之德，所以稱「大人」也。輔嗣又云：「利見大人，唯二、五焉。」是二之與五，俱是「大人」，爲天下所「利見」也。而褚氏、張氏同鄭康成之説，皆以爲九二利見九五之大人，其義非也。且「大人」之文，不專在九五與九二，故訟卦云：「利見大人。」又蹇卦：「利見大人。」此「大人」之文，施處廣矣，故輔嗣注謂九二也。是「大人」，非專九五。

○注「出潛」至「五焉」　正義曰：「處於地上〔一〕，故曰在田」者，先儒以爲重卦之時，重於上下兩體，故初與四相應，二與五相應，三與上相應。是上下兩體，論天地人各别，但易含萬象，爲例非一。及其六位，則一、二爲地道，三、四爲人道，五、上爲天道。二在一上，是九二處於地上，所田食之處唯在地上，所以稱「田」也。觀輔嗣之注意，唯取地上稱田，諸儒更廣而稱之，言田之耕稼，利益及於萬物，盈滿有益於人，猶若聖人益于萬物，故稱「田」也。「德施周普」者，下小象文，謂周而普徧。「居中不偏」者，九二居在下卦之中，而於上於下，其心一等，是「居中不偏」也。不偏則周普也。「雖非君位」者，二爲大夫〔二〕，已居二位，是非君位也。「君之德」者，以德施周普也。文言云：「德博而化。」又云：「君德也。」是九二有人君之德也。「初則不彰」者，謂潛隱不彰顯也。「三則乾乾」者，危懼不安也。「四則或躍」者，謂進退懷疑也。「上則過亢」，過謂過甚，亢謂亢極。「利見大人，唯二、五焉」者，言此據乾之一卦，故云「唯二、五焉」。於别卦言之，非唯二、五而已。故訟卦、蹇卦並云「利見大人」，所以施處廣，非唯二、五也。諸儒以爲九二當太蔟之月，陽氣發見，則九三爲建辰之月，九四爲建午之月，九五爲建申之月，爲陰氣始殺，不宜稱「飛龍在天」。上九爲建戌之月，群陰既盛，上九不得言「與時偕極」。於此時陽氣僅存，何極之有？諸儒此説，於理稍乖。此乾之陽氣漸生，似聖人漸出，宜據十一月之後，至

〔一〕「上」字原無，據單疏本補。
〔二〕「夫」，阮校云：閩、監、毛本作「人」。

建巳之月已來。此九二當據建丑、建寅之間，於時地之萌牙初有出者，即是陽氣發見之義。乾卦之象，其應然也。但陰陽二氣，共成歲功，故陰興之時，仍有陽在，陽生之月，尚有陰存。所以六律六吕，陰陽相間，取象論義，與此不殊。乾之初九，則與復卦不殊。乾之九二，又與臨卦无别。何以復、臨二卦與此不同者，但易論象，復、臨二卦既有群陰見象於上，即須論卦之象義，各自爲文。此乾卦初九、九二，只論居位一爻，无群陰見象，故但自明當爻之理，爲此與臨、復不同。

九三，君子終日乾乾，夕惕若厲，无咎。注云：處下體之極，居上體之下，在不中之位，履重剛之險。上不在天，未可以安其尊也。下不在田，未可以寧其居也。純脩下道，則居上之德廢；純脩上道，則處下之禮曠。故終日乾乾，至于夕惕猶若厲也。居上不驕，在下不憂，因時而惕，不失其幾，雖危而勞，可以无咎。處下卦之極，愈於上九之亢，故竭知力而後免於咎也。乾三以處下卦之上，故免亢龍之悔。坤三以處下卦之上，故免龍戰之災。

【疏】正義曰：以陽居三位，故稱「九三」；以居不得中，故不稱「大人」；陽而得位，故稱「君子」。在憂危之地，故「終日乾乾」，言每恒終竟此日，健健自强勉力，不有止息。「夕惕」者，謂終竟此日後至向夕之時，猶懷憂惕。「若厲」者，若，如也；厲，危也。言尋常憂懼，恒如傾危，乃得无咎。謂既能如此戒慎，則无罪咎，如其不然，則有咎，故繫辭云：「无咎者，善補過也。」此一爻因陽居九三之位，皆以人事明其象。

○注「處下」至「之災」。正義曰：「處下體之極」者，極，終也；三是上卦之下，下體之極，故云「極」也。又云「居上體之下」者，四、五與上是上體，三居四下，未入上體，但居上體之下，四則已入上體，但居其上體之下，故九四注云「居上體之下」，與此別也。云「履重剛之險」者，上下皆有陽爻，剛强好爲險難，故云「履重剛之險」。云「上不在天，未可以安其尊」者，若在天位，其尊自然安處，在上卦之下，雖在下卦之上，其尊未安，故云「未可以安其尊也」。「下不在田，未可以寧其居」者，田是所居之處，又是中和之所，既不在田，故不得安其居。「純脩下道，則居上之德廢」者，言若純脩下道以事上卦，則已居下卦之上，其德廢壞，言其太卑柔也。「純脩上道，則處下之禮曠」者，曠謂空曠，言已純脩居下卦之上道，以自驕矜，則處上卦之下，其禮終竟空曠。「夕惕猶若厲也」者，言雖至於夕，恒懷惕懼，猶如未夕之前，常若厲也。案：此卦九三所居之處，實有危厲。又文言云：「雖危无咎。」是實有危也。據其上下文勢，「若」字宜爲語辭，但諸儒並以「若」爲「如」，如似有厲，是實无厲也，理恐未盡。今且依「如」解之。「因時而惕，不失其幾」者，「因時」謂因可憂之時，故文言云「因時而惕」，又云「知至至之，可與幾也」，是「因時而惕，不失其幾」也。「雖危而勞」者，「若厲」是「雖危」，「終日乾乾」是「而勞」也。「故竭知力而後免於咎」者，王以九三與上九相並，九三處下卦之極，其位猶卑，故竭知力而得免咎也；上九在上卦之上，其位極尊，雖竭知力，不免亢極。言下勝於上，卑勝於尊。

九四，或躍在淵，无咎。 注云：去下體之極，居上體之下，乾道革之時也。上不在天，下不在田，中不在人，履重剛之險，而无定位所處，斯誠進退无常之時也。近乎尊位，欲進其道，迫乎在下，非躍所及。欲静其居，居非所安，持疑猶豫，未敢決志。用心存公，進不在私，疑以爲慮，不謬於果，故「无咎」也。

【疏】正義曰：或，疑也。躍，跳躍也。言九四陽氣漸進，似若龍體欲飛，猶「疑或」也。躍在於淵，未即飛也。此自然之象，猶若聖人位漸尊高，欲進於王位，猶豫遲疑，在於故位，未即進也。云「无咎」者，以其遲疑進退，不即果敢以取尊位，故「无咎」也。若其貪利務進，時未可行而行，則物所不與，故有咎也。若周西伯内執王心、外率諸侯以事紂也。

○注「去下體」至「无咎也」　正義曰：「去下體之極」者，離下體入上體，但在下體之上，故云「去下體之極」。注九三云「處下體之極」，彼仍處九三，與此别也。云「乾道革之時」者，革，變也；九四去下體入上體，是乾道革之時。云「上不在天，下不在田，中不在人」者，易之爲體，三與四爲人道，人近在下，不近於上，故九四云「中不在人」，異於九三也。云「而无定位所處」者，九四以陽居陰，上既不在於天，下復不在於地，中又不當於人，上下皆无定位〔一〕所處也。「斯誠進退无常之時」者，文言云「上下无常」、「進退无恒」是也。「欲進其道，迫乎在下，非躍所及」者，謂欲進己聖道而居王位，但逼迫於〔二〕下，群衆未許，非己獨躍所能進及也。「欲静其居，居非所安，持疑猶豫，未敢決志」者，謂志欲静其居處，百姓既未離禍患，須當拯救，所以不得安居，故遲疑猶豫，未敢決斷其志而苟進也。「用心存公，進不在私」者，本爲救亂除患，不爲於己，是進不在私也。「疑以爲慮，不謬於果」者，謬謂謬錯，果謂果敢，若不思慮，苟欲求進，當錯謬於果敢之事而致敗亡；若疑惑以爲思慮，則不錯謬於果敢之事。其

〔一〕「位」，單疏本作「住」。
〔二〕「於」，單疏本作「在」。

錯謬者，若宋襄公與楚人戰而致敗亡是也。

九五，飛龍在天，利見大人。 注云：不行不躍而在乎天，非飛如何？故曰「飛龍」也。龍德在天，則大人之路亨也。夫位以德興，德以位敘，以至德而處盛位，萬物之覩，不亦宜乎？

【疏】正義曰：言九五陽氣盛至於天，故云「飛龍在天」。此自然之象，猶若聖人有龍德飛騰而居天位，德備天下，爲萬物所瞻覩，故天下利見此居王位之大人。

○注「不行」至「亦宜乎」　正義曰：「龍德在天，則大人之路亨」，謂若聖人有龍德，居在天位，則大人道路得亨通。猶若文王拘在羑里，是大人道路未亨也。「夫位以德興」者，位謂王位，以聖德之人能興王位也。「德以位敘」者，謂有聖德之人得居王位，乃能敘其聖德。若孔子，雖有聖德而无其位，是德不能以位敘也。

上九，亢龍，有悔。

【疏】正義曰：上九亢陽之至天〔一〕而極盛，故曰「亢龍」。此自然之象，以人事言之，似聖人有龍德，上居天位，久而亢極，物極則反，故「有悔」也。純陽雖〔二〕極，未至大凶，但有悔吝而已。繫辭云：「悔吝者，言乎其小疵也。」故鄭引堯之末年，四凶在朝，是以有悔，未大凶也。凡「悔」之爲文，既是小疵，不

〔一〕「天」下，單疏本有「下」字。

〔二〕「雖」原作「進」，據單疏本改。

單稱悔也，必以餘字配之。其悔若在，則言「有悔」，謂當有此悔，則此經是也。其悔若无，則言「悔亡」，言其悔已亡也，若恒卦九二「悔亡」是也。其悔雖亡，或是更取他文結之，若復卦初九「不遠復，无祇悔」之類是也。但聖人至極，終始无虧，故文言云：「知進退存亡而不失其正者，其唯聖人乎？」是知大聖之人，本无此悔。但九五天位，有大聖而居者，亦有非大聖而居者，不能不有驕亢，故聖人設法以戒之也。

用九，見群龍无首，吉。注云：九，天之德也。能用天德，乃見「群龍」之義焉。夫以剛健而居人之首，則物之所不與也。以柔順而爲不正，則佞邪之道也。故乾吉在「无首」，坤利在「永貞」。

【疏】正義曰：「用九，見群龍」者，此一句說「乾元」能用天德也。九，天德也。若體「乾元」，聖人能用天德，則見「群龍」之義。「群龍」之義，以无首爲吉，故曰「用九，見群龍无首，吉」也。○注「九，天之德也」　正義曰〔一〕：「九，天之德」者，言六爻俱九，乃共成天德，非是一爻之九則爲天德也。

象曰：大哉乾元！萬物資始，乃統天。雲行雨施，品物流形，大明終始，六位時成，時乘六龍，以御天。乾道變化，各正性命。注云：天也者，形之名也。健也者，用形者也。夫形也者，

〔一〕「注九天之德也正義曰」九字原無，據單疏本補。

物之累也。有天之形而能永保无虧，爲物之首，統之者豈非至健哉！大明乎終始之道，故六位不失其時而成，升降无常，隨時而用，處則乘潛龍，出則乘飛龍，故曰「時乘六龍」也。乘變化而御大器。静專動直，不失大和，豈非正性命之情者邪？**保合大和，乃利貞。**注云：不和而剛暴。**首出庶物，萬國咸寧。**注云：萬國所以寧，各以有君也。

【疏】正義曰：夫子所作彖辭，統論一卦之義，或説其卦之德，或説其卦之義，或説其卦之名，故略例云：「彖者何也？統論一卦之體，明其所由之主。」案：褚氏、莊氏並云：「彖，斷也。斷定一卦之義，所以名〔一〕爲彖也。」但此彖釋乾與元、亨、利、貞之德。但諸儒所説，此彖分解四德，意各不同。今案：莊氏之説，於理稍密，依而用之。「大哉乾元，萬物資始，乃統天」者，此三句摠釋乾與元也。「乾」是卦名，「元」是乾德之首，故以元德配乾釋之。「大哉乾元」者，陽氣昊大，乾體廣遠，又以元大始生萬物，故曰「大哉乾元」。「萬物資始」者，釋其「乾元」稱「大」之義，以萬象之物，皆資取「乾元」，而各得始生，不失其宜，所以稱「大」也。「乃統天」者，以其至健而爲物始，以此乃能統領於天，天是有形之物，以其至健，能摠統有形，是「乾元」之德也。「雲行雨施，品物流形」者，此二句釋「亨」之德也，言乾能用天之德，使雲氣流行，雨澤施布，故品類之物，流布成形，各得亨通，无所壅蔽，是其「亨」也。「大明終始，六位時成」者，此二句摠結乾卦之德也。以乾之爲德大，明曉乎萬物終始之道，始則潛伏，終則飛

〔一〕「名」，單疏本作「明」。

躍，可潛則潛，可飛則飛，是明達乎始終之道，故六爻之位，依時而成。若其不明終始之道，應潛而飛，應飛而潛，應生而殺，應殺而生，六位不以時而成也。「時乘六龍，以御天」者，此二句申明「乾元」「乃統天」之義，言乾之爲德，以依時乘駕六爻之陽氣，以控御於天體。六龍，即六位之龍也。以所居上下言之，謂之六位也；陽氣升降，謂之六龍也。上文以至健元始揔明乾德，故云「乃統天」也。此明乘駕六龍，各分其事，故云「以御天」也。「乾道變化，各正性命」者，此二句更申明乾元、資始之義。道體无形，自然使物開通，謂之爲「道」。言乾卦之德，自然通物，故云「乾道」也。「變」謂後來改前，以漸移改，謂之變也。「化」謂一有一无，忽然而改，謂之爲化。言乾之爲道，使物漸變者，使物卒化者，各能正定物之性命。「性」者天生之質，若剛柔、遲速之别；「命」者人所稟受，若貴賤、夭壽之屬是也。「保合大和，乃利貞」者，此二句釋「利貞」也。純陽剛暴，若无和順，則物不得利，又失其正。以能保安合會大和之道，乃能利貞於萬物，言萬物得利而貞正也。「首出庶物，萬國咸寧」者，自上已來，皆論乾德自然養萬物之道。此二句論聖人上法乾德，生養萬物，言聖人爲君，在衆物之上，最尊高於物；以頭首出於衆物之上，各置君長以領萬國，故萬國皆得寧也。人君位實尊高，故於此云「首出於庶物」者也。志須卑下，故前經云「无首，吉」也。但前文説乾用天德，其事既詳，故此文聖人以人事象乾，於文略也。以此言之，聖人亦當令「萬物資始」，統領於天位，而「雲行雨施」，布散恩澤，使兆庶衆物，各流布其形。又大明乎盛衰終始之道，使天地四時貴賤高下，各以時而成。又任用群賢，以奉行聖化，使物各正性命。此聖人所以象乾而立化。

○注「天也」至「者邪」　正義曰：夫形也者，物之累也。凡有形之物，以形爲累，是含生之屬，各憂性命。而天地雖復有形，常能永保无虧，爲物之首，豈非統用之者至極健哉！若非至健，何能使天形无累？見其无累，則知「至健」也。「乘變化而御大器」者，「乘變化」，則乘潛龍、飛龍之屬是也。「而御大器」，大器謂天也，乘此潛龍、飛龍而控御天體，所以運動不息，故云「而御大器」也。「静專動直，不失大和」者，謂乾之爲體，其静住之時，則專一不轉移也；其運動之時，則正直不傾邪也。故上繫辭云：「夫乾，其静也專，其動也直，是以大生焉。」韓康伯注云：「專，專一也。直，剛正也。」「不失大和」，則下文「保合大和」是也。「豈非正性命之情者邪」，以乾能正定物之性命，故云「豈非正性命之情者邪」，謂物之性命各有情，非天之情也。天本无情，何情〔一〕之有？而物之性命，各有情也。所稟生者謂之性，隨時念慮謂之情，无識无情，今據有識而言，故稱曰「情」也。夫子爲彖之體，斷明一卦之義，體例不同。莊氏以爲凡有一十二體，今則略舉大綱，不可事事繁説。莊氏云「彖者發首則歎美卦者，則此乾彖云『大哉乾元』，坤卦彖云『至哉坤元』。以乾、坤德大，故先歎美之，乃後詳説其義。或有先疊文解義而後歎者，則豫卦彖云『豫之時義大矣哉』之類是也。或有先釋卦名之義，後以卦名結之者，則同人彖云『柔得位得中而應乎乾，曰同人』，大有彖云『柔得尊位大中而上下應之，曰大有』之例是也。或有特疊卦名而稱其卦者，則同人彖云：『同人曰：同人于野，亨。』注云：『「同人于野，亨，利

〔一〕「情」，浦鏜十三經注疏正字（文淵閣四庫全書本，以下簡稱浦鏜）云：「情」當「正」之誤。

涉大川』，非二之所能也。是乾之所行，故特曰『同人曰』。」此等之屬，爲文不同，唯同人之彖特稱「同人曰」，注又别釋。其餘諸卦之彖，或詳或略，或先或後，故上下參差，體例不同，或難具解，或易略解。若一比並，曲生節例，非聖人之本趣，恐學[一]者之徒勞心不曉也。今皆略而不言，必有其義，於卦下而具説。

象曰：天行健，君子以自强不息。

【疏】正義曰：此大象也。十翼之中第三翼，揔象一卦，故謂之「大象」。但萬[二]物之體，自然各有形象，聖人設卦以寫萬物之象。今夫子釋此[三]卦之所象，故言「象曰」。天有純剛，故有健用。今畫純陽之卦以比擬之，故謂之象。象在彖後者，彖詳而象略也。是以過半之義，思在彖而不在象，有由而然也。「天行健」者，行者運動之稱，健者强壯之名，「乾」是衆健之訓。今大象不取餘健爲釋，偏説「天」者，萬物壯健，皆有衰怠，唯天運動，日過一度，蓋運轉混没，未曾休息，故云「天行健」。健是乾之訓也。順者坤之訓也。坤則云「地勢坤」。此不言「天行乾」而言「健」者，劉表云：「詳其名也。」然則「天」是體名，「乾」是用名，「健」是其訓，三者並見，最爲詳悉，所以尊乾，異於他卦。凡六十四卦，説象

[一]「學」，單疏本作「牽」。
[二]「但萬」，單疏本作「釋爲」。
[三]「此」，單疏本作「其」。

不同：或揔舉象之所由，不論象之實體，又揔包六爻，不顯上體下體，則乾、坤二卦是也。或直舉上下二體者，若「雲雷，屯」也，「天地交，泰」也，「天地不交，否」也，「雷電，噬嗑」也，「雷風，恒」也，「雷雨作，解」也，「風雷，益」也，「雷電皆至，豐」也，「洊雷，震」也，「隨風，巽」也，「習坎，坎」也，「明兩作，離」也，「兼山，艮」也，「麗澤，兑」也。凡此一十四卦，皆總舉兩體而結義也，取兩體俱成。或有直舉兩體上下相對者，「天與水違行，訟」也，「上天下澤，履」也，「天與火，同人」也，「上火下澤，睽」也。凡此四卦，或取兩體相違，或取兩體相合，或取兩體上下相承而爲卦也，故兩體相對而俱言也。雖上下二體共成一卦，或直指上體而爲文者，若「雲上於天，需」也，「風行天上，小畜」也，「火在天上，大有」也，「雷出地奮，豫」也，「風行地上，觀」也，「山附於地，剥」也，「澤滅木，大過」也，「雷在天上，大壯」也，「明出地上，晉」也，「風自火出，家人」也，「澤上於天，夬」也，「澤上於地，萃」也，「風行水上，涣」也，「水在火上，既濟」也，「火在水上，未濟」也。凡此十五卦，皆先舉上象而連於下，亦意取上象以立卦名也。亦有雖意在上象而先舉下象以出上象者，「地上有水，比」也，「澤上有地，臨」也，「山上有澤，咸」也，「山上有火，旅」也，「木上有水，井」也，「木上有火，鼎」也，「山上有木，漸」也，「澤上有雷，歸妹」也，「山上有水，蹇」也，「澤上有水，節」也，「澤上有風，中孚」也，「山上有雷，小過」也。凡此十二卦，皆先舉下象以出上象，亦意取上象共下象而成卦也。或先舉上象而出下象，義取下象以成卦義者，「山下出泉，蒙」也，「地中有水，師」也，「山下有風，蠱」也，「山下有火，賁」也，「天下雷行，无妄」也，「山下有雷，頤」也，「天下有山，遯」也，「山下有澤，損」也，「天下有風，姤」也，「地中有山，謙」也，「澤中有雷，隨」也，「地中生木，升」也，「澤中有火，革」也。凡此十三卦，皆先舉上體，後明下體也。其上體是天，天與山則稱「下」也。若上體是地，地與澤則稱「中」也。或有雖先舉下象，稱在上象之下者，若「雷在地中，復」也，「天在山中，大畜」也，「明入地中，明夷」也，「澤无水，困」也，是先舉下象而稱在上象之下，亦義取下象以立卦也。所論之例者，皆大判而言之，其間委曲，各於卦下別更詳之。先儒所云：此等象辭，或有實象，或有假象。實象者，若「地上有水，比」也，「地中生木，升」也，皆非虛，故言實也。假象者，若「天在山中」，「風自火出」，如此之類，實无此象，假而爲義，故謂之假也。雖有實象、假象，皆以義示人，揔謂之「象」也。「天行健」者，謂天體之行，晝夜不息，周而復始，无時虧退，故云「天行健」。此謂天之自然之象。「君子以自彊不息」，此以人事法天所行，言君子之人用此卦象，自彊勉力，不有止息。言「君子」者，謂君臨上位，子愛下民，通天子諸侯，兼公卿大夫有地者。凡言「君子」，義皆然也。但位尊者象卦之義多也，位卑者象卦之義少也。但須量力而行，各法其卦也，所以諸卦並稱「君子」。若卦體之義，唯施于天子，不兼包在下者，則言「先王」也。若比卦稱「先王以建萬國」，豫卦稱「先王以作樂崇德」，觀卦稱「先王以省方觀民設教」，噬嗑稱「先王以明罰勑法」，復卦稱「先王以至日閉關」，无妄稱「先王以茂對時育萬物」，渙卦稱「先王以享於帝立廟」。泰卦稱「后以財成天地之道」，姤卦稱「后以施命誥四方」，稱「后」，兼諸侯也。自外卦並稱「君子」。

潛龍勿用，陽在下也。見龍在田，德施普也。終日乾乾，反復道也。注云：以上言之則不驕，以下言之則不憂，反覆皆道也。**或躍在淵，進无咎也。飛龍在天，大人造也。亢龍有悔，盈不可久也。**

【疏】正義曰：自此已下至「盈不可久」，是夫子釋六爻之象辭，謂之小象。以初九陽潛地中，故云「陽在下也」。經言「龍」而象言「陽」者，明經之稱「龍」，則陽氣也。此一爻之象，專明天之自然之氣也。「見龍在田，德施普」者，此以人事言之。用龍德在田，似聖人已出在世，道德恩施，能普徧也。比初九「勿用」，是其周普也，若比九五則猶狹也。「終日乾乾，反復道」者，此亦以人事言之。君子「終日乾乾」，自彊不息，故反之與覆，皆合其道。反謂進反在上也，處下卦之上，能不驕逸，是反能合道也。「覆」謂從上倒覆而下，居上卦之下，能不憂懼，是覆能合道也。「或躍在淵，進无咎」者，此亦人事言之。進則跳躍在上，退則潛處在淵，猶聖人疑或而在於貴位也。心所欲進，意在於公，非是爲私，故「進无咎也」。「飛龍在天，大人造」者，此亦人事言之。「飛龍在天」，猶聖人之在王位。造，爲也，唯大人能爲之而成就也。姚信、陸績之屬，皆以「造」爲「造至」之「造」。今案：象辭皆上下爲韻，則姚信之義，其讀非也。「亢龍有悔，盈不可久」者，此亦人事言之。九五是盈也，盈而不已則至上九，而致亢極，有悔恨也，故云「盈不可久也」。但此六爻象辭，第一爻言「陽在下」，是舉自然之象，明其餘五爻皆有自然之象，舉初以見末。五爻並論人事，則知初爻亦有人事，互文相通也。

用九，天德不可爲首也。

【疏】正義曰：此一節釋經之「用九」之象辭。經稱「用九」，故象更疊云「用九」。云「天德不可爲首」者，此夫子釋辭也。「九」是天之德也，天德剛健，當以柔和接待於下，不可更懷尊剛爲物之首，故云「天德不可爲首也」。

文言曰：元者善之長也，亨者嘉之會也，利者義之和也，貞者事之幹也。君子體仁足以長人，嘉會足以合禮，利物足以和義，貞固足以幹事。君子行此四德者，故曰：「乾，元、亨、利、貞。」

【疏】正義曰：文言者，是夫子第七翼也。以「乾坤，其易之門戶邪」，其餘諸卦及爻，皆從乾、坤而出，義理深奧，故特作文言以開釋之。莊氏云：「文謂文飾，以乾、坤德大，故特文飾，以爲文言。」今謂夫子但贊明易道，申說義理，非是文飾華彩，當謂釋〔一〕二卦之經文，故稱文言。從此至「元亨利貞」，明乾之四德，爲第一節；從「初九曰潛龍勿用」至「動而有悔」，明六爻之義，爲第二節；自「潛龍勿用」下至「天下治也」，論六爻之人事，爲第三節；自「潛龍勿用，陽氣潛藏」至「乃見天則」，論六爻自然之氣，爲第四節；自「乾元者」至「天下平也」，此一節復說「乾元」之四德之義，爲第五節；自「君子以成德爲

〔一〕「釋」，單疏本作「飾」。

行」至〔一〕「其唯聖人乎」，此一節更廣明六爻之義，爲第六節。今各依文解之。此第一節，論乾之四德也。「元者善之長也」，此已下論乾之四德，但乾之爲體，是天之用。凡天地運化，自然而爾，因无而生有也，无爲而自爲。天本无心，豈造「元亨利貞」之德也？天本无名，豈造「元亨利貞」之名也？但聖人以人事託之，謂此自然之功，爲天之四德，垂教於下，使後代聖人法天之所爲，故立天「四德」以設教也。莊氏云：「第一節『元者善之長』者，謂天之體性，生養萬物，善之大者，莫善施生，元爲施生之宗，故言『元者善之長也』。『亨者嘉之會』者，嘉，美也。言天能通暢萬物，使物嘉美之會聚，故云『嘉之會也』。『利者義之和』者，言天能利益庶物，使物各得其宜而和同也。『貞者事之幹』者，言天能以中正之氣成就萬物，使物皆得幹濟。」莊氏之意，以此四句明天之德也，而配四時。「元」是物始，於時配春，春爲發生，故下云「體仁」，仁則春也。「亨」是通暢萬物，於時〔二〕配夏，故下云「合禮」，禮則夏也。「利」爲和義，於時配秋，秋既物成，各合其宜。「貞」爲事幹，於時配冬，冬既收藏，事皆幹了也。於五行之氣，唯少土也。土則分王四季，四氣之行，非土不載，故不言也。「君子體仁足以長人」者，自此已下，明人法天之行此「四德」，言君子之人，體包仁道，汎〔三〕愛施生，足以尊長於人也。仁則善也，謂行

〔一〕「至」下，原衍一「其」字，據單疏本删。
〔二〕「時」，單疏本作「是」。
〔三〕「汎」原作「凡」，據單疏本改。

仁德，法天之「元〔一〕」德也。「嘉會足以合禮」者，言君子能使萬物嘉美集會，足以配合於禮，謂法天之「亨」也。「利物足以和義」者，言君子利益萬物，使物各得其宜，足以和合於義，法天之「利」也。「貞固足以幹事」者，言君子能堅固貞正，令物得成，使事皆幹濟，此法天之「貞」也。施於五事言之，元則仁也，亨則禮也，利則義也，貞則信也。不論智者，行此四事，並須資於知。且乾鑿度云：「水土二行，兼信與知也。」故略「知」不言也。「君子行此四德者，故曰：乾，元亨利貞」，以君子之人，當行此四種之德。是以文王作易，稱「元亨利貞」之德，欲使君子法之。但行此「四德」，則與天同功，非聖人不可。唯云「君子」者，但易之爲道，廣爲垂法，若限局聖人，恐不逮餘下，故揔云「君子」，使諸侯公卿之等，悉皆行之。但聖人行此「四德」，能盡其極也。君子行此「四德」，各量力而爲，多少各有其分。但乾卦象天，故以此「四德」皆爲天德。但陰陽合會，二象相成，皆能有德，非獨乾之一卦。是以諸卦之中亦有「四德」，但餘卦「四德」有劣於乾，故乾卦直云「四德」，更无所言，欲見乾之「四德」，无所不包。其餘卦「四德」之下，則更有餘事，以「四德」狹劣，故以餘事繫之，即坤卦之類是也。亦有「四德」之上，即論餘事，若革卦云「已日乃孚，元亨利貞，悔亡」也。由「乃孚」之後，有「元亨利貞」，乃得「悔亡」也。有「四德」者，即乾、坤、屯、臨、隨、无妄、革七卦是也。亦有其卦非善，而有「四德」者，以其卦凶，故有「四德」乃可也。故隨卦有「元亨利貞」，乃得「无咎」是也。「四德」具者，其卦未必善也。亦有三德者，即離、

〔一〕「元」原作「亢」，據單疏本改。

咸、萃、兑、涣、小過凡六卦。就三德之中，爲文不一，或總稱三德於上，更别陳餘事於下，若離、咸之屬是也。就三德之中，上下不一，離則云「利貞，亨」，由利貞乃得亨也。亦有先云「亨」，更陳餘事，乃始云「利貞」者，以有餘事乃得「利貞」故也。有二德者，大有、蠱、漸、大畜、升、困、中孚凡七卦。此二德或在事上言之，或在事後言之，由後有事乃致此二德故也。亦有一德者，若蒙、師、小畜、履、泰、謙、噬嗑、賁、復、大過、震、豐、節、既濟、未濟凡十五卦，皆一德也，並是「亨」也。或多在事上言之，或在事後者〔一〕，履卦云：「履虎尾，不咥人，亨。」由有事乃得亨。以前所論德者，皆於經文挺然特明德者乃言之也。其有因事相連而言德者，則不數之也。若需卦云：「需：有孚，光亨，貞吉。」雖有亨、貞二德，連事起文，故不數也。遯卦云：「亨，小利貞。」雖有三德，亦不數也。旅卦云：「旅：小亨，旅貞吉。」雖有亨、貞二德，亦連他事，不數也。比卦云：「原筮，元永貞，无咎。」否卦云：「否之匪人，不利君子貞。」雖有「貞」字，亦連他文言之，又非本卦德，亦不數之。同人云：「同人于野，亨。」坎卦云：「有孚，維心亨。」損卦云：「无咎，可貞。」此等雖有一德，皆連事而言之，故亦不數。所以然者，但易含萬象，事義非一，隨時曲變，「不可爲典要」故也。其有意義，各於卦下詳之。亦有卦善而德少者，若泰與謙、復之類，雖善，唯一德也。亦有全无德者，若豫、觀、剥、晉、蹇、解、夬、姤、井、艮、歸妹凡十一卦也。大略唯有凶卦无德者，若剥、蹇、夬、姤之屬是也。亦有卦善而无德者，晉、解之屬是也。各於卦下詳之。

〔一〕「者」，阮校云：閩、監、毛本作「言」。

凡「四德」者，亨之與貞，其德特行，若元之與利，則配連他事。其意以元配亨，以利配貞，雖配他事爲文，元是元大也，始首也；利是利益也，合和也。以當分言之，各是其一德也。唯配亨、貞，俱爲四德。元雖配亨，亦配他事，故比卦云「元永貞」，坤六五「黄裳元吉」是也。利亦非獨利貞，亦所利餘事多矣，若「利涉大川」、「利建侯」、「利見大人」、「利君子貞」。如此之屬，是利字所施處廣，故諸卦謂他事之利，不數以爲德也。此「四德」非唯卦下有之，亦於爻下言之，但爻下其事稍少，故「黄裳元吉」及「何天之衢，亨。小貞吉，大貞凶」，此皆於爻下言之，其利則諸爻皆有。

初九曰「潛龍勿用」，何謂也？子曰：「龍德而隱者也。不易乎世，注云：不爲世俗所移易也。不成乎名，遯世无悶，不見是而无悶，樂則行之，憂則違之，確乎其不可拔，潛龍也。」

【疏】正義曰：此第二節釋初九爻辭也。「初九曰潛龍勿用，何謂也」者，此夫子疊經初九爻辭，故言「初九曰」；方釋其義，假設問辭，故言「潛龍勿用，何謂也」。「子曰：龍德而隱者也」，此夫子以人事釋「潛龍」之義，聖人有龍德隱居者也。「不易乎世」者，不移易其心，在於世俗，雖逢險難，不易本志也。「不成乎名」者，言自隱默，不成就於令名使人知也。「遯世无悶」者，謂逃遯避世，雖逢无道，心无所悶。「不見是而无悶」者，言舉世皆非，雖不見善，而心亦无悶。上云「遯世无悶」，心處僻陋，「不見是而无悶」，此因見世俗行惡，是亦「无悶」，故再起「无悶」之文。「樂則行之，憂則違之」者，心以爲樂，己則行之，心以爲憂，己則違之。「確乎其不可拔」者，身雖逐物推移，潛隱避世，心志〔一〕守道，確乎堅實其不可拔，此是「潛龍」之義也。

九二曰「見龍在田，利見大人」，何謂也？子曰：「龍德而正中者也。庸言之信，庸行之謹，閑邪存其誠，善世而不伐，德博而化。易曰『見龍在田，利見大人』，君德也。」

【疏】正義曰：此釋九二爻辭。「子曰：龍德而正中」者，九二居中不偏，然不如九五居尊得位，故但云「龍德而正中者也」。「庸言之信，庸行之謹」者，庸謂中庸；庸，常也。從始至末，常言之信實，常行之謹慎。「閑邪存其誠」者，言防閑邪惡，當自存其誠實也。「善世而不伐」者，謂爲善於世，而不自伐其功。「德博而化」者，言德能廣博，而變化於世俗。初爻則全隱遯避世，二爻則漸見德行以化於俗也。若舜漁於雷澤，陶於河濱，以器不窳，民漸化之是也。「易曰『見龍在田，利見大人』，君德」者，以其異于諸爻，故特稱「易曰」。「見龍在田」，未是君位，但云「君德」也。

九三曰「君子終日乾乾，夕惕若厲，无咎」，何謂也？子曰：「君子進德脩業。忠信，所以進德也。脩辭立其誠，所以居業也。知至至之，可與幾也。知終終之，可與存義也。注云：處一體之極，是「至」也。居一卦之盡，是「終」也。處事之至而不犯咎，「知至」者也，故可與成務矣。處終而

〔一〕「志」，原脫，據單疏本補。

能全其終，「知終」者也。夫進物之速者，義不若利；存物之終者，利不及義，故「靡不有初，鮮克有終」。夫「可與存義」者，其唯「知終」者乎？**是故居上位而不驕，在下位而不憂。**注云：居下體之上，在上體之下，明夫終敝，故「不驕」也。知夫至至，故「不憂」也。**故乾乾，因其時而惕，雖危无咎矣。」**注云：惕，怵惕之謂也。處事之極，失時則廢，懈怠則曠，故「因其時而惕，雖危无咎」。

【疏】正義曰：此釋九三爻辭也。「子曰：君子進德脩業」者，德謂德行，業謂功業。九三所以「終日乾乾」者，欲進益道德，脩營功業，故「終日乾乾」，匪懈也。「進德」則「知至」，將進也；「脩業」則「知終」，存義也。「忠信所以進德」者，復解進德之事，推忠於人，以信待物，人則親而尊之，其德日進，是「進德」也。「脩辭立其誠，所以居業」者，辭謂文教，誠謂誠實也。外則脩理文教，內則立其誠實，內外相成，則有功業可居，故云「居業也」。上云「進德」，下復云「進德」；上云「脩業」，下變云「居業」者，以其間有「脩辭」之文，故避其脩文而云「居業」，且功業宜云「居」也。「知至至之，可與幾」者，九三處一體之極，方至上卦之下，是「至」也。既居上卦之下，而不犯凶咎，是「知至」也。既能知是將至，則是識幾知理，可與共論幾事。幾者，去无入有，有理而未形之時。此九三既知時節將至，知理欲到，可與共營幾也。「知終終之，可與存義」者，居一體之盡，而全其終竟，是「知終」也。既能知此終竟，是終盡之時，可與保存其義。義者宜也，保全其位，不有失喪，於事得宜。九三既能知其自全，故可存義。然九三唯是一爻，或使之欲進「知幾」也，或使之欲退「存義」也。一進一退，其意不同，以九三處進退之時，若可進則進，可退則退，兩意並行。「是故居上位而不驕」者，謂居下體之上位而不驕也，以其「知終」，故不敢懷驕慢。「在下位而不憂」者，處上卦之下，故稱「下位」，以其知事將至，務幾欲進，故不可憂也。「故乾乾，因其時而惕，雖危无咎」者，九三以此之故，恒「乾乾」也。因其已終、已至之時，而心懷惕懼，雖危不寧，以其知終、知至，故「无咎」。

○注「處一體」至「知終者乎」 正義曰：「處一體之極，是至也」者，莊氏云：「極即至也。三在下卦之上，是至極。」褚氏云：「一體之極是至者，是下卦已極，將至上卦之下，至謂至上卦也。」下云「在下位而不憂」，注云「知夫至至，故不憂」，此以人事言之。既云「下位」，明知在上卦之下，欲至上卦，故不憂，是知將至上卦。若莊氏之説，直云「下卦」上極是至極，儻无上卦之體，何可至也？何須與幾也？是知「至」者據上卦爲文，莊説非也。「處事之至而不犯咎」，是「知至」者，謂三近上卦，事之將至，能以禮知屈，而不觸犯上卦之咎，則是知事之將至。「故可與成務」者，務謂事務。既識事之先幾，可與以成其事務。「與」猶許也，言可許之事，不謂此人共彼相與也。「進物之速者，義不若利」者，利則隨幾而發，見利則行也。義者依分而動，不妄求進，故進物速疾，義不如利，由義靜而利動故也。「存物之終者，利不及義」者，保全已成之物，不妄興動，故「利不及義」也。「故靡不有初，鮮克有終」者，見利則行，不顧在後，是「靡不有初」；不能守成其業，是「鮮克有終」。

○注「明夫」至「不憂也」 正義曰：「明夫終敝，故不驕」者，解「知終」也。「知夫至至，故不憂」者，解「知至」也。前經「知至」在前，「知終」在後；此經先解「知終」，後解「知至」者，隨文便而言之也。

○注「處事」至「无咎」　正義曰：「處事之極，失時則廢」者，謂三在下卦之上體，是處事之極至也。若失時不進，則幾務廢闕，所以「乾乾」須進也。「懈怠則曠」者，既處事極，極則終也，當保守已終之業；若懈怠驕逸，則功業空曠，所以「乾乾」也。「失時則廢」，解「知至」也。「懈怠則曠」，解「知終」也。

九四曰「或躍在淵，无咎」，何謂也？子曰：「上下无常，非爲邪也。進退无恒，非離群也。君子進德脩業，欲及時也，故无咎。」

【疏】正義曰：此明九四爻辭也。「子曰：上下无常，非爲邪」者，上而欲躍，下而欲退，是无常也。意在於公，非是爲邪也。「進退无恒，非離群」者，何氏云：「所以進退无恒者，時使之然，非苟欲離群也。」何氏又云：「言上下者，據位也；進退者，據爻也。」所謂「非離群」者，言雖「進退无恒」，猶依群衆而行，和光俯仰，並同於衆，非是卓絶獨離群也。「君子進德脩業，欲及時」者，「進德」則欲上、欲進也，「脩業」則欲下、欲退也。進者棄位欲躍，是「進德」之謂也；退者仍退在淵，是「脩業」之謂也。其意與九三同，但九四於〔一〕前，進多於九三，故云「欲及時也」。九三則不云「及時」，但「可與言幾」而已。

九五曰「飛龍在天，利見大人」，何謂也？子曰：「同聲相應，同氣相求。水流濕，火就燥，雲從龍，風從虎，聖人作而萬物覩，本乎天者親上，本乎地者親下，則各從其類

〔一〕「於」，阮校云：閩、監、毛本作「欲」。

也。」

【疏】正義曰：此明九五爻之義。「同聲相應」已下至「各從其類也」。「飛龍在天」者，言天能廣感衆物，衆物應之，所以「利見大人」。因大人與衆物感應，故廣陳衆物相感應，以明聖人之作而萬物瞻覩以結之也。「同聲相應」者，若彈宫而宫應、彈角而角動是也。「同氣相求」者，若天欲雨而柱礎潤是也。此二者聲氣相感也。「水流濕，火就燥」者，此二者以形象相感，水流於地，先就濕處；火焚其薪，先就燥處。此同氣水火，皆无識而相感，先明自然之物，故發初言之也。「雲從龍，風從虎」者，龍是水畜，雲是水氣。故龍吟則景雲出，是「雲從龍」也。虎是威猛之獸，風是震動之氣，此亦是同類相感，故虎嘯則谷風生，是「風從虎」也。此二句明有識之物感无識，故以次言之，漸就有識而言也。「聖人作而萬物覩」者，此二句正釋「飛龍在天，利見大人」之義。「聖人作」則「飛龍在天」也，「萬物覩」則「利見大人」也。陳上數事之名，本明於此，是有識感有識也。此亦同類相感，聖人有生養之德，萬物有生養之情，故相感應也。「本乎天者親上，本乎地者親下」者，在上雖陳感應，唯明數事而已。此則廣解天地之間共相感應之義。莊氏云：「天地絪緼，和合二氣，共生萬物。」然萬物之體，有感於天氣偏多者，有感於地氣偏多者，故周禮大宗伯有「天産」、「地産」，大司徒云「動物」、「植物」，本受氣於天者，是動物含靈之屬，天體運動，含靈之物亦運動，是親附於上也；本受氣於地者，是植物无識之屬，地體凝滯，植物亦不移動，是親附於下也。「則各從其類」者，言天地之間，共相感應，各從其氣類。此類因聖人感萬物以同類，故以同類言之。其造化之性，陶甄之器，非唯同類相感，亦有異類相感者，若磁石引針，琥珀拾芥，蠶吐絲而商弦絶，銅山崩而洛鐘應，其類煩多，難一一言也，皆冥理自然，不知其所以然也。感者動也，應者報也，皆先者爲感，後者爲應。非唯近事則相感，亦有遠事遥相感者，若周時獲麟，乃爲漢高之應；漢時黄星，後爲曹公之兆。感應之事廣，非片言可悉。今意在釋理，故略舉大綱而已。

上九曰「亢龍有悔」，何謂也？子曰：「貴而无位，高而无民。注云：下无陰也。賢人在下，位而无輔，注云：賢人雖在下而當位，不爲之助。是以動而有悔也。」注云：處上卦之極而不當位，故盡陳其闕也。獨立而動，物莫之與矣。乾文言首不論「乾」而先説「元」，下乃曰「乾」，何也？夫「乾」者，統行四事者也。君子以自强不息行此四者，故首不論「乾」而下曰「乾，元、亨、利、貞」。餘爻皆説龍，至於九三獨以「君子」爲目，何也？夫易者象也。象之所生，生於義也。有斯義，然後明之以其物，故以龍敘乾，以馬明坤，隨其事義而取象焉。是故初九、九二，龍德皆應其義，故可論龍以明之也。至於九三「乾乾夕惕」，非龍德也，明以君子當其象矣。統而舉之，乾體皆龍；别而敘之，各隨其義。

【疏】正義曰：此明上九爻辭也。「子曰：貴而无位」者，以上九非位而上九居之，是无位也；「高而无民」者，六爻皆无陰，是无民也。「賢人在下，位而无輔」者，賢人雖在下位，不爲之輔助也。「是以動而有悔」者，聖人設誡，居此之時不可動作也。

○注「處上」至「其義」　正義曰：「夫乾者，統行四事者也。君子以自强不息行此四者」，注意以「乾」

爲四德之主，文言之首應先説「乾」，而先説四德者，故自發問而釋之，以「乾」體當分无功，唯統行此四德之事。行此四德，乃是「乾」之功，故文言先説「君子以自强不息行此四德者」。故先言之，發首不論「乾」也。但能四德既備，乾功自成，故下始云「乾，元亨利貞」。

潛龍勿用，下也。見龍在田，時舍也。終日乾乾，行事也。或躍在淵，自試也。飛龍在天，上治也。亢龍有悔，窮之災也。乾元用九，天下治也。注云：此一章全以人事明之也。九，陽也。陽，剛直之物也。夫能全用剛直，放遠善柔，非天下至理，未之能也，故「乾元用九」則「天下治也」。夫識物之動，則其所以然之理，皆可知也。龍之爲德，不爲妄者也。潛而勿用，何乎？必窮處於下也。見而在田，必以時之通舍也。以爻爲人，以位爲時，人不妄動，則時皆可知也；文王明夷，則主可知矣；仲尼旅人，則國可知矣。

【疏】正義曰：此一節是文言第三節，説六爻人事所治之義。「潛龍勿用，下也」者，言聖人於此潛龍之時在卑下也。「見龍在田，時舍」者，舍謂通舍，九二以見龍在田，是時之通舍也。「終日乾乾，行事」者，言行此知至、知終之事也。「或躍在淵，自試」者，言聖人逼近五位，不敢果決而進，唯漸漸自試，意欲前進，遲疑不定，故云「自試也」。「飛龍在天，上治」者，言聖人居上位而治理也。「亢龍有悔，窮之災」者，言位窮而致災，災則悔也，非爲大禍災也。「乾元用九，天下治」者，易經上稱「用九」，「用九」之文，揔是乾德，又「乾」字不可獨言，故舉「元」德以配「乾」也。言此「乾元」用「九」德而天下治。九五止是一爻，觀見事狹，但云「上治」。「乾元」總包六爻，觀見事闊，故云「天下治也」〔一〕。

○注「此一章」至「可知也」　正義曰：「此一章全以人事明之」者，下云「陽氣潛藏」，又云「乃位乎天德」，又云「乃見天則」，此一章但云「天下治」，是皆以人事説之也。「夫能全用剛直，放遠善柔，非天下至理，未之能也」者，以「乾元用九」，六爻皆陽，是「全用剛直」。「放遠善柔」，謂放棄善柔之人。善能柔諂，貌恭心佷，當作「狠」。使人不知其惡，識之爲難。此用九純陽者，是全用剛直，更无餘陰。柔善之人，堯尚病之，故云「非天下之至理，未之能也」。「夫識物之動，則其所以然之理，皆可知」者，此欲明在下龍潛、見之義。故張氏云：「識物之動，謂龍之動也。則其所以然之理，皆可知者，謂識龍之所以潛、所以見，然此之理皆可知也。」「龍之爲德，不爲妄者」，言龍靈異於他獸，不妄舉動，可潛則潛，可見則見，是不虛妄也。「見而在田，必以時之通舍」者，經唯云「時舍也」，注云「必以時之通舍」者，則輔嗣以「通」解「舍」，「舍」是通義也。初九潛藏不見，九二既見而在田，是「時之通舍」之義也。「以爻爲人，以位爲時」者，爻居其位，猶若人遇其時，故「文王明夷，則主可知矣」。主則時也，謂當時无道，故明傷也。「仲尼旅人，則國可知矣」，國亦時也，若見仲尼羈旅於人，則知國君无道，令其羈旅出外。引文王、仲尼者，明龍潛、龍見之義。

〔一〕「也」字原無，據單疏本補。

潛龍勿用，陽氣潛藏。見龍在田，天下文明。終日乾乾，與時偕行。注云〔一〕：與天時俱不息。或躍在淵，乾道乃革。飛龍在天，乃位乎天德。亢龍有悔，與時偕極。注云：與時運俱終極。乾元用九，乃見天則。注云：此一章全說天氣以明之也。九，剛直之物，唯乾體能用之，用純剛以觀天，天則可見矣。

【疏】正義曰：此一節是文言第四節，明六爻天氣之義。「天下文明」者，陽氣在田，始生萬物，故天下有文章而光明也。「與時偕行」者，此以天道釋爻象也。所以九三乾乾不息，終日自戒者，同於天時，生物不息，言「與時偕行」也。偕，俱也。諸儒以爲建辰之月，萬物生長，不有止息，與天時而俱行。若以「不息」言之，是建寅之月，三陽用事，三當生物之初，生物不息，同於天時生物不息，故言「與時偕行」也。「乾道乃革」者，去下體，入上體，故云「乃革」也。「乃位乎天德」者，位當天德之位，言九五陽居於天，照臨廣大，故云「天德」也。「乃見天則」者，陽是剛亢之物，能用此純剛，唯天乃然，故云「乃見天則」。

乾元者，始而亨者也。利貞者，性情也。注云：不爲乾元，何能通物之始？不性其情，何能久行其正？是故始而亨者，必乾元也；利而正者，必性情也。乾始，能以美利利天下，不言所利，大矣哉！大哉

〔一〕「注云」二字，原脱，據全書體例補，下同，不一一出校。

乾乎！剛健中正，純粹精也。六爻發揮，旁通情也。時乘六龍，以御天也。雲行雨施，天下平也。

【疏】正義曰：此一節是第五節，復明上初章及乾四德之義也。「乾元者，始而亨者也」，以乾非自當分有德，以「元、亨、利、貞」爲德。「元」是四德之首，故夫子恒以「元」配「乾」而言之，欲見乾、元相將之義也。以有乾之元德，故能爲物之始而亨通也。此解元、亨二德也。「利貞者，性情也」者，所以能利益於物而得正者，由性制於情也。「乾始，能以美利利天下，不言所利，大矣哉」者，此復説始而亨、利、貞之義。「乾始」，謂乾能始生萬物，解「元」也。「能以美利利天下」，解「利」也。謂能以生長美善之道，利益天下也。不復説亨、貞者，前文「亨」既連始，「貞」又連利，舉始舉利，則通包亨、貞也。「不言所利，大矣哉」者，若坤卦云「利牝馬之貞」及「利建侯」、「利涉大川」，皆言所利之事。此直云「利貞」，不言所利之事，欲見无不利也，非唯止一事而已，故云：「不言所利，大矣哉。」其實此「利」爲无所不利，此「貞」亦无所不貞，是乾德大也。「大哉乾乎！剛健中正，純粹精」者，此正論乾德，不兼通「元」也，故直云「大哉乾乎」。「剛健中正」，謂純陽剛健，其性剛强，其行勁健。「中」謂二與五也，「正」謂五與三〔一〕也，故云「剛健中正」。六爻俱陽，是純粹也；純粹不雜，是精靈，故云「純粹精也」。「六爻發揮，

〔一〕「三」，阮校云：閩、監、毛本作「二」，當是。

旁通情」者，發謂發越也，揮謂揮散也，言六爻發越揮散，旁通萬物之情也。「時乘六龍，以御天」者，重取乾彖之文，以贊美此乾之義。「雲行雨施，天下平」者，言天下普得其利而均平不偏陂。

○注「不爲」至「性情也」　正義曰：乾之元氣，其德廣大，故能徧通諸物之始。若餘卦元德，雖能始生萬物，德不周普，故云：「不爲乾元，何能通物之始？」其實「坤元」亦能通諸物之始，以此文言論「乾元」之德，故注連言「乾元」也。「不性其情，何能久行其正」者，性者天生之質，正而不邪；情者性之欲也。言若不能以性制情，使其情如性，則不能久行其正。其六爻發揮之義，案略例云：「爻者，言乎變者也。故合散屈伸，與體相乖。形躁好靜，質柔愛剛，體與情反，質與願違。」是爻者所以明情，故六爻發散，旁通萬物之情。輔嗣之意，以初爲无用之地，上爲盡末之境，其居位者唯二、三、四、五，故繫辭唯論此四爻。初、末[一]雖无正位，統而論之，爻亦始、末之位，故乾彖云「六位時成」。二、四爲陰位，陰居爲得位，陽居爲失位；三、五爲陽位，陽居爲得位，陰居爲失位。略例云：「陽之所求者陰也，陰之所求者陽也。」一與四，二與五，三與上，若一陰一陽爲有應，若俱陰俱陽爲无應。此其六爻之大略，其義具於繫辭，於此略言之。

君子以成德爲行，日可見之行也。潛之爲言也，隱而未見，行而未成，是以君子弗

〔一〕「末」，阮校云：閩、監、毛本作「上」。

用也。

【疏】正義曰：此一節是文言第六節，更復明六爻之義。此節明初九爻辭。周氏云：「上第六〔一〕節『乾元者始而亨者也』，是廣明『乾』與『四德』之義，此『君子以成德爲行』，亦是第六節，明六爻之義，揔屬第六節，不更爲第七節。」義或當然也。「君子以成德爲行」者，明初九「潛龍」之義，故先開此語也。言君子之人，當以成就道德爲行，令其德行彰顯，使人日可見其德行之事，此君子之常也，不應潛隱。所以今日潛者，以時未可見，故須「潛」也。「潛之爲言也，隱而未見，行而未成」，此夫子解「潛龍」之義。此經中「潛龍」之言，是德之幽隱而未宣見，所行之行未可成就。「是以君子弗用」者，德既幽隱，行又未成，是君子於時不用，以逢衆陰，未可用也。周氏云：「德出於己，在身内之物，故云『成』；行被於人，在外之事，故云『爲行』。」下文即云「行而未成」，是行亦稱成。周氏之説，恐義非也。「成德爲行」者，言君子成就道德以爲其行。其「成德」、「爲行」，未必文相對。

君子學以聚之，問以辯之，注云：以君德而處下體，資納於物者也。寬以居之，仁以行之。易曰「見龍在田，利見大人」，君德也。

【疏】正義曰：此復明九二之德。「君子學以聚之」者，九二從微而進，未在君位，故且習學以畜其德。

〔一〕「第六」，按文義當作「第五」。

「問以辯之」者，學有未了，更詳問其事，以辯決於疑也。「寬以居之」者，當用寬裕之道居處其位也。「仁以行之」者，以仁恩之心，行之被物。「易曰見龍在田，利見大人，君德」者，既陳其德於上，然後引易本文以結之。易之所云是君德，「寬以居之，仁以行之」是也。但有君德，未是君位。

九三重剛而不中，上不在天，下不在田。故乾乾，因其時而惕，雖危无咎矣。

【疏】正義曰：此明九三爻辭。上之初九、九二皆豫陳其德於上，不發首云初九、九二，此九三、九四則發首先言九三、九四；其九五全不引易文，上九則發首云「亢之爲言也」。上下不爲例者，夫子意在釋經，義便則言，以潛、見須言其始，故豫張本於上。三、四俱言「重剛不中」，恐其義同，故並先云爻位并重剛不中之事。九五前章已備，故不復引易，但云「大人」也。上九亦前章備顯，故此直言「亢之爲言也」。案：初九云「潛之爲言」，上爻云「亢之爲言」，獨二爻云「言」者，褚氏以初、上居无位之地，故稱言也；其餘四爻是有位，故不云「言」，義或然也。「重剛」者，上下俱陽，故「重剛」也。「不中」者，不在二、五之位，故「不中」也。「上不在天」，謂非五位；「下不在田」，謂非二位也。「故乾乾，因其時而惕，雖危无咎矣」者，居危之地，以乾乾夕惕，戒懼不息，得「无咎」也。

九四重剛而不中，上不在天，下不在田，中不在人，故或之。或之者，疑之也，故无咎。

【疏】正義曰：此明九四爻辭也。其「重剛不中，上不在天，下不在田」，並與九三同也。「中不在人」者，三之與四，俱爲人道，但人道之中，人下近於地，上遠於天，九三近二，是下近於地，正是人道，故九三不云「中不在人」。九四則上近於天，下遠於地，非人所處，故特云「中不在人」。「故或之」者，以其上下无定，故心惑之也。「或之者，疑之也」者，此夫子釋經「或」字。經稱「或」是疑惑之辭，欲進欲退，猶豫不定，故疑之也。九三中雖在人，但位卑近下，向上爲難，故危惕，其憂深也。九四則陽德漸盛，去五彌近，前進稍易，故但疑惑，憂則淺也。

夫大人者，與天地合其德，與日月合其明，與四時合其序，與鬼神合其吉凶。先天而天弗違，後天而奉天時。天且弗違，而況於人乎？況於鬼神乎？

【疏】正義曰：此明九五爻辭。但上節明大人與萬物相感，此論大人之德无所不合，廣言所合之事。「與天地合其德」者，莊氏云：「謂覆載也。」「與日月合其明」者，謂照臨也。「與四時合其序」者，若賞以春夏、刑以秋冬之類也。「與鬼神合其吉凶」者，若福善禍淫也。「先天而天弗違」者，若在天時之先行事，天乃在後不違，是天合大人也。「後天而奉天時」者，若在天時之後行事，能奉順上天，是大人合天也。「天且弗違，而況於人乎？況於鬼神乎」者，夫子以天且不違，遂明大人之德，言尊而遠者尚不違，況小而近者可有違乎？況於人乎？況於鬼神乎？

亢之爲言也，知進而不知退，知存而不知亡，知得而不知喪。其唯聖人乎！知進退存亡，而不失其正者，其唯聖人乎！

【疏】正義曰：此明上九之義也。「知進而不知退，知存而不知亡，知得而不知喪」者，言此上九所以亢極有悔者，正由有此三事。若能三事備知，雖居上位，不至於「亢」也。此設誡辭。莊氏云：「進退據心，存亡據身，得喪據位。」「其唯聖人乎，知進退存亡」者，言唯聖人乃能知進退存亡也。何不云得喪者，得喪輕於存亡，舉重略輕也。「而不失其正者，其唯聖人乎」者，聖人非但只知進退存亡，又能不失其正道，其唯聖人乎！此經再稱「其唯聖人乎」者，上稱「聖人」爲「知進退存亡」發文，下稱「其唯聖人乎」者爲「不失其正」發文，言「聖人」非但「知進退存亡」，又能「不失其正」，故再發「聖人」之文也。

周易注疏卷第一

周易注疏卷第二

國子祭酒上護軍曲阜縣開國子臣孔穎達奉勑撰

☷坤下坤上。**坤：元亨，利牝馬之貞。**注云：坤，貞之所利，利於牝馬也。馬，在下而行者也，而又牝焉，順之至也。至順而後乃「亨」，故唯利於「牝馬之貞」。**君子有攸往，先迷，後得主，利。西南得朋，東北喪朋，安貞吉。**注云：西南致養之地，與坤同道者也，故曰「得朋」。東北反西南者也，故曰「喪朋」。陰之爲物，必離其黨，之於反類，而後獲安貞吉。

【疏】正義曰：此一節是文王於坤卦之下陳坤德之辭。但乾、坤合體之物，故乾後次坤，言地之爲體，亦能始生萬物，各得亨通，故云「元亨」，與乾同也。「利牝馬之貞」者，此與乾異。乾之所利，利於萬事爲貞，此唯云「利牝馬之貞」，坤是陰道，當以柔順爲貞，假借柔順之象，以明柔順之德也。牝對牡爲柔，馬對龍爲順，假借此柔順以明柔道，故云「利牝馬之貞」。「牝馬」，外物自然之象，此亦聖人因「坤元亨，利牝馬之貞」自然之德以垂教也。不云牛而云「馬」者，牛雖柔順，不能行地无疆，无以見坤廣生之德，馬雖比龍爲劣，所行亦能廣遠，象地之廣育。「君子有攸往」者，以其柔順利貞，故君子利有所往。「先迷，後得主，利」者，以其至陰，當待唱而後和。凡有所爲，若在物之先即迷惑，若在物之後即得主利，以陰不可先唱，猶臣不可先君，卑不可先尊故也。「西南得朋」者，此假象以明人事。西南坤位，是陰也，今以陰詣陰是「得朋」，俱是陰類，不獲吉也。猶人既懷陰柔之行，又向陰柔之所，是純陰柔弱，故非吉也。「東北喪朋，安貞吉」者，西南既爲陰，東北反西南即爲陽也。以柔順之道往詣於陽，是喪失陰朋，故得安靜貞正之吉，以陰而兼有陽故也。若以人事言之，象人臣離其黨而入君之朝，女子離其家而入夫之室。莊氏云：「先迷後得主利者，唯據臣事君也。得朋、喪朋，唯據婦適夫也。」其理褊狹，非易弘通之道。

○注「坤貞」至「牝馬之貞」　正義曰：「至順而後乃亨，故唯利於牝馬之貞」者，案：牝馬是至順，「牝馬」在「元亨」之下，在「貞」之上，應云「至順而後乃貞」。今云「至順而後乃亨」，倒取上文者，輔嗣之意，下句既云「牝馬之貞」，避此「貞」文，故云「乃亨」。但亨、貞相將之物，故云「至順之貞」，亦是「至順之亨」。此坤德以牝馬至順乃得貞也。下文又云「東北喪朋」，去陰就陽，乃得貞吉。上下義反者，但易含萬象，一屈一伸。此句與「乾」相對，不可純剛敵「乾」，故「利牝馬」。下句論凡所交接，不可純陰，當須剛柔交錯，故「喪朋，吉」也。

○注「西南」至「貞吉」　正義曰：坤位在西南。説卦云：「坤也者，地也，萬物皆致養焉。」坤既養物，若向西南，「與坤同道」也。「陰之爲物，必離其黨，之於反類，而後獲安貞吉」者，若二女同居，其志不同，必之於陽，是「之於反類」，乃得吉也。凡言「朋」者，非唯人爲其黨，性行相同亦爲其黨。假令人是陰柔而之剛正，亦是「離其黨」。

彖曰：至哉坤元！萬物資生，乃順承天。坤厚載物，德合无疆，含弘光大，品物咸亨。牝馬地類，行地无疆。注云：地之所以得「无疆」者，以卑順行之故也。乾以龍御天，坤以馬行地。柔順利貞，君子攸行，先迷失道，後順得常。西南得朋，乃與類行。東北喪朋，乃終有慶。安貞之吉，應地无疆。注云：地也者，形之名也。坤也者，用地者也。夫兩雄必爭，二主必危，有地之形，與剛健爲耦，而能永保无疆，用之者不亦至順乎？若夫行之不以「牝馬」，利之不以「永貞」，方而又剛，柔而又圓，求安難矣。

【疏】正義曰：「至哉坤元」至「德合无疆」，此五句總明坤義及元德之首也。但「元」是坤德之首，故連言之，猶乾之「元」德與乾相連共文也。「至哉坤元」者，歎美坤德，故云「至哉」。「至」謂至極也，言地能生養至極，與天同也。但天亦至極，包籠於地，非但至極，又大於地，故乾言「大哉」，坤言「至哉」。「萬物資生」者，言萬物資地而生。初稟其氣謂之始，成形謂之生。乾本氣初，故云「資始」；坤據成形，故云「資生」。「乃順承天」者，乾是剛健，能統領於天；坤是陰柔，以和順承奉於天。「坤厚載物，德合无疆」者，以其廣厚，故能載物，有此生長之德，合會无疆。凡言「无疆」者，其有二義，一是廣博无疆，二是長久无疆也。自此已上，論「坤元」之德也。「含弘光大，品物咸亨」者，包含弘厚，光著盛大，故品類之物，皆得亨通。但坤比乾，即不得大名，若比衆物，其實大也，故曰「含弘光大」者也。此二句釋「亨」也。「牝馬地類，行地无疆」者，以其柔順，故云「地類」。以柔順爲體，終无禍患，故「行地无疆」，不復窮已。此二句釋「利貞」也。故上文云「利牝馬之貞」是也。「柔順利貞，君子攸行」者，重釋「利貞」之義，是君子之所行，兼釋前文「君子有攸往」。「先迷失道」者，以陰在物之先，失其爲陰之道。「後順得常」者，以陰在物之後，陽唱而陰和，乃得「主利」，是「後順得常」。「西南得朋，乃與類行」者，以陰而造坤位，是乃與類俱行。「東北喪朋，乃終有慶」者，以陰而詣陽，初雖離群，乃終久有慶善也。「安貞之吉，應地无疆」者，安謂安静，貞謂貞正，地體安静而貞正，人若得静而能正，即得其吉，應合地之无疆，是慶善之事也。

○注「若夫行」至「難矣」　正義曰：「行之不以牝馬」，牝馬謂柔順也。「利之不以永貞」，永貞謂貞固剛正也，言坤既至柔順而利之，即不兼剛正也。「方而又剛」者，言體既方正，而性又剛强，即太剛也，所以須「牝馬」也。「柔而又圓」者，謂性既柔順，體又圓曲，謂太柔也，故須「永貞」也。若其坤无牝馬，又无永貞，求安難矣。云「永貞」者，是下「用六」爻辭也。「東北喪朋」，去陰就陽，是利之永貞。

象曰：地勢坤，注云：地形不順，其勢順。君子以厚德載物。

【疏】正義曰：君子用此地之厚德容載萬物。言「君子」者，亦包公卿諸侯之等，但「厚德載物」，隨分多少，非如至聖載物之極也。

○注「地形不順，其勢順」　正義曰：地體方直，是不順也。其勢承天，是其順也。

初六，履霜，堅冰至。注云：始於履霜，至于堅冰，所謂至柔而動也剛。陰之爲道，本於卑弱而後積著者也，故取「履霜」以明其始。陽之爲物，非基於始以至於著者也，故以出處明之，則以初爲潛。

【疏】正義曰：初六陰氣之微，似若初寒之始，但履踐其霜，微而積漸，故堅冰乃至。義取所謂陰道，初雖柔順，漸漸積著，乃至堅剛。凡易者象也，以物象而明人事，若詩之比喻也。或取天地陰陽之象以明義者，若乾之「潛龍」、「見龍」，坤之「履霜」、「堅冰」、「龍戰」之屬是也。或取萬物雜象以明義者，若屯之六三「即鹿无虞」、六四「乘馬班如」之屬是也。如此之類，易中多矣。或直以人事，不取物象以明義者，若乾之九三「君子終日乾乾」、坤之六三「含章可貞」之例是也。聖人之意，可以取象者則取象也，可以取人事者則取人事也。故文言注云：「至於九三，獨以君子爲目者，何也？」「乾乾夕惕，非龍德也。」故以人事明之，是其義也。

象曰：履霜堅冰，陰始凝也。馴致其道，至堅冰也。

【疏】正義曰：夫子所作象辭，元在六爻經辭之後，以自卑退，不敢干亂先聖正經之辭。及至輔嗣之意，以爲象者本釋經文，宜相附近，其義易了，故分爻之象辭，各附其當爻下言之，猶如元凱注左傳分經之年，與傳〔一〕相附。「陰始凝也」者，釋「履霜」之義，言陰氣始凝，結而爲霜也。「馴致其道，至堅冰

〔一〕「傳」下，海保漁村云：舊鈔單疏本有「年」字。

也」者，馴猶狎順也，若鳥獸馴狎然。言順其陰柔之道，習而不已，乃至「堅冰」也。褚氏云：「履霜者，從初六至六三。堅冰者，從六四至上六。」陰陽之氣无爲，故積馴履霜，必至於堅冰。以明人事有爲，不可不制其節〔一〕度，故於履霜而逆以堅冰爲戒，所以防漸慮微，慎終于始也。

六二，直方大，不習无不利。注云：居中得正，極於地質，任其自然而物自生，不假脩營而功自成，故「不習焉而「无不利」。**象曰：六二之動，直以方也。**注云：動而直方，任其質也。**「不習无不利」，地道光也。**

【疏】正義曰：「直方大，不習无不利」者，文言云：「直，其正也。」二得其位，極地之質，故亦同地也。俱包三德：生物不邪，謂之直也；地體安靜，是其方也；无物不載，是其大也。既有三德，極地之美，自然而生，不假脩營，故云「不習无不利」。物皆自成，无所不利。以此爻居中得位，極於地體，故盡極地之義。此因自然之性以明人事，居在此位，亦當如地之所爲。象曰「六二之動，直以方」者，言六二之體，所有興動，任其自然之性，故云「直以方也」。「不習无不利，地道光」者，言所以不假脩習，物无不利，猶地道光大故也。

○注「居中」至「地質」　正義曰：質謂形質，地之形質直方又大，此六二「居中得正」，是盡極地之體質

〔一〕「節」，單疏本作「尊」。

也。所以「直」者，言氣至即生物，由是體正直之性，其運動生物之時，又能任其質性，直而且方，故象云：「六二之動，直以方也。」

○注「動而」至「質也」。正義曰：是質以直方，動又直方，是質之與行，内外相副。物有内外不相副者，故略例云「形躁好静，質柔愛剛」，此之類是也。

六三，含章可貞，或從王事，无成有終。注云：三處下卦之極，而不疑於陽，應斯義者也。不爲事始，須唱乃應，待命乃發，含美而可正者也，故曰「含章可貞」也。有事則從，不敢爲首，故曰「或從王事」也。不爲事主，順命而終，故曰「无成有終」也。**象曰：「含章可貞」，以時發也；「或從王事」，知光大也。**注云：知慮光大，故不擅其美。

【疏】正義曰：「含章可貞」者，六三處下卦之極，而能不被疑於陽。章，美也。既居陰極，能自降退，不爲事始，唯内含章美之道，待命乃行，可以得正，故曰「含章可貞」。「或從王事，无成有終」者，言六三爲臣，或順從於王事，故不敢爲事之首，主成於物，故云「无成」。唯上唱下和，奉行其終，故云「有終」。象曰「含章可貞，以時發」者，夫子釋「含章」之義。以身居陰極，不敢爲物之首，但内含章美之道，待時而發，是「以時發也」。「或從王事，知光大」者，釋「无成有終」也。既隨從王事，不敢主成物始，但奉終而行，是知慮光大，不自擅其美，唯奉於上。

○注「三處」至「有終也」。正義曰：「三處下卦之極」者，欲見三雖陰爻，其位尊也。「不疑於陽」者，陰之尊極，將與陽敵，體必被陽所忌。今不被疑於陽，言陽不害也。「應斯義」者，斯，此也；若能應此義，唯行「含章可貞」已下之事，乃應斯義。此爻全以人事明之。

六四，括囊，无咎无譽。注云：處陰之卦，以陰居陰，履非中位，无「直方」之質，不造陽事，无「含章」之美。括結否閉，賢人乃隱。施慎則可，非泰之道。象曰：「括囊无咎」，慎不害也。

【疏】正義曰：括，結也。囊所以貯物，以譬心藏知也。閉其知而不用，故曰「括囊」。功不顯物，故曰「无譽」。不與物忤，故曰「无咎」。象曰「慎不害」者，釋所以「括囊无咎」之義。由其謹慎，不與物競，故不被害也。

○注「處陰」至「之道」　正義曰：「不造陽事，无含章之美」者，六三以陰居陽位，是造爲陽事，但不爲事始，待唱乃行，是陽事猶在，故云「含章」，章即陽之美也。今六四以陰處陰，内无陽事，是「不造陽事，无含章之美」。當「括結否閉」之時，是「賢人乃隱」。唯施謹慎則可，非通泰之道也。

六五，黄裳，元吉。注云：黄，中之色也；裳，下之飾也。坤爲臣道，美盡於下。夫體无剛健而能極物之情，通理者也。以柔順之德，處於盛位，任夫文理者也。垂黄裳以獲元吉，非用武者也。極陰之盛，不至疑陽，以「文在中」，美之至也。象曰：「黄裳元吉」，文在中也。注云：用黄裳而獲元吉，以「文在中也」。

【疏】正義曰：「黄裳，元吉」者，黄是中之色，裳是下之飾，坤爲臣道，五居君位，是臣之極貴者也。能以中和通於物理，居於臣職，故云「黄裳元吉」。元，大也。以其德能如此，故得大吉也。象曰「黄裳元吉，文在中」者，釋所以「黃裳元吉」之義，以其文德在中故也。既有中和，又奉臣職，通達文理，故云「文在中」，言不用威武也。

○注「黃中」至「美之至也」　正義曰：「黃，中之色；裳，下之飾」者，左氏昭十二年傳文也。裳，下之飾，則上衣比君，下裳法臣也。「垂黃裳以獲元吉，非用武」者，以體无剛健，是非用威武也。以内有文德，通達物理，故象云「文在中也」。

上六，龍戰于野，其血玄黃。注云：陰之爲道，卑順不盈，乃全其美。盛而不已，固陽之地，陽所不堪，故「戰于野」。**象曰：「龍戰于野」，其道窮也。**

【疏】正義曰：「龍戰于野，其血玄黃」者，以陽謂之龍，上六是陰之至極，陰盛似陽，故稱「龍」焉。盛而不已，固陽之地，陽所不堪，故陽氣之龍與之交戰，即說卦云「戰乎乾」是也。戰于卦外，故曰「于野」。陰陽相傷，故「其血玄黃」。

○注「陰之」至「戰于野」　正義曰：「盛而不已，固陽之地」者，固爲〔一〕占固，陰去則陽來，陰乃盛而不去，占固此陽所生之地，故陽氣之龍與之交戰。

用六，利永貞。注云：用六之利，利永貞也。**象曰：用六永貞，以大終也。**注云：能以永貞大終者也。

〔一〕「爲」，浦鏜云：「爲」當作「謂」。

【疏】正義曰：「用六，利永貞」者，此坤之六爻總辭也。言坤之所用，用此衆爻之六，六是柔順，不可純柔，故利在永貞。永，長也。貞，正也。言長能貞正也。象曰「以大終」者，釋「永貞」之義。既能用此柔順，長守貞正，所以廣大而終也。若不用永貞，則是柔而又圓，即前注云「求安難矣」。此「永貞」即坤卦之下「安貞吉」是也。

文言曰：坤至柔而動也剛，至静而德方。注云：動之方正，不爲邪也。柔而又圓，消之道也。其德至静，德必方也。後得主而有常，含萬物而化光。坤道其順乎？承天而時行。

【疏】正義曰：此一節是第一節，明坤之德也。自「積善之家」以下是第二節也，分釋六爻之義。「坤至柔而動也剛」者，六爻皆陰，是至柔也。體雖至柔而運動也剛，柔而積漸，乃至堅剛，則上云「履霜堅冰」是也。又地能生物，初雖柔弱，後至堅剛而成就。「至静而德方」者，地體不動，是「至静」；生物不邪，是德能方正。「後得主而有常」者，陰主卑退，若在事之後，不爲物先，即「得主」也；此陰之恒理，故云「有常」。「含萬物而化光」者，自明象辭含弘光大，言含養萬物而德化光大也。「坤道其順乎，承天而時行」者，言坤道柔順，承奉於天，以量時而行，即不敢爲物之先，恒相時而動。

積善之家，必有餘慶。積不善之家，必有餘殃。臣弒其君，子弒其父，非一朝一夕之故，其所由來者漸矣，由辯之不早辯也。易曰「履霜，堅冰至」，蓋言順也。

【疏】正義曰：此一節明初六爻辭也。「積善之家，必有餘慶。積不善之家，必有餘殃」者，欲明初六其惡有漸，故先明其所行善惡事，由久而積漸，故致後之吉凶。「其所由來者漸矣」者，言弑君、弑父非一朝一夕，率然而起，其禍患所從來者積漸久遠矣。「由辯之不早辯」者，臣子所以久包禍心，由君父欲辯明之事不早分辯故也。此戒君父防臣子之惡。「蓋言順」者，言此「履霜，堅冰至」，蓋言順習陰惡之道，積微而不已，乃致此弑害。稱「蓋」者是疑之辭。凡萬事之起，皆從小至大，從微至著。故上文善惡並言，今獨言弑君、弑父有漸者，以陰主柔順，積柔不已，乃終至禍亂，故特於坤之初六言之，欲戒其防柔弱之初，又陰爲弑害，故寄此以明義。

直其正也，方其義也。君子敬以直內，義以方外，敬義立而德不孤。直方大，不習无不利，則不疑其所行也。

【疏】正義曰：此一節釋六二爻辭。「直其正」者，經稱直是其正也。「方其義」者，經稱方是其義也。義者，宜也，於事得宜，故曰義。「君子敬以直內」者，覆釋「直其正也」。言君子用敬以直內，內謂心也，用此恭敬，以直內心。「義以方外」者，用此義事，以方正外物。言君子法地正直而生萬物，皆得所宜，各以方正。然即前云「直其正也，方其義也」，下云「義以方外」，即此應云「正以直內」，改云「敬以直內」者，欲見正則能敬，故變「正」爲「敬」也。「敬義立而德不孤」者，身有敬義以接於人，則人亦敬義以應之，是「德不孤」也。直則不邪，正則謙恭，義則與物无競，方則凝重不躁，既「不習无不利」，則所行不須疑慮，故曰即〔一〕「不疑其所行」。

陰雖有美，含之以從王事，弗敢成也。地道也，妻道也，臣道也。地道无成，而代有終也。

【疏】正義曰：此〔二〕一節明六三爻辭，言「陰雖有美，含之以從王事」者，釋「含章可貞」之義也。言六三之陰，雖有美道包含之德，若或從王事，不敢爲主先成之也。「地道也，妻道也，臣道也」者，欲明坤道處卑，待唱乃和，故歷言此三事，皆卑應於尊，下順於上也。「地道无成，而代有終」者，其地道卑柔，无敢先唱成物，必待陽始先唱，而後代陽有終也。

天地變化，草木蕃；天地閉，賢人隱。易曰「括囊，无咎无譽」，蓋言謹也。

【疏】正義曰：此一節明六四爻辭。「天地變化」，謂二氣交通，生養萬物，故草木蕃滋。「天地閉，賢人隱」者，謂二氣不相交通，天地否閉，賢人潛隱。天地通則草木蕃，明天地閉草木不蕃；「天地閉，賢人隱」，明天地通則賢人出，互而相通。此乃「括囊，无咎」，故「賢人隱」屬「天地閉」也。「蓋言謹」者，謹謂謹慎，蓋言賢人君子於此之時須謹慎也。

〔一〕「即」，單疏本同。案：坤卦文言云「則不疑其所行」，疑「則」譌作「即」字。
〔二〕「此」下，原衍一「此」字，今據單疏本删。

君子黄中通理，正位居體，美在其中，而暢於四支，發於事業，美之至也。

【疏】正義曰：此一節明六五爻辭也。「黄中通理」者，以黄居中，兼四方之色，奉承臣職，是通曉物理也。「正位居體」者，居中得正，是正位也；處上體之中，是居體也。黄中通理，是「美在其中」。有美在於中，必通暢於外，故云「暢於四支」。四支猶人手足，比于四方物務也。外内俱善，能宣發於「事業」。所營謂之事，事成謂之業，美莫過之，故云「美之至也」。

陰疑於陽必戰。注云：辯之不早，疑盛乃動，故「必戰」。爲其嫌於无陽也，注云：爲其嫌於非陽而戰。故稱龍焉。猶未離其類也，注云：猶未失其陰類，爲陽所滅。故稱血焉。注云：猶與陽戰而相傷，故稱血。夫玄黄者，天地之雜也，天玄而地黄。

【疏】正義曰：此一節明上六爻辭。「陰疑於陽必戰」者，陰盛爲陽所疑，陽乃發動，欲除去此陰，陰既强盛，不肯退避，故「必戰」也。「爲其嫌於无陽，故稱龍焉」者，上六陰盛似陽，爲嫌純陰非陽，故稱「龍」以明之。「猶未離其類也，故稱血焉」者，言上六雖陰盛似陽，然猶未能離其陰類，故爲陽所傷而見滅[一]也。「夫玄黄者，天地之雜也，天玄而地黄」者，釋「其血玄黄」之義。莊氏云：「上六之爻，兼有天地雜氣，所以上六被傷，其血玄黄也。天色玄，地色黄，故血有天地之色。」今輔嗣注云「猶與陽戰

[一]「滅」，阮校云：監、毛本作「血」。

而相傷」，是言陰陽俱傷也。恐莊氏之言非王之本意，今所不取也。

䷂震下坎上。屯：元亨，利貞。注云：剛柔始交，是以「屯」也。不交則否，故屯乃大亨也。大亨則无險，故「利貞」。勿用有攸往，注云：往，益屯也。利建侯。注云：得主則定。

【疏】正義曰：屯，難也。剛柔始交而難生，初相逢遇，故云「屯，難也」。以陰陽始交而爲難，因難物始大通，故「元亨」也。萬物大亨，乃得利益而貞正，故「利貞」也。但屯之四德劣於乾之四德，故屯乃元亨，亨乃利貞。乾之四德，无所不包。此即「勿用有攸往」，又別言「利建侯」，不如乾之无所不利。此已上說屯之自然之四德，聖人當法之。「勿用有攸往，利建侯」者，以其屯難之世，世道初創，其物未寧，故宜「利建侯」以寧之。此二句釋人事也。

彖曰：屯，剛柔始交而難生，動乎險中，大亨貞。注云：始於險難，至於大亨，而後全正，故曰「屯，元亨，利貞」。雷雨之動滿盈。注云：雷雨之動，乃得滿盈，皆剛柔始交之所爲。天造草昧，宜建侯而不寧。注云：屯體不寧，故利「建侯」也。屯者，天地造始之時也。造物之始，始於冥昧，故曰「草昧」也。處造始之時，所宜之善，莫善「建侯」也。

【疏】正義曰：「屯，剛柔始交而難生」者，此一句釋屯之名，以剛柔二氣始欲相交，未相通感，情意未得，故「難生」也。若剛柔已交之後，物皆通泰，非復難也。唯初始交時而有難，故云「剛柔始交而難生」。「動乎險中，大亨貞」者，此釋四德也。坎爲險，震爲動，震在坎下，是動於險中。初動險中，故屯難。動而不已，將出於險，故得「大亨貞」也。大亨即元亨也，不言「利」者，利屬於貞，故直言「大亨貞」。「雷雨之動滿盈」者，周氏云：「此一句覆釋亨也。」但屯有二義，一難也，二盈也。上既以「剛柔始交」釋屯「難」也，此又以「雷雨」二象解「盈」也。言雷雨二氣，初相交動，以生養萬物，故得「滿盈」，即是亨之義也。覆釋「亨」者，以屯難之世不宜亨通，恐亨義難曉，故特釋之。此已下説屯之自然之象也。「天造草昧，宜建侯而不寧」者，釋「利建侯」也。草謂草創，昧謂冥昧，言天造萬物於草創之始，如在冥昧之時也。于此草昧之時，王者當法此屯卦，宜建立諸侯以撫恤萬方之物，而不得安居无事。此二句以人事釋「屯」之義。

○注「雷雨」至「所爲」　正義曰：「雷雨之動，乃得滿盈」者，周氏、褚氏云：「釋亨也，萬物盈滿則亨通也。」「皆剛柔始交之所爲」者，雷雨之動亦陰陽始交也，萬物盈滿亦陰陽而致之，故云「皆剛柔始交之所爲」也。若取屯難，則坎爲險，則上云「動乎險中」是也。若取亨通，則坎爲雨，震爲動，此云「雷雨之動」是也。隨義而取象，其例不一。

○注「屯體」至「建侯」　正義曰：「屯體不寧」者，以此屯邅險難，其體不寧，故「宜建侯」也。「造物之始，始于冥昧」者，造物之始，即「天造草昧」也。草謂草創，初始之義。「始於冥昧」者，言物之初造，其形未著，其體未彰，故在幽冥闇昧也。

字，非王本意也。

象曰：雲雷，屯。君子以經綸。注云：君子經綸之時。

【疏】正義曰：「經」謂經緯，「綸」謂繩綸，言君子法此屯象有爲之時，以經綸天下，約束於物，故云「君子以經綸」也。姚信云：「綸謂緯也，以織綜經緯。」此君子之事，非其義也。劉表、鄭玄云以綸爲淪字，非王本意也。

初九，磐桓，利居貞，利建侯。注云：處屯之初，動則難生，不可以進，故「磐桓」也。處此時也，其利安在？不唯居貞、建侯乎！夫息亂以静，守静以侯，安民在正，弘正在謙。屯難之世，陰求於陽，弱求於强，民思其主之時也。初處其首而又下焉，爻備斯義，宜其得民也。象曰：雖磐桓，志行正也。注云：不可以進，故磐桓也。非爲宴安棄成務也，故雖磐桓，志行正也。以貴下賤，大得民也。注云：陽貴而陰賤也。

【疏】正義曰：磐桓，不進之貌。處屯之初，動即難生，故「磐桓」也。不可進，唯宜利居處貞正，亦宜建立諸侯。象曰「雖磐桓，志行正」者，言初九雖磐桓不進，非苟求宴安，志欲以静息亂，故居處貞也。非是苟貪逸樂，唯志行守正也。「以貴下賤，大得民」者，貴謂陽也，賤謂陰也。言初九之陽在三陰之下，是「以貴下賤」。屯難之世，民思其主之時，既能「以貴下賤」，所以大得民心也。

○注「處屯」至「得民也」。正義曰：「息亂以静」者，解「利居貞」也。「守静以侯」者，解「利建侯」也。「安民在正」者，解「貞」也。「弘正在謙」者，取象其「以貴下賤」也。言弘大此屯，正在於謙也。「陰求於陽，弱求於强」者，解「大得民也」。

○注「不可」至「行正也」　正義曰：「非爲宴安棄成務」者，言己止，爲前進有難，故磐桓且住，非是苟求宴安，棄此所成之務而不爲也。言身雖住，但欲以静息亂也。

六二，屯如邅如，乘馬班如，匪寇婚媾。女子貞不字，十年乃字。注云：志在乎五，不從於初。屯難之時，正道未行，與初相近而不相得，困於侵害，故屯邅也。時方屯難，正道未通，涉遠而行，難可以進，故曰「乘馬班如」也。寇謂初也。无初之難，則與五婚矣，故曰「匪寇婚媾」也。志在於五，不從於初，故曰「女子貞不字」也。屯難之世，勢不過十年者也。十年則反常，反常則本志斯獲矣，故曰「十年乃字」。象曰：六二之難，乘剛也。「十年乃字」，反常也。

【疏】正義曰：「屯如邅如」者，屯是屯難，邅是邅迴，如是語辭也。言六二欲應於九五，即畏初九逼之，不敢前進，故「屯如邅如」也。「乘馬班如」者，子夏傳云：「班如者，謂相牽不進也。」馬季長云：「班，班旋不進也。」言二欲乘馬往適於五，正道未通，故班旋而不進也。「匪寇婚媾」者，寇謂初也，言二非有初九與己作寇害，則得共五爲婚媾矣。馬季長云：「重婚曰媾。」鄭玄云：「媾猶會也。」「女子貞不字」者，貞，正也；女子，謂六二也。女子以守貞正，不受初九之愛，「字」訓愛也。「十年乃字」者，十年難息之後，即初不害己也。乃得往適於五，受五之字愛。十者數之極，數極則變〔一〕，故云「十年」也。

〔一〕「變」，阮校云：閩、監、毛本作「復」。

象曰「六二之難，乘剛也」者，釋所以「屯如邅如」也。有畏難者，以其乘陵初剛，不肯從之，故有難也。「十年乃字，反常」者，謂十年之後，屯難止息；得「反常」者，謂反常道，即二適于五，是其得常也。已前有難，不得行常，十年難息，得反歸於常以適五也。此爻因六二之象，以明女子婚媾之事，即其餘人事，亦當法此。猶如有人逼近於强，雖遠有外應，未敢苟進，被近者所陵，經久之後，乃得與應相合。是知萬事皆象於此，非唯男女而已。諸爻所云陰陽、男女之象，義皆倣於此。

六三，即鹿无虞，惟入于林中，君子幾不如舍，往吝。注云：三既近五而无寇難，四雖比五，其志在初，不妨己路，可以進而无屯邅也。見路之易，不揆其志，五應在二，往必不納，何異无虞以從禽乎？雖見其禽而无其虞，徒入于林中，其可獲乎？幾，辭也。夫君子之動，豈取恨辱哉！故不如舍，往吝窮也。**象曰：「即鹿无虞」，以從禽也。君子舍之，往吝窮也。**

【疏】正義曰：「即鹿无虞」者，即，就也。虞謂虞官，如人之田獵，欲從就於鹿，當有虞官助己，商度形勢可否，乃始得鹿；若无虞官，即虛入于林木之中，必不得鹿，故云「唯入于林中」。此是假物爲喻。今六三欲往從五，如就鹿也。五自應二，今乃不自揆度彼五之情納己以否，是「无虞」也。即徒往向五，五所不納，是徒入于林中。「君子幾不如舍」者，幾，辭也。夫君子之動，自知可否，豈取恨辱哉！見此形勢，即不如休舍也。言六三不如舍此求五之心勿往也。「往吝」者，若往求五，即有悔吝也。象曰「即鹿无虞，以從禽」者，言就鹿當有虞官，即有鹿也。若无虞官，以從逐于禽，亦不可得也。「君子舍之，往吝窮」者，君子見此之時，當舍而不往；若往，則有悔吝窮苦也。○注「三既近五」至「吝窮也」　正義曰：「見路之易，不揆其志」者，三雖比四，四不害己，身无屯邅，是路之平易，即意欲向五，而不預先揆度五之情意納己以否，是「无虞」也。獵人先遣虞官商度鹿之所在，猶若三欲適五，先遣人測度五之情意。「幾」爲語辭，不爲義也。知此「幾」不爲事之幾微。凡「幾微」者，乃從无向有，其事未見，乃爲「幾」也。今「即鹿无虞」，是已成之事，事已顯著，故不得爲幾微之幾〔一〕。

六四，乘馬班如，求婚媾，往吉，无不利。注云：二雖比初，執貞不從，不害己志者也。求與合好，往必見納矣，故曰「往吉，无不利」。象曰：求而往，明也。注云：見彼之情狀也。

【疏】正義曰：「乘馬班如，求婚媾，往吉，无不利」者，六四應初，故「乘馬」也。慮二妨己路，故初時班如旋也。二既不從於初，故四求之爲婚，必得媾合，所以「往吉，无不利」。象曰「求而往，明」者，言求初而往婚媾，明識初與二之情狀，知初納己，知二不害己志，是其明矣。

九五，屯其膏，小貞吉，大貞凶。注云：處屯難之時，居尊位之上，不能恢弘博施，无物不與，拯濟微滯，亨于群小，而繫應在二，屯難其膏，非能光其施者也。固志同好，不容他間，小貞之吉，大貞之凶。象曰：「屯其膏」，施

〔一〕「幾」，阮校云：閩、監、毛本作「義」。

未光也。

【疏】正義曰：「屯其膏」者，「膏」謂膏澤，恩惠之類。言九五既居尊位，當恢弘博施，唯繫應在二，而所施者褊狹，是屯難其膏。「小貞吉，大貞凶」者，貞，正也。出納之吝謂之有司，是小正爲吉。若大人不能恢弘博施，是大正爲凶。

○注「處屯」至「貞之凶」　正義曰：「固志同好，不容他間」者，間者，廁也。五應在二，是堅固其志，在于同好，不容他人間廁其間也。

上六，乘馬班如，泣血漣如。注云：處險難之極，下无應援，進无所適，雖比於五，五屯其膏，不與相得。居不獲安，行无所適，窮困闉厄，无所委仰，故「泣血漣如」。〔象曰：「泣血漣如」，何可長也？

【疏】正義曰：處險難之極，而下无應援，若欲前進，即无所之適，故「乘馬班如」。窮困闉厄，无所委仰，故「泣血漣如」。〔象曰「何可長」者，言窮困泣血，何可久長也？

䷃坎下艮上。蒙：亨。匪我求童蒙，童蒙求我。初筮告，再三瀆，瀆則不告。注云：筮者，決疑之物也。童蒙之來求我，欲決所惑也。決之不一，不知所從，則復惑也。故初筮則告，再三則瀆，瀆蒙也。能爲初筮，其唯二乎？以剛處中，能斷夫疑者也。利貞。注云：蒙之所利，乃利正也。夫明莫若聖，昧莫若蒙。蒙以養正，乃聖功也。然則養正以明，失其道矣。

【疏】正義曰：蒙者，微昧闇弱之名。物皆蒙昧，唯願亨通，故云「蒙，亨」。「匪我求童蒙，童蒙求我」者，物既闇弱而意願亨通，即明者不求於闇，即匪我師德之高明往求童蒙之闇，但闇者求明，明者不諮於闇，故云「童蒙求我」也。「初筮告」者，初者，發始之辭；筮者，決疑之物。童蒙既來求我，我當以初始一理剖決告之。「再三瀆，瀆則不告」者，師若遲疑不定，或再或三，是褻瀆，瀆則不告。童蒙來問，本爲決疑，師若以廣深二義、再三之言告之，即童蒙聞之，轉亦瀆亂，故不如不告也。自此已上，解「蒙，亨」之義。順此上事乃得「亨」也，故「亨」文在此事之上也。不云「元」者，謂時當蒙弱，未有元也。「利貞」者，貞，正也。言蒙之爲義，利以養正，故彖云「蒙以養正」，乃「聖功也」。若養正以明，即失其道也。

○注「筮者」至「夫疑者也」 正義曰：「初筮則告」者，童蒙既來求我，我當以初心所念、所筮之義，一理而則告之。「再三則瀆，瀆蒙也」者，若以棄此初本之意，而猶豫遲疑，歧頭別說，則童蒙之人，聞之褻瀆而煩亂也，故「再三則瀆，瀆蒙也」。「能爲初筮，其唯二乎」者，以彖云「初筮告，以剛中」者，剛而得中，故知是二也。

○注「蒙之」至「失其道矣」 正義曰：「然則養正以明，失其道」者，言人雖懷聖德，若隱默不言，人則莫測其淺深，不知其大小，所以聖德彌遠而難測矣。若彰顯其德，苟自發明，即人知其所爲，識其淺深，故明夷注云「明夷莅衆，顯明於外，巧所避」是也。此卦繇辭，皆以人事明之。

彖曰：蒙，山下有險，險而止，蒙。注云：退則困險〔一〕，進則閡山，不知所適，蒙之義也。蒙，亨。以亨行，時中也。注云：時之所願，惟願亨也。以亨行之，得時中也。匪我求童蒙，童蒙求我，志應也。注云：我，謂非童蒙者也。非童蒙者，即陽也。凡不識者求問識者，識者不求所告；闇者求明，明者不諮於闇。故蒙之爲義，匪我求童蒙，童蒙求我也。童蒙之來求我，志應故也。初筮告，以剛中也。注云：謂二也。二爲衆陰之主也，无剛決中，何由得初筮之告乎？再三瀆，瀆則不告，瀆蒙也。蒙以養正，聖功也。

【疏】正義曰：「山下有險」者，坎在艮下，是山下有險。艮爲止，坎上遇止，是「險而止」也。恐進退不可，故蒙昧也。此釋蒙卦之名。「蒙，亨。以亨行，時中」者，疊「蒙，亨」之義，言居蒙之時，人皆願亨。若以亨道行之于時，則得中也，故云「時中也」。「匪我求童蒙，童蒙求我，志應」者，以童蒙闇昧之志，而求應會明者，故云「志應」也。「再三瀆，瀆則不告，瀆蒙」者，所以再三不告，恐瀆亂蒙者。自此已上，彖辭總釋「蒙，亨」之義。「蒙以養正，聖功也」者，能以蒙昧隱默自養正道，乃成至聖之功。此一句釋經之「利貞」。

象曰：山下出泉，蒙。注云：山下出泉，未知所適，蒙之象也。君子以果行育德。注云：果行者，初筮之義也。育德者，養正之功也。

〔一〕「退則困險」原作「困退用險」，據單注本改。

【疏】正義曰：「山下出泉，蒙」者，山下出泉，未有所適之處，是險而止，故蒙昧之象也。「君子以果行育德」者，君子當法此蒙道，以果決其行，告示蒙者，則「初筮」之義。「育德」謂隱默懷藏，不自彰顯，以育養其德。果行、育德者，自相違錯，若童蒙來問，則果行也，尋常處衆則育德，是不相須也。

初六，發蒙，利用刑人，用説桎梏，以往吝。注云：處蒙之初，二照其上，故蒙發也。蒙發疑明，刑説當也。以往吝，刑不可長也。象曰：「利用刑人」，以正法也。注云：刑人之道，道所惡也。以正法制，故刑人也。

【疏】正義曰：「發蒙」者，以初近於九二，二以陽處中，而明能照闇，故初六以能發去其蒙也。「利用刑人，用説桎梏」者，蒙既發去，无所疑滯，故利用刑戮于人，又利用説去罪人桎梏。以蒙既發去，疑事顯明，刑人説〔一〕梏皆得當。在足曰桎，在手曰梏。小雅云：「杻謂之梏，械謂之桎。」「以往吝」者，若以正道，而往即其事，益善矣；若以刑人之道，出往行之，即有鄙吝。象曰「利用刑人，以正法」者，且刑人之道，乃賊害於物，是道之所惡；以「利用刑人」者，以正其法制，不可不刑矣。故刑罰不可不施於國，鞭扑不可不施於家。案：此經刑人、説人二事，象直云「利用刑人」一者，但舉刑重故也。

九二，包蒙，吉。納婦吉，子克家。注云：以剛居中，童蒙所歸，包而不距則遠近咸至，故曰「包蒙，吉」也。

〔一〕「説」下，阮校云：閩、監、毛本作「桎」字。

婦者，配己而成德者也。體陽而能包蒙，以剛而能居中，以此納配，物莫不應，故「納婦吉」也。處于卦内，以剛接柔，親而得中，能幹其任，施之於子，克家之義。**象曰：「子克家」，剛柔接也。**

【疏】正義曰：「包蒙，吉。納婦吉，子克家」者，「包」謂包含，九二以剛居中，群蒙悉來歸己，九二能含容而不距，皆與之決疑，故得吉也。九二以剛居中，陰來應之。「婦」謂配也，故納此疋〔一〕配而得吉也。此爻在下體之中，能包蒙納婦，在内理中，幹了其任，即是子孫能克荷家事，故云「子克家」也。象曰「子克家，剛柔接」者，以陽居於卦内，接待群陰，是剛柔相接，故克幹家事也。

○注「以剛」至「之義」　正義曰：「親而得中」者，言九二居下卦之中央，上下俱陰，以己之剛陽迎接上下二陰，陰陽相親，故云「親而得中」也。「能幹其任」者，既能包蒙，又能納疋，是能幹其任。

六三，勿用取女。見金夫，不有躬，无攸利。注云：童蒙之時，陰求於陽，晦求於明，各求發其昧者也。六三在下卦之上，上九在上卦之上，男女之義也。上不求三而三求上，女先求男者也。女之爲體，正行以待命者也。見剛夫而求之，故曰「不有躬」也。施之於女，行在不順，故「勿用取女」，而「无攸利」。**象曰：「勿用取女」，行不順也。**

【疏】正義曰：「勿用取女」者，女謂六三，言勿用取此六三之女。所以不須取者，此童蒙之世，陰求於

〔一〕「疋」，單疏本作「匹」，義同，下同。

陽，是女求男之時也。「見金夫」者，謂上九以其剛陽，故稱「金夫」。此六三之女，自往求見「金夫」。女之爲體，正行以待命而嫁。今先求於夫，是爲女不能自保其躬，固守貞信，乃非禮而動。行既不順，若欲取之，无所利益，故云「不有躬，无攸利」也。象曰「勿用取女，行不順」者，釋「勿用取女」之義。所以勿用取此女者，以女「行不順」故也。

六四，困蒙，吝。注云：獨遠於陽，處兩陰之中，闇莫之發，故曰「困蒙」也。困於蒙昧，不能比賢以發其志，亦以鄙矣，故曰「吝」也。象曰：困蒙之吝，獨遠實也。注云：陽稱實也。

【疏】正義曰：此釋六四爻辭也。六四在兩陰之中，去九二既遠，无人發去其童蒙，故曰困于蒙昧而有鄙吝。象曰「獨遠實」者，實謂九二之陽也。九二以陽，故稱實也。六三近九二，六五近上九，又應九二，唯此六四既不近二，又不近上，故云「獨遠實也」。

○注「陽稱實」者　正義曰：陽主生息，故「稱實」。陰主消損，故不得言「實」。

六五，童蒙，吉。注云：以夫陰質，居於尊位，不自任察，而委於二，付物以能，不勞聰明，功斯克矣，故曰「童蒙，吉」。象曰：童蒙之吉，順以巽也。注云：委物以能，不先不爲，順以巽也。

【疏】正義曰：「童蒙，吉」者，言六五以陰居於尊位，其應在二，二剛而得中，五則以事委任於二，不勞己之聰明，猶若童稚蒙昧之人，故所以得吉也。象曰「順以巽」者，釋童蒙之吉。巽亦順也，猶委物於二。順謂心順，巽謂貌順。故褚氏云：「順者，心不違也。巽者，外迹相卑下也。」

○注「委物」至「以巽也」　正義曰：「委物以能」，謂委付事物與有能之人，謂委二也。「不先不爲」者，五雖居尊位，而事[一]委任於二，不在二先而首唱，是順於二也。「不爲」者，謂不自造爲，是委任二也。不先於二，是心順也；不自造爲，是貌巽也。

上九，擊蒙，不利爲寇，利禦寇。注云：處蒙之終，以剛居上，能擊去童蒙，以發其昧者也，故曰「擊蒙」也。童蒙願發，而己能擊去之，合上下之願，故莫不順也。爲之扞禦，則物咸附之。若欲取之，則物咸叛矣，故「不利爲寇，利禦寇」也。**象曰：利用禦寇，上下順也。**

【疏】正義曰：「擊蒙，不利爲寇，利禦寇」者，處蒙之終，以剛居上，能擊去衆陰之蒙，合上下之願，故莫不順從也。若因物之來即欲取之而爲寇害，物皆叛矣，故「不利爲寇」也。若物從外來，爲之扞禦，即物咸附之，故「利用禦寇」也。象曰「利用禦寇，上下順」者，所宜利爲物禦寇者，由上下順從故也。言此爻既能發去衆蒙，以合上下之願，又能爲之禦寇，故上下彌更順從也。

䷄乾下坎上。**需：有孚，光亨，貞吉。利涉大川。**

【疏】正義曰：此需卦繇辭也。「需」者，待也。物初蒙稚，待養而成，无信即不立，所待唯信也，故云

[一]「事」，阮校云：閩、監、毛本作「專」。

「需，有孚」，言需之爲體，唯有信也。「光亨，貞吉」者，若能有信，即需道光明，物得亨通，于正則吉，故云「光亨貞吉」也。「利涉大川」者，以剛健而進，即不患於險，乾德乃亨，故云「利涉大川」。

彖曰：需，須也，險在前也。剛健而不陷，其義不困窮矣。「需，有孚，光亨，貞吉」，位乎天位，以正中也。 注云：謂五也。位乎天位，用其中正，以此待物，需道畢矣，故「光亨，貞吉」。**利涉大川，往有功也。** 注云：乾德獲進，往輒亨也。

【疏】正義曰：此釋需卦緜辭。「需，須也，險在前」者，釋需卦之名也，是需待之義，故云「需，須也」。「險在前」，釋所以需待由險難在前，故有待乃進也。「剛健而不陷，其義不困窮矣」者，解需道所以得亨，由乾之剛健，前雖遇險而不被陷滯，是其需待之義，不有困窮矣，故得「光亨，貞吉」，由乾之德也。「需，有孚，光亨，貞吉。位乎天位，以正中」者，此疊出需卦緜辭，然後釋之也。言此需體非但得乾之剛彊而不陷，又由中正之力也。以九五居乎天子之位，又以陽居陽，正而得中，故能有信，光明亨通而貞吉也。剛健而不陷，只由二象之德，位乎天位以正中，是九五之德也。凡卦之爲體，或直取象而爲卦德者，或直取爻而爲卦德者，或以兼象兼爻而爲卦德者，此卦之例是也。「利涉大川，往有功」者，釋「利涉大川」之義，以乾剛健，故行險有功也。

○注「謂五」至「貞吉」 正義曰：「需道畢矣」者，凡需待之義先須於信，後乃光明亨通於物而貞吉，能備此事，是須〔一〕道終畢。五即居於天位，以陽居尊，中則不偏，正則无邪。以此待物，即所爲皆成，故「須道畢矣」。

○注「乾德」至「輒亨也」　正義曰：前云「剛健而不陷」，此云「往有功」，剛健即乾也，故「乾德獲進」，往而有功，即是往輒亨通也。此雖釋「利涉大川」，兼釋上「光亨」之義，由是「光亨」乃得「利涉大川」，故於「利涉大川」乃明「亨」也。

象曰：雲上於天，需。君子以飲食宴樂。注云：童蒙已發，盛德光亨，飲食宴樂，其在兹乎！

【疏】正義曰：坎既爲險，又爲雨，今不言險雨者，此象不取險難之義也，故不云「險」也。雨是已下之物，不是須待之義，故不云「雨」也。不言天上有雲，而言「雲上於天」者，若是天上有雲，无以見欲雨之義，故云「雲上於天」。若言「雲上於天」，是天之欲雨，待時而落，所以明「需」天惠將施而盛德又亨，故君子於此之時「以飲食宴樂」。

初九，需于郊，利用恒，无咎。注云：居需之時，最遠於難，能抑其進以遠險待時，雖不應幾，可以保常也。

象曰：「需于郊」，不犯難行也。「利用恒，无咎」，未失常也。

【疏】正義曰：但難在於坎，初九去難既遠，故待時在于郊。郊者是境上之地，亦去水遠也。「利用恒，

〔一〕「須」，阮校云：閩、監本作「需」。

无咎」者，恒，常也；遠難待時以避其害，故宜利保守其常，所以无咎，猶不能見幾速進，但得无咎而已。象曰「不犯難行」者，去難既遠，故不犯難而行；「未失常」者，不敢速進，遠難待時，是「未失常也」。

九二，需于沙，小有言，終吉。注云：轉近於難，故曰「需于沙」也。不至致寇，故曰「小有言」也。近不逼難，遠不後時，履健居中，以待其會，雖「小有言」，以吉終也。象曰：「需于沙」，衍在中也。雖小有言，以吉終也。

【疏】正義曰：沙是水傍之地，去水漸近，待時于沙，故難稍近。雖未致寇，而「小有言」以相責讓。近不逼難，遠不後時，但履健居中，以待要會，雖小有責讓之言，而終得其吉也。象曰「須于沙，衍在中」者，衍謂寬衍，去難雖近，猶未逼于難，而寬衍在其中也，故「雖小有言，以吉終也」。

九三，需于泥，致寇至。注云：以剛逼難，欲進其道，所以招寇而致敵也。猶有須焉，不陷其剛。寇之來也，自我所招，敬慎防備，可以不敗。象曰：「需于泥」，災在外也。自我致寇，敬慎不敗也。

【疏】正義曰：泥者，水傍之地，泥溺之處。逼近於難，欲進其道，難必害己，故「致寇至」，猶且遲疑而需待時，雖即有寇至，亦未爲禍敗也。象曰「災在外」者，釋「需于泥」之義，言爲「需」雖復在泥，泥猶居水之外，即災在身外之義，未陷其剛之義，故可用「需」以免。「自我致寇，敬慎不敗」者，自，由也；由我欲進而致寇來，己若敬慎，則不有禍敗。

六四，需于血，出自穴。注云：凡稱血者，陰陽相傷者也。陰陽相近而不相得，陽欲進而陰塞之，則相害也。穴者，陰之路也，處坎之始，居穴者也。九三剛進，四不能距，見侵則辟，順以聽命者也，故曰「需于血，出自穴」也。象曰：「需于血」，順以聽也。

【疏】正義曰：「需于血」者，謂陰陽相傷，故有血也。九三之陽而欲上進，此六四之陰而塞其路，兩相妨害，故稱「血」。言待時于血，猶待時於難中也。「出自穴」者，穴即陰之路也，而處坎之始，是居穴者也。三來逼己，四不能距，故出此所居之穴以避之，但順以聽命而得免咎也，故象云「需於血，順以聽」命也。

○注「凡稱血者」至「自穴也」　正義曰：「凡稱血者，陰陽相傷者也」，即坤之上六「其血玄黄」是也。「穴者，陰之路也」者，凡孔穴穿道，皆是幽隱，故云「陰之路也」。「處坎之始，居穴」者，坎是坎險，若處坎之上，即是出穴者也；處坎之始，是居穴者也。但易含萬象，此六四一爻，若以戰鬭言之，其出則爲血也；若以居處言之，其處則爲穴也。穴之與血，各隨事義也。

九五，需于酒食，貞吉。注云：「需」之所須，以待達也。已得天位，暢其中正，无所復須，故酒食而已，獲「貞吉」也。象曰：「酒食貞吉」，以中正也。

【疏】正義曰：「需于酒食，貞吉」者，五既爲需之主，已得天位，无所復需，但以需待酒食以遞相宴樂而得貞吉。象曰「酒食貞吉，以中正」者，釋「酒食貞吉」之義，言九五居中得正，需道亨通，上下无事也。

上六，入于穴，有不速之客三人來，敬之，終吉。注云：六四所以「出自穴」者，以不與三相得而塞其路，不辟則害，故不得不「出自穴」而辟之也。至於上六，處卦之終，非塞路者也。與三爲應，三來之己，乃爲己援，故无畏害之辟，而乃有入穴之固也。三陽所以不敢進者，須難之終也。難終則至，不待召也。己居難終，故自來也。處无位之地，以一陰而爲三陽之主，故必敬之而後終吉。〇**象曰：「不速之客來，敬之，終吉」，雖不當位，未大失也。**注云：處无位之地，不當位者也。敬之則得終吉，故雖不當位，未大失也。

【疏】正義曰：「上六，入於穴」者，上六陰爻，故亦稱「穴」也。上六與三相應，三來之己，不爲禍害，乃得爲己援助，故上六无所畏忌，乃「入于穴」而居也。「有不速之客三人來」者，速，召也，不須召唤之客有三人自來。「三人」謂初九、九二、九三。此三陽務欲前進，但畏于險難，不能前進。其難既通，三陽務欲上升，不須召唤而自來，故云「有不速之客三人來」也。「敬之，終吉」者，上六居无位之地，以一陰而爲三陽之主，不可怠慢，故須恭敬此三陽，乃得終吉。〇象曰「雖不當位，未大失」者，釋「敬之，終吉」之義。言己雖不當位，而以一陰爲三陽之主，若不敬之，則有凶害。今由己能敬之，雖不當位，亦未有大失，言初時雖有小失，終久乃獲吉，故云「未大失也」。且需之一卦，須待難通，其於六爻，皆假他物之象以明人事，待通而亨，須待之義。且凡人萬事，或有去難遠近，須出須處，法此六爻，即萬事盡矣，不可皆以人事曲細比之。〇易之諸爻之例，並皆倣此。

䷅坎下乾上。訟：有孚，窒惕，中吉，注云：窒，謂窒塞也。皆惕，然後可以獲中吉。終凶。利見大人，不利涉大川。

【疏】正義曰：「訟，有孚，窒惕，中吉」者，窒，塞也；惕，懼也。凡訟者，物有不和、情相乖争而致其訟。凡訟之體，不可妄興，必有信實，被物止塞，而能惕懼，中道而止，乃得吉也。「終凶」者，訟不可長，若終竟訟事，雖復窒惕，亦有凶也。「利見大人」者，物既有訟，須大人決之，故「利見大人」也。「不利涉大川」者，以訟不可長，若以訟而往涉危難，必有禍患，故「不利涉大川」。

彖曰：訟，上剛下險，險而健，訟。訟，有孚，窒惕，中吉，剛來而得中也。終凶，訟不可成也。利見大人，尚中正也。不利涉大川，入于淵也。注云：凡不和而訟，无施而可，涉難特甚焉。唯有信而見塞懼者，乃可以得吉也。猶復不可終，中乃吉也。不閉其源，使訟不至，雖每不枉，而訟至終竟，此亦凶矣。故雖復有信，而見塞懼，猶不可以爲終也。故曰「訟，有孚，窒惕，中吉，終凶」也。无善聽者，雖有其實，何由得明，而令有信塞懼者得其「中吉」？必有善聽之主焉，其在二〔一〕乎？以剛而來，正夫群小，斷不失中，應斯任也。

【疏】正義曰：此釋繇辭之義。「訟，上剛下險，險而健，訟」者，上剛即乾也，下險即坎也，猶人意懷險惡，性又剛健，所以訟也。此二句因卦之象以顯有訟之所由。案：上「需，須也」，以釋卦之名。此訟

〔一〕「二」，阮校云：集解「二」作「五」，云傳寫誤以「五」爲「二」。

卦不釋「訟」名者，訟義可知，故不釋也。諸卦其名難者則釋之，其名易者則不釋之，他皆倣此。「訟，有孚，窒惕，中吉，剛來而得中」者，先疊出訟之繇辭，以「剛來而得中」者，釋所以訟得其「有孚，窒惕，中吉」者，言由九二之剛，來向下體而處下卦之中，爲訟之主而聽斷獄訟，故訟者得其「有孚，窒惕，中吉」也。「終凶，訟不可成」者，釋「終凶」之義，以争訟之事不可使成，故「終凶」也。「利見大人，尚中正」者，釋「利見大人」之義。所以於訟之時利見此「大人」者，以時方鬭争，貴尚居中得正之主而聽斷之。「不利涉大川，入于淵」者，釋「不利涉大川」之義。若以訟事往涉于川，即必隊于深淵而陷于難也。

○注「凡不和」至「應斯任」　正義曰：「无施而可」者，言若性好不和，又與人鬭訟，即无處施設而可也，言所往之處皆不可也。「涉難特甚焉」者，言好訟之人，習常施爲，己自〔一〕不可，若更以訟涉難，其不可特甚焉，故云「涉難特甚焉」。「中乃吉」者，謂此訟事以中途而止，乃得吉也。前注云「可以獲中吉」，謂獲中止之吉。「不閉其源，使訟不至」者，若能謙虚退讓，與物不競，即此是閉塞訟之根源，使訟不至也。今不能如此，是不閉塞訟源，使訟得至也。「雖每不枉而訟至終竟」者，謂雖每訴訟，陳其道理，不有枉曲，而訟至終竟，此亦凶矣。

〔一〕「自」，阮校云：閩、監、毛本作「且」。

象曰：天與水違行，訟。君子以作事謀始。注云：「聽訟，吾猶人也。必也使无訟乎！」无訟在於謀始，謀始在於作制。契之不明，訟之所以生也。物有其分，職不相濫，争何由興？訟之所以起，契之過也。故有德司契而不責於人。

【疏】正義曰：天道西轉，水流東注，是天與水相違而行。相違而行，象人彼此兩相乖戾，故致訟也。不云「水與天違行」者，凡訟之所起，必剛健在先，以爲訟始，故云「天與水違行」也。「君子以作事謀始」者，物既有訟，言君子當防此訟源。凡欲興作其事，先須謀慮其始。若初始分職分明，不相干涉，即終无所訟也。

○注「聽訟」至「不責於人」　正義曰：「訟之所以起，契之過」者，凡鬭訟之起，只由初時契要之過，謂作契要不分明。「有德司契」者，言上之有德司主契要，而能使分明以斷於下，亦不須責在下之人有争訟也。「有德司契」之文，出老子經也。

初六，不永所事，小有言，終吉。注云：處訟之始，訟不可終，故「不永所事」，然後乃吉。凡陽唱而陰和，陰非先唱者也。四召而應，見犯乃訟。處訟之始，不爲訟先，雖不能不訟，而了訟必辯明也。　象曰：「不永所事」，訟不可長也。雖小有言，其辯明也。

【疏】正義曰：「不永所事」者，永，長也；不可長久爲鬭訟之事，以「訟不可終」也。「小有言，終吉」者，言初六應于九四。然九四剛陽，先來非理犯己，初六陰柔，見犯乃訟，雖不能不訟，是不獲已而訟也，故「小有言」；以處訟之始，不爲訟先，故「終吉」。象曰「訟不可長」者，釋「不永所事」，以訟不可長，故不長此鬬争之事。「其辯明」者，釋「小有言」，以訟必辯析分明。四雖初時犯己，己能辯訟，道理分明，故初時「小有言」也。

○注「處訟之始，不爲訟先」者　正義曰：「處訟之始」者，始入訟境，言訟事尚微，故云「處訟之始」也。「不爲訟先」者，言己是陰柔，待唱乃和，故云「不爲訟先」也。

九二，不克訟，歸而逋其邑。人三百户，无眚。注云：以剛處訟，不能下物，自下訟上，宜其不克。若能以懼，歸竄其邑，乃可以免災。邑過三百，非爲竄也。竄而據强，災未免也。**象曰：「不克訟」，歸逋竄也。自下訟上，患至掇也。**

【疏】正義曰：「不克訟」者，克，勝也；以剛處訟，不能下物，自下訟上，與五相敵，不勝其訟，言訟不得勝也。「歸而逋其邑」者，訟既不勝，怖懼還歸，逋竄其邑。若其邑强大，則大都偶國，非逋竄之道。「人三百户，无眚」者，若其邑狹少，唯三百户乃可也。「三百户」者，鄭注禮記云：「小國下大夫之制。」又鄭注周禮小司徒云：「方十里爲成，九百夫之地，溝渠、城郭、道路三分去其一，餘六百夫。又以田有不易，有一易，有再易，定受田三百家。」即此「三百户」者，一成之地也。鄭注云：「不易之田，歲種之；一易之田，休一歲乃種；再易之地，休二歲乃種。」言至薄也。苟自藏隱，不敢與五相敵，則无災眚。象曰「歸逋竄」者，釋歸而逋邑，以訟之不勝，故退歸逋竄也。「患至掇」者，掇猶拾掇也。自下訟上，悖逆之道，故禍患來至，若手自拾掇其物，言患必來也。故王肅云：「若手拾掇物然。」

○注「以剛」至「災未免也」　正義曰：「若能以懼歸竄其邑，乃可免災」者，如此注意，則經稱「其邑」二字連上爲句，「人三百户」合下爲句。

六三，食舊德，貞厲，終吉。或從王事，无成。注云：體夫柔弱以順於上，不爲九二自下訟上，不見侵奪，保全其有，故得食其舊德而不失也。居争訟之間，處兩剛之間，而皆近不相得，故曰「貞厲」。柔體不争，繫應在上，衆莫能傾，故曰「終吉」。上壯争勝，難可忤也，故或從王事，不敢成也。象曰：「食舊德」，從上吉也。

【疏】正義曰：「食舊德」者，六三以陰柔順從上九，不爲上九侵奪，故保全己之所有，故食其舊日之德禄位。「貞厲」者，貞，正也；厲，危也。居争訟之時，處兩剛之間，故須貞正，自危厲，故曰「貞厲」。然六三柔體不争，係應在上，衆莫能傾，故「終吉」也。「或從王事，无成」者，三應於上，上則壯而又勝，故六三或從上九之王事，不敢觸忤，无敢先成，故云「无成」。象曰「從上吉」者，釋所以食舊德。以順從上九，故得其吉，「食舊德」也。

九四，不克訟。注云：初辯明也。復即命渝，安貞吉。注云：處上訟下，可以改變者也，故其咎不大。若能反從本理，變前之命，安貞不犯，不失其道，爲仁由己，故吉從之。象曰：「復即命渝」，安貞不失也。

【疏】正義曰：「不克訟」者，九四既非理陵犯於初，初能分辯道理，故九四訟不勝也。「復即命渝」者，復，反也；即，就也。九四訟既不勝，若能反就本理，變前與初争訟之命，能自渝變休息，不與初訟，故云「復即命渝」。「安貞吉」者，既能反從本理，渝變往前争訟之命，即得安居貞吉。象曰「安貞不失」者，釋「復即命渝」之義，以其反理變命，故得安貞之吉，不失其道。

○注「處上」至「吉從之」 正義曰：「若能反從本理」者，釋「復即」之義。復，反也；即，從也。「本理」謂原本不與初訟之理。當反從此原本不争之理，故云「反從本理」。「變前之命」者，解「命渝」也。渝，變也。但倒經「渝」字在「命」上，故云「變前之命」。「前命」者，謂往前共初相訟之命也，今乃變之也。「安貞不犯」者，謂四安居貞正，不復犯初，故云「安貞不犯」。「爲仁由己，故吉從之」者，「爲仁由己」，論語文。初不犯己，己莫陵於初，是爲仁義之道自由於己，故云「爲仁由己」。

九五，訟，元吉。注云：處得尊位，爲訟之主，用其中正，以斷枉直。中則不過，正則不邪，剛无所溺，公无所偏，故「訟，元吉」。象曰：「訟，元吉」，以中正也。

【疏】正義曰：「訟，元吉」者，處得尊位，中而且正，以斷獄訟，故得「元吉」也。象曰「以中正也」者，釋「元吉」之義。所以訟得大吉者，以九五處中而得正位，中則不有過差，正則不有邪曲，中正爲德，故「元吉」。

○注「處得」至「元吉」 正義曰：「處得尊位，爲訟之主」者，居九五之位，當争訟之時，是主斷獄訟者也。然此卦之内，斷獄訟之人，凡有二主。案：上注云「善聽之主，其在二乎」，是二爲主也；此注又云「爲訟之主，用其中正，以斷枉直」，是五又爲主也。一卦兩主者，凡諸卦之内，如此者多矣。五是其卦尊位之主，餘爻是其卦爲義之主。猶若復卦初九是復卦之主，「復」義在于初九也，六五亦居復之尊位，爲復卦尊位之主。如此之例，非一卦也。所以然者，五居尊位，猶若天子總統萬機，與萬物爲主，故諸卦皆五居尊位。諸爻則偏主一事，猶若六卿春官主禮、秋官主刑之類。偏主一事，則其餘諸爻各主一事也。即六卿總歸於天子，諸卦之爻皆以九五爲尊位也。若卦由五位，五又居尊，正爲一主也，若比之九五之類是也。今此訟卦二既爲主，五又爲主，皆有斷獄之德，其五與二爻，其義同然也，故俱以爲主也。案：上彖辭「剛來而得中」，今九五彖辭云「訟元吉，以中正」何？知彖辭「剛來得中」非據九五也。輔嗣必以爲九二者，凡上下二象在於下象者則稱「來」，故賁卦云「柔來而文剛」，是離下艮上而稱「柔來」。今此云「剛來而得中」，故知九二也。且凡云「來」者，皆據異類而來。九二在二陰之中，故稱「來」；九五在外卦，又三爻俱陽，不得稱「來」。若於爻辭之中，亦有從下卦向上卦稱「來」也。故需上六「有不速之客三人來」，謂下卦三陽來。然需上六陰爻，陽來詣之，亦是往非類而稱「來」也。「以斷枉直」者，枉，曲也。凡二人來訟，必一曲一直，此九五聽訟能斷定曲直者，故云「以斷枉直」。

上九，或錫之鞶帶，終朝三褫之。注云：處訟之極，以剛居上，訟而得勝者也。以訟受錫，榮何可保？故終朝之間，褫帶者三也。**象曰：以訟受服，亦不足敬也。**

【疏】正義曰：「或錫之鞶帶」者，上九以剛居上，是訟而得勝者也。若以謙讓蒙錫，則可長保有。若因訟而得勝，雖或錫與鞶帶，不可長久，終一朝之間三被褫脱，故云「終朝三褫之」。象曰「以訟受服，亦不足敬」者，釋「終朝三褫」之義。以其因訟得勝，受此錫服，非德而受，亦不足可敬，故終朝之間，三被褫脱也。凡言「或」者，或之言「有」也。言或有如此，故言「或」，則上〔一〕云「或從王事，无成」及坤之六三「或從王事，无成」之類是也。鞶帶，謂大帶也。故杜元凱桓二年傳「鞶厲旒〔二〕纓」注云：「盤，大帶也。」此訟一卦及爻辭並以人事明之，唯「不利涉大川」，假外物之象以喻人事。

周易注疏卷第二

〔一〕「上」原作「生」，據單疏本改。

〔二〕「旒」，阮校云：孫志祖云：今左傳「旒」作「游」。

周易注疏卷第三

國子祭酒上護軍曲阜縣開國子臣孔穎達奉勑撰

☵☷坎下坤上。師：貞，丈人吉，无咎。注云：丈人，嚴莊之稱也。爲師之正，丈人乃吉也。興役動衆无功，罪也，故吉乃无咎也。

【疏】正義曰：「師：貞，丈人吉，无咎」者，師，衆也；貞，正也；丈人謂嚴莊尊重之人。言爲師之正，唯得嚴莊丈人監臨主領，乃得「吉，无咎」。若不得丈人監臨之，衆不畏懼，不能齊衆，必有咎害。○注「丈人」至「乃无咎也」　正義曰：「興役動衆无功，罪」者，監臨師衆，當以威嚴，則有功勞，乃得无咎；若其不以威嚴，師必无功而有其罪，故云「興役動衆无功，罪也」。

彖曰：師，衆也。貞，正也。能以衆正，可以王矣。剛中而應，行險而順，以此毒天下而民從之，吉，又何咎矣？注云：毒猶役也。

【疏】正義曰：「師，衆也。貞，正也。能以衆正，可以王矣」者，此釋師卦之名，并明用師有功之義。但師訓既多，或訓爲法，或訓爲長，恐此師名取法之與長，故特明之。師訓爲衆也。貞爲正也。貞之爲正，其義已見於此，復云「貞，正」者，欲見齊衆必須以正，故訓貞爲正也。與下文爲首引之勢，故云「能以衆正，可以王矣」。「剛中而應」者，「剛中」謂九二，「而應」謂六五。「行險而順」者，「行險」謂下體坎也，「而順」謂上體坤也。若剛中而无應，或有應而不剛中，或行險而不柔順，皆不可行師得吉也。「以此毒天下而民從之，吉，又何咎矣」者，毒猶役也，若用此諸德使役天下之衆，人必從之以得其吉，又何无功而咎責乎？自「剛中」以下釋「丈人吉，无咎」也，言丈人能備此諸德也。

象曰：地中有水，師。君子以容民畜衆。

【疏】正義曰：「君子以容民畜衆」者，言君子法此師卦，容納其民，畜養其衆。若爲人除害，使衆得寧，此則「容民畜衆」也。又爲師之主，雖尚威嚴，當赦其小過，不可純用威猛於軍師之中，亦是容民畜衆之義。所以象稱「地中有水」，欲見地能包水，水又衆大，是「容民畜衆」之象。若其不然，或當云「地在水上」，或云「上地下水」，或云「水上有地」。今云「地中有水」，蓋取容、畜之義也。

初六，師出以律，否臧凶。注云：爲師之始，齊師者也。齊衆以律，失律則散，故師出以律，律不可失。失律而臧，何異於否？失令有功，法所不赦，故師出不以律，否臧皆凶。象曰：「師出以律」，失律凶也。

【疏】正義曰：「初六，師出以律」者，律，法也；初六爲師之始，是整齊師衆者也。既齊整師衆，使師出之時，當須以其法制整齊之，故云「師出以律」也。「否臧凶」者，若其失律行師，无問否之與臧，皆爲凶也。「否」謂破敗，「臧」謂有功，然「否」爲破敗即是凶也，何須更云「否臧凶」者？本意所明，雖臧亦凶。「臧」文既單，故以「否」配之，欲盛言臧凶，不可單言，故云否之與臧，皆爲凶也。象曰「失律凶」者，釋「師出以律」之義。言所以必須以律者，以其失律則凶。反經之文，以明經義。

○注「爲師」至「皆凶」 正義曰：「爲師之始，齊師者也」者，以師之初爻，故云「爲師之始」。在師之首，先唱發始，是齊整師衆者也。「失律而臧，何異於否」者，若棄失法律，不奉法而行，雖有功而臧，何異於否也？「失令有功，法所不赦」者，解「何異於否」之義。令則法律也。若失此法令，雖有功勞，軍法所不容赦，故云「何異於否」。然閫外之事，將軍所裁，臨事制宜，不必皆依君命。何得「有功，法所不赦」者？凡爲師之體，理非一端，量事制宜，隨時進退，此則將軍所制，隨時施行；若苟順私情，故違君命，犯律觸法，則事不可赦耳。

九二，在師中，吉，无咎。王三錫命。 注云：以剛居中，而應於上〔一〕，在師而得其中者也。承上之寵，爲師之主，任大役重，无功則凶，故吉乃无咎也。行師得吉，莫善懷邦，邦懷衆服，錫莫重焉，故乃得成命。**象曰：在師中吉，承天寵也。王三錫命，懷萬邦也。**

【疏】正義曰：「在師中，吉」者，以剛居中而應於五，是「在師中，吉」也。「无咎」者，承上之寵，爲師之主，任大役重，无功則凶，故吉乃无咎。「王三錫命」者，以其有功，故王三加錫命。象曰「承天寵」者，

〔一〕「上」，阮校云：古本、足利本作「五」。

釋「在師中，吉」之義也。正謂承受五之恩寵，故「中吉」也。「懷萬邦也」者，以其有功，能招懷萬邦，故被「王三錫命」也。

○注「以剛」至「成命」　正義曰：「在師而得中」者，觀注之意，以「在師中」爲句，其「吉」字屬下；觀象之文，「在師中吉，承天寵」者，則似「吉」字屬上。此「吉」之一字上下兼該，故注文屬下，象文屬上，但象略其「无咎」之字，故「吉」屬「師中」也。「故乃得成命」者，案曲禮云：「三賜不及車馬。」一命受爵，再命受服，三命受車馬。三賜三命，而尊之得成，故「乃得成命」也。

六三，師或輿尸，凶。注云：以陰處陽，以柔乘剛，進則无應，退无所守，以此用師，宜獲「輿尸」之凶。象曰：「師或輿尸」，大无功也。

【疏】正義曰：「師或輿尸，凶」者，以陰處陽，以柔乘剛，進无所應，退无所守，以此用師，或有輿尸之凶。象曰「大无功也」者，釋「輿尸」之義，以其輿尸，則大无功也。

○注「以陰」至「之凶」　正義曰：「退无所守」者，倒退而下，乘二之剛，已又以陰居陽，是「退无所守」。

六四，師左次，无咎。注云：得位而无應，无應不可以行，得位則可以處，故左次之而无咎也。行師之法，欲右背高，故左次之。象曰：「左次，无咎」，未失常也。注云：雖不能有獲，足以不失其常也。

【疏】正義曰：「師左次，无咎」者，六四得位而无應，无應不可以行，得位則可以處，故云「師左次，无咎」。故師在高險之左，以次止則无凶咎也。象曰「未失常」者，釋「无咎」之義，以其雖未有功，未失常道。

○注「得位」至「故左次之」　正義曰：「行師之法，欲右背高」者，此兵法也。故漢書韓信云：「兵法欲右背山陵，前左水澤。」

六五，田有禽，利執言，无咎。長子帥師，弟子輿尸，貞凶。注云：處師之時，柔得尊位，陰不先唱，柔不犯物，犯而後應，往必得直，故「田有禽」也。物先犯己，故可以執言而无咎也。柔非軍帥，陰非剛武，故不躬行，必以授也。授不得主，則衆不從，故「長子帥師」可也。弟子之凶，固其宜也。**象曰：「長子帥師」，以中行也。「弟子輿尸」，使不當也。**

【疏】正義曰：「田有禽，利執言」者，柔得尊位，陰不先唱，柔不犯物，犯而後應，往必得直，故往即有功。猶如田中有禽而來犯苗，若往獵之，則无咎過也。人之脩田，非禽之所犯。王者守國，非叛者所亂。禽之犯苗，則可獵取。叛人亂國，則可誅之。此假他象以喻人事，故「利執言，无咎」。己不直則有咎。己今得直，故可以執此言往問之而无咎也。「長子帥師，弟子輿尸，貞凶」者，以己是柔，不可爲軍帥。己又是陰，身非剛武，不可以親行，故須役任長子、弟子之等。若任役長子，則可以帥師。若任用弟子，則軍必破敗而輿尸，是爲正之凶。莊氏云：「長子謂九二，德長於人；弟子謂六三，德劣於物。」今案：象辭云「長子帥師，以中行也」，是九二居中也；「弟子輿尸，使不當也」，謂六三失位也。

○注「往必得直」　正義曰：「往必得直」者，見犯乃行，欲往征之，則於理正直，故云「往必得直」。

上六，大君有命，開國承家，小人勿用。注云：處師之極，師之終也。大君之命，不失功也。開國承家，以寧邦也。小人勿用，非其道也。象曰：「大君有命」，以正功也。「小人勿用」，必亂邦也。

【疏】正義曰：「大君有命」者，上六處師之極，是師之終竟也。「大君」，謂天子也。言天子爵命此上六，若其功大，使之開國爲諸侯；若其功小，使之承家爲卿大夫。「小人勿用」者，言開國承家，須用君子，勿用小人也。象曰「大君有命，以正功也」者，正此上六之功也。「小人勿用，必亂邦也」者，若用小人，必亂邦國，故不得用小人也。

䷇坤下坎上。比：吉。原筮，元永貞，无咎。不寧方來，後夫凶。

【疏】正義曰：「比，吉」者，謂能相親比而得其吉。「原筮，元永貞，无咎」者，欲相親比，必能原窮其情，筮決其意，唯有元大永長貞正，乃得无咎。「元永貞」者，謂兩相親比，皆須「永貞」。「不寧方來」者，比是寧樂之時，若能與人親比，則不寧之方，皆悉歸來。「後夫凶」者，夫，語辭也。親比貴速，若及早而來，人皆親己，故在先者吉。若在後而至者，人或疎己，親比不成，故「後夫凶」。或以「夫」爲丈夫，謂後來之人也。

象曰：比，吉也。比，輔也，下順從也。原筮，元永貞，无咎，以剛中也。注云：處比之時，將原筮以求无咎，其唯「元永貞」乎！夫群黨相比，而不以「元永貞」，則凶邪之道也。若不遇其主，則雖永貞而猶未足免於咎也。使永貞而无咎者，其唯九五乎！**不寧方來，上下應也。**注云：上下无陽以分其民，五獨處尊，莫不歸之，上下應之，既親且安，安則不安者託焉，故不寧方所以來，「上下應」故也。夫无者求有，有者不求所與；危者求安，安者不求所保。火有其炎，寒者附之。故已苟安焉，則不寧方來矣。**後夫凶，其道窮也。**注云：將合和親，而獨在後，親成則誅，是以凶也。

【疏】正義曰：「比，吉也」者，釋親比爲善，言相親比而得吉也。「比，輔也」者，釋「比」所以得吉，由「比」者人來相輔助也。「下順從」者，在下之人，順從於上，是相輔助也，謂衆陰順從九五也。自此已上，釋比名爲吉之義。「原筮，元永貞，无咎，以剛中」者，釋「原筮，元永貞，无咎」之義；所以得如此者，以九五剛而處中，故使「比」者皆得「原筮，元永貞，无咎」也。「不寧方來，上下應」者，釋「不寧方來」之義。以九五處中，故上下群陰皆來應之。於此之時，陰往比陽，群陰未得其所，皆未寧也。「後夫凶，其道窮」者，釋「後夫凶」。他悉親比，己獨後來，比道窮困，无人與親，故其凶也。此謂上六也。

○注「處比」至「九五乎」 正義曰：「將原筮以求无咎，其唯元永貞乎」者，原謂原窮比者根本，筮謂筮決求比之情，以求久長无咎。「其唯元永貞乎」，元，大也；永，長也。爲已有大長貞正，乃能原筮相親比之情，得久長而无咎，謂彼此相親比也。「若不遇其主，則雖永貞而猶未足免於咎」者，若不逢遇明主，則彼此相求，比者雖各懷永貞，而猶未足免離於咎。雖有永貞，而无明主照察，不被上知，相親涉於朋黨，故不免咎也。「使永貞而无咎者，其唯九五乎」者，使「比」者得免咎，保永貞，久而无咎，其唯九五乎？以九五爲比之主，剛而處中，能識「比」者之情意，故使「比」者得保永貞，无凶咎也。○注「將合」至「以凶也」　正義曰：「親成則誅」者，彼此相比，皆速來爲親；親道已成，己獨在後而來，衆則嫌其離貳，所以被誅而凶也。

〈象曰：地上有水，比。先王以建萬國，親諸侯。注云：萬國以比建，諸侯以比親。

【疏】正義曰：「建萬國，親諸侯」，非諸侯已下之所爲，故特云「先王」也。「建萬國」謂割土而封建之。「親諸侯」謂爵賞恩澤而親友之。萬國據其境域，故曰「建」也。「諸侯」謂其君身，故云「親」也。地上有水，猶域中有萬國，使之各相親比，猶地上有水，流通相潤及物，故云「地上有水，『比』」也。

初六，有孚比之，无咎。有孚盈缶，終來有它吉。注云：處比之始，爲比之首者也。夫以不信爲比之首，則禍莫大焉，故必「有孚盈缶」，然後乃得免比之咎，故曰「有孚比之，无咎」也。處比之首，應不在一，心无私吝，則莫不比之。著信立誠，盈溢乎質素之器，則物終來，无衰竭也。親乎天下，著信盈缶，應者豈一道而來？故必「有它吉」也。

〈象曰：比之初六，有它吉也。

【疏】正義曰：「有孚比之，无咎」者，處比之始，爲比之首，若无誠信，禍莫大焉。必有誠信而相親比，終始如一，爲之誠信，乃得无咎。「有孚盈缶，終來有它吉」者，身處比之首，應不在一，心无私吝，莫不比之。有此孚信盈溢質素之缶，以此待物，物皆歸向，從始至終，尋常恒來，非唯一人而已，更有它人並來而得吉，故云「終來有它吉」也。此假外象喻人事也。

○注「應不在一，心无私吝」　正義曰：「應不在一」者，初六无應，是「應不在一」，故「心无私吝」也。若心有偏應，即私有愛吝也，以「應不在一」，故「心无私吝」也。

六二，比之自内，貞吉。注云：處比之時，居中得位，而繫應在五，不能來它，故得其自内，貞吉而已。象曰：「比之自内」，不自失也。

【疏】正義曰：「比之自内，貞吉」者，居中得位，係應在五，不能使它悉來，唯親比之道自在其内，獨與五應，但「貞吉」而已，不如初六「有它吉」也。象曰「不自失」者，釋「比之自内」之義，不自失其所應之偶，故云「比之自内，不自失也」。

六三，比之匪人。注云：四自外比，二爲五貞，近不相得，遠則无應，所與比者，皆非己親，故曰「比之匪人」。象曰：「比之匪人」，不亦傷乎！【疏】正義曰：「比之匪人，不亦傷乎」者，言六三所比，皆非己親之人。四自外比，二爲五應，近不相得，遠又无應，是所欲親比，皆非其親，是以悲傷也。

六四，外比之，貞吉。注云：外比於五，履得其位，比不失賢，處不失位，故「貞吉」也。象曰：外比於賢，以從上也。

【疏】正義曰：六四上比於五，故「外比」也。居得其位，比不失賢，所以貞吉。凡下體爲内，上體爲外，六四比五，故云「外比」也。象曰「外比於賢，以從上也」者，九五居中得位，故稱「賢」也。五在四上，四往比之，是「以從上也」。

九五，顯比。王用三驅，失前禽。邑人不誡，吉。注云：爲比之主，而有應在二，「顯比」者也。比而顯之，則所親者狹矣。夫无私於物，唯賢是與，則去之與來，皆无失也。夫三驅之禮，禽逆來趣己則舍之，背己而走則射之，愛於來而惡於去也，故其所施，常「失前禽」也。以「顯比」而居王位，用三驅之道者也，故曰「王用三驅，失前禽」也。用其中正，征討有常，伐不加邑，動必討叛，邑人无虞，故「不誡」也。雖不得乎大人之吉，是「顯比」之吉也。此可以爲上之使，非爲上之道。象曰：顯比之吉，位正中也。舍逆取順，失前禽也。邑人不誡，上使中也。

【疏】正義曰：五應於二，顯明比道，不能普徧相親，是比道狹也。「王用三驅，失前禽」者，此假田獵之道，以喻「顯比」之事。凡三驅之禮，禽向己者則舍之，背己者則射之，是失於「前禽」也。「顯比」之道，與己相應者則親之，與己不相應者則踈之，與三驅田獵，愛來惡去相似，故云「王用三驅，失前禽」也。言「顯比」之道，似於此也。「邑人不誡，吉」者，雖不能廣普親比，於自己相親之處，不妄加討罰，所以己邑之人不須防誡而有吉也。至于「邑人不誡」而「爲吉」，非是大人弘闊之道，不可爲大人之身，但可爲大人之使。象曰「顯比之吉，位正中」者，所以「顯比」得吉者，以所居之位正而且中，故云「顯比之吉」。「舍逆取順，失前禽也」者，禽逆來向己者則舍之而不害，禽順去背己而走者則射而取之，是「失前禽也」。「邑人不誡，上使中」者，釋「邑人不誡」之義，所以己邑之人不須防誡，止由在上九五之使，得其中正之人，伐不加邑，動必討叛，不橫加无罪，止由在上「使中」也。「中」謂九五也。此九五雖不得爲王者之身，堪爲王者之使，以居中位，故云「上使中也」。

○注「爲比」至「之道」 正義曰：「去之與來，皆无失」者，若比道弘闊，不偏私於物，唯賢是親，則背己去者與來向己者皆悉親附，无所失也。言去亦不失，來亦不失。夫三驅之禮者，先儒皆云「三度驅禽而射之也」。三度則已，今亦[一]從之，去則射之。褚氏諸儒皆以「爲三面著人驅禽」，必知「三面」者，禽唯有背己、向己、趣己，故左右及於後皆有驅之。「愛於來而惡於去」者，來則舍之，是愛於來也；去則射之，是惡於去也。「故其所施，常失前禽」者，言獨「比」所應，則所比爲失。如三驅所施，愛來憎去，則失在前禽也。「用其中正，征討有常，伐不加邑，動必討叛」者，此九五居中得正，故云「用其中正」也。心既中正，不妄喜怒，故征伐有常也。所伐之事，不加親己之邑；興師動衆，必欲討其叛逆。二[二]以其「顯比」，親者，伐所不加也；叛者，必欲征伐也。云「雖不得乎大人之吉，是顯比之吉」者，以象云「顯比之吉」，其比狹也。若「大人之吉」，則「比」道弘通也。「可以爲上之使，非爲上之道」者，九五居上之位，若爲行如此，身雖爲王，止可爲上使之人，非是爲王之道，故云「非爲上之道」。

上六，比之无首，凶。注云：无首，後也。處卦之終，是後夫也。親道已成，无所與終，爲時所棄，宜其凶也。 象

[一]「亦」，海保漁村云：「亦」當作「不」，字形相似而誤也；「今不從之，去則射之」者，是孔所以申王義也。
[二]「二」，阮校云：閩、監、毛本作「五」，當是。

曰：「比之无首」，无所終也。

【疏】正義曰：「无首，凶」者，謂无能爲頭首。它人皆「比」，己獨在後，是親比於人，无能爲頭首也。它人皆「比」，親道已成，己獨在後，衆人所棄，宜其凶也。象曰「无所終」者，釋「比之无首」。既不能爲比之初首，被人所棄，故无能與之共終也。

䷈乾下巽上。小畜：亨。注云：不能畜大，止健，剛志故行，是以亨。密雲不雨，自我西郊。

【疏】正義曰：「小畜，亨」者，但小有所畜，唯畜九三而已。初九、九二猶剛健得行，是以剛志上得亨通，故云「小畜，亨」也。若大畜，乾在於下，艮在於上，艮是陽卦，又能止物，能止此乾之剛健，所畜者大，故稱「大畜」。此卦則巽在於上，乾在於下，巽是陰柔，性又和順，不能止畜在下之乾，唯能畜止九三，所畜狹小，故名「小畜」。「密雲不雨」者，若陽之上升，陰能畜止，兩氣相薄則爲雨也。今唯能畜止九三，其氣被畜，但爲密雲，初九、九二猶自上通，所以不能爲雨也。「自我西郊」者，所聚密雲，由在我之西郊，去我既遠，潤澤不能行也，但聚在西郊而已。

彖曰：小畜，柔得位而上下應之，曰「小畜」。注云：謂六四也，成卦之義，在此爻也。體无二陰，以分其應，故上下應之也。既得其位，而上下應之，三不能陵，小畜之義也。健而巽，剛中而志行，乃亨。密雲不雨，尚往也；自我西郊，施未行也。注云：小畜之勢，足作密雲，乃「自我西郊」，未足以爲雨也。何由知未能爲雨？夫能爲雨者，陽上薄陰，陰能固之，然後烝而爲雨。今不能制初九之「復道」，固九二之「牽復」，九三更以不能復爲劣也。下方尚往，施豈得行？故密雲而不能爲雨，尚往故也。何以明之？夫陰能固之，然後乃雨乎？上九獨能固九三之路，故九三不可以進而「輿説輻」也。能固其路而安於上，故得「既雨既處」。若四、五[一]皆能若上九之善畜，則能雨明矣。故舉一卦而論之，能爲小畜密雲而已。陰苟不足以固陽，則雖復至盛，密雲自我西郊，故不能雨也。雨之未下，即施之未行也。彖全論一卦之體，故曰「密雲不雨」；象各言一爻之德，故曰「既雨既處」也。

【疏】正義曰：「柔得位而上下應之，曰小畜」者，「柔得位」謂六四也，以陰居陰，故稱「得位」。此卦唯有一陰，上下諸陽皆來應之，故曰「小畜」。此釋小畜卦名也。言此卦之畜，六四唯畜其下九三，初九、九二猶不能擁畜，而云「上下應之」者，若細別而言，小畜之義唯當畜止在下，三陽猶不能畜盡，但畜九三而已；若大判而言之，上下五陽總應六四，故云「上下應之」。其四雖應何妨，總不能畜止剛健也。「健而巽，剛中而志行，乃亨」者，内既剛健而外逢柔順，剛發於中，不被擁抑，而志意得行。以此言之，故剛健之志乃得亨通，此釋「亨」也。「密雲不雨，尚往」者，所以密雲不雨者，不能畜止諸陽，初九、九二猶得上進，陰陽氣通，所以不雨，釋「密雲不雨」也。「自我西郊，施未行」者，釋「自我西郊」之義。所以密雲不雨，從我西郊而積聚者，猶所施潤澤未得流行周徧，故不覆國都，但遠聚西郊也。然雲在國都而不雨，亦是「施未行也」。必云在「西郊」者，若在國都，雨雖未落，猶有覆蔭之施，不得云「施未

〔一〕「五」原作「三」，據單注本改。

行」，今言在「西郊」，去施遠也。

○注「小畜」至「既處」　正義曰：「九三更以不能復爲劣」者，初九既得「復道」，九二可「牽」以獲「復」，皆得剛健上通，則是陰不能固陽，而九三劣弱，又不能自復，則是陽不薄陰，是以皆不雨也。且小畜之義，貴於上往，而九三不能自復，更爲劣弱，故言「九三更不能復爲劣也」。「能固其路而安於上」者，謂上九能閉固九三之道路，不被九三所陵，得安於上，所以「既雨既處」也。「故舉一卦而論之，能爲小畜，密雲而已」者，此明卦之與爻，其義別也。但卦總二象，明上體不能閉固下體，所以密雲不能爲雨；爻則止明一爻之事，上九能固九三，所以上九而有雨也。所以卦與爻其義異也。諸卦多然。若比卦云「比，吉」，上六則云「比之无首，凶」也；復卦云「復，亨」，上六云「迷復，凶」也。此皆卦之與爻，義相違反，它皆倣此。

象曰：風行天上，小畜。君子以懿文德。注云：未能行其施者，故可以懿文德而已。

【疏】正義曰：「君子以懿文德」者，懿，美也；以於其時施未得行，喻君子之人但脩美文德，待時而發。風爲號令，若風行天下，則施附於物，不得云「施未行」也。今風在天上，去物既遠，无所施及，故曰「風行天上」。凡大象，君子所取之義，或取二卦之象而法之者，若「地中有水，師，君子以容民畜衆」，取卦象包容之義；若履卦象云「上天下澤，履，君子以辯上下」，取上下尊卑之義。如此之類，皆取二象，君子法以爲行也。或直取卦名，因其卦義所有，君子法之須合卦義行事者。若訟卦云「君子以作事謀始」，防其所訟之源，不取「天與水違行」之象；若小畜「君子以懿文德」，不取「風行天上」之象。餘皆倣此。

初九，復自道，何其咎？吉。注云：處乾之始，以升巽初，四爲己應，不距己者也。以陽升陰，復自其道，順而无違，何所犯咎，得義之吉。

【疏】正義曰：處乾之始以升巽初，四爲己應，以陽升陰，反復於上，自用己道，四則順而无違，於己无咎，故云「復自道，何其咎？吉」。〜象曰「其義吉」者，以陽升陰，以剛應柔，其義於理吉也。

〜象曰：「復自道」，其義吉也。

九二，牽復，吉。注云：處乾之中，以升巽五，五非畜極，非固己者也。雖不能若陰之不違，可牽以獲復，是以吉也。

〜象曰：牽復在中，亦不自失也。

【疏】正義曰：「牽復，吉」者，「牽」謂牽連，「復」謂反復，二欲往五，五非止畜之極，不閉固於己，可自牽連反復於上而得吉也。〜象曰「牽復在中，亦不自失」者，既彊牽連，而復在下卦之中，以其得中，不被閉固，亦於己不自有失，解「牽復，吉」也。

九三，輿説輻。夫妻反目。注云：上爲畜盛，不可牽征，以斯而進，故必「説輻」也。己爲陽極，上爲陰長，畜於陰長，不能自復，方之夫妻，「反目」之義也。

〜象曰：「夫妻反目」，不能正室也。

【疏】正義曰：九三欲復而進，上九固而止之，不可以行，故車輿説其輻。「夫妻反目」者，上九體巽，爲長女之陰，今九三之陽，被長女閉固，不能自復，夫妻乖戾，故反目相視。〜象曰「不能正室」者，釋「夫妻反目」之義。以九三之夫不能正上九之室，故「反目」也。此假象以喻人事也。

六四，有孚，血去惕出，无咎。注云：夫言「血」者，陽犯陰也。四乘於三，近不相得，三務於進，而己隔之，將懼侵克者也。上亦惡三，而能制焉，志與上合，共同斯誠，三雖逼己，而不能犯，故得血去懼除，保无咎也。象曰：有孚惕出，上合志也。

【疏】正義曰：「有孚，血去惕出，无咎」者，六四居九三之上，乘陵於三，三既務進，而己固之，懼三害己，故有「血」也。畏三侵陵，故惕懼也。但上九亦憎惡九三，六四與上九同志，共惡於三，三不能害己，故得其血去除，其惕出散，信能血去懼除，乃得无咎。象曰「有孚惕出，上合志」者，釋「惕出」之意。所以「惕出」者，由己與上九同合其志，共惡於三也。

○注「夫言」至「无咎也」　正義曰：「夫言血者，陽犯陰也」者，謂此卦言「血」，陽犯陰也。「夫」者，發語之端，非是總凡之辭。故需六四云「需於血」，注云：「凡稱血者，陰陽相傷也。」則稱血者，非唯「陽犯陰」也。

九五，有孚攣如，富以其鄰。注云：處得尊位，不疑於二，來而不距。二牽己攣，不爲專固，「有孚攣如」之謂也。以陽居陽，處實者也。居盛處實，而不專固，「富以其鄰」者也。象曰：「有孚攣如」，不獨富也。

【疏】正義曰：「有孚攣如」者，五居尊位，不疑於二，來而不距。二既牽挽而來，己又攀攣而迎接，志意合同，不有〔一〕專固相逼，是有信而相牽攣也。「如」，語辭，非義類。「富以其鄰」者，五是陽爻，即必富實。心不專固，故能用富以與其鄰。「鄰」謂二也。象曰「不獨富也」者，釋「攣如」之義。所以攀攣於二者，以其不獨自專固於富，欲分與二也。

上九，既雨既處，尚德載，婦貞厲，月幾望，君子征凶。注云：處小畜之極，能畜者也。陽不獲亨，故「既雨」也。剛不能侵，故「既處」也。體巽處上，剛不敢犯，「尚德」者也。爲陰之長，能畜剛健，德積載者也。婦制其夫，臣制其君，雖貞近危，故曰「婦貞厲」也。陰之盈盛，莫盛於此，故曰「月幾望」也。滿而又進，必失其道，陰疑於陽，必見戰伐，雖復君子，以征必凶，故曰「君子征凶」也。**象曰：「既雨既處」，德積載也。「君子征凶」，有所疑也。**注云：夫處下可以征而无咎者，唯泰也則然。坤本體下，又順而弱，不能敵剛，故可以全其類，征而吉也。自此以往，則其進各有難矣。夫巽雖不能若艮之善畜，猶不肯爲坤之順從也，故可得少進，不可盡陵也。是以初九、九二，其復則可，至於九三，則「輿説輻」也。夫大畜者，畜之極也。畜而不已，畜極則通，是以其畜之盛，在於四、五，至于上九，道乃大行。小畜積極而後乃能畜，是以四、五可以進，而上九説征之輻。

【疏】正義曰：「既雨既處」者，九三欲進，己能固之，陰陽不通，故已得其雨也。「既處」者，三不能侵，不憂危害，故已得其處也。「尚德載」者，體巽處上，剛不敢犯，爲陰之長，能畜止剛健，慕尚此德之積聚而運載也，故云「尚德載」也。言慕尚此道德之積載也。「婦貞厲」者，上九制九三，是婦制其夫，臣

〔一〕「有」，浦鏜云：「有」當作「爲」。

制其君，雖復貞正，而近危厲也。「月幾望」者，婦人之制夫，猶如月在望時，盛極以敵日也。「幾」，辭也，已從上釋，故於此不復言也。「君子征凶」者，陰疑於陽，必見戰伐，雖復君子之行而亦凶也。〈象〉曰「既雨既處，德積載」者，釋「既雨既處」之義。言所以得「既雨既處」者，以上九道德積聚，可以運載，使人慕尚，故云「既雨既處」也。「君子征凶，有所疑」者，釋「君子征凶」之義，言所以「征凶」者，陰氣盛滿，被陽有所疑忌，必見戰伐，故「征凶」也。

○注「處小畜」至「征凶」　正義曰：「處小畜之極，能畜者也」者，已處小畜盛極，是閉畜者也。「陽不獲亨，故既雨也」者，陽若亨通則不雨也。所以卦繇辭云：「小畜，亨，密雲不雨。」今九三之陽，被上九所固，不獲亨通，故「既雨」也。

○注「夫處」至「征之輻」　正義曰：「夫巽雖不能若艮之善畜」者，謂雖不能如大畜艮卦在上，善畜下之乾也。「巽雖不能如艮之善畜」，故其畜小也。「猶不肯爲坤之順從」者，謂猶不肯如泰卦，坤在於上順從乾也。「故可得少進」者，謂初九、九二得前進也。「不可盡陵」者，九三欲陵上九，被上九所固，是不可得「盡陵也」。「畜而不已，畜極則通，是以其畜之盛在于四、五，至于上九，道乃大行」者，此論大畜義也。大畜，畜而不已，謂之「大畜」。四爻、五爻是畜之盛極而不休已，畜極則通。四、五畜道既極，至於上九，无可所畜，故上九道乃大行，无所畜也。「小畜積極而後乃能畜」者，小畜之道既微，積其終極，至於上九乃能畜也，謂畜九三也。「是以四、五可以進」者，四雖畜初，五雖畜二，畜道既弱，故初、二可以進。「上九説征之輻」者，上九畜之「積極」，故能説此九三征行之輻。案：九三但有「説輻」，无「征」之文。而王氏言上九「説征之輻」者，輿之有輻，可以征行，九三爻有「征」義。今輿輻既説，則是説征之輻，因上九「征凶」之文，征則行也。文雖不言，於義必有言「輻」者，鄭注云「謂輿下縛木，與軸相連，鉤心之木」是也。子夏傳云：「輻，車劇也。」

䷉兑下乾上。**履：虎尾，不咥人，亨。**

【疏】正義曰：「履：虎尾，不咥人，亨」者，履卦之義，以六三爲主。六三以陰柔履踐九二之剛，履危者也，猶如履虎尾，爲危之甚。「不咥人，亨」者，以六三在兑體，兑爲和説，而應乾剛，雖履其危，而不見害，故得亨通，猶若履虎尾不見咥齧于人。此假物之象以喻人事。

彖曰：履，柔履剛也。説而應乎乾，是以履虎尾，不咥人，亨。注云：凡彖者，言乎一卦之所以爲主也。成卦之體，在六三也。「履虎尾」者，言其危也。三爲履主，以柔履剛，履危者也。履虎尾而不見咥者，以其説而應乎乾也。乾，剛正之德者也。不以説行夫佞邪，而以説應乎乾，宜其「履虎尾」，不見咥而亨。**剛中正，履帝位而不疚，光明也。**注云：言五之德。

【疏】正義曰：「履，柔履剛」者，言履卦之義，是柔之履剛。六三陰爻，在九二陽爻之上，故云「柔履剛也」。「履」謂履踐也。此釋履卦之義。「説而應乎乾，是以履虎尾，不咥人，亨」者，釋「不咥人，亨」之義。六三在兑體，兑爲和説，應於上九，上九在乾體。兑自和説，應乎乾剛，以説應剛，无所見害，是以履踐虎尾，不咥害於人，而得亨通也。若以和説之行而應於陰柔，則是邪佞之道，由以説應於剛，故得吉也。「剛中正，履帝位」者，謂九五也。以剛處中，得其正位，居〔一〕五之尊，是「剛中正，履帝位」也。「而不疚，光明」者，能以剛中而居帝位，不有疚病，由德之光明故也。此二句贊明履卦德義之美，於經无所釋也。

象曰：上天下澤，履。君子以辯上下，定民志。

【疏】正義曰：「君子以辯上下，定民志」者，天尊在上，澤卑處下，君子法此履卦之象，以分辯上下尊卑，以定正民之志意，使尊卑有序也。但此履卦名含二義，若以爻言之，則在上履踐於下，六三履九二也；若以二卦上下之象言之，則「履」，禮也，在下以禮承事於上。此象之所言，取上下二卦卑承尊之義，故云「上天下澤，履」。但易含萬象，反覆取義，不可定爲一體故也。

初九，素履，往无咎。注云：處履之初，爲履之始，履道惡華，故素乃无咎。處履以素，何往不從？必獨行其願，物无犯也。象曰：素履之往，獨行願也。

【疏】正義曰：「初九，素履，往无咎」者，處履之始，而用質素，故往而无咎。若不以質素，則有咎也。象曰「獨行願」者，釋「素履」之往，它人尚華，己獨質素，則何咎也？故獨行所願，則物无犯也。

〔一〕「居」下，阮校云：閩、監、毛本有「九」字。

九二，履道坦坦，幽人貞吉。注云：履道尚謙，不憙〔一〕處盈，務在致誠，惡夫外飾者也。而二以陽處陰，履於謙也。居内履中，隱顯同也。履道之美，於斯爲盛。故「履道坦坦」，无險厄也。在幽而貞，宜其吉。象曰：「幽人貞吉」，中不自亂也。

【疏】正義曰：「履道坦坦」者，坦坦，平易之貌；九二以陽處陰，履於謙退，己能謙退，故「履道坦坦」，平易无險難也。「幽人貞吉」者，既无險難，故在幽隱之人，守正得吉。象曰「中不自亂」者，釋「幽人貞吉」，以其居中，不以危險而自亂也。既能謙退幽居，何有危險自亂之事？

○注「履道」至「其吉」 正義曰：「履道尚謙」者，言履踐之道，貴尚謙退，然後乃能踐物。履又爲禮，故「尚謙」也。「居内履中，隱顯同」者，履道尚謙，不喜處盈，然以陽處陰，尚於謙德。「居内履中」，以信爲道，不以居外爲榮，處内爲屈。若居在外，亦能履中謙退，隱之與顯，在心齊等，故曰「隱顯同也」。「在幽而貞，宜其吉」者，以其在内卦之中，故云「在幽」也。謙而得中，是貞正也。在幽能行此正，故曰「宜其吉」。

六三，眇能視，跛能履。履虎尾，咥人凶。武人爲于大君。注云：居「履」之時，以陽處陽，猶曰不謙，而況以陰居陽，以柔乘剛者乎？故以此爲明，眇目者也；以此爲行，跛足者也；以此履危，見咥者也。志在剛健，不

〔一〕「憙」，單注本作「喜」。

脩所履，欲以陵武於人，「爲于大君」，行未能免於凶，而志存于王〔一〕，頑之甚也。象曰：「眇能視」，不足以有明也。「跛能履」，不足以與行也。咥人之凶，位不當也。「武人爲于大君」，志剛也。

【疏】正義曰：「眇能視，跛能履」者，居「履」之時，當須謙退。今六三以陰居陽，而又失其位，以此視物，猶如眇目自爲能視，不足爲明也；以此履踐，猶如跛足自爲能履，不足與之行也。「履虎尾，咥人凶」者，以此履虎尾，咥齧於人，所以凶也。「武人爲于大君」者，行此威武加陵於人，欲自「爲於大君」，以六三之微，欲行九五之志，頑愚之甚。象曰「不足以有明」者，釋「眇能視」物。目既隆眇，假使能視，无多明也。「不足以與行」者，解「跛能履」。足既蹇跛，假使能履，行不能遠，故云「不足以與行也」。「位不當」者，釋「咥人之凶」。所以被咥見凶者，緣居位不當，謂以陰處陽也。「志剛」者，釋「武人爲于大君」。所以陵武加人，欲爲大君，以其志意剛猛，以陰而處陽，是志意剛也。

九四，履虎尾，愬愬，終吉。注云：逼近至尊，以陽承陽，處多懼之地，故曰「履虎尾，愬愬」也。然以陽居陰，以謙爲本，雖處危懼，終獲其志，故「終吉」也。象曰：「愬愬，終吉」，志行也。

【疏】正義曰：「履虎尾，愬愬」者，逼近五之尊位，是「履虎尾」，近其危也；以陽承陽，處嫌隙之地，故「愬愬」危懼也。「終吉」者，以陽居陰，意能謙退，故終得其吉也。象曰「志行」者，釋「愬愬，終吉」。初

〔一〕「王」，注附音本作「五」。盧文弨群書拾補之周易注疏校正（以下簡稱盧校）云：「五」作「王」誤。

雖「愬愬」，終得其吉，以謙志得行，故「終吉」也。

九五，夬履，貞厲。注云：得位處尊，以剛決正，故曰「夬履，貞厲」也。履道惡盈，而五處實，是以危。**象曰：「夬履，貞厲」，位正當也。**

【疏】正義曰：「夬履」者，夬者，決也；得位處尊，以剛決正，履道行正，故「夬履」也。「貞厲」者，厲，危也；履道惡盈，而五以陽居尊，故危厲也。象曰「位正當」者，釋「夬履，貞厲」之義。所以「夬履，貞厲」者，以其位正，當處在九五之位，不得不決斷其理，不得不有其貞厲，以位居此地故也。

上九，視履考祥，其旋元吉。注云：禍福之祥，生乎所履，處履之極，履道成矣，故可視履而考祥也。居極應說，高而不危，是其旋也。履道大成，故元吉也。**象曰：元吉在上，大有慶也。**

【疏】正義曰：「視履考祥」者，祥謂徵祥。上九處履之極，履道已成，故視其所履之行；善惡得失，考其禍福之徵祥。「其旋元吉」者，旋謂旋反也。上九處履之極，下應兑說，高而不危，是其不墜於禮，而能旋反行之，禮道大成，故「元吉」也。象曰「大有慶」者，解「元吉在上」之義。既以「元吉」而在上九，是大有福慶也；以有福慶，故在上「元吉」也。

䷊乾下坤上。**泰：小往大來，吉亨。**

【疏】正義曰：「小往大來，吉亨」者，陰去故「小往」，陽長故「大來」，以此吉而亨通。此卦亨通之極，而四德不具者，物既大通，多失其節，故不得以爲元始而利貞也。所以象云「財成」、「輔相」，故四德不具。

彖曰：泰，小往大來，吉亨，則是天地交而萬物通也，上下交而其志同也。内陽而外陰，内健而外順，内君子而外小人，君子道長，小人道消也。

【疏】正義曰：「泰，小往大來，吉亨，則是天地交而萬物通」者，釋此卦「小往大來，吉亨」名爲「泰」也。所以得名爲「泰」者，正〔一〕由天地氣交而生養萬物，物得大通，故云「泰」也。「上下交而其志同」者，此以人事象天地之交。上謂君也，下謂臣也，君臣交好，故志意和同。「内陽而外陰，内健而外順」，内健則内陽，外順則外陰，内陽外陰據其象，内健外順明其性，此説泰卦之德也。陰陽言爻，健順言卦，此就卦爻釋「小往大來，吉亨」也。「内君子而外小人，君子道長，小人道消」者，更就人事之中釋「小往大來，吉亨」也。

象曰：天地交，泰。后以財成天地之道，輔相天地之宜，以左右民。注云：泰者，物大通之時也。上下大通，則物失其節，故財成而輔相，以左右民也。

【疏】正義曰：「后以財成天地之道」者，由物皆通泰，則上下失節。后，君也。於此之時，君當翦財，成

〔一〕「正」，單疏本作「止」。

就天地之道。「輔相天地之宜」者，相，助也；當輔助天地所生之宜。「以左右民」者，左右，助也，以助養其人也。「天地之道」者，謂四時也；冬寒、夏暑、春生、秋殺之道。若氣相交通則物失其節，物失其節則冬温、夏寒、秋生、春殺。君當財節成就，使寒暑得其常，生殺依其節。此天地自然之氣，故云「天地之道」也。「天地之宜」者，謂天地所生之物各有其宜。若大司徒云「其動物植物」，及職方云揚州〔一〕其貢宜稻麥，雍州其貢宜黍稷。若天氣大同，則所宜相反。故人君輔助天地所宜之物，各安其性，得其宜，據物言之，故稱「宜」也。此卦言「后」者，以不兼公卿大夫，故不云君子也。兼通諸侯，故不得直言先王。欲見天子諸侯俱是南面之君，故特言「后」也。

初九，拔茅茹以其彙，征吉。注云：茅之爲物，拔其根而相牽引者也。「茹」，相牽引之貌也。三陽同志，俱志在外，初爲類首，己舉則從，若「茅茹」也。上順而應，不爲違距，進皆得志，故以其類「征吉」。**象曰：拔茅征吉，志在外也。**

【疏】正義曰：「拔茅茹」者，初九欲往於上，九二、九三皆欲上行，己去則從，而似拔茅舉其根相牽茹也。「以其彙」者，彙，類也，以類相從。「征吉」者，征，行也。上坤而順，下應於乾，己去則納，故征行

〔一〕「揚州」，孫詒讓十三經注疏校記（二〇一〇年四月中華書局整理本，以下簡稱孫校）云：職方揚州宜稻無麥，此疑「青州」之誤。

而吉。象曰「志在外」者，釋「拔茅征吉」之義。以其三陽志意皆在於外，已行則從，而似「拔茅」，往行而得吉。此假外物以明義也。

九二，包荒，用馮河，不遐遺。朋亡，得尚于中行。注云：體健居中而用乎泰，能包含荒穢，受納馮河者也。用心弘大，无所遐棄，故曰「不遐遺」也。无私无偏，存乎光大，故曰「朋亡」也。如此乃可以「得尚于中行」。尚猶配也。中行，謂五。象曰：「包荒，得尚于中行」，以光大也。

【疏】正義曰：「包荒，用馮河」者，體健居中，而用乎「泰」，能包含荒穢之物，故云「包荒」也；「用馮河」者，无舟渡水，馮陵于河，是頑愚之人，此九二能包含容受，故曰「用馮河」也。「不遐遺」者，遐，遠也；遺，棄也；用心弘大，无所踈遠棄遺於物。「朋亡」者，得中无偏，所在皆納，无私於朋黨之事；亡，无也，故云「朋亡」也。「得尚于中行」者，「中行」謂六五也，處中而行，以九二所爲如此；尚，配也，得配六五之中也。象曰「包荒，得尚于中行，以光大也」者，釋「得尚中行」之義。所以「包荒」得配此六五之中者，以无私无偏，存乎光大之道，故此包荒，皆假外物以明義也。

九三，无平不陂，无往不復。艱貞，无咎。勿恤其孚，于食有福。注云：乾本上也，坤本下也，而得泰者，降與升也。而三處天地之際，將復其所處。復其所處，則上守其尊，下守其卑，是故无往而不復也，无平而不陂也。處天地之將閉，平路之將陂，時將大變，世將大革，而居不失其正，動不失其應，艱而能貞，不失其義，故「无咎」也。信義誠著，故不恤其孚而自明也，故曰「勿恤其孚，于食有福」也。象曰：「无往不復」，天地際也。注云：天地將各分復之際。

【疏】正義曰：「无平不陂」者，九三處天地相交之際，將各分復其所處。乾體初雖在下，今將復歸於上，坤體初雖在上，今欲復歸於下，是初始平者必將有險陂也，初始往者必將有反復也。无有平而不陂，无有往而不復者，猶若无在下者而不在上，无在上者而不歸下也。「艱貞无咎」者，已居變革之世，應有危殆，只爲已居得其正，動有其應，艱難貞正，乃得「无咎」。「勿恤其孚，于食有福」者，恤，憂也；孚，信也。信義先以誠著，故不須憂其孚信也。信義自明，故於食祿之道自有福慶也。象曰「天地際」者，釋「无往不復」之義。而三處天地交際之處，天體將上，地體將下，故往者將復，平者將陂。

○注「乾本」至「有福也」　正義曰：「將復其所處」者，以泰卦乾體在下，此九三將棄二[一]而向四，是將復其乾之上體所處也。泰卦坤體在上，此六四今將去四而歸向初，復其坤體所處也。「處天地之將閉，平路之將陂」者，天將處上，地將處下，閉而不通，是「天地之將閉」也。所以往前通泰，路无險難，自今已後，時既否閉，路有傾危，是「平路之將陂」也。此因三之向四，是下欲上也。則上六將歸於下，是上欲下也，故云「復其所處」也。「信義誠著」者，以九三居不失正，動不失應，是信義誠著也。「故不恤其孚而自明」者，解「於食有福」，以信義自明，故飲食有福。

六四，翩翩，不富以其鄰。不戒以孚。注云：乾樂上復，坤樂下復，四處坤首，不固所居，見命則退，故曰

[一]「二」原作「三」，據單疏本改。

「翩翩」也。坤爻皆樂下，已退則從，故不待富而用其鄰也。莫不與已同其志願，故不待戒而自孚也。**象曰：翩翩不富，皆失實也。「不戒以孚」，中心願也。**

【疏】正義曰：「六四，翩翩」者，四主坤首，而欲下復，見命則退，故翩翩而下也。「不富以其鄰」者，以，用也；鄰，謂五與上也。今已下復，衆陰悉皆從之，故不待財富而用其鄰。「不戒以孚」者，鄰皆從已，共同志願，不待戒告而自孚信以從已也。象曰「皆失實」者，解「翩翩不富」之義，猶衆陰皆失其本實所居之處，今既見命，翩翩樂動，不待財富，並悉從之，故云「皆失實也」。「不戒以孚，中心願」者，解「不戒以孚」之義，所以不待六四之戒告，而六五、上六皆已孚信者，由中心皆願下復，故不待戒而自孚也。

六五，帝乙歸妹，以祉元吉。注云：婦人謂嫁曰「歸」。「泰」者，陰陽交通之時也。女處尊位，履中居順，降身應二，感以相與，用中行願，不失其禮。「帝乙歸妹」，誠合斯義。履順居中，行願以祉，盡夫陰陽交配之宜，故「元吉」也。

象曰：「以祉元吉」，中以行願也。

【疏】正義曰：「帝乙歸妹」者，女處尊位，履中居順，降身應二，感以相與，用其中情，行其志願，不失於禮。爻備斯義者，唯帝乙歸嫁于妹而能然也，故作易者引此「帝乙歸妹」以明之也。「以祉元吉」者，履順居中，得行志願，以獲祉福，盡夫陰陽交配之道，故大吉也。象曰「中以行願」者，釋「以祉元吉」之義，止由中順，行其志願，故得福而元吉也。

○注「婦人謂嫁曰歸」　正義曰：「婦人謂嫁曰歸」，隱二年公羊傳文也。

上六，城復于隍，勿用師。自邑告命，貞吝。注云：居泰上極，各反所應，泰道將滅，上下不交，卑不上承，尊不下施，是故「城復于隍」，卑道崩也。「勿用師」，不煩攻也。「自邑告命，貞吝」，否道已成，命不行也。**象曰：「城復于隍」，其命亂也。**

【疏】正義曰：「城復于隍」者，居泰上極，各反所應，泰道將滅，上下不交，卑不上承，尊不下施，猶若「城復于隍」也。子夏傳云：「隍是城下池也。」城之爲體，由基土陪〔一〕扶，乃得爲城。今下不陪扶，城則損壞，以此崩倒，反復於隍，猶君之爲體，由臣之輔翼，今上下不交，臣不扶君，君道傾危，故云「城復于隍」。此假外象以喻人事。「勿用師」者，謂君道已傾，不煩用師也。「自邑告命，貞吝」者，否道已成，物不順從，唯於自己之邑而施告命，下既不從，故「貞吝」。象曰「其命亂」者，釋「城復于隍」之義。若教命不亂，臣當輔君，猶土當扶城。由其命錯亂，下不奉上，猶土不陪城，使復于隍，故云「其命亂也」。

○注「卑道崩也」　正義曰：卑道向下，不與上交，故卑之道崩壞，不承事於上也。

䷋坤下乾上。**否之匪人，不利君子貞，大往小來。**

〔一〕「陪」，阮校云：監、毛本作「培」，下同。

【疏】正義曰：「否之匪人」者，言否閉之世，非是人道交通之時，故云「匪人」。「不利君子貞」者，由小人道長，君子道消，故不利君子爲正也。陽氣往而陰氣來，故云「大往小來」。陽主生息，故稱「大」；陰主消耗，故稱「小」。

彖曰：否之匪人，不利君子貞，大往小來，則是天地不交而萬物不通也，上下不交而天下无邦也。内陰而外陽，内柔而外剛，内小人而外君子，小人道長，君子道消也。

【疏】正義曰：「上下不交而天下无邦」者，與泰卦反也。泰卦云「上下交而其志同」，此應云「上下不交則其志不同」也。非但其志不同，上下乖隔則邦國滅亡，故變云「天下无邦也」。「内柔而外剛」者，欲取否塞之義，故内至柔弱，外禦剛彊，所以否閉。若欲取「通泰」之義，則云「内健」、「外順」。各隨義爲文，故此云「剛柔」，不云「健順」。

象曰：天地不交，否。君子以儉德辟難，不可榮以禄。

【疏】正義曰：「君子以儉德辟難」者，言君子於此否塞之時，以節儉爲德，辟其危難，不可榮華其身，以居禄位。此若據諸侯公卿言之，辟其群小之難，不可重受官賞；若據王者言之，謂節儉爲德，辟其陰陽厄運之難，不可重自榮華而驕逸也。

初六，拔茅茹以其彙，貞，吉亨。注云：居否之初，處順之始，爲類之首者也。順非健也，何可以征？居否之時，動則入邪，三陰同道，皆不可進。故「茅茹」以類，貞而不諂，則「吉亨」。

象曰：拔茅貞吉，志在君也。

注云：志在於君，故不苟進。

【疏】正義曰：「拔茅茹」者，以居否之初，處順之始，未可以動，動則入邪，不敢前進。三陰皆然，猶若拔茅牽連其根相茹也。己若不進，餘皆從之，故云「拔茅茹」也。「以其彙」者，以其同類，共皆如此。「貞，吉亨」者，守正而居，志在於君，乃得吉而亨通。象曰「志在君」者，釋「拔茅貞吉」之義。所以居而守正者，以其志意在君，不敢懷諂苟進，故得「吉亨」也。此假外物以明人事。

六二，包承，小人吉，大人否，亨。注云：居否之世，而得其位，用其至順，包承於上，小人路通，内柔外剛，大人否之，其道乃亨。象曰：「大人否亨」，不亂群也。

【疏】正義曰：「包承」者，居否之世而得其位，用其至順，包承於上。「小人吉」者，否閉之時，小人路通，故於小人爲吉也。「大人否亨」者，若大人用此「包承」之德，能否閉小人之吉，其道乃亨。象曰「大人否亨，不亂群」者，此釋所以「大人否亨」之意，良由否閉小人，防之以得其道，小人雖盛，不敢〔一〕亂群，故言「不亂群也」。

六三，包羞。注云：俱用小道以承其上，而位不當，所以「包羞」也。象曰：「包羞」，位不當也。

【疏】正義曰：「包羞」者，言群陰俱用小人之道，包承於上，以失位不當，所包承之事唯羞辱也。

〔一〕「敢」字原脱，據單疏本補。

九四，有命无咎，疇離祉。注云：夫處否而不可以有命者，以所應者小人也。有命於小人，則消君子之道者也。今初志在君，處乎窮下，故可以有命无咎，而疇麗福也。疇謂初也。象曰：「有命无咎」，志行也。

【疏】正義曰：「有命无咎」者，九四處否之時，其陰爻皆是小人。若有命於小人，則君子道消也。今初六志在於君，守正不進，處于窮下。今九四「有命」命之，故「无咎」。「疇離祉」者，疇謂疇匹，謂初六也。離，麗也，麗謂附著也。言九四命初，身既无咎，初既被命，附依祉福，言初六得福也。象曰「有命无咎，志行」者，釋「有命无咎」之義。所以九四「有命」，得「无咎」者，由初六志意得行，守正而應於上，故九四之命得无咎。

九五，休否，大人吉。其亡其亡，繫于苞桑。注云：居尊當位，能休否道者也。施否於小人，否之休也。唯大人而後能然，故曰「大人吉」也。處君子道消之時，己居尊位，何可以安？故心存將危，乃得固也。象曰：大人之吉，位正當也。

【疏】正義曰：「休否」者，休，美也；謂能行休美之事於否塞之時，能施此否閉之道，遏絶小人，則是「否」之休美者也，故云「休否」。「大人吉」者，唯大人乃能如此而得吉也，若其凡人則不能。「其亡其亡，繫于苞桑」者，在道消之世，居於尊位而遏小人，必近危難，須恒自戒慎其意，常懼其危亡，言丁寧戒慎如此也。「繫于苞桑」者，苞，本也；凡物繫于桑之苞本則牢固也。若能「其亡其亡」，以自戒慎，則有「繫于苞桑」之固，无傾危也。象曰「大人之吉，位正當」者，釋「大人吉」之義，言九五居尊得位，正所以當遏絶小人得其吉。

○注「居尊」至「得固也」。正義曰：「心存將危」，解「其亡其亡」之義。身雖安静，心意常存將有危難，恒念「其亡其亡」。「乃得固」者，即「繫于苞桑」也。必云「苞桑」者，取會韻之義。又桑之爲物，其根衆也，衆則牢固之義。

上九，傾否，先否後喜。注云：先傾後通，故「後喜」也。始以傾爲否，後得通乃喜。**象曰：否終則傾，何可長也？**

【疏】正義曰：「傾否，先否後喜」者，處否之極，否道已終，此上九能傾毁其否，故云「傾否」也。「先否後喜」者，否道未傾之時，是「先否」之道；否道已傾之後，其事得通，故云「後有喜」也。象曰「否終則傾，何可長」者，釋「傾否」之義。否道已終，通道將至，故「否」之終極，則傾損其否，何得長久，故云「何可長也」。

䷌離下乾上。**同人于野，亨。利涉大川，利君子貞。**

【疏】正義曰：「同人」，謂和同於人。「于野，亨」者，野是廣遠之處，借其野名，喻其廣遠，言和同於人，必須寬廣，无所不同。用心无私，處非近狹，遠至于野，乃得亨通，故云「同人于野，亨」。與人同心，足以涉難，故曰「利涉大川」也。與人和同，義涉邪僻，故「利君子貞」也。此「利涉大川」，假物象以明人事。

彖曰：同人，柔得位得中而應乎乾，曰「同人」。注云：二爲同人之主。同人曰：「同人于野，亨。利涉大川。」乾行也。注云：所以乃能同人于野，亨，利涉大川，非二之所能也，是乾之所行，故特曰「同人曰」。文明以健，中正而應，君子正也。注云：行健不以武，而以文明用之；相應不以邪，而以中正應之，君子正也，故曰「利君子貞」。唯君子爲能通天下之志。注云：君子以文明爲德。

【疏】正義曰：「同人，柔得位得中而應乎乾，曰同人」者，此釋所以能同於人之義。「柔得位得中」者，謂六二也。上應九五，是「應於乾」也。「同人曰：同人于野，亨，利涉大川。乾行」者，釋「同人于野，亨，利涉大川」之義。所以能如此者，由乾之所行也。言乾能行此德，非六二之所能也，故特云「同人曰」，乃云「同人于野，亨」，與諸卦別也。「文明以健，中正而應，君子正」者，此釋「君子貞」也。此以二象明之，故云「文明以健」。「中正而應」，謂六二、九五，皆居中得正，而又相應，是君子之正道也，故云「君子正也」。若以威武而爲健，邪僻而相應，則非君子之正也。「唯君子爲能通天下之志」者，此更贊明君子貞正之義。唯君子之人於「同人」之時，能以正道通達天下之志，故利君子之貞。

○注「所以乃能」至「同人曰」　正義曰：「故特曰同人曰」者，謂卦之彖辭，發首即疊卦名，以釋其義，則以例言之，此發首應云「同人于野，亨」，今此「同人于野，亨」之上別云「同人曰」者，是其義有異。此同人卦名以六二爲主，故同人卦名繫屬六二，故稱「同人曰」，猶言「同人卦曰」也。「同人于野，亨，利涉大川」，雖是同人卦下之辭，不關六二之義，故更疊「同人于野，亨」之文，乃是乾之所行也。

○注「君子以文明爲德」 正義曰：若非君子，則用威武。今卦之下體爲離，故彖云「文明」，又云「唯君子能通天下之志」，是君子用文明爲德也，謂文理通明也。

象曰：天與火，同人。注云：天體於上，而火炎上，同人之義也。君子以類族辨物。注云：君子小人，各得所同。

【疏】正義曰：天體在上，火又炎上，取其性同，故云「天與火，同人」。「君子以類族辨物」者，族，聚也；言君子法此「同人」，以類而聚也。「辨物」謂分辨事物，各同其黨，使自相同，不間雜也。

初九，同人于門，无咎。注云：居同人之始，爲同人之首者也。无應於上，心无係吝，通夫大同，出門皆同，故曰「同人于門」也。出門同人，誰與爲咎？象曰：出門同人，又誰咎也？

【疏】正義曰：「同人于門」者，居同人之首，无應於上，心无係吝，含弘光大，和同於人，在於門外，出門皆同，故云「无咎」也。象曰「又誰咎」者，釋「出門同人，无咎」之義。言既心无係吝，出門逢人皆同，則誰與爲過咎？

六二，同人于宗，吝。注云：應在乎五，唯同於主，過主則否。用心褊狹，鄙吝之道。象曰：「同人于宗」，吝道也。

【疏】正義曰：「同人于宗，吝」者，係應在五，而和同於人在於宗族，不能弘闊，是鄙吝之道，故象云「吝道也」。

九三，伏戎于莽，升其高陵，三歲不興。注云：居同人之際，履下卦之極，不能包弘上下，通夫大同；物黨相分，欲乖其道，貪於所比，據上之應；其敵剛健，非力所當，故「伏戎于莽」，不敢顯亢也。「升其高陵」，望不敢進，量斯勢也，三歲不能興者也。三歲不能興，則五道亦以成矣，安所行焉？象曰：「伏戎于莽」，敵剛也。「三歲不興」，安行也。注云：安，辭也。

【疏】正義曰：「伏戎于莽」者，九三處下卦之極，不能包弘上下，通夫大同，欲下據六二，上與九五相爭也。但九五剛健，九三力不能敵，故伏潛兵戎於草莽之中。「升其高陵，三歲不興」者，唯升高陵以望前敵，量斯勢也，縱令更經三歲，亦不能興起也。象曰「伏戎于莽，敵剛」者，釋「伏戎于莽」之義。以其當敵九五之剛，不敢顯亢，故「伏戎于莽」。「三歲不興，安行」者，釋「三歲不興」之義，雖經三歲，猶不能興起也。安，語辭也，猶言何也。既三歲不興，五道亦已成矣，何可行也？故云「安行也」。此假外物以明人事。

○注「居同」至「所行焉」　正義曰：「不能包弘上下，通夫大同」者，初九出門皆同，无所係著，是「包弘上下，通夫大同」。今九三欲下據六二，奪上之應，是不能包弘也。「物黨相分」者，謂同人之時，物各有黨類而相分别也；二則與五相親，與三相分别也。「欲乖其道，貪於所比，據上之應」者，言此九三欲乖其同人之道，不以類相從，不知二之從五，直以苟貪，與二之比，近而欲取之，據上九五之應也。

九四，乘其墉，弗克攻，吉。注云：處上攻下，力能乘墉者也。履非其位，以與人争，二自五應，三非犯己，攻三求二，尤而效之，違義傷理，衆所不與，故雖乘墉而不克也。不克則反，反則得吉也。不克乃反，其所以得吉，「困而反則」者也。**象曰：「乘其墉」，義弗克也。其吉，則困而反則也。**

【疏】正義曰：「乘其墉」者，履非其位，與人鬬争，與三争二，欲攻於三。既是上體，力能顯亢，故乘上高墉，欲攻三也。「弗克攻，吉」者，三欲求二，其事已非。四又效之，以求其二，違義傷理，衆所不與，雖復乘墉，不能攻三也。「吉」者，既不能攻三，能反自思愆，以從法則，故得吉也。此爻亦假物象也。象曰「乘其墉，義弗克也」者，釋「不克」之義。所以乘墉攻三不能克者，以其違義，衆所不從，故云「義不克也」。「其吉，則困而反則」者，釋「其吉」之義。所以得「其吉」者，九四則以不克，困苦而反歸其法則，故得吉也。

九五，同人先號咷而後笑，大師克相遇。注云：象曰：「柔得位得中，而應乎乾，曰同人。」然則體柔居中，衆之所與；執剛用直，衆所未從，故近隔乎二剛，未獲厥志，是以「先號咷」也。居中處尊，戰必克勝，故「後笑」也。不能使物自歸，而用其强直，故必須大師克之，然後相遇也。**象曰：同人之先，以中直也。大師相遇，言相克也。**

【疏】正義曰：「同人先號咷」者，五與二應，用其剛直，衆所未從，故九五共二，欲相和同，九三、九四，與之競二也。五未得二，故志未和同於二，故「先號咷」也。「而後笑」者，處得尊位，戰必克勝，故「後笑」也。「大師克相遇」者，不能使物自歸己，用其剛直，必以大師與三、四戰克，乃得與二相遇。此爻假物象以明人事。象曰「同人之先，以中直」者，解「先號咷」之意，以其用中正剛直之道，物所未從，故「先號咷」也。但象略「號咷」之字，故直云「同人之先，以中直也」。「大師相遇，言相克」者，釋「相遇」之義。所以必用大師，乃能相遇也。以其用大師與三、四相伐而得克勝，乃與二相遇，故「言相克也」。

上九，同人于郊，无悔。注云：郊者，外之極也。處同人之時，最在於外，不獲同志，而遠於内争，故雖无悔吝，亦未得其志。象曰：「同人于郊」，志未得也。注云：凡處同人而不泰焉，則必用師矣。不能大通，則各私其黨而求利焉。楚人亡弓，不能亡楚；愛國愈甚，益爲它災。是以同人不弘，剛健之爻，皆至用師也。

【疏】正義曰：「同人于郊」者，處同人之極，最在於外，雖欲「同人」，人必踈己，不獲所同，其志未得。然雖陽在于外，遠於内之争訟，故无悔吝也。象曰「同人于郊，志未得」者，釋「同人于郊」之義。同人在郊境遠處，與人踈遠，和同之志猶未得也。

○注「郊者」至「其志」。正義曰：「不獲同志」者，若彼此在内相同，則獲其同志意也。若己爲郊境之人，而與相同，人未親己，是「不獲同志」也。「遠于内争」者，以外而同，不於室家之内，是「遠于内争」也。以遠内争，故无悔吝。以在外郊，故未得志也。

○注「凡處」至「用師也」。正義曰：「凡處同人而不泰焉，則必用師矣」者，王氏注意非止上九一爻，乃總論同人一卦之義。去初、上而言，二有同宗之吝，三有「伏戎」之禍，四有不克之困，五有「大師」之患，是處「同人」之世，无大通之志，則必用師矣。「楚人亡弓，不能亡楚。愛國愈甚，益爲它災」者，案孔子家語弟子好生篇云：楚昭王出游，亡烏號之弓，左右請求之。王曰：「楚人亡弓，楚得之，又何求焉？」孔子聞之曰：「惜乎！其志不大也。不曰人亡之，人得之，何必楚也。」昭王名軫，哀六年，吳伐陳，楚救陳，在城父卒。此愛國而致它災也。引此者，證同人不弘皆至用師矣。

周易注疏卷第三

周易注疏卷第四

國子祭酒上護軍曲阜縣開國子臣孔穎達奉勑撰

☲☰乾下離上。大有：元亨。注云：不大通，何由得「大有」乎？「大有」則必元亨矣。

【疏】正義曰：「大有，元亨」者，柔處尊位，群陽並應，大能所有，故稱「大有」。既能「大有」，則其物大得亨通，故云「大有〔一〕，元亨」。

彖曰：大有，柔得尊位大中，而上下應之，曰「大有」。注云：處尊以柔，居中以大，體无二陰以分其應，上下應之，靡所不納，大有之義也。其德剛健而文明，應乎天而時行，是以元亨。注云：德應於天，則行不失時矣。剛健不滯，文明不犯，應天則大，時行无違，是以「元亨」。

【疏】正義曰：「大有，柔得尊位大中，而上下應之，曰大有」者，釋此卦稱「大有」之義。「大中」者，謂六五處大以中，柔處尊位，是其大也；居上卦之內，是其中也。「其德剛健而文明，應乎天而時行，是以

〔一〕「有」字原無，據單疏本補。

元亨」者，釋「元亨」之義。「剛健」謂乾也。「文明」謂離也。「應乎天而時行」者，褚氏、莊氏云「六五應九二」，九二在乾體，故云「應乎天」也。德應於天，則行不失時，以時而行則萬物大得亨通，故云「是以元亨」。

○注「德應」至「元亨」　正義曰：「剛健不滯」者，剛健則物不擁滯也。「文明不犯」者，文理明察則不犯於物也。「應天則大」者，能應於天則盛大也。「時行无違」者，以時而行，物无違也。以有此諸事，故大通而「元亨」也。

象曰：火在天上，大有。君子以遏惡揚善，順天休命。注云：大有，包容之象也。故遏惡揚善，成物之美，順夫天德，休物之命。

【疏】正義曰：「君子以遏惡揚善」者，「大有」包容之義，故君子象之，亦當包含。遏匿其惡，褒揚其善，順奉天德，休美物之性命，皆取含容之義也。不云天在火下而云「火在天上」者，天體高明，火又在〔一〕上，火〔二〕是照耀之物而在於天上，是光明之甚，无所不照，亦是包含之義，又爲揚善之理也。

初九，无交害，匪咎，艱則无咎。注云：以夫剛健爲大有之始，不能履中，滿而不溢，術斯以〔三〕往，後害必

〔一〕「又在」，阮校云：閩、監、毛本作「性炎」。
〔二〕「火」，阮校云：閩、監、毛本無。
〔三〕「以」原作「之」，據單注本、注附音本改。

至，其欲匪咎，艱則无咎也。象曰：大有初九，无交害也。

【疏】正義曰：以夫剛健爲「大有」之始，不能履中謙退，雖无交切之害，久必有凶。其欲「匪咎」，能自艱難其志，則得「无咎」，故云「无交害，匪咎，艱則无咎」也。

○注「以夫」至「无咎也」　正義曰：「不能履中，滿而不溢」者，以不在二位，是不能履中；在「大有」之初，是盈滿；身行剛健，是溢也，故云「不能履中，滿而不溢」。

九二，大車以載，注云：任重而不危。有攸往，无咎。注云：健不違中，爲五所任，任重不危，致遠不泥，故可以往而无咎也。象曰：「大車以載」，積中不敗也。

【疏】正義曰：「大車以載」者，體是剛健，而又居中，身被委任，其任重也。能堪受其任，不有傾危，猶若大車以載物也。此假外象以喻人事。「有攸往，无咎」者，堪當重任，故有所往；「无咎」者，以居失其位，嫌有凶咎，故云「无咎」也。象曰「積中不敗」者，釋「大車以載」之義。物既積聚，身有中和，堪受所積之物聚在身上，不至於敗也。

○注「任重而不危」　正義曰：釋「大車以載」之意。大車謂牛車也。載物既多，故云「任重」。車材彊壯，故不有傾危也。

九三，公用亨于天子，小人弗克。注云：處大有之時，居下體之極，乘剛健之上，而履得其位，與五同功，威權之盛，莫此過焉。公用斯位，乃得通乎天子之道也。小人不克，害可待也。象曰：「公用亨于天子」，小人

害也。

【疏】正義曰：「公用亨于天子」者，九三處大有之時，居下體之極，乘剛健之上，履得其位，與五同功。五爲王位，三既與之同功，則威權之盛，莫盛於此，乃得通乎天子之道，故云「公用亨于天子」。「小人弗克」者，小人德劣，不能勝其位，必致禍害，故云「小人不克」也。

○注「處大」至「可待也」　正義曰：「與五同功」者，繫辭云「三與五同功」，此云「與五同功」，謂五爲王位，三既能與五〔一〕之同功，則威權與五相似，故云「威權之盛，莫此過焉」。

九四，匪其彭，无咎。注云：既失其位，而上近至尊之威，下比分權之臣，其爲懼也，可謂危矣。唯夫有聖知者，乃能免斯咎也。三雖至盛，五不可舍，能辯斯數，專心承五，常匪其旁，則无咎矣。旁，謂三也。**象曰：「匪其彭，无咎」，明辯晳也。**注云：明猶才也。

【疏】正義曰：「匪其彭，无咎」者，匪，非也；彭，旁也。謂九三在九四之旁，九四若能專心承五，非取其旁，九四〔二〕言不用三也，如此乃得「无咎」也。既失其位，上近至尊之威，下比分權之臣，可謂危矣。能棄三歸五，故得「无咎」也。象曰「明辯晳也」者，釋「匪其彭，无咎」之義。明猶才也。九四所以能去

〔一〕「五」，盧校云：「五」衍文。

〔二〕「九四」，盧校云：「九四」二字衍文。

其旁之九三者，由九四才性辯而晳知，能斟酌事宜，故云「明辯晳也」。

六五，厥孚交如，威如，吉。注云：居尊以柔，處大以中，无私於物，上下應之，信以發志，故其孚交如也。夫不私於物，物亦公焉。不疑於物，物亦誠焉。既公且信，何難何備？不言而教行，何爲而不威如？爲大有之主，而不以道，吉可得乎？**象曰：「厥孚交如」，信以發志也。威如之吉，易而无備也。**

【疏】正義曰：「六五，厥孚交如」者，厥，其也；孚，信也；交謂交接也；如，語辭也。六五居尊以柔，處大以中，无私於物，上下應之，故其誠信，物來交接，故云「厥孚交如」也。「威如，吉」者，威，畏也。既誠且信，不言而教行，所爲之處，人皆畏敬，故云「威如」。以用此道，故得吉也。象曰「信以發志」者，釋「厥孚交如」之義。由己誠信，發起其志，故上下應之，與之交接也。「威如之吉，易而无備」者，釋「威如之吉」之義。所以威如得吉者，以己不私於物，唯行簡易，无所防備，物自畏之，故云「易而无備」也。

上九，自天祐之，吉，无不利。注云：大有，豐富之世也。處大有之上而不累於位，志尚乎賢者也。餘爻皆乘剛，而己獨乘柔，順也。五爲信德，而己履焉，履信之謂也。雖不能體柔，而以剛乘柔，思順之義也。居豐有之世，而不以物累其心，高尚其志，尚賢者也。爻有三德，盡夫助道，故繫辭具焉。**象曰：大有上吉，自天祐也。**

【疏】正義曰：釋所以「大有」。上九而得吉者，以有三德，從天已下，悉皆祐之，故云「自天祐之」。

○注「大有」至「具焉」 正義曰：「不累於位，志尚乎賢」者，既居豐富之時，應須以富有爲累也。既居无位之地，不以富有縈心，是不繫累於位。既能清静高絜，是慕尚賢之行也。「爻有三德」者，「五爲信德，而己履焉，履信之謂」，是一也；「以剛乘柔，思順之義」，是二也；「不以物累於心，高尚其志，尚賢者」，是三也。「爻有三德，盡夫助道」者，天尚祐之，則无物不祐，故云「盡夫助道」也。

䷎艮下坤上。**謙：亨。君子有終。**

【疏】正義曰：「謙」者，屈躬下物，先人後己，以此待物，則所在皆通，故曰「亨」也。小人行謙則不能長久，唯「君子有終」也。然案謙卦之象，「謙」爲諸行之善，是善之最極，而不言元與利、貞及吉者，元是物首也，利、貞是幹正也。於人既爲謙退，何可爲之首也？以謙下人，何以幹正於物？故不云元與利、貞也。謙必獲吉，其吉可知，故不言之也〔一〕。凡易經之體有吉理可知而不言吉者，即此謙卦之繇及乾之九五「利見大人」，是吉理分明，故不云「吉」也。諸卦言「吉」者，其義有嫌者，爻兼善惡也。若行事有善，則吉乃隨之。若行事有惡，則不得其吉。諸稱「吉」者，嫌其不吉，故稱「吉」也。若坤之六五，及泰之六五，並以陰居尊位，若不行此事則无吉，若行此事則得其吉，故並稱「元吉」。其餘皆言吉，事亦倣此。亦有大人爲吉，於小人爲凶，若否之九五云「休否，大人吉」是也。或有於小人爲吉，大

〔一〕「也」字原脱，據單疏本補。

人爲凶，若屯之九五「小貞吉，大貞凶」，及否之六二「包承，小人吉」之類是也。亦有其吉灼然而稱「吉」者，若大有上九「自天祐之，吉无不利」之類是也。但易之爲體，不可以一爲例。今各隨文解之，義具諸卦之下。今謙卦之繇，其吉可知也。既不云「吉」，何故初六、六二及九三並云「吉」者？謙卦是總諸六爻，其善既大，故不須云「吉」也。六爻各明其義，其義有優劣，其德既小，嫌其不吉，故須「吉」以明之也。

彖曰：謙，亨。天道下濟而光明，地道卑而上行。天道虧盈而益謙，地道變盈而流謙，鬼神害盈而福謙，人道惡盈而好謙。謙尊而光，卑而不可踰，君子之終也。

【疏】正義曰：「謙，亨。天道下濟而光明，地道卑而上行」者，此釋「亨」義也。欲明天地上下交通，坤體在上，故言「地道卑而上行」也。其地道既上行，天地相對，則「天道下濟」也。且艮爲陽卦，又爲山。天之高明，今在下體，亦是天道下濟之義也。「下濟」者，謂降下濟生萬物也。「而光明」者，謂三光垂耀而顯明也。「地道卑而上行」者，地體卑柔而氣上行，交通於天以生萬物也。「天道虧盈而益謙」者，從此已下，廣説謙德之美，以結君子能終之義也。「虧」謂減損，減損盈滿而增益謙退。若日中則昃，月盈則食，是虧減其盈。盈者虧減，則謙者受益也。「地道變盈而流謙」者，丘陵川谷之屬，高者漸下，下者益高，是改變「盈」者，流布「謙」者也。「鬼神害盈而福謙」者，驕盈者被害，謙退者受福，是「害盈而福謙」也。「人道惡盈而好謙」者，盈溢驕慢，皆以惡之；謙退恭巽，悉皆好之。「謙尊而光，卑而不可踰」者，尊者有謙而更光明盛大，卑者有〔一〕謙而不可踰越，是君子之所終也。言君子能終其謙之善事，又獲謙之終福，故云「君子之終也」。

象曰：地中有山，謙。君子以裒多益寡，稱物平施。注云：多者用謙以爲裒，少者用謙以爲益，隨物而與，施不失平也。

【疏】正義曰：「裒多」者，君子若能用此謙道，則裒益其多，言多者得謙，物更裒聚，彌益多也，故云「裒多」，即「謙尊而光」也，是尊者得謙而光大也。「益寡」者，謂寡者得謙而更進益，即卑而不可踰也，是卑者得謙而更增益，不可踰越也。「稱物平施」者，稱此物之多少，均平而施，物之先多者而得其施也，物之先寡者而亦得其施也，故云「稱物平施」也。此謙卦之象以山爲主，是於山爲謙，於地爲不謙，應言「山在地中」，今乃云「地中有山」者，意取多之與少皆得其益，似「地中有山」，以包取其物以與於人，故變其文也。

○注「多者」至「不失平」　正義曰：「多者用謙以爲裒」者，爾雅釋詁云：「裒，聚也。」於先多者，其物雖多，未得積聚，以謙故益，其物更多而積聚，故云「多者用謙以爲裒」也。「少者用謙以爲益」者，其物先少，今既用謙而更增益，故云「用謙以爲益」也。「隨物而與」者，多少俱與，隨多隨少，而皆與也。

〔一〕「者有」二字原無，據阮校補。阮校云：集解作「卑者有謙而不踰越」，盧文弨云：論語疏所引正同。

「施不失平」者，多者亦得施恩，少者亦得施恩，是「施不失平也」。言君子於下若有謙者，官之先高，則增之榮秩，位之先卑，亦加以爵禄，隨其官之高下，考其謙之多少，皆因其多少而施與之也。

初六，謙謙君子，用涉大川，吉。 注云：處謙之下，謙之謙者也。能體謙謙，其唯君子。用涉大難，物无害也。**象曰：「謙謙君子」，卑以自牧也。** 注云：牧，養也。

【疏】正義曰：「謙謙君子」者，能體謙謙，唯君子者能之。以此涉難，其吉宜也。「用涉大川」，假象言也。象曰「卑以自牧」者，牧，養也；解「謙謙君子」之義，恒以謙卑自養其德也。

六二，鳴謙，貞吉。 注云：鳴者，聲名聞之謂也。得位居中，謙而正焉。**象曰：「鳴謙貞吉」，中心得也。**

【疏】正義曰：「鳴謙」者，謂聲名也。二處正得中，行謙廣遠，故曰「鳴謙」，正而得吉也。象曰「中心得」者，鳴聲中吉，以中和爲心而得其所，故鳴謙得中吉也。

九三，勞謙，君子有終，吉。 注云：處下體之極，履得其位，上下无陽以分其民，衆陰所宗，尊莫先焉。居謙之世，何可安尊？上承下接，勞謙匪解，是以吉也。**象曰：「勞謙君子」，萬民服也。**

【疏】正義曰：「勞謙君子」者，處下體之極，履得其位，上下无陽以分其民，上承下接，勞倦於謙也。唯君子能終而得吉也。象曰「萬民服」者，釋所以勞謙之義。以上下群陰象萬民皆來歸服，事須引接，故疲勞也。

六四，无不利，撝謙。注云：處三之上，而用謙焉，則是自上下下之義也。承五而用謙順，則是上行之道也。盡乎奉上下下之道，故无不利。指撝皆謙，不違則也。象曰：「无不利，撝謙」，不違則也。

【疏】正義曰：「无不利」者，處三之上而用謙焉，則是自上下下之義。承五而用謙順，則是上行之道。盡乎奉上下下之道，故无所不利也。象曰「指撝皆謙，不違則〔一〕」者，釋「无不利，撝謙」之義。所以「指撝皆謙」者，以不違法則，動合於理，故无所不利也。

六五，不富以其鄰，利用侵伐，无不利。注云：居於尊位，用謙與順，故能不富而用其鄰也。以謙順而侵伐，所伐皆驕逆也。象曰：「利用侵伐」，征不服也。

【疏】正義曰：「不富以其鄰」者，以，用也。凡人必將財物周贍鄰里，乃能用之。六五居於尊位，用謙與順，鄰自歸之，故不待豐富能用其鄰也。「利用侵伐，无不利」者，居謙履順，必不濫罰无罪。若有驕逆不服，則須伐之，以謙得衆，故「利用侵伐，无不利」者也。

上六，鳴謙。利用行師，征邑國。注云：最處於外，不與內政，故有名而已，志功未得也。處外而履謙順，可以征邑國而已。象曰：「鳴謙」，志未得也。可用行師，征邑國也。注云：夫吉凶悔吝，生乎動者也。

〔一〕「指撝皆謙不違則」七字，乃王弼注文，不是小象傳文，上云「象曰」不確。

動之所起，興於利者也。故飲食必有訟，訟必有衆起，未有居衆人之所惡而〔一〕爲動者所害，處不競之地而爲争者所奪，是以六爻雖有失位、无應、乘剛，而皆无凶咎悔吝者，以謙爲主也。「謙尊而光，卑而不可踰」，信矣哉！

【疏】正義曰：「鳴謙」者，上六最處於外，不與内政，不能於實事而謙，但有虚名聲聞之謙，故云「鳴謙」。志欲立功，未能遂事，其志未得。既在外而行謙順，唯利用行師征伐外旁國邑而已，不能立功在内也。象曰「志未得」者，釋「鳴謙」之義也。所以但有聲鳴之謙，不能實事立功者，以其居在於外，其内立功之志猶未得也。「可用行師，征邑國」者，釋「行師，征邑國」之意。經言「利用」，象改「利」爲「可」者，言内志雖未得，猶可在外興行軍師征國邑也。

○注「夫吉凶」至「信矣哉」正義曰：「動之所起，興於利」者，凡人若不見利，則心无所動。今動之所以起者，見利乃動，故云「興於利也」。「飲食必有訟，訟必有衆起」者，欲明爲利乃有動，動而致訟，訟則起兵。故序卦「需」爲飲食，飲食必有訟，故需卦之後次訟卦也。争訟必興兵，故訟卦之後次師卦也。

䷏坤下震上。豫：利建侯行師。

【疏】正義曰：謂之豫者，取逸豫之義，以和順而動，動不違衆，衆皆説豫，故謂之豫也。動而衆説，故

〔一〕「而」，阮校云：郭京云「而」乃「不」字之誤，盧文弨謂「而」下脱「不」字。

可「利建侯」也。以順而動，不加无罪，故可以「行師」也。无四德者，以逸豫之事不可以常行，時有所爲也。縱恣寬暇之事，不可長行以經邦訓俗，故无元亨也。逸豫非幹正之道，故不云「利貞」也。莊氏云：「建侯，即元亨也。行師，即利貞也。」案：屯卦「元亨利貞」之後，别云「利建侯」，則「建侯」非「元亨」也。恐莊氏説非也。

彖曰：豫，剛應而志行，順以動，豫。豫順以動，故天地如之，而況建侯行師乎？天地以順動，故日月不過而四時不忒。聖人以順動，則刑罰清而民服。豫之時義大矣哉！

【疏】正義曰：「豫，剛應而志行，順以動，豫」者，「剛」謂九四也，「應」謂初六也。既陰陽相應，故「志行」也。此就爻明豫義。「順以動」，坤在下，是順也；震在上，是動也；以順而動，故「豫」也。此以上下二象明豫義也。自此已上，釋豫卦之理也。「豫順以動，故天地如之，而況建侯行師乎」者，此釋「利建侯行師」也。若聖人和順而動，合天地之德，故天地亦如聖人而爲之也。天地尊大而遠，神之難者猶尚如之，況於封建諸侯、行師征伐乎？難者既從，易者可知。若「建侯」能順動，則人從之；「行師」能順動，則衆從之。天地以順動，故日月不過而四時不忒。自此已下，廣明天地聖人順動之功也。若天地以順而動，則日月不有過差，依其晷度，四時不有忒變，寒暑以時。「聖人以順動，則刑罰清而民服」者，聖人能以理順而動，則不赦有罪，不濫无辜，故「刑罰清」也。刑罰當理，故人服也。「豫之時義大矣哉」者，歎美爲豫之善，言於逸豫之時其義大矣。此歎卦也。凡言不盡意者，不可煩文具説，故歎之以示情，使後生思其餘藴，得意而忘言也。然歎卦有三體：一直歎時，如「大過之時大矣哉」之例是也；二歎時并用，如「險之時用大矣哉」之例是也；三歎時并義，「豫之時義大矣哉」之例是也。夫立卦之體，各象其時，時有屯夷，事非一揆，故爻來適時，有凶有吉。人之生世，亦復如斯，或逢治世，或遇亂時，出處存身，此道豈小？故曰「大矣哉」也。然時運雖多，大體不出四種者：一者治時，「頤養」之世是也；二者亂時，「大過」之世是也；三者離散之時，「解緩」之世是也；四者改易之時，「革變」之世是也。故舉此四卦之時爲歎，餘皆可知。言「用」者，謂適時之用也。雖知居時之難，此事不小，而未知以何而用之耳。故坎、睽、蹇之時宜用君子，小人勿用。用險取濟，不可爲常，斟酌得宜，是用時之大略。舉險難等三卦，餘從可知矣。又言「義」者，姤卦注云：「凡言義者，不盡於所見，中有意謂者也。」是其時皆有義也。略明佚樂之世，相隨相遇之日，隱遯羈旅之時，凡五卦，其義不小，則餘卦亦可知也。今所歎者十二卦，足以發明大義，恢弘妙理者也。凡于彖之末歎云「大哉」者，凡一十二卦。若豫、旅、遯、姤凡四卦，皆云「時義」。案：姤卦注云：「凡言義者，不盡於所見，中有意謂。」以此言之，則四卦卦各未盡其理，其中更有餘意，不可盡申，故總云「義」也。隨之一卦亦言「義」，但與四卦其文稍别。四卦皆云「時義」，隨卦則「隨時之義」者，非但其中别有義意，又取隨逐其時，故變云「隨時之義大矣哉」。睽、蹇、坎，此三卦皆云「時用」。案：睽卦注云：「睽離之時，非小人之所能用。」蹇卦亦云：「非小人之所能用。」此二卦言「大矣哉」者，則是大人能用，故云「大矣哉」。其中更无餘義，唯大人能用，故云「用」不云「義」也。坎卦「時用」，則與睽、蹇稍别，故注云「非用之常，用有時也」。謂坎險之事，時之須用，利益乃大，與睽、蹇「時用」文同而義異也。解之時、革之時、頤之時、大過之時，此四卦直云「時」，不云「義」與「用」也。案：解卦注「難解」之時，非「治難」時，故不言「用」。體盡於解之名，无有幽隱，故不曰「義」。以此注言之，直云「時」者[一]，尋卦之名則其意具盡，中間更无餘義，故不言「義」。其卦名之事，事已行了，不須别有所用，故解、革及頤事已行了，不須言「用」。唯大過稱「時」，注云：「君子有爲之時。」與解、革、頤其理稍别。大過是有用之時，亦直稱「時」者，取「大過」之名，其意即盡，更无餘意，故直稱「時」，不云「義」，又略不云「用」也。

象曰：雷出地奮，豫。先王以作樂崇德，殷薦之上帝，以配祖考。

【疏】正義曰：案諸卦之象，或云「雲上于天」，或云「風行天上」，以類言之，今此應云「雷出地上」，乃云「雷出地奮，豫」者，雷是陽氣之聲，奮是震動之狀。雷既出地，震動萬物，被陽氣而生，各皆逸豫，故云「雷出地奮，豫」也。「先王以作樂崇德」者，雷是鼓動，故先王法此鼓動而作樂，崇盛德業，樂以發揚盛德故也。「殷薦之上帝」者，用此殷盛之樂，薦祭上帝也，象雷出地而向天也。「以配祖考」者，謂以祖考配上帝。用祖用考，若周夏正郊天配靈威仰，以祖后稷配也；配祀明堂五方之帝，以考文王也，故

[一]「者」字原無，據單疏本補。

云「以配祖考」也。

初六，鳴豫，凶。注云：處豫之初，而特得志於上，樂過則淫，志窮則凶，豫何可鳴？象曰：初六鳴豫，志窮凶也。

【疏】正義曰：「鳴豫」者，處豫之初，而獨得應於四，逸豫之甚，是聲鳴于豫。但逸樂之極，過則淫荒。獨得於樂，所以「凶」也。象曰「初六鳴豫，志窮凶」者，釋「鳴豫」之義。而初時鳴豫，後則樂志窮盡，故爲「凶」也。

六二，介于石，不終日，貞吉。注云：處豫之時，得位履中，安夫貞正，不求苟豫者也。順不苟從，豫不違中，是以上交不諂，下交不瀆。明禍福之所生，故不苟說；辯必然之理，故不改其操，介如石焉，「不終日」明矣。象曰：「不終日，貞吉」，以中正也。

【疏】正義曰：「介于石」者，得位履中，安夫貞正，不苟求逸豫，上交不諂，下交不瀆，知幾事之初始，明禍福之所生，不苟求逸豫，守志耿介似於石。然見幾之速，不待終竟一日，去惡修善，恒守正得吉也。象曰「不終日，貞吉，以中正」者，釋「貞吉」之義。所以見其惡事，即能離去，不待終日守正吉者，以此六二居中守正，順不苟從，豫不違中，故不須待其一日，終守貞吉也。

六三，盱豫悔，遲有悔。注云：居下體之極，處兩卦之際，履非其位，承動豫之主。若其睢盱而豫，悔亦生焉。遲而不從，豫之所疾。位非所據，而以從豫，進退離悔，宜其然矣。象曰：盱豫有悔，位不當也。

【疏】正義曰：「盱豫悔」者，六三履非其位，上承動豫之主。「盱」謂睢盱。睢盱者，喜説之貌。若睢盱之求豫，則悔吝也。「遲有悔」者，居豫之時，若遲停不求於豫，亦有悔也。象曰「盱豫有悔，位不當」者，解其「盱豫有悔」之義，以六三居不當位，進退不得其所，故「盱豫有悔」。但象載經文，多從省略。經有「盱豫有悔」、「遲有悔」，兩文具載，象唯云「盱豫有悔」，不言「遲」者，略其文也。故直云「盱豫」，舉其欲進；略云「有悔」，舉其遲也。

九四，由豫，大有得。勿疑，朋盍簪。注云：處豫之時，居動之始，獨體陽爻，衆陰所從，莫不由之以得其豫，故曰「由豫，大有得」也。夫不信於物，物亦疑焉，故勿疑則朋合疾也。盍，合也。簪，疾也。象曰：「由豫，大有得」，志大行也。

【疏】正義曰：「由豫，大有得」者，處豫之時，居動之始，獨體陽爻，爲衆陰之所從，莫不由之以得其豫，故云「由豫」也。「大有得」者，衆陰皆歸，是大有所得。「勿疑，朋盍簪」者，盍，合也；簪，疾也。若能不疑於物，以信待之，則衆陰群朋合聚而疾來也。象曰「由豫，大有得，志大行」者，釋「由豫，大得」之意。衆陰既由之而豫，大有所得，是志意大行也。

六五，貞疾，恒不死。注云：四以剛動爲豫之主，專權執制，非己所乘，故不敢與四争權，而又居中處尊，未可得亡，是以必常至于貞疾，恒不死而已。象曰：六五貞疾，乘剛也。恒不死，中未亡也。

【疏】正義曰：「貞疾，恒不死」者，四以剛動爲豫之主，專權執制，非合己之所乘，故不敢與四争權。而又居中處尊，未可得亡滅之，是以必常至於貞疾，恒得不死而已。象曰「六五貞疾，乘剛」者，解「貞疾」之義。以乘九四之剛，故正得其疾，恒不死也。「中未亡」者，以其居中處尊，未可亡滅之也。

上六，冥豫成。有渝，无咎。注云：處動豫之極，極豫盡樂，故至于「冥豫成」也。過豫不已，何可長乎？故必渝變，然後无咎。象曰：冥豫在上，何可長也？

【疏】正義曰：「處動豫之極，極豫盡樂」，乃至於冥昧之豫而成就也。如俾晝作夜，不能休已，滅亡在近。「有渝无咎」者，渝，變也。若能自思改變，不爲「冥豫」，乃得「无咎」也。

䷐震下兑上。隨：元亨利貞，无咎。

【疏】正義曰：「元亨」者，於相隨之世必大得亨通，若其不大亨通則无以相隨，逆於時也。「利貞」者，相隨之體須利在得正，隨而不正則邪僻之道，必須「利貞」也。「无咎」者，有此四德乃无咎。以苟相從，涉於朋黨，故必須四德乃无咎也。凡卦有四德者，或其卦當時之義即有四德，如乾、坤、屯、臨、无妄，此五卦之時，即能四德備具。其隨卦以惡相隨，則不可也。有此四德乃无咎，无此四德則有咎也。與前五卦其義稍别。其革卦「巳日乃孚」有四德，若不「巳日乃孚」則无四德，與乾、坤、屯、臨、无妄、隨，其義又别。若當卦之時，其卦雖美，未有四德。若行此美，方得在後始致四德者，於卦則不言其德也。若謙、泰及復之等，德義既美，行之不已，久必致此四德。但當初之時，其德未具，故卦不顯四德也。其諸卦之三德已下，其義大略亦然也。

彖曰：隨，剛來而下柔，動而説，隨。大亨貞无咎，而天下隨時。隨時之義大矣哉！

注云：震剛而兑柔也，以剛下柔，動而之説，乃得隨也。爲隨而不大通，逆於時也；相隨而不爲利正，災之道也，故大通利貞，乃得无咎也。爲隨而令大通利貞，得於時也。得時則天下隨之矣。隨之所施，唯在於時也。時異而不隨，否之道也。故隨時之義大矣哉！

【疏】正義曰：「隨，剛來而下柔，動而説，隨」者，此釋隨卦之義。所以致此隨者，由剛來而下柔。「剛」謂震也，「柔」謂兑也。震處兑下，是剛來下柔。震動而兑説，既能下人，動則喜説，所以物皆隨從也。「大亨貞无咎，而天下隨時」者，以有大亨貞正，无有咎害，而天下隨之，以正道相隨，故隨之者廣。若不以「大亨貞无咎」，而以邪僻相隨，則天下不從也。「隨時之義大矣哉」，若以「元亨利貞」，則天下隨從，即隨之義意廣大矣哉。謂隨之初始，其道未弘，終久義意而美大也。特云「隨時」者，謂隨其時節之義，謂此時宜行「元亨利貞」，故云「隨時」也。

○注云「震剛」至「矣哉」　正義曰：「爲隨而不大通，逆於時也」，物既相隨之時，若王者不以廣大開通，使物閉塞，是違逆於隨從之時也。「相隨而不爲利正，災之道」者，凡物之相隨，多曲相朋附，不能利益於物，守其正直，此則小人之道長，災禍及之，故云「災之道」也。「隨之所施，唯在於時」者，釋〔一〕

〔一〕「釋」字原無，據單疏本補。

「隨時」之義，言隨時施設，唯在於得時。若能大通利貞，是得時也。若不能大通利貞，是失時也。「時異而不隨，否之道」者，凡所遇之時，體无恒定，或值不動之時，或值相隨之時，舊來恒往，今須隨從，時既殊異於前，而不使物相隨，則是否塞之道，當須可隨則隨，逐時而用，所利則大，故云「隨時之義大矣哉」。

象曰：澤中有雷，隨。君子以嚮晦入宴息。注云：澤中有雷，動說之象也。物皆說隨，可以无爲，不勞明鑒，故君子「嚮晦入宴息」也。

【疏】正義曰：說卦云：「動萬物者莫疾乎雷，說萬物者莫說乎澤。」故注云：「澤中有雷，動說之象也。」「君子以嚮晦入宴息」者，明物皆說豫相隨，不勞明鑒，故君子象之。鄭玄云：「晦，冥也。」猶人君既夕之後，入於宴寢而止息。

初九，官有渝，貞吉。出門交有功。注云：居隨之始，上无其應，无所偏係，動能隨時，意无所主者也。隨不以欲，以欲隨宜者也〔一〕。故官有渝變，隨〔二〕不失正也。出門无違，何所失哉！象曰：「官有渝」，從正吉也；「出門交有功」，不失也。

〔一〕「也」字原無，據單注本、注附音本補。
〔二〕「隨」字原無，據單注本、注附音本補。

【疏】正義曰：「官有渝」者，官謂執掌之職。人心執掌，與官同稱，故人心所主，謂之「官」。渝，變也。此初九既无其應，无所偏係，可隨則隨，是所執之志有能渝變也。唯正是從，故「貞吉」也。「出門交有功」者，所隨不以私欲，故見善則往隨之，以此出門，交獲其功。象曰「官有渝，從正吉」者，釋「官有渝」之義。所執官守正，能隨時渝變，以見貞正則往隨從，故云「從正吉」。「出門交有功，不失」者，釋「交有功」之義。以所隨之處不失正道，故出門即有功也。

○注云「居隨」至「失哉」　正義曰：言「隨不以欲，以欲隨宜」者，若有其應則有私欲，以无偏應，是所隨之事不以私欲，有正則從，是以欲隨其所宜。

六二，係小子，失丈夫。注云：陰之爲物，以處隨世，不能獨立，必有係也。居隨之時，體於柔弱，而以乘夫剛動，豈能秉志？違於所近，隨此失彼，弗能兼與。五處己上，初處己下，故曰「係小子，失丈夫」也。**象曰：「係小子」，弗兼與也。**

【疏】正義曰：「小子」謂初九也。「丈夫」謂九五也。初九處卑，故稱「小子」。五居尊位，故稱「丈夫」。六二既是陰柔，不能獨立所處，必近係屬初九，故云「係小子」。既屬初九，則不得往應於五，故云「失丈夫」也。象曰「係小子，弗兼與」者，釋「係小子」之意。既隨此初九，則失彼九五丈夫，是不能兩處兼有，故云「弗兼與也」。

六三，係丈夫，失小子。隨有求得，利居貞。注云：陰之爲物，以處隨世，不能獨立，必有係也。雖體下卦，二已據初，將何所附？故舍初係四，志在「丈夫」。四俱无應，亦欲於己隨之，則得其所求矣，故曰「隨有求得」也。應非其正，以係於人，何可以妄？故「利居貞」也。初處己下，四處己上，故曰「係丈夫，失小子」也。**象曰：「係丈夫」，志舍下也。**注云：下謂初也。

【疏】正義曰：六三陰柔，近於九四，是係於「丈夫」也。初九既被六二之所據，六三不可復往從之，是「失小子」也。「隨有求得」者，三欲往隨於四，四亦更无他應。己往隨於四，四不能逆己，是三之所隨，有求而皆得也。「利居貞」者，己非其正，以係於人，不可妄動，唯利在居處守正，故云「利居貞」也。象曰「係丈夫，志舍下」者，釋「係丈夫」之義。六三既係九四之「丈夫」，志意則舍下之初九也。

○注云〔一〕「陰之」至「小子也」　正義曰：「四俱无應」者，三既无應，四亦无應，是四與三俱无應也。此六二、六三因陰陽之象，假丈夫、小子以明人事，餘无義也。

九四，隨有獲，貞凶。有孚在道，以明，何咎？注云：處説之初，下據二陰，三求係己，不距則獲，故曰「隨有獲」也。居於臣地，履非其位，以擅其民，失於臣道，違正者也，故曰「貞凶」。體剛居説，而得民心，能幹其事，而成其功者也。雖違常義，志在濟物，心存公誠，著信在道，以明其功，何咎之有？**象曰：「隨有獲」，其義凶也；「有孚在道」，明功也。**

〔一〕「云」，單疏本無。

【疏】正義曰：「隨有獲」者，處説之初，下據二陰，三求係己，不距則獲，故曰「隨有獲」也。「貞凶」者，居於臣地，履非其位，以擅其民，失於臣道，違其正理，故「貞凶」也。「有孚在道，以明，何咎」者，體剛居説而得民心，雖違常義，志在濟物，心存公誠，著信在於正道，有功以明，更有何咎？故云「有孚在道，以明，何咎」也。象曰「隨有獲，其義凶」者，釋「隨有獲，貞凶」之意。九四既有六三、六二，獲得九五之民，爲臣而擅君之民，失於臣義，是以宜其凶也。「有孚在道，明功」者，釋「以明，何咎」之義。既能著信在于正道，是明立其功，故无咎也。

九五，孚于嘉吉。注云：履正居中，而處隨世，盡隨時之宜，得物之誠，故「嘉吉」也。象曰：「孚于嘉吉」，位正中也。

【疏】正義曰：「孚于嘉吉」者，嘉，善也；履中居正，而處隨世，盡隨時之義，得物之誠信，故獲美善之吉也。

上六，拘係之，乃從。維之，王用亨于西山。注云：隨之爲體，陰順陽者也。最處上極，不從者也。隨道已成，而特不從，故「拘係之，乃從」也。「率土之濱，莫非王臣」，而爲不從，王之所討也，故「維之，王用亨于西山」也。兑爲西方。山者，塗之險隔也。處西方而爲不從，故王用通于西山。象曰：「拘係之」，上窮也。注云：處于上極，故窮也。

【疏】正義曰：最處上極，是不隨從者也。隨道已成而特不從，故須拘係之，乃始從也。「維之，王用亨于西山」者，若欲維係此上六，王者必須用兵，通于西山險難之處，乃得拘係也。山謂險阻，兑處西方，故謂「西山」。今有不從，必須維係，此乃王者必須用兵通於險阻之道，非是意在好刑，故曰：「王用亨于西山。」象曰「拘係之，上窮」者，釋「拘係」之義。所以須拘係者，以其在上而窮極，不肯隨從故也。

䷑巽下艮上。蠱：元亨，利涉大川。先甲三日，後甲三日。

【疏】正義曰：蠱者，事也。有事營爲，則大得亨通。有爲之時，利在拯難，故「利涉大川」也。「先甲三日，後甲三日」者，甲者創制之令，既在有爲之時，不可因仍舊令。今用創制之令以治於人，人若犯者，未可即加刑罰，以民未習，故先此宣令之前三日，殷勤而語之，又於此宣令之後三日，更丁寧而語之，其人不從，乃加刑罰也。其褚氏、何氏、周氏等並同鄭義，以爲「甲」者造作新令之日，甲前三日，取改過自新，故用辛也。甲〔一〕後三日，取丁寧之義，故用丁也。今案輔嗣注「甲者，創制之令」，不云創制之日。又巽卦九五「先庚三日，後庚三日」，輔嗣注：「申命令謂之庚。」輔嗣又云：「甲、庚皆申命之謂。」則輔嗣不以甲爲創制之日，而諸儒不顧輔嗣注旨，妄作異端，非也。

彖曰：蠱，剛上而柔下，注云：上剛可以斷制，下柔可以施令。巽而止，蠱。注云：既巽又止，不競争也。

〔一〕「甲」字原無，據單疏本補。

有事而无競争之患，故可以有爲也。**蠱，元亨，而天下治也。**注云：有爲而大亨，非天下治而何也？**利涉大川，往有事也。先甲三日，後甲三日，終則有始，天行也。**注云：蠱者，有事而待能之時也。可以有爲，其在此時矣。物已説隨，則待夫作制以定其事也。進德修業，往則亨矣，故「元亨，利涉大川」也。甲者，創制之令也。創制不可責之以舊，故先之三日，後之三日，使令治而後乃誅也。因事申令，終則復始，若天之行用四時也。

【疏】正義曰：「剛上而柔下，巽而止，蠱」者，此釋蠱卦之名，并明稱蠱之義也。以上剛能制斷，下柔能施令，巽順止静，故可以有爲也。褚氏云：「蠱者惑也。」物既惑亂，終致損壞，當須有事也，有爲治理也。故序卦云：「蠱者事也。」謂物蠱必有事，非謂訓蠱爲事，義當然也。「蠱，元亨，而天下治」者，釋「元亨」之義。以有爲而得「元亨」，是天下治理也。「利涉大川，往有事也」者，釋「利涉大川」也。蠱者有爲之時，拔拯危難，往〔一〕當有事，故「利涉大川」。此則假外象以喻危難也。「先甲三日，後甲三日，終則有始，天行」者，釋「先甲三日，後甲三日」之義也。民之犯令，告之已終，更復從始，告之殷勤不已，若天之行，四時既終，更復從春爲始，象天之行，故云「天行也」。

○注「蠱者」至「四時也」。正義曰：「蠱者，有事待能之時」者，物既蠱壞，須有事營爲，所作之事，非賢能不可，故經云「幹父之蠱」，幹則能也。「甲者創制之令」者，甲爲十日之首，創造之令爲在後諸令之

〔一〕「往」原作「位」，據單疏本改。

首，故以創造之令謂之爲甲。故漢時謂令之重者謂之「甲令」，則此義也。「創制不可責之以舊」者，以人有犯令而致罪者，不可責之舊法，有犯則刑。故須先、後三日，殷勤語之，使曉知新令，而後乃誅。誅謂兼通責讓之罪，非專謂誅殺也。

象曰：山下有風，蠱。君子以振民育德。注云：蠱者，有事而待能之時也，故君子以濟民養德也。

【疏】正義曰：必云「山下有風」者，風能摇動，散布潤澤。今「山下有風」，取君子能以恩澤下振於民，育養己德。振民，象「山下有風」；育德，象山在上也。

初六，幹父之蠱，有子，考无咎。厲，終吉。注云：處事之首，始見任者也。以柔巽之質，幹父之事，能承先軌，堪其任者也，故曰「有子」也。任爲事首，能堪其事，考乃无咎也，故曰「有子，考无咎」也。當事之首，是以危也。能堪其事，故「終吉」。象曰：「幹父之蠱」，意承考也。注云：幹事之首，時有損益，不可盡承，故意承而已。

【疏】正義曰：「幹父之蠱」者，處事之首，以柔巽之質幹父之事，堪其任也。「有子，考无咎」者，有子既能堪任父事，考乃无咎也。以其處事之初，若不堪父事，則考有咎也。「厲，終吉」者，厲，危也；既爲事初，所以危也。能堪其事，所以「終吉」也。象曰「幹父之蠱，意承考」者，釋「幹父之蠱」義。凡堪幹父事，不可小大損益一依父命，當量事制宜，以意承考而已。對文父没稱「考」，若散而言之，生亦稱「考」。若康誥云：「大傷厥考心。」是父在稱考。此避幹父之文，故變云「考」也。

九二，幹母之蠱，不可貞。注云：居於内中，宜幹母事，故曰「幹母之蠱」也。婦人之性，難可全正，宜屈己剛，既幹且順，故曰「不可貞」也。幹不失中，得中道也。象曰：「幹母之蠱」，得中道也。

【疏】正義曰：居内處中，是幹母事也。「不可貞」者，婦人之性難可全正，宜屈己剛，不可固守貞正，故云「不可貞」也。象曰「得中道」者，釋「幹母之蠱」義。雖不能全正，猶不失在中之道，故云「得中道也」。

九三，幹父之蠱，小有悔，无大咎。注云：以剛幹事，而无其應，故「有悔」也。履得其位，以正幹父，雖小有悔，終无大咎。象曰：「幹父之蠱」，終无咎也。

【疏】正義曰：「幹父之蠱，小有悔」者，以剛幹事而无其應，故「小有悔」也。「无大咎」者，履得其位，故終无大咎也。

六四，裕父之蠱，往見吝。注云：體柔當位，幹不以剛，而以柔和，能裕先事者也。然无其應，往必不合，故曰「往見吝」。象曰：「裕父之蠱」，往未得也。

【疏】正義曰：「裕父之蠱」者，體柔當位，幹不以剛而以柔和，能容裕父之事也。「往見吝」者，以其无應，所往之處，見其鄙吝，故「往未得也」。

六五，幹父之蠱，用譽。注云：以柔處尊，用中而應，承先以斯，用譽之道也。象曰：幹父用譽，承以德也。注云：以柔處中，不任威力也。

【疏】正義曰：「幹父之蠱，用譽」者，以柔處尊，用中而應，以此承父，用有聲譽。象曰「幹父用譽，承以德」者，釋「幹父用譽」之義。奉承父事，唯以中和之德，不以威力，故云「承以德也」。

上九，不事王侯，高尚其事。 注云：最處事上，而不累於位，不事王侯，高尚其事也。**象曰：不事王侯，志可則也。**

【疏】正義曰：「不事王侯，高尚其事」者，最處事上，不復以世事爲心，不係累於職位，故不承事王侯，但自尊高慕尚其清虛之事，故云「高尚其事」也。象曰「不事王侯，志可則」者，釋「不事王侯」之義。身既不事王侯，志則清虛高尚，可法則也。

䷒ 兌下坤上。**臨：元亨利貞。至于八月有凶。**

【疏】正義曰：案序卦云：「臨，大也。」以陽之浸長，其德壯大，可以監臨於下，故曰「臨」也。剛既浸長，説而且順，又以剛居中，有應於外，大得亨通而利正也，故曰「元亨利貞」也。「至于八月有凶」者，以物盛必衰，陰長陽退，臨爲建丑之月，從建丑至于八月建申之時，三陰既盛，三陽方退，小人道長，君子道消，故「八月有凶」也。以盛不可終保，聖人作易以戒之也。

象曰：臨，剛浸而長，説而順，剛中而應，大亨以正，天之道也。 注云：陽轉進長，陰道日消，君子日長，小人日憂，「大亨以正」之義。**至于八月有凶，消不久也。** 注云：八月陽衰而陰長，小人道長，君子道消也，故曰「有凶」。

【疏】正義曰：「臨，剛浸而長，説而順」者，此釋臨義也。據諸卦之例，「説而順」之下，應以「臨」字結之。此无「臨」字者，以其剛中而應，亦是「臨」義，故不得於剛中之上而加「臨」也。「剛中而應，大亨以正，天之道」者，天道以剛居中，而下與地相應，使物大得亨通而利正，故乾卦「元、亨、利、貞」，今此臨卦其義亦然，故云「天之道也」。「至于八月有凶，消不久也」者，證「有凶」之義。以其陽道既消，不可常久，故「有凶」也。但復卦一陽始復，剛性尚微，又不得其中，故未有「元亨利貞」。泰卦三陽之時，三陽在下，而成乾體，乾下坤上，象天降下、地升上，上下通泰，物通則失正，故不具四德。唯此卦二陽浸長，陽浸壯大，特得稱臨，所以四德具也。然陽長之卦，每〔一〕皆應「八月有凶」，但此卦名臨，是盛大之義，故於此卦特戒之耳。若以類言之，則陽長之卦至其終末皆有凶也。

○注「八月」至「有凶」。正義曰：云「八月」者，何氏云：「從建子陽生至建未爲八月。」褚氏云：「自建寅至建酉爲八月。」今案：此注云「小人道長，君子道消」，宜據否卦之時，故以臨卦建丑而至否卦建申爲八月也。

象曰：澤上有地，臨。君子以教思无窮，容保民无疆。注云：相臨之道，莫若説順也。不恃威制，得物之誠，故物无違也。是以「君子教思无窮，容保民无疆」也。

〔一〕「每」下，單疏本有一「卦」字。

【疏】正義曰：「澤上有地」者，欲見地臨於澤，在上臨下之義，故云「澤上有地」也。「君子以教思无窮」者，君子於此臨卦之時，其下莫不喜説和順，在上但須教化思念无窮已也，欲使教恒不絶也。「容保民无疆」者，容謂容受也。保安其民，无有疆境，象地之闊遠，故云「无疆」也。

初九，咸臨，貞吉。注云：咸，感也。感，應也。有應於四，感以臨者也。四履正位，而己應焉，志行正者也。以剛感順，志行其正，以斯臨物，正而獲吉也。**象曰：「咸臨，貞吉」，志行正也。**

【疏】正義曰：「咸臨，貞吉」者，咸，感也；有應於四，感之而臨，志行得正，故「貞吉」也。象曰「咸臨，貞吉，志行正」者，釋「咸臨，貞吉」之義。四既履得正位，己往與之相應，是己之志意行而歸正也。

九二，咸臨，吉，无不利。注云：有應在五，感以臨者也。剛勝則柔危，而五體柔，非能同斯志者也。若順於五，則剛德不長，何由得「吉，无不利」乎？全與相違，則失於感應，其得「咸臨，吉，无不利」，必未順命也。**象曰：「咸臨，吉，无不利」，未順命也。**

【疏】正義曰：「咸臨，吉」者，咸，感也；有應於五，是感以臨而得其吉也。「无不利」者，二雖與五相應，二體是剛，五體是柔，兩雖相感，其志不同。若純用剛往，則五所不從；若純用柔往，又損己剛性，必須商量事宜，有從有否，乃得「无不利」也。象曰「未順命」者，釋「无不利」之義。未可盡順五命，須斟酌事宜，有從有否，故得「无不利」也。則君臣上下獻可替否之義也。

六三，甘臨，无攸利。既憂之，无咎。注云：甘者，佞邪説媚，不正之名也。履非其位，居剛長之世〔一〕，而以邪説臨物，宜其「无攸利」也。若能盡憂其危，改脩其道，剛不害正，故「咎不長」。象曰：「甘臨」，位不當也。「既憂之」，咎不長也。

【疏】正義曰：「甘臨」者，謂甘美諂佞也。履非其位，居剛長之世，而以邪説臨物，故「无攸利」也。「既憂之，无咎」者，既，盡也；若能盡憂其危，則剛不害正，故「无咎」也。象曰「既憂之，咎不長」者，能盡憂其事，改過自脩，其咎則止，不復長久，故「无咎」也。

六四，至臨，无咎。注云：處順應陽，不忌剛長，而乃應之，履得其位，盡其至者也。剛勝則柔危，柔不失正，則得「无咎」也。象曰：「至臨，无咎」，位當也。

【疏】正義曰：「至臨，无咎」者，履順應陽，不畏剛長，而己應之，履得其位，能盡其至極之善而爲臨，故云「至臨」。以柔不失正，故「无咎」也。象曰「至臨无咎，位當」者，釋「无咎」之義。以六四以陰所居得正，柔不爲邪，位當其處，故无咎也。

六五，知臨，大君之宜，吉。注云：處於尊位，履得其中，能納剛以禮，用建其正，不忌剛長而能任之，委物以能而不犯焉，則聰明者竭其視聽，知力者盡其謀能，不爲而成，不行而至矣。「大君之宜」，如此而已，故曰「知臨，大君之宜，

〔一〕「世」原作「前」，據單注本、注附音本改。

吉」。象曰：「大君之宜」，行中之謂也。

【疏】正義曰：「知臨，大君之宜，吉」者，處於尊位，履得其中，能納剛以禮，用建其正，不忌剛長而能任之，故聰明者竭其視聽，知力者盡其謀能，是知爲臨之道，大君之所宜以吉也。象曰「大君之宜，行中之謂」者，釋「大君之宜」，所以得宜者，止由六五處中，行此中和之行，致得「大君之宜」，故言「行中之謂也」。

上六，敦臨，吉，无咎。注云：處坤之極，以敦而臨者也。志在助賢，以敦爲德，雖在剛長，剛不害厚，故「无咎」也。象曰：敦臨之吉，志在內也。

【疏】正義曰：「敦臨，吉，无咎」者，敦，厚也；上六處坤之上，敦厚而爲臨，志〔一〕在助賢，以敦爲德，故云「敦臨，吉」。雖在剛長而志行敦厚，剛所以不害，故「无咎」也。象曰「敦臨之吉，志在內」者，釋「敦臨，吉」之義。雖在上卦之極，志意恒在於內之二陽，意在助賢，故得吉也。

䷓坤下巽上。觀：盥而不薦，有孚顒若。注云：王道之可觀者，莫盛乎宗廟。宗廟之可觀者，莫盛於盥也。至薦簡略，不足復觀，故觀盥而不觀薦也。孔子曰：「禘自既灌而往者，吾不欲觀之矣。」盡夫觀盛，則「下觀而化」矣。故

〔一〕「志」，單疏本作「至」。

觀至盥，則「有孚顒若」也。

【疏】正義曰：「觀」者，王者道德之美而可觀也，故謂之觀。「觀盥而不薦」者，可觀之事，莫過宗廟之祭盥，其禮盛也。薦者，謂既灌之後陳薦籩豆之事，其禮卑也。今所觀宗廟之祭，但觀其盥禮，不觀在後籩豆之事，故云「觀盥而不薦」也。「有孚顒若」者，孚，信也；但下觀此盛禮，莫不皆化，悉有孚信而顒然，故云「有孚顒若」。

○注「王道」至「顒若也」。正義曰：「盡夫觀盛則下觀而化」者，「觀盛」謂觀盥禮盛則休而止，是觀其大，不觀其細，此是下之效上，因「觀」而皆化之矣。「故觀至盥則有孚顒若」者，顒是嚴正之貌，「若」爲語辭，言「下觀而化」，皆孚信容貌儼然也。

彖曰：大觀在上。注云：下賤而上貴也。順而巽，中正以觀天下。觀盥而不薦，有孚顒若，下觀而化也。觀天之神道，而四時不忒；聖人以神道設教，而天下服矣。注云：統說觀之爲道，不以刑制使物，而以觀感化物者也。神則无形者也。不見天之使四時，而四時不忒；不見聖人使百姓，而百姓自服也。

【疏】正義曰：「大觀在上」者，謂大爲在下，所觀唯在於上，由在上既貴，故在下大觀。今大觀在於上。又順而和巽，居中得正，以觀於天下，謂之「觀」也。此釋觀卦之名。「觀盥而不薦，有孚顒若，下觀而化」者，釋「有孚顒若」之義。本由在下，觀效在上而變化，故「有孚顒若」也。「觀天之神道，而四時不忒」者，此盛明觀卦之美，言「觀盥」與天之神道相合，觀此天之神道而四時不有忒變。「神道」者，微妙无方，理不可知，目不可見，不知所以然而然，謂之「神道」，而四時之節氣見矣。豈見天之所爲，不知從何而來？唯見四時流行，不有差忒，故云「觀天之神道，而四時不忒」也。「聖人以神道設教，而天下服矣」者，此明聖人用此天之神道，以「觀」設教而天下服矣。天既不言而行，不爲而成，聖人法則天之神道，唯身自行善，垂化於人，不假言語教戒，不須威刑恐逼，在下自然觀化服從，故云「天下服矣」。

象曰：風行地上，觀。先王以省方，觀民設教。

【疏】正義曰：「風行地上」者，風主號令，行於地上，猶如先王設教在於民上，故云「風行地上，觀」也。「先王以省方，觀民設教」者，以省視萬方，觀看民之風俗，以設於教，非諸侯以下之所爲，故云「先王」也。

初六，童觀，小人无咎，君子吝。注云：處於觀時，而最遠朝美，體於陰柔，不能自進，无所鑒見，故曰「童觀」。趣順而已，无所能爲，小人之道也，故曰「小人无咎」。君子處大觀之時而爲「童觀」，不亦鄙乎？　象曰：初六童觀，小人道也。

【疏】正義曰：「童觀」者，處於觀時而最遠朝廷之美，體是柔弱，不能自進，无所鑒見，唯如童稚之子而觀望也。「小人无咎，君子吝」者，爲此觀看，趣在順從而已，无所能爲，於小人行之，纔得无咎，若君子行之，則鄙吝也。

六二，窺觀，利女貞。注云：處在於内，寡所鑒見。體於柔弱，從順而已。猶有應焉，不爲全蒙，所見者狹，故曰「窺觀」。居内得位，柔順寡見，故曰「利女貞」，婦人之道也。處大觀之時，居中得位，不能大觀廣鑒，「窺觀」而已，誠可醜也。**象曰：「窺觀，女貞」，亦可醜也。**

【疏】正義曰：「窺觀，利女貞」者，既是陰爻，又處在卦内，性又柔弱，唯窺竊而觀。如此之事，唯利女之所貞，非丈夫所爲之事也。

○注「處在」至「可醜也」　正義曰：「猶有應焉，不爲全蒙」者，六二雖柔弱在内，猶有九五剛陽與之爲應，則微有開發，不爲全是。童蒙如初六也，故能窺而外觀。此童「觀」、窺「觀」，皆讀爲去聲也。

六三，觀我生，進退。注云：居下體之極，處二卦之際，近不比尊，遠不童觀，觀風者也。居此時也，可以「觀我生，進退」也。**象曰：「觀我生，進退」，未失道也。**注云：處進退之時，以觀進退之幾，未失道也。

【疏】正義曰：「觀我生，進退」者，「我生」，我身所動出。三居下體之極，是有可進之時；又居上體之下，復是可退之地。遠則不爲童觀，近則未爲觀國，居在進退之處，可以自觀我之動出也。故時可則進，時不可則退，觀風相幾，未失其道，故曰「觀我生，進退」也。道得名「生」者，道是開通生利萬物，故繫辭云「生生之謂易」，是道爲「生」也。

六四，觀國之光，利用賓于王。注云：居觀之時，最近至尊，「觀國之光」者也。居近得位，明習國儀者也，故曰「利用賓于王」也。**象曰：「觀國之光」，尚賓也。**

【疏】正義曰：「觀國之光，利用賓于王」者，最近至尊，是「觀國之光」。「利用賓于王」者，居在親近而得其位，明習國之禮儀，故宜利用賓于王庭也。象曰「觀國之光，尚賓」者，釋「觀國之光」義。以居近至尊之道，志意慕尚爲王賓也。

九五，觀我生，君子无咎。注云：居於尊位，爲觀之主，宣弘大化，光于四表，觀之極者也。上之化下，猶風之靡草，故觀民之俗，以察己道，百姓有罪，在余〔一〕一人。君子風著，己乃「无咎」。上爲化主，將欲自觀，乃觀民也。**象曰：「觀我生」，觀民也。**

【疏】正義曰：九五居尊，爲觀之主。四海之内，由我而化，我教化善，則天下有君子之風；教化不善，則天下著小人之俗，故觀民以察我道，有君子之風著，則无咎也，故曰「觀我生，君子无咎」也。象曰「觀我生，觀民」者，謂觀民以觀我，故觀我即觀民也。

上九，觀其生，君子无咎。注云：「觀我生」，自觀其道者也。「觀其生」，爲民所觀者也。不在於位，最處上極，高尚其志，爲天下所觀者也。處天下所觀之地，可不慎乎？故君子德見，乃得「无咎」。「生」，猶動出也。**象曰：「觀其生」，志未平也。**注云：特處異地，爲衆所觀，不爲平易，和光流通，志未平也。

【疏】正義曰：「觀其生」者，最處上極，高尚其志，生亦道也。爲天下觀其己之道，故云「觀其生」也。

〔一〕「余」，單注本、注附音本作「予」。

「君子无咎」者，既居天下可觀之地，可不慎乎？故君子謹慎，乃得「无咎」也。〜象曰「觀其生，志未平」者，釋「觀其生」之義。以特處異地，爲衆所觀，不爲平易，和光流通，志未與世俗均平，世无危懼之憂，我有符同之慮，故曰「志未平也」。

○注「觀我」至「動出也」　正義曰：「生猶動出」者，或動、或出，是生長之義，故云「生猶動出」。六三、九五皆云「觀我生」，上九云「觀其生」，此等云「生」皆爲「動出」，故於卦末，注總明之也。

䷔震下離上。噬嗑：亨。利用獄。注云：噬，齧也；嗑，合也。凡物之不親，由有間也。物之不齊，由有過也。有間與過，齧而合之，所以通也。刑克以通，獄之利也。

【疏】正義曰：「噬嗑，亨」者，噬，齧也；嗑，合也；物在於口，則隔其上下，若齧去其物，上下乃合而得「亨」也。此卦之名，假借口象以爲義，以喻刑法也。凡上下之間有物間隔，當須用刑法去之，乃得亨通，故云「噬嗑，亨」也。「利用獄」者，以刑除間隔之物，故「利用獄」也。

〜彖曰：頤中有物，曰「噬嗑」。注云：頤中有物，齧而合之，噬嗑之義也。噬嗑而亨。注云：有物有間，不齧不合，无由「亨」也。剛柔分動而明，雷電合而章。注云：剛柔分動，不溷乃明，雷電並合，不亂乃章，皆「利用獄」之義。柔得中而上行，雖不當位，利用獄也。注云：謂五也。能爲齧合而通，必有其主，五則是也。「上行」，謂所之在進也。凡言「上行」，皆所之在貴也。雖不當位，不害用獄也。

【疏】正義曰：「頤中有物，曰噬嗑」者，此釋「噬嗑」名也。案：諸卦之彖，先摽卦名，乃復言曰某卦，曰同人、曰大有、曰小畜之類是也。此發首不疊卦名者，若義幽隱者，先出卦名，後更以卦名結之，若其〔一〕義顯露，則不先出卦名，則此「頤中有物曰噬嗑」之類，其事可知，故不先出卦名。此乃夫子因義理文勢，隨義而發，不爲例也。「噬嗑而亨」者，釋「亨」義，由「噬嗑」而得「亨」也。「剛柔分動而明，雷電合而章」者，釋「利用獄」之義。剛柔既分，不相溷雜，故動而顯明也。雷電既合，而不錯亂，故事得彰著，明而且著，可以斷獄。剛柔分謂震剛在下，離柔在上。「剛柔」云「分」，「雷電」云「合」者，欲見「明」之與「動」，各是一事，故「剛柔」云「分」也。明、動雖各一事，相須而用，故「雷電」云「合」。但易之爲體，取象既多。若取分義，則云「震下離上」。若取合義，則云離、震合體，共成一卦也。此釋二象「利用獄」之義也。「柔得中而上行，雖不當位，利用獄」者，此釋爻有「利用獄」之義。陰居五位，是「柔得中」也。「而上行」者，既居上卦，意在向進，故云「上行」。其德若〔二〕此，雖不當位者，所居陰位，猶「利用獄」也。

○注「剛柔」至「之義」。正義曰：「雷電並合，不亂乃章」者，彖文唯云「雷電合」，注云「不亂乃章」者，不亂之文，以其上云「剛柔分」；「剛柔分」則是不亂，故云「雷電並合，不亂乃章」也。

〔一〕「其」，單疏本作「具」。
〔二〕「若」，單疏本作「如」。

○注「謂五」至「用獄也」　正義曰：「凡言上行，皆所之在貴」者，輔嗣此注，恐畏〔一〕之適五位則是上行，故於此明之。凡言「上行」，但所之在進皆曰「上行」，不是唯向五位乃稱「上行」也。故謙卦序彖云：「地道卑而上行」，坤體在上，故總云「上行」，不止五也。又損卦彖云：「損下益上曰上行。」是減三〔二〕而益上卦謂之「上行」，是亦不據五也。然則此云「上行」，及晉卦彖云「上行」，既在五位，而又稱「上行」，則似若王者，雖見在尊位，猶意在欲進，仰慕三皇五帝可貴之道，故稱「上行」者也。

象曰：雷電，噬嗑。先王以明罰勑法。

【疏】正義曰：「雷電，噬嗑」者，但噬嗑之象，其象在口。雷電非噬嗑之體，但噬嗑象外物，既有雷電之體，則雷電欲取明罰勑法，可畏之義，故連云「雷電」也。

初九，屨校滅趾，无咎。　注云：居无位之地，以處刑初，受刑而非治刑者也。凡過之所始，必始於微，而後至於著。罰之所始，必始於薄，而後至於誅。過輕戮薄，故「屨校滅趾」，桎其行也。足懲而已，故不重也。過而不改，乃謂之過。小懲大誡，乃得其福，故「无咎」也。「校」者，以木絞校者也，即械也。校者，取其通名也。　**象曰：「屨校滅趾」，不行也。**　注云：過止於此。

〔一〕「畏」，浦鏜云：「畏」疑「謂」字。
〔二〕「三」，阮校云：當作「下」。

【疏】正義曰：「屨校滅趾」者，屨謂著而履踐也，校謂所施之械也。處刑之初，居无位之地，是受刑之人，非治刑之主。凡過之所始，必始於微，積而不已，遂至於著。罰之所始，必始於薄刑，薄刑之不已，遂至於誅。在刑之初，過輕戮薄，必校之在足，足爲懲誡，故不復重犯。故校之在足，已没其趾，桎〔一〕其小過，誡其大惡，過而能改，乃是其福。雖復「滅趾」，可謂「无咎」，故言「屨校滅趾，无咎」也。象曰「屨校滅趾，不行」者，釋「屨校滅趾」之義，猶著校滅没其趾也。小懲大誡，故罪過止息不行也。

六二，噬膚滅鼻，无咎。注云：噬，齧也。齧者，刑克之謂也。處中得位，所刑者當，故曰「噬膚」也。乘剛而刑，未盡順道，噬過其分，故「滅鼻」也。刑得所疾，故雖「滅鼻」而「无咎」也。「膚」者，柔脆之物也。**象曰：「噬膚滅鼻」，乘剛也。**

【疏】正義曰：「噬膚滅鼻」者，六二處中得位，是用刑者。所刑中當，故曰「噬膚」。膚是柔脆之物，以喻服罪受刑之人也。乘剛而刑，未盡順道，噬過其分，故至「滅鼻」，言用刑大深也。「无咎」者，用刑得其所疾，謂刑中其理，故「无咎」也。象曰「乘剛」者，釋「噬膚滅鼻」之義。以其乘剛，故用刑深也。

六三，噬腊肉，遇毒。小吝，无咎。注云：處下體之極，而履非其位，以斯食物，其物必堅。豈唯堅乎？將遇其毒。「噬」以喻刑人，「腊」以喻不服，「毒」以喻怨生。然承於四，而不乘剛，雖失其正，刑不侵順，故雖遇毒，小吝无

〔一〕「桎」，浦鏜云：「桎」當「懲」字之誤。

咎。象曰：「遇毒」，位不當也。

【疏】正義曰：「噬腊肉」者，腊是堅剛之肉也。「毒」者，苦惡之物也。三處下體之上，失正刑人，刑人不服。若齧其「腊肉」，非但難齧，亦更生怨咎，猶噬腊而難入，復遇其毒味然也。三以柔不乘剛，刑不侵順道，雖有遇毒之吝，於德亦无大咎，故曰：「噬腊肉，遇毒。小吝，无咎。」象曰「位不當」者，謂處位不當也。

九四，噬乾胏，得金矢，利艱貞吉。注云：雖體陽爻，爲陰之主，履不獲中，而居非其位，以斯噬物，物亦不服，故曰「噬乾胏」也。金，剛也；矢，直也。「噬乾胏」而得剛直，可以利於艱貞之吉，未足以盡通理之道也。象曰：「利艱貞吉」，未光也。

【疏】正義曰：「噬乾胏」者，乾胏是臠肉之乾者，履不獲中，居非其位，以斯治物，物亦不服，猶如「噬乾胏」然也。「得金矢」者，金，剛也；矢，直也；雖刑不能服物，而能得其剛直也。「利艱貞吉」者，既得剛直，利益艱難，守貞正之吉，猶未能光大通理之道，故象云「未光也」。

六五，噬乾肉，得黄金。貞厲，无咎。注云：乾肉，堅也。黄，中也。金，剛也。以陰處陽，以柔乘剛，以噬於物，物亦不服，故曰「噬乾肉」也。然處得尊位，以柔乘剛而居於中，能行其戮者也。履不正而能行其戮，剛勝者也。噬雖不服，得中而勝，故曰「噬乾肉，得黄金」也。己雖不正，而刑戮得當，故雖「貞厲」而「无咎」也。象曰：「貞厲无咎」，得當也。

【疏】正義曰：「噬乾肉」者，乾肉，堅也。以陰處陽，以柔乘剛，以此治罪於人，人亦不服，如似「噬乾肉」也。「得黄金」者，黄，中也；金，剛也。以居於中是「黄」也，以柔乘剛是「金」也。既中而行，剛能行其戮，剛勝者也，故曰「得黄金」也。「貞厲无咎」者，己雖不正，刑戮得當，故雖貞正自危而无咎害。位雖不當，而用刑得當，故象云「得當也」。

上九，何校滅耳，凶。注云：處罰之極，惡積不改者也。罪非所懲，故刑及其首，至于「滅耳」。及首非誡，「滅耳」非懲，凶莫甚焉。象曰：「何校滅耳」，聰不明也。注云：聰不明，故不慮惡積，至于不可解也。

【疏】正義曰：「何校滅耳，凶」者，「何」謂檐何。處罰之極，惡積不改，故罪及其首，何檐枷械，滅没於耳，以至誅殺。以其聰之不明，積惡致此，故象云「聰不明也」。

○注「處罰」至「甚焉」。正義曰：「罪非所懲」者，言其惡積既深，尋當〔一〕刑罪非能懲誡，故云「罪非所懲」也。「及首非誡，滅耳非懲」者，若罪未及首，猶可誡懼歸善也。罪已及首，性命將盡，非復可誡，故云「及首非誡」也。校既滅耳，將欲刑殺，非可懲改，故云「滅耳非懲」也。

䷕離下艮上。賁：亨。小利有攸往。

〔一〕「當」，阮校云：閩、監、毛本作「常」。

【疏】正義曰：「賁」，飾也，以剛柔二象交相文飾也。「賁，亨」者，以柔來文剛而得亨通，故曰「賁，亨」也。「小利有攸往」者，以剛上文柔，不得中正，故不能大有所往，故云「小利有攸往」也。

彖曰：賁，亨。柔來而文剛，故亨。注云：剛柔不分，文何由生？故坤之上六來居二位，「柔來文剛」之義也。柔來文剛，居位得中，是以「亨」。乾之九二，分居上位，分剛上而文柔之義也。**分剛上而文柔，故小利有攸往。**剛上文柔，不得中位，不若柔來文剛，故「小利有攸往」。**天文也。**注云：剛柔交錯而成文焉，天之文也。**文明以止，人文也。**注云：止物不以威武而以文明，人之文也。**觀乎天文，以察時變；觀乎人文，以化成天下。**注云：解天之文，則時變可知也；解人之文，則化成可爲也。

【疏】正義曰：「賁，亨。柔來而文剛，故亨」者，此釋「賁亨」之義。不直言「賁」，連云「賁，亨」者，由賁而致亨，事義相連也。若「大哉乾元」，以「元」連「乾」者也。「柔來而文剛，故亨」，柔來文剛，以文相飾，是賁義也。相飾即有爲亨，故云「賁，亨」。「亨」之下不重以「賁」字結之者，以「亨」之與「賁」相連而釋，所以「亨」下不得重結「賁」字。「分剛上而文柔，故小利有攸往」者，釋「小利有攸往」義。乾體在下，今分乾之九二，上向文飾坤之上六，是「分剛上而文柔」也。棄此九二之中，往居无位之地，棄善從惡，往无大利，故「小利有攸往」也。「天文也」者，天之爲體，二象剛柔，剛柔交錯成文，是天文也。「文明以止，人文」者，文明，離也；以止，艮也。用此文明之道，裁止於人，是人之文德之教。此賁卦之象，既有天文、人文，欲廣美天文、人文之義，聖人用之以治於物也。「觀乎天文，以察時變」者，言聖人當觀視天文，剛柔交錯，相飾成文，以察四時變化。若四月純陽用事，陰在其中，靡草死也。十月純陰用事，陽在其中，薺麥生也。是觀剛柔而察時變也。「觀乎人文，以化成天下」者，言聖人觀察人文，則詩書禮樂之謂，當法此教而「化成天下」也。

○注「坤之上六」至「之義也」　正義曰：坤之上六，何以來居二位不居於初三；乾之九二，何以分居上位不居於五者，乾性剛亢，故以己九二上居坤極；坤性柔順，不爲物首，故以己上六下居乾之二位也。且若柔不分居乾二，剛不分居坤極，則不得文明以止故也。又陽本在上，陰本在下，應分剛而下、分柔而上，何因分剛向上、分柔向下者，今謂此本泰卦故也。若天地交泰，則剛柔得交；若乾上坤下，則是天地否閉，剛柔不得交，故分剛而上、分柔而下也。

象曰：山下有火，賁。君子以明庶政，无敢折獄。注云：處賁之時，止物以文明，不可以威刑，故「君子以明庶政」，而「无敢折獄」。

【疏】正義曰：「山下有火，賁」者，欲見火上照山，有光明文飾也。又取山含火之光明，象君子内含文明，以理庶政，故云「山下有火，賁」也。「以明庶政」者，用此文章明達以治理庶政也。「无敢折獄」者，勿得直用果敢折斷訟獄。

初九，賁其趾，舍車而徒。注云：在賁之始，以剛處下，居於无位，棄於不義，安夫徒步以從其志者也，故飾其趾，舍車而徒，義弗乘之謂也。象曰：「舍車而徒」，義弗乘也。

【疏】正義曰：「賁其趾，舍車而徒」者，在賁之始，以剛處下，居於无位之地，乃棄於不義之車，而從有義之徒步，故云「舍車而徒」。以其志行高絜，不苟就輿乘，是以義不肯乘，故象云「義弗乘也」。

六二，賁其須。注云：得其位而无應，三亦无應，俱无應而比焉，近而相得者也。「須」之爲物，上附者也。循其所履，以附於上，故曰「賁其須」也。象曰：「賁其須」，與上興也。

【疏】正義曰：「賁其須」者，須是上附於面，六二當上附於三，若似賁飾其須也。循其所履，以附於上，與上同爲興起，故象云「與上興也」。

九三，賁如濡如，永貞吉。注云：處下體之極，居得其位，與二相比，俱履其正，和合相潤，以成其文者也。既得其飾，又得其潤，故曰「賁如濡如」也。永保其貞，物莫之陵，故曰「永貞吉」也。象曰：永貞之吉，終莫之陵也。

【疏】正義曰：「賁如濡如」者，賁如，華飾之貌；濡如，潤澤之理。居得其位，與二相比，和合文飾，而有潤澤，故曰「賁如濡如」。其美如此，長保貞吉，物莫之陵，故象云「永貞之吉，終莫之陵也」。

六四，賁如皤如，白馬翰如。匪寇，婚媾。注云：有應在初，而閡於三，爲己寇難，二志相感，不獲通亨，欲靜則欽初之應，欲進則懼三之難，故或飾或素，內懷疑懼也。鮮絜其馬，翰如以待，雖履正位，未敢果其志也。三爲剛猛，未可輕犯，匪寇乃婚，終无尤也。象曰：六四當位，疑也。「匪寇婚媾」，終无尤也。

【疏】正義曰：「賁如皤如」者，皤是素白之色。六四有應在初，欲往從之，三爲己難，故己猶豫。或以文飾，故「賁如」也；或守質素，故「皤如」也。「白馬翰如」者，但鮮絜其馬，其色「翰如」，徘徊待之，未敢輒進也。「匪寇，婚媾」者，若非九三爲己寇害，乃得與初爲婚媾也。○象曰「六四當位，疑」者，以其當位，得與初爲應，但礙於三，故遲疑也。若不當位，則與初非應，何須欲往而致遲疑也？「匪寇婚媾，終无尤」者，釋「匪寇，婚媾」之義。若待匪有寇難乃爲婚媾，則終无尤過。若犯寇難而爲婚媾，則終有尤也。

六五，賁于丘園，束帛戔戔。吝，終吉。注云：處得尊位，爲飾之主，飾之盛者也。施飾於物，其道害也。施飾丘園，盛莫大焉，故賁于束帛，丘園乃落，賁于丘園〔一〕，帛乃「戔戔」。用莫過儉，泰而能約，故必「吝」焉乃得終吉也〔二〕。○象曰：六五之吉，有喜也。

【疏】正義曰：「賁于丘園」者，丘園是質素之處，六五處得尊位，爲飾之主，若能施飾在於質素之處，不華侈費用，則所束之帛，「戔戔」衆多也。「吝，終吉」者，初時儉約，故是其「吝」也。必儉約之「吝」，乃得「終吉」而有喜也，故象云「六五之吉，有喜也」。

○注「處得」至「終吉也」　正義曰：「爲飾之主，飾之盛」者，若宮室輿服之屬，五爲飾主。若施設華飾在於輿服宮館之物，則大道損害也。「施飾丘園，盛莫大焉」者，丘謂丘墟，園謂園圃。唯草木所生，是

〔一〕「園」原作「束」，據單注本、注附音本改。
〔二〕「也」字原無，據單注本、注附音本補。

質素之處，非華美之所。若能施飾，每事質素，與丘園相似，「盛莫大焉」。「故賁于束帛，丘園乃落」者，束帛，財物也。舉束帛言之，則金銀珠玉之等皆是也。若賁飾於此束帛珍寶，則質素之道乃隕落，故云「丘園乃落」也。「賁于丘園，帛乃戔戔」者，設飾在於丘園質素之所，則不靡〔一〕費財物，束帛乃「戔戔」衆多也。諸儒以爲若賁飾束帛，不用聘士，則丘園之士乃落也。若賁飾丘園之士與之，故束帛乃「戔戔」也。諸家注易，多爲此解。但今案輔嗣之注，全无聘賢之意，且爻之與象，亦无待士之文。輔嗣云：「用莫過儉，泰而能約，故必吝焉，乃得終吉。」此則普論爲國之道，不尚華侈，而貴儉約也。若從先師，唯用束帛招聘丘園，以儉約待賢，豈其義也？所以漢聘隱士，或乃用羔鴈玄纁，蒲輪駟馬，豈止「束帛」之間，而云儉約之事？今觀注意，故爲此解耳。

上九，白賁，无咎。注云：處飾之終，飾終反素，故任其質素，不勞文飾而无咎也。以白爲飾，而无患憂，得志者也。象曰：「白賁，无咎」，上得志也。

【疏】正義曰：「白賁，无咎」者，處飾之終，飾終則反素，故任其質素，不勞文飾，故曰「白賁，无咎」也。守志任真，得其本性，故象云「上得志也」。言居上得志也。

〔一〕「靡」，單疏本作「縻」。

䷖坤下艮上。剥：不利有攸往。

【疏】正義曰：「剥」者，剥落也。今陰長變剛，剛陽剥落，故稱「剥」也。小人既長，故「不利有攸往」也。

彖曰：剥，剥也，柔變剛也。不利有攸往，小人長也。順而止之，觀象也。君子尚消息盈虚，天行也。注云：坤順而艮止也。所以「順而止之」，不敢以剛止者，以觀其形象也。强亢激拂，觸忤以隕身，身既傾焉，功又不就，非君子之所尚也。

【疏】正義曰：「剥，剥也」者，釋剥卦名爲「剥」，不知何以稱「剥」，故釋云「剥」者，解「剥」之義，是陰長解剥於陽也。「柔變剛」者，釋所以此卦名剥之意也。「不利有攸往，小人道長」者，此釋「不利有攸往」之義。以小人道長，世既闇亂，何由可進？往則遇災，故「不利有攸往」也。「順而止之，觀象」者，明在剥之時，世既无道，君子行之，不敢顯其剛直，但以柔順止約其上，唯望君上形象，量其顔色而止也。「君子尚消息盈虚，天行」者，解所以在剥之時，順而止之。觀其顔色形象者，須量時制變，隨物而動。君子通達物理，貴尚消息盈虚，道消之時，行消道也；道息之時，行息道也；在盈之時，行盈道也；在虚之時，行虚道也。若值消虚之時，存身避害，危行言遜也。若值盈息之時，極言正諫，建事立功也。「天行」謂逐時消息盈虚，乃天道之所行也。春夏始生之時，則天氣盛大；秋冬嚴殺之時，天氣消滅，故云「天行也」。

○注「坤順」至「所尚也」　正義曰：「非君子之所尚」者，不逐時消息盈虛，於无道之時，剛亢激拂，觸忤以隕身，身既傾隕，功又不就，「非君子之所尚也」。

象曰：山附於地，剥。上以厚下安宅。　注云：「厚下」者，牀不見剥也。「安宅」者，物不失處也。「厚下安宅」，治剥之道也。

【疏】正義曰：「山附於地，剥」者，山本高峻，今附於地，即是剥落之象，故云「山附於地，剥」也。「上以厚下安宅」者，剥之爲義，從下而起，故在上之人，當須豐厚於下，安物之居，以防於剥也。

初六，剥牀以足，蔑貞凶。　注云：牀者，人之所以安也。「剥牀以足」，猶云剥牀之足也。蔑，猶削也。剥牀之足，滅下之道也。下道始滅，剛隕柔長，則正削而凶來也。　象曰：「剥牀以足」，以滅下也。

【疏】正義曰：「剥牀以足」者，牀者，人之所以安處也；在剥之初，剥道從下而起，剥牀之足，言牀足已「剥」也，下道始滅也。「蔑貞凶」者，蔑，削也；貞，正也；下道既滅，則以侵削其貞正，所以「凶」也。象曰「剥牀以足，以滅下」者，釋「剥牀以足」之義。牀在人下，足又在牀下，今剥牀之足，是盡滅於下也。

六二，剥牀以辨，蔑貞凶。　注云：蔑，猶甚極之辭也。辨者，足之上也。剥道浸長，故剥其辨也。稍近於牀，轉欲滅物之所處，長柔而削正。以斯爲德，物所棄也。　象曰：「剥牀以辨」，未有與也。

【疏】正義曰：「剥牀以辨」者，辨謂牀身之下，牀足之上，足與牀身分辨之處也。今剥落侵上，乃至於

「辨」，是漸近人身，故云「剥牀以辨」也。「蔑貞凶」者，蔑，削也；削除中正之道，故「凶」也。初六「蔑貞」，但小削而已，六二「蔑貞」，是削之甚極，故更云「蔑貞凶」也。長此陰柔，削其正道，以此爲德，則物之所棄，故象云「未有與也」，言无人與助之也。

○注「蔑猶」至「所棄也」　正義曰：「蔑，猶甚極之辭」者，初既稱「蔑」，二又稱「蔑」，「蔑」上復「蔑」，此爲[一]蔑甚極，故云「蔑，猶甚極之辭也」。「蔑」謂微蔑，物之見削，則微蔑也，故以「蔑」爲「削」。「稍近於牀，轉欲滅物之所處」者，物之所處謂牀也。今剥道既至於辨，在牀體下畔之間，是將欲滅牀，故云「轉欲滅物之所處」也。

六三，剥之，无咎。注云：與上爲應，群陰剥陽，我獨協焉，雖處於剥，可以无咎。**象曰：「剥之无咎」，失上下也。**注云：三上下各有二陰，而三獨應於陽，則「失上下也」。

【疏】正義曰：六三與上九爲應，雖在剥陽之時，獨能與陽相應，雖失位處剥而「无咎」也。象曰「剥之无咎，失上下」者，釋所以无咎之義。上下群陰皆悉剥陽也，己獨能違失上下之情而往應之，所以「无咎」也。

六四，剥牀以膚，凶。注云：初、二剥牀，民所以安，未剥其身也。至四剥道浸長，牀既剥盡，以及人身，小人遂

[一]「爲」字原無，據單疏本補。

盛，物將失身，豈唯削正，靡所不凶。象曰：「剥牀以膚」，切近災也。

【疏】正義曰：「剥牀以膚」者，四道浸長，剥牀已盡，乃至人之膚體，物皆失身，所以凶也。象曰「切近災」者，其災已至，故云「切近災也」。

六五，貫魚以宫人寵，无不利。注云：處剥之時，居得尊位，爲剥之主者也。剥之爲害，小人得寵，以消君子者也。若能施寵小人，於宫人而已，不害於正，則所寵雖衆，終无尤也。貫魚，謂此衆陰也。駢頭相次，似貫魚也。象曰：「以宫人寵」，終无尤也。

【疏】正義曰：「貫魚以宫人寵」者，處得尊位，爲剥之主，剥之爲害，小人得寵以消君子。「貫魚」者，謂衆陰也。駢頭相次，似若貫穿之魚。此六五若能處待衆陰，但以宫人之寵相似。宫人被寵，不害正事，則終无尤過，无所不利，故云「无不利」，故象云「終无尤也」。

上九，碩果不食，君子得輿，小人剥廬。注云：處卦之終，獨全不落，故果至于碩而不見食也。君子居之，則爲民覆蔭；小人用之，則剥下所庇也。象曰：「君子得輿」，民所載也；「小人剥廬」，終不可用也。

【疏】正義曰：「碩果不食」者，處卦之終，獨得完全，不被剥落，猶如碩大之果不爲人食也。「君子得輿」者，若君子而居此位，能覆蔭於下，使得全安，是君子居之，則得車輿也。若小人居之，下无庇蔭，在下之人，被剥徹廬舍也。象曰「君子得輿，民所載」者，釋「得輿」之義。若君子居處此位，養育其民，民所仰載也。「小人剥廬，終不可用」者，言小人處此位爲君，剥徹民之廬舍，此小人終不可用爲君也。

周易注疏卷第四

周易注疏卷第五

國子祭酒上護軍曲阜縣開國子臣孔穎達奉勑撰

䷗震下坤上。**復：亨。出入无疾，朋來无咎。反復其道，七日來復，利有攸往。**

【疏】正義曰：「復，亨」者，陽氣反復而得亨通，故云「復，亨」也。「出入无疾」者，出則剛長，入則陽反，理會其時，故无疾病也。「朋來无咎」者，朋謂陽也，反復衆陽，朋聚而來則无咎也。若非陽衆來則有咎，以其衆陽之來，故无咎也。「反復其道，七日來復」者，欲使反之與復而得其道，不可過遠，唯七日則來復，乃合於道也。「利有攸往」者，以陽氣方長，往則小人道消，故「利有攸往」也。

彖曰：復，亨。剛反動而以順行，是以出入无疾，注云：入則爲反，出則剛長，故「无疾」。疾猶病也。**朋來无咎。**注云：朋謂陽也。**反復其道，七日來復，**注云：陽氣始剥盡，至來復時，凡七日。**天行也。**注云：以天之行，反覆〔一〕不過七日，復之不可遠也。**利有攸往，剛長也。**注云：往則小人道消也。**復，其見**

〔一〕「覆」，阮校云：岳本、閩、監、毛本「覆」作「復」。

天地之心乎！　注云：復者，反本之謂也。天地以本爲心者也。凡動息則靜，靜非對動者也；語息則默，默非對語者也。然則天地雖大，富有萬物，雷動風行，運化萬變，寂然至无，是其本矣。故動息地中，乃天地之心見也。若其以有爲心，則異類未獲具存矣。

【疏】正義曰：「復，亨」者，以陽復則亨，故以「亨」連「復」而釋之也。「剛反動而以順行」者，既上釋「復，亨」之義，又下釋「出入无疾，朋來无咎」之理，故云「是以出入无疾，朋來无咎」也。「反復其道，七日來復，天行」者，以「天行」釋「反復其道，七日來復」之義。言反之與復得合其道，唯七日而來復，不可久遠也。此是天之所行也。天之陽氣絶滅之後，不過七日，陽氣復生，此乃天之自然之理，故曰「天行也」。「利有攸往，剛長」者，以「剛長」釋「利有攸往」之義也。「復，其見天地之心乎」者，此贊明復卦之義。天地養萬物，以靜爲心，不爲而物自爲，不生而物自生，寂然不動，此天地之心也。此復卦之象，動息地中，雷在地下，息而不動，靜寂之義，與天地之心相似。觀此復象，乃見「天地之心」也。天地非有主宰，何得有心？以人事之心，託天地以示法爾。

○注「陽氣」至「凡七日」　正義曰：「陽氣始剥盡」，謂陽氣始於剥盡之後，至陽氣來復時，凡經七日。觀注之意，陽氣從剥盡之後，至於反復，凡經七日。其注分明。如褚氏、莊氏並云「五月一陰生，至十一月一陽生」，凡七月。而云「七日」不云「月」者，欲見陽長須速，故變月言日。今輔嗣云「剥盡至來復」，是從「盡」至「來復」，經七日也。若從五月言之，何得云「始盡」也？又臨卦亦是陽長，而言「八月」，今復卦亦是陽長，何以獨變「月」而稱「七日」？觀注之意，必謂不然，亦用易緯「六日七分」之義，同鄭康成之説。但於文省略，不復具言。案易緯稽覽圖云：「卦氣起中孚。」故離、坎、震、兑，各主其一方，其餘六十卦，卦有六爻，爻别主一日，凡主三百六十日。餘有五日四分日之一者，每日分爲八十分，五日分爲四百分，四分日之一又爲二十分，是四百二十分。六十卦分之，六七四十二，卦别各得七分，是每卦得六日七分也。剥卦陽氣之盡在於九月之末，十月當純坤用事。坤卦有六日七分。坤卦之盡，則復卦陽來，是從剥盡至陽氣來復，隔坤之一卦六日七分，舉成數言之，故輔嗣言「凡七日」也。「反復」者，則出入之義。「反」謂入而倒反，「復」謂既反之後復而向上也。

○注「復者」至「具存矣」 正義曰：「復者反本之謂也」者，往前離本處而去，今更反於本處，是「反本」之謂也。「天地以本爲心」者，「本」謂静也。言天地寂然不動，是「以本爲心」者也。凡動息則静，静非對動者也。天地之動，静爲其本，動爲其末，言静時多也，動時少也。若暫時而動，止息則歸静，是静非對動，言静之爲本，自然而有，非對動而生静，故曰「静非對動」者也。「語息則默，默非對語」者，語則聲之動，默則口之静，是不語之時，恒常默也。非是對語有默，以動静語默而无别體，故云「非對」也。云「天地雖大，富有萬物，雷動風行，運化萬變」者，此言天地之動也。言「寂然至无，是其本矣」者，凡有二義：一者萬物雖運動於外，而天地寂然至无於其内也，外是其末，内是其本，言天地无心也；二者雖雷動風行，千化萬變，若其雷風止息，運化停住之後，亦寂然至无也。「若其以有爲心，則異類未獲具存」者，凡以无爲心，則物我齊致，親踈一等，則不害異類，彼此獲寧。若其以有爲心，則我之自我，不能普及於物，物之自物，不能普賴於我，物則被害，故「未獲具存」。

〔象曰：雷在地中，復。先王以至日閉關，商旅不行，后不省方。注云：方，事也。冬至，陰之復也，夏至，陽之復也。故爲復，則至於寂然大静，先王則天地而行者也。動復則静，行復則止，事復則无事也。

【疏】正義曰：「雷在地中，復」者，雷是動物，復卦以動息爲主，故曰「雷在地中」。「先王以至日閉關」者，先王象此復卦，以二至之日閉塞其關也，商旅不行於道路也。「后不省方」者，方，事也；后不省視其方事也。以地掩閉於雷，故關門掩閉，商旅不行。君后掩閉於事，皆取「動息」之義。

○注「方事」至「无事也」　正義曰：「方，事」者，恐「方」是四方境域，故以「方」爲事也。言至日不但不可出行，亦不可省視事也。「冬至陰之復，夏至陽之復」者，復謂反本，静爲動本。冬至一陽生，是陽動用而陰復於静也。夏至一陰生，是陰動用而陽復於静也。「動復則静，行復則止，事復則无事」者，動而反復則歸静，行而反復則歸止，事而反復則歸于无事也。

初九，不遠復，无祇悔，元吉。注云：最處復初，始復者也。復之不速，遂至迷〔一〕凶，不遠而復，幾悔而反，以此脩身，患難遠矣。錯之於事，其殆庶幾乎！故「元吉」也。〔象曰：不遠之復，以脩身也。

【疏】正義曰：「不遠復」者，最處復初，是始復者也。既在陽復，即能從而復之，是迷而不遠即能復也。「无祇悔，元吉」者，韓氏云：「祇，大也。」既能速復，是无大悔，所以大吉。〔象曰「不遠之復，以脩身」

〔一〕「迷」原作「遠」，據單注本、注附音本改。

者，釋「不遠之復」也。所以不遠速復者，以能脩正其身，有過則改故也。

六二，休復，吉。注云：得位處中，最比於初。上无陽爻，以疑其親。陽爲仁行，在初之上而附順之，下仁之謂也。既處中位，親仁善鄰，復之休也。象曰：休復之吉，以下仁也。

【疏】正義曰：「休復，吉」者，得位處中，最比於初，陽爲仁行，已在其上，附而順之，是降下於仁，是休美之復，故云「休復，吉」也。以其下仁，所以「吉」也。故象云「休復之吉，以下仁也」。

六三，頻復，厲，无咎。注云：頻，頻蹙之貌也。處下體之終，雖愈於上六之迷，已失復遠矣，是以蹙也。蹙而求復，未至於迷，故雖危无咎也。復道宜速，蹙而乃復，義雖无咎，它來難保。象曰：頻復之厲，義无咎也。

【疏】正義曰：「頻復」者，頻謂頻蹙。六三處下體之上，去復稍遠，雖勝於上六「迷復」，猶頻蹙而復。復道宜速，謂蹙而求復也。去復猶近，雖有危厲，於義无咎，故象云「義无咎也」。

○注「頻頻」至「難保」。正義曰：「義雖无咎，它來難保」者，去復未甚大遠，於義雖復无咎，謂以道自守，得「无咎」也。若自守之外，更有它事而來，則難可保此无咎之吉也，所以象云「義无咎」，守常之義得无咎也。

六四，中行獨復。注云：四上下各有二陰而處厥中，履得其位而應於初，獨得所復，順道而反，物莫之犯，故曰「中行獨復」也。象曰：「中行獨復」，以從道也。

【疏】正義曰：「中行獨復」者，處於上卦之下，上下各有二陰，已獨應初，居在衆陰之中，故云「中行」。

獨自應初，故云「獨復」。從道而歸，故象云「以從道也」。

六五，敦復，无悔。注云：居厚而履中，居厚則无〔一〕怨，履中則可以自考，雖不足以及「休復」之吉，守厚以復，悔可免也。象曰：「敦復无悔」，中以自考也。

【疏】正義曰：「敦復，无悔」者，處坤之中，是敦厚於復，故云「敦復」。既能履中，又能自考成其行。既居敦厚，物无所怨，雖不及六二之「休復」，猶得免於悔吝，故云「无悔」也。象曰「敦復无悔，中以自考」者，釋「无悔」之義。以其處中，能自考成其身，故「无悔」也。

上六，迷復，凶，有災眚。用行師，終有大敗。以其國君凶，至于十年不克征。注云：最處復後，是迷者也。以迷求復，故曰「迷復」也。用之行師，難用有克也，終必大敗。用之於國，則反乎君道也。大敗乃復，量斯勢也。雖復十年脩之，猶未能征也。象曰：迷復之凶，反君道也。

【疏】正義曰：「迷復，凶」者，最處復後，是迷闇於復，以迷求復，所以凶也。「有災眚」者，闇於復道，必无福慶，唯有災眚也。「用行師，終有大敗」者，所爲既凶，故用之行師，必无克勝，惟「終有大敗」也。「以其國君凶」者，以，用也；用此迷復於其國內，則反違君道，所以凶也。「至于十年不克征」者，師敗國凶，量斯形勢，雖至十年猶不能征伐。以其迷闇不復，而反違於君道，故象云「迷復之凶，反

〔一〕「无」原作「免」，據單注本、注附音本改。

君道也」。

䷘震下乾上。无妄：元亨，利貞。其匪正有眚，不利有攸往。

【疏】正義曰：「无妄」者，以剛爲内主，動而能健，以此臨下，物皆无敢詐僞虚妄，俱行實理，所以大得亨通，利於貞正，故曰「元亨，利貞」也。「其匪正有眚，不利有攸往」者，物既无妄，當以正道行之；若其匪依正道，則有眚災，不利有所往也。

彖曰：无妄，剛自外來，而爲主於内。注云：謂震也。動而健，注云：震動而乾健也。剛中而應，注云：謂五也。大亨以正，天之命也。注云：剛自外來，而爲主於内，動而愈健。剛中而應，威剛方正，私欲不行，何可以妄？使有妄之道滅，无妄之道成，非大亨利貞而何？剛自外來，而爲主於内，則柔邪之道消矣。動而愈健，則剛直之道通矣。「剛中而應」，則齊明之德著矣。故「大亨以正」也。天之教命，何可犯乎？何可妄乎？是以匪正則有眚，而「不利有攸往」也。其匪正有眚，不利有攸往。无妄之往，何之矣？天命不祐，行矣哉！注云：匪正有眚，不求改以從正，而欲有所往，居不可以妄之時，而欲以不正有所往，將欲何之？天命之所不祐，竟矣哉！

【疏】正義曰：「剛自外來，而爲主於内，動而健」者，以此卦象釋能致无妄之義。以震之剛從外而來，爲主於内，震動而乾健，故能使物「无妄」也。「剛中而應」者，明爻義能致无妄。九五以剛處中，六二應之，是「剛中而應」。剛中則能制斷虛實，有應則物所順從，不敢虛妄也。「大亨以正，天之命」者，釋「元亨利貞」之義。威剛方正，私欲不行，何可以妄？此天之教命也。以天道純陽，剛而能健，是乾德相似，故云「天之命」也。既是天命，豈可犯乎？「其匪正有眚，不利有攸往」。无妄之往，何之矣」者，此釋「匪正有眚，不利有攸往」之義也。「无妄之往，何之矣」，上「之」是語辭，下「之」是適也。身既非正，在「无妄」之世，欲有所往，何所之適矣？故云「无妄之往，何之矣」。「天命不祐，行矣哉」者，身既非正，欲有所往，犯違天命，則天命不祐助也。必竟「行矣哉」，言終竟行此不祐之事也。

○注「剛自」至「攸往也」　正義曰：云「使有妄之道滅，无妄之道成」者，妄謂虛妄矯詐，不循正理。若无剛中之主，柔弱邪僻，則物皆詐妄，是有妄之道興也。今遇剛中之主，威嚴剛正，在下畏威，不敢詐妄，是有妄之道滅，无妄之道成。

○注「匪正」至「竟矣哉」　正義曰：「竟矣哉」者，竟謂終竟，言天所不祐，終竟行矣哉！

象曰：天下雷行物與，无妄。注云：與，辭也，猶皆也。天下雷行，物皆不可以妄也。先王以茂對時，育萬物。注云：茂，盛也。物皆不敢妄，然後萬物乃得各全其性，對時育物，莫盛於斯也。

【疏】正義曰：「天下雷行」者，雷是威恐之聲。今天下雷行，震動萬物，物皆驚肅，无敢虛妄，故云「天下雷行」，物皆「无妄」也。「先王以茂對時，育萬物」者，茂，盛也；對，當也。言先王以此无妄盛事，當其无妄之時，育養萬物也。此唯王者其德乃耳，非諸侯已下所能，故不云君子，而言「先王」也。案：諸卦之象，直言兩象，即以卦名結之，若「雷在地中，復」。今无妄應云「天下雷行，无妄」，今云「物與无妄」者，欲見萬物皆无妄，故加「物與」二字也。其餘諸卦，未必萬物皆與卦名同義，故直顯象，以卦結之。至如復卦，唯陽氣復，非是萬物皆復。舉復一卦，餘可知矣。

初九，无妄往，吉。注云：體剛處下，以貴下賤，行不犯妄，故往得其志。象曰：无妄之往，得志也。

【疏】正義曰：「无妄往，吉」者，體剛居下，以貴下賤，所行教化，不爲妄動，故往吉而得志也。

六二，不耕穫，不菑畬，則利有攸往。注云：不耕而穫，不菑而畬，代終已成而不造也。不擅其美，乃盡臣道，故「利有攸往」。象曰：「不耕穫」，未富也。

【疏】正義曰：「不耕穫，不菑畬」者，六二處中得位，盡於臣道，不敢創首，唯守其終，猶若田農不敢發首而耕，唯在後穫刈而已。不敢菑發新田，唯治其畬熟之地，皆是不爲其初而成其末，猶若爲臣之道，不爲事始而代君有終也。「則利有攸往」者，爲臣如此則利有攸往，若不如此則往而无利也。象曰「不耕穫，未富也」者，釋「不耕而穫」之義。不敢前耕，但守後穫者，未敢以耕，耕〔一〕之與穫，俱爲己事。唯爲後穫，不敢先耕。事既闕初，不擅其美，故云「未富也」。

六三，无妄之災，或繫之牛。行人之得，邑人之災。注云：以陰居陽，行違謙順，是无妄之所以爲災

〔一〕「耕耕」，阮校云：案兩「耕」字當誤重，宜衍一字。

也。牛者，稼穡之資也。二以不耕而穫，「利有攸往」，而三爲不順之行，故「或繫之牛」，是有司之所以爲獲，彼人之所以爲災也，故曰「行人之得，邑人之災」也。〔象曰：行人得牛，邑人災也。

【疏】正義曰：「无妄之災，或繫之牛。行人之得，邑人之災」者，无妄之世，邪道不行。六三陰居陽位，失其正道，行違謙順而乖臣範，故「无妄」之所以爲災矣。牛者，稼穡之資。六三僭爲耕事，行唱始之道，而爲不順王事之行，故有司或繫其牛，制之使不妄造，故曰「或繫之牛」也。「行人」者，有司之義也。有司繫得其牛，是行人制之得功，故曰「行人之得」。彼居三者，是處邑之人僭爲耕事，受其災罰，故曰「行人之得，邑人之災」也。〔象曰「行人得牛，邑人災也」者，釋「行人之得」義也。以行人所得，謂得牛也。此則得牛，彼則爲災，故云「邑人災也」。

九四，可貞，无咎。注云：處无妄之時，以陽居陰，以剛乘柔，履於謙順，比近至尊，故可以任正，固有所守而无咎也。〔象曰：「可貞，无咎」，固有之也。

【疏】正義曰：「可貞，无咎」者，以陽居陰，以剛乘柔，履於謙順，上近至尊，可以任正，固有所守而无咎，故曰「可貞，无咎」也。〔象曰「可貞，无咎，固有之也」者，釋「可貞，无咎」之義。所以可執貞正，言堅固有所執守，故曰「无咎」也。

九五，无妄之疾，勿藥有喜。注云：居得尊位，爲无妄之主者也。下皆无妄，害非所致，而取藥焉，疾之甚也。非妄之災，勿治自復，非妄而藥之則凶，故曰「勿藥有喜」。〔象曰：无妄之藥，不可試也。注云：藥攻有妄者也，而反攻无妄，故不可試也。

【疏】正義曰：「无妄之疾」者，凡禍疾所起，由有妄而來。今九五居得尊位，爲无妄之主，下皆无妄而偶然有此疾害，故云「无妄之疾」也。「勿藥有喜」者，若疾自己招，或寒暑飲食所致，當須治療。若其自然之疾，非己所致，疾當自損，勿須藥療而「有喜」也。此假病象以喻人事，猶若人主而剛正自脩，身无虚妄，下亦无虚妄，而遇逢凶禍，若堯、湯之厄，災非己招，但順時脩德，勿須治理，必欲除去，不勞煩天下，是「有喜」也。然堯遭洪水，使鯀、禹治之者，雖知災未可息，必須順民之心。鯀之不成，以災未息也。禹能治救，災欲盡也，是亦自然之災，「勿藥有喜」之義也。象曰「无妄之藥，不可試也」者，解「勿藥有喜」之義。若有妄致疾，其藥可用。若身既无妄，自然致疾，其藥不可試也。若其試之，恐更益疾也。言非妄有災不可治也，若必欲治之，則勞煩於下，害更甚也。此非直施於人主，至於凡人之事，亦皆然也。若己之无罪，忽逢禍患，此乃自然之理，不須憂勞救護，亦恐反傷其性。

上九，无妄行，有眚，无攸利。注云：處不可妄之極，唯宜静保其身而已，故不可以行也。象曰：无妄之行，窮之災也。

【疏】正義曰：處不可妄之極，唯宜静保其身。若動行，必有災眚，无所利也。位處窮極，動則致災，故象云「无妄之行，窮之災也」。

䷙乾下艮上。大畜：利貞。不家食，吉。利涉大川。

【疏】正義曰：謂之「大畜」者，乾剛〔一〕上進，艮止在上，止而畜之，能畜止剛健，故曰「大畜」。彖云：「能止健，大正也。」是能止健，故爲大畜也。小畜則巽在乾上，以其巽順，不能畜止乾之剛，故云小畜也。此則艮能止之，故爲大畜也。「利貞」者，人能止健，非正不可，故「利貞」也。「不家食，吉」者，已有大畜之資，當須養贍賢人，不使賢人在家自食，如此乃吉也。「利涉大川」者，豐財養賢，應於天道，不憂險難，故「利涉大川」。

彖曰：大畜，剛健篤實，輝光日新其德。注云：凡物既厭而退者，弱也；既榮而隕者，薄也。夫能「輝光日新其德」者，唯「剛健篤實」也。剛上而尚賢，注云：謂上九也。處上而大通，剛來而不距，「尚賢」之謂也。能止健，大正也。注云：健莫過乾而能止之，非夫「大正」，未之能也。不家食吉，養賢也。利涉大川，應乎天也。注云：有大畜之實，以之養賢，令賢者不家食，乃吉也。尚賢制健，大正應天，不憂險難，故「利涉大川」也。

【疏】正義曰：言「大畜，剛健篤實」者，此釋大畜之義。「剛健」謂乾也。乾體剛，性健，故言「剛健」也。「篤實」，謂艮也。艮體静止，故稱「篤實」也。「輝光日新其德」者，以其剛健篤實之故，故能輝耀光榮，日日增新其德。若无剛健，則劣弱也，必既厭而退。若无篤實，則虛薄也，必既榮而隕。何能久有輝

〔一〕「剛」，阮校云：閩、監、毛本作「健」。

光，日新其德乎？「剛上而尚賢」者，「剛上」謂上九也。乾剛向上，上九不距，是貴尚賢也。「能止健，大正也」者，釋「利貞」義。所以艮能止乾之健者，德能大正，故「能止健」也。「不家食吉，養賢」者，釋「不家食，吉」，所以不使賢者在家自食而獲吉也。以在上有「大畜」之實，養此賢人，故不使賢者在家自食也。「利涉大川，應乎天」者，以貴尚賢人，大正應天，可踰越險難，故「利涉大川」也。

○注「凡物」至「篤實也」　正義曰：「凡物既厭而退者，弱也」者，釋經「剛健」也。若不剛健，則見厭被退。能剛健，則所爲日進，不被厭退也。「既榮而隕者，薄也」者，釋經「篤實」也。凡物暫時榮華而即隕落者，由體質虛薄也。若能篤厚充實，則恒保榮美，不有隕落也。

○注「謂上」至「之謂也」　正義曰：「謂上九也」者，言上九之德，見乾之上進而不距逆，是貴「尚賢」也。「處上而大通」者，釋上九「何天之衢，亨」，是處上通也。既處於上，下應於天，有大通之德也。「剛來而不距」者，以有大通，既見乾來而不距逆，是「尚賢」之義也。

○注「有大畜」至「大川也」　正義曰：「尚賢制健」者，謂上九剛來不距，「尚賢」之謂也。艮能畜剛，「制健」之謂也。故上經云：「剛上而尚賢。」王注云：「謂上九也。」又云：「能止健，大正也。」王注云：「健莫過乾，而能止之，非夫大正，未之能也。」則是全論艮體。明知「尚賢」，謂上九也；「制健」，謂艮體也。「大正應天」者，謂艮也。故前文云：「能止健，大正也。」「止健」是艮也。「應天」者，上體之艮應下體之乾，故稱「應天」也。此取上卦、下卦而相應，非謂一陰一陽而相應也。

象曰：天在山中，大畜。君子以多識前言往行，以畜其德。注云：物之可畜於懷，令德不散，盡於此也。

【疏】正義曰：「天在山中」者，欲取德積於身中，故云「天在山中」也。「君子以多識前言往行，以畜其德」者，君子則此「大畜」，物既大畜，德亦大畜，故多記識前代之言、往賢之行，使多聞多見，以畜積己德，故云「以畜其德」也。

○注「物之」至「於此也」　正義曰：物之可畜於懷，令其道德不有棄散者，唯貯藏「前言往行」於懷，可以令德不散也。唯此而已，故云「盡於此也」。

初九，有厲，利已。注云：四乃畜己，未可犯也。故進則有厲，已則利也。象曰：「有厲利已」，不犯災也。注云：處健之始，未果其健者，故能利已。

【疏】正義曰：「有厲利已」者，初九雖有應於四，四乃抑畜於己。己今若往，則有危厲。唯利休已，不須前進，則不犯禍凶也。故象云「不犯災也」。

九二，輿説輹。注云：五處畜盛，未可犯也。遇斯而進，故「輿説輹」也。居得其中，能以其中不爲馮河，死而无悔，遇難能止，故「无尤」也。象曰：「輿説輹」，中无尤也。

【疏】正義曰：九二雖與六五相應，五處畜盛，未可犯也。若遇斯而進，則輿説其輻〔一〕，車破敗也。以其居中，能遇難而止則无尤過，故象云「中无尤也」。以其居中，能自止息，故「无尤也」。此「輿説輻」，亦假象以明人事也。

九三，良馬逐，利艱貞。曰閑輿衛，利有攸往。注云：凡物極則反，故畜極則通。初二之進，值於畜盛，故不可以升。至於九三，升于上九，而上九處天衢之亨，塗徑大通，進无違距，可以馳騁，故曰「良馬逐」也。履當其位，進得其時，之乎通路，不憂險厄，故「利艱貞」也。閑，閡也。衛，護也。進得其時，雖涉艱難而无患也，輿雖遇閑而故衛也。與上合志，故「利有攸往」也。**象曰：「利有攸往」，上合志也。**

【疏】正義曰：「九三，良馬逐」者，初二之進，值於畜盛，不可以升，至於九三，升于上九，而上九處天衢之亨，塗徑大通，進无違距，故九三可以良馬馳逐也。「利艱貞」者，履當其位，進得其時，在乎通路，不憂險厄，故宜利艱難而貞正也。若不值此時，雖平易守正而尚不可，況艱難而欲行正乎？「曰閑輿衛」者，進得其時，涉難无患，雖曰有人欲閑閡車輿，乃是防衛見護也，故云「曰閑輿衛」也。「利有攸往」者，與上合志，利有所往，故象曰「上合志也」。

六四，童牛之牿，元吉。注云：處艮之始，履得其位，能止健初，距不以角，柔以止剛，剛不敢犯。抑鋭之始，以

〔一〕「輿説其輻」及下文「輿説輻」中的「輻」字，單疏本同，與本條經文中「輿説輹」中的「輹」字有所不同。釋文：「輹」，蜀才本同，或作「輻」。阮校云：按作「輹」是也。輹者伏兔也，可言脱；輻，貫於牙轂，不可言脱。

息强争，豈唯獨利？乃將「有喜」也。象曰：六四元吉，有喜也。

【疏】正義曰：「童牛之牿」者，處艮之始，履得其位，能抑止剛健之初。距此初九，不須用角，故用童牛牿止其初也。「元吉」者，柔以止剛，剛不敢犯，以息彊争，所以大吉而有喜也，故象云「元吉，有喜也」。

六五，豶豕之牙，吉。注云：豕牙横猾，剛暴難制之物，謂二也。五處得尊位，爲畜之主。二剛而進，能豶其牙，柔能制健，禁暴抑盛，豈唯能固其位？乃將「有慶」也。象曰：六五之吉，有慶也。

【疏】正義曰：「豶豕之牙」者，豕牙謂九二也。二既剛陽，似豕牙之横猾。九二欲進，此六五處得尊位，能豶損其牙，故云「豶豕之牙」。柔能制剛，禁暴抑盛，所以「吉」也。非唯獨吉，乃終久有慶，故象云「六五之吉，有慶也」。

○注「豕牙」至「有慶也」。正義曰：「能豶其牙」者，觀注意，則「豶」是禁制損去之名。褚氏云：「豶，除也，除其牙也。」然豶之爲除，爾雅无訓。案：爾雅云「豶〔一〕，大防」，則豶是堤防之義。此「豶其牙」，謂防止其牙。古字假借，雖豕傍土邊之異，其義亦通。「豶其牙」，謂止其牙也。

上九，何天之衢，亨。注云：處畜之極，畜極則通，大畜以至於大亨之時。何，辭也，猶云何畜，乃天之衢亨也。

〔一〕「豶」，阮校云：案此兩「豶」字，當依爾雅作「墳」，下所謂「豕傍土邊之異」也。

象曰：「何天之衢」，道大行也。

【疏】正義曰：「何天之衢，亨」者，何謂語辭，猶云「何畜」也。處畜極之時，更何所畜？乃天之衢亨，无所不通也，故象云「何天之衢，道大行也」。何氏云：「天衢既通，道乃大亨。」

䷚震下艮上。頤：貞吉。觀頤，自求口實。

【疏】正義曰：「頤，貞吉」者，於頤養之世，養此貞正，則得吉也。「觀頤」者，頤，養也；觀此聖人所養物也。「自求口實」者，觀其自養，求其口中之實也。

象曰：頤，貞吉，養正則吉也。觀頤，觀其所養也。自求口實，觀其自養也。天地養萬物，聖人養賢以及萬民，頤之時大矣哉！

【疏】正義曰：「頤，貞吉，養正則吉」者，釋「頤，貞吉」之義。頤，養也。貞，正也。所養得正，則有吉也。其「養正」之言，乃兼二義：一者養此賢人，是其「養正」，故下云「聖人養賢以及萬民」；二者謂養身得正，故象云「慎言語，節飲食」。以此言之，則「養正」之文，兼養賢及自養之義也。「觀頤，觀其所養也」者，釋「觀頤」之義也。言在下觀視在上頤養所養何人，故云「觀頤，觀其所養也」。「自求口實，觀其自養」者，釋「自求口實」之義也。謂在下之人，觀此在上自求口中之實，是「觀其自養」。則是在下觀上，乃有二義：若所養是賢，及自養有節，則是其德盛也；若所養非賢，及自養乖度，則其德惡也。此卦之意，欲使所養得也，不欲所養失也。「天地養萬物」者，自此已下，廣言頤卦所養事大，故云「天地養萬物」也。「聖人養賢以及萬民」者，先須養賢，乃得養民，故云「養賢以及萬民」也。聖人但養賢人使治衆，衆皆獲安，有如虞舜六[一]人，周武十人，漢帝張良，齊君管仲，此皆養得賢人以爲輔佐，政治世康，兆庶咸説，此則「聖人養賢以及萬民」之義也。「頤之時大矣哉」者，以彖釋「頤」義。於理既盡，更无餘意，故不云「義」，所以直言「頤之時大矣哉」。以所養得廣，故云「大矣哉」。

象曰：山下有雷，頤。君子以慎言語，節飲食。注云：言語、飲食，猶慎而節之，而況其餘乎？

【疏】正義曰：山止於上，雷動於下。頤之爲用，下動上止，故曰「山下有雷，頤」。人之開發言語、咀嚼飲食，皆動頤之事，故君子觀此頤象，以謹慎言語，裁節飲食。先儒云：「禍從口出，患從口入。」故於頤養而慎節也。

初九，舍爾靈龜，觀我朶頤，凶。注云：「朶頤」者，嚼也。以陽處下而爲動始，不能令物由己養，動而求養者也。夫安身莫若不競，脩己莫若自保。守道則福至，求禄則辱來。居養賢之世，不能貞其所履以全其德，而舍其靈龜之明兆，羨我朶頤而躁求，離其致養之至道，闚我寵禄而競進，凶莫甚焉。**象曰：「觀我朶頤」，亦不足貴也。**

【疏】正義曰：「舍爾靈龜，觀我朶頤，凶」者，「靈龜」謂神靈明鑒之龜兆，以喻己之明德也。「朶頤」謂

[一]「六」，阮本作「五」。

朶動之頤以嚼物，喻貪惏以求食也。初九以陽處下而爲動始，不能使物賴己而養，而更自動求養，是舍其靈龜之明兆，觀我朶頤而躁求，是損己廉静之德，行其貪竊之情，所以「凶」也。不足可貴，故象云「亦不足貴也」。

○注「朶頤」至「甚焉」。正義曰：「朶頤者，嚼也」者，朶是動義，如手之捉物謂之「朶」也，今動其頤，故知嚼也。「不能令物由己養」者，若道德弘大，則己能養物，是物由己養。今身處无位之地，又居震動之始，是動而自求養也。「離其致養之至道，闚我寵禄而競進」者，若能自守廉静，保其明德，則能致君上所養。今不能守廉静，是「離其致養之至道」，反以求其寵禄而競進也。

六二，顛頤，拂經于丘。頤，征凶。 注云：養下曰顛。拂，違也。經，猶義也。丘，所履之常也。處下體之中，无應於上，反而養初，居下不奉上而反養下，故曰「顛頤，拂經于丘」也。以此而養，未見其福也；以此而行，未見有與，故曰「頤，征凶」。**象曰：六二征凶，行失類也。** 注云：類皆上養，而二處下養初。

【疏】正義曰：顛，倒也。拂，違也。經，義也。丘，所履之常處也。六二處下體之中，无應於上，反倒下養初，故曰「顛頤」。下當奉上，是義之常處也。今不奉於上，而反養於下，是違此經義於常之處，故云「拂經於丘」也。「頤，征凶」者，征，行也；若以此而養，所行皆凶，故曰「頤，征凶」也。象曰「六二征凶，行失類也」者，頤養之體，類皆養上也。今此獨養下，是所行失類也。

六三，拂頤，貞凶。十年勿用，无攸利。 注云：履夫不正，以養於上，納上以諂者也。拂養正之義，故曰

「拂頤，貞凶」也。處頤而爲此行，十年見棄者也。立行於斯，无施而利。象曰：「十年勿用」，道大悖也。

【疏】正義曰：「拂頤，貞凶」者，拂，違也；履夫不正，以養上九，是自納於上以諂媚者也；違養正之義，故曰「拂頤」，貞而有凶也。爲行如此，雖至十年，猶勿用而見棄也，故曰「十年勿用」。立行於此，故无所利也。象曰「十年勿用，道大悖」者，釋「十年勿用」之義。以其養上以諂媚，則於正道大悖亂，解「十年勿用」，見棄也。

六四，顛頤，吉。虎視眈眈，其欲逐逐，无咎。注云：體屬上體，居得其位，而應於初，以上養下，得頤之義，故曰「顛頤，吉」也。下交不可以瀆，故虎視眈眈，威而不猛，不惡而嚴。養德施賢，何可有利？故其欲逐逐，尚敦實也。脩此二者，然後乃得全其吉而无咎。觀其自養則履正，察其所養則養陽，頤爻之貴，斯爲盛矣。象曰：顛頤之吉，上施光也。

【疏】正義曰：「顛頤，吉」者，體屬上體，居得其位，而應於初，以上養下，得養之宜，所以吉也。「虎視眈眈」者，以上養下，不可褻瀆，恒如虎視眈眈然，威而不猛也。「其欲逐逐」者，既養於下，不可有求，其情之所欲逐逐然，尚於敦實也。「无咎」者，若能虎視眈眈，其欲逐逐，雖復「顛頤」養下，則得吉而无咎也。象曰「顛頤之吉，上施光」者，釋「顛頤，吉」之義。「上」謂四也。下養於初，是上施也。能威而不猛，如「虎視眈眈」，又寡欲少求，「其欲逐逐」，能爲此二者，是上之所施有光明也。然六二「顛頤」則爲凶，六四「顛頤」得爲吉者，六二身處下體而又下養，所以凶也；六四身處上體，又應於初，陰而應陽，又能威嚴寡欲，所以吉也。

○注「體屬」至「爲盛矣」　正義曰：「觀其自養則履正」者，以陰處陰，四自處其身，是觀其自養則能履正道也。「察其所養則養陽」者，六四下養於初，是觀其所養，初是陽爻則能養陽也。

六五，拂經，居貞，吉。不可涉大川。注云：以陰居陽，「拂頤」之義也。行則失類，故宜「居貞」也。无應於下而比於上，故可守貞從上，得頤之吉。雖得居貞之吉，處頤違謙，難未可涉也。象曰：居貞之吉，順以從上也。

【疏】正義曰：拂，違也。經，義也。以陰居陽，不有謙退，乖違於頤養之義，故言「拂經」也。「居貞，吉」者，行則失類，「居貞，吉」也。「不可涉大川」者，處頤違謙，患難未解，故「不可涉大川」，故「居貞，吉」也。象曰「順以從上」者，釋「居貞」之義。以五近上九，以陰順陽，親從於上，故得「居貞，吉」也。

上九，由頤，厲吉。利涉大川。注云：以陽處上而履四陰，陰不能獨爲主，必宗於陽也。故莫不由之，以得其養，故曰「由頤」。爲衆陰之主，不可瀆也，故厲乃吉。有似家人「悔厲」之義，貴而无位，是以厲也；高而有民，是以吉也。爲養之主，物莫之違，故「利涉大川」也。象曰：「由頤，厲吉」，大有慶也。

【疏】正義曰：「由頤」者，以陽處上而履四陰，陰不能獨爲其主，必宗事於陽也。衆陰莫不由之以得其養，故曰「由頤」也。「厲吉」者，爲衆陰之主，不可褻瀆，嚴厲乃吉，故云「厲吉」也。「利涉大川」者，爲養之主，无所不爲，故「利涉大川」而有慶也，故象云「大有慶也」。

䷛巽下兑上。大過：注云：音相過之過。棟橈。利有攸往，亨。

【疏】正義曰：過，謂過越之過，非經過之過。此衰難之世，唯陽爻乃大能過越常理以拯患難也，故曰「大過」。以人事言之，猶若聖人過越常理以拯患難也。「棟橈」者，謂屋棟也。本之與末俱橈弱，以言衰亂之世，始終皆弱也。「利有攸往，亨」者，既遭衰難，聖人利有所往以拯患難，乃得亨通，故云「利有攸往，亨」也。

○注「音相過之過」 正義曰：「相過」者，謂相過越之甚也，非謂相過從之「過」，故象云「澤滅木」，是過越之甚也。四陽在中，二陰在外，以陽之過越之甚也。

彖曰：大過，大者過也。注云：大者乃能過也。棟橈，本末弱也。注云：初爲本而上爲末也。剛過而中，注云：謂二也。居陰，「過」也；處二，「中」也。拯弱興衰，不失其中也。巽而説行，注云：巽而説行，以此救難，難乃濟。利有攸往，乃亨。注云：危而弗持，則將安用？故往乃亨。大過之時大矣哉！注云：是君子有爲之時也。

【疏】正義曰：「大過，大者過也」者，釋「大過」之義也。「大者過」，謂盛大者乃能過其分理以拯難也。故於二爻陽處陰位，乃能拯難也，亦是過甚之義。「棟橈，本末弱也」者，釋「棟橈」義。以大過本末俱弱，故屋棟橈弱也，似若衰難之時始終弱也。「剛過而中，巽而説行，利有攸往，乃亨」者，此釋「利有攸往，乃亨」義。「剛過而中」，謂二也。以陽處陰，是剛之過極之甚，則陽來拯此陰難，是過極之甚也。「巽而説行」者，既以巽順和説而行，難乃得濟，故「利有攸往」，得亨也，故云「乃亨」。「大過之時大矣哉」，此廣説大過之美。言當此大過之時，唯君子有爲拯難，其功甚大，故曰「大矣哉」也。

象曰：澤滅木，大過。君子以獨立不懼，遯世无悶。注云：此所以爲「大過」，非凡所及也。

【疏】正義曰：「澤滅木」者，澤體處下，木體處上，澤无滅木之理，今云「澤滅木」者，乃是澤之甚極而至滅木，是極大過越之義。其大過之卦有二義也：一者物之自然大相過越常分，即此「澤滅木」是也；二者大人大過越常分以拯患難，則九二「枯楊生稊，老夫得其女妻」是也。「君子以獨立不懼，遯世无悶」者，明君子於衰難之時，卓爾獨立，不有畏懼，隱遯於世而无憂悶，欲有遯難之心，其操不改。凡人遇此則不能，然唯君子獨能如此，是其過越之義。

初六，藉用白茅，无咎。注云：以柔處下，過而可以「无咎」，其唯慎乎！象曰：「藉用白茅」，柔在下也。

【疏】正義曰：「藉用白茅」者，以柔處下，心能謹慎，薦藉於物，用絜白之茅，言以絜素之道奉事於上也。「无咎」者，既能謹慎如此，雖遇大過之難，而「无咎」也。以柔道在下，所以免害，故象云「柔在下也」。

九二，枯楊生稊，老夫得其女妻，无不利。注云：「稊」者，楊之秀也。以陽處陰，能過其本而救其弱者也。上无其應，心无特吝，處過以此，无衰不濟也。故能令枯楊更生稊，老夫更得少妻，拯弱興衰，莫盛斯爻，故「无不利」也。老過則枯，少過則稚。以老分少，則稚者長；以稚分老，則枯者榮，過以相與之謂也。大過至衰而己至壯，以至壯輔至衰，應斯義也。象曰：老夫女妻，過以相與也。

【疏】正義曰：「枯楊生稊」者，枯謂枯槁，稊謂楊之秀者。九二以陽處陰，能過其本分，而救其衰弱。上无其應，心无特吝，處大過之時，能行此道，无有衰者不被拯濟，故衰者更盛，猶若枯槁之楊更生少壯之稊，朽老之夫得其少女爲妻也。「无不利」者，謂拯弱興衰，莫盛於此，以斯而行，无有不利也。象曰「老夫女妻，過以相與」者，釋「老夫女妻」之義。若老夫而有老妻，是依分相對。今老夫而得女妻，是過分相與也。老夫得女妻，是女妻以少而與老夫；老夫得少而更壯，是女妻過分而與夫也。女妻而得少夫，是依分相對。今女妻得老夫，是老夫減老而與少女妻，既得其老則益長，是老夫過分而與妻也，故云「過以相與」。象直云「老夫女妻」，不云「枯楊生稊」者，「枯楊」則是老夫也，「生稊」則女妻也，其意相似，故象略而不言。

○注「稊者」至「斯義也」　正義曰：「稊」者楊柳之穗，故云「楊之秀也」。「以陽處陰，能過其本而救其弱」者，若以陽處陽，是依其本分；今以陽處陰，是過越本分，拯救弱陰也。「老過則枯，少過則稚」者，老之太過則枯槁，少之大過則幼稚也。「以老分少則稚者長」也，謂老夫減老而與女妻，女妻得之而更益長，故云「以老分少則稚者長」也。「以稚分老則枯者榮〔一〕」者，謂女妻減少而與老夫，老夫得之，似若枯者而更得生稊，故云「則枯者榮」也。云「大過至衰而已至壯，以至壯輔至衰，應斯義」者，此大過之卦，本明至壯輔至衰，不論至衰減至壯，故輔嗣此注特云「以至壯輔至衰」也。象曰「過以相與」者，因至壯而輔至衰，似女妻而助老夫，遂因云老夫減老而與少，猶若至衰減衰而與壯也。其實不然也。

九三，棟橈，凶。注云：居大過之時，處下體之極，不能救危拯弱，以隆其棟，而以陽處陽，自守所居，又應於上，係心在一，宜其淹溺而凶衰也。象曰：棟橈之凶，不可以有輔也。

【疏】正義曰：「棟橈，凶」者，居大過之時，處下體之極，以陽居陽，不能救危拯弱，唯自守而已。獨應於上，係心在一，所以「凶」也。心既褊狹，不可以輔救衰難，故象云「不可以有輔也」。

九四，棟隆，吉。有它吝。注云：體屬上體，以陽處陰，能拯其弱，不爲下所橈者也，故「棟隆，吉」也。而應在初，用心不弘，故「有它吝」也。象曰：棟隆之吉，不橈乎下也。

【疏】正義曰：「棟隆，吉」者，體居上體，以陽處陰，能拯救其弱，不爲下所橈，故得棟隆起而獲吉也。「有它吝」者，以有應在初，心不弘闊，故「有它吝」也。象曰「棟隆之吉，不橈乎下也」者，釋「棟隆之吉」。以其能拯於難，不被橈乎在下，故得「棟隆，吉」。九四應初，行又謙順，能拯於難，然唯只拯初，

〔一〕「榮」原作「也」，據單疏本改。

初謂下也。下得其拯，猶若所居屋棟隆起，下必不橈弱，何得之〔一〕「不被橈乎在下」？但經文云「棟橈」，彖釋「棟橈」者，本末弱也。以屋棟橈弱而偏，則屋下榱柱亦先弱。柱爲本，榱爲末，觀此彖辭，是足見其義，故子産云：「棟折榱崩，僑將壓焉。」以屋棟橈折，則榱柱亦同崩，此則義也。

九五，枯楊生華，老婦得其士夫，无咎无譽。注云：處得尊位，而以陽處陽，未能拯危。處得尊位，亦未有橈，故能生華，不能生稊；能得夫，不能得妻。處「棟橈」之世，而爲「无咎无譽」，何可長哉！故生華不可久，士夫誠可醜也。

象曰：「枯楊生華」，何可久也？老婦士夫，亦可醜也。

【疏】正義曰：「枯楊生華」者，處得尊位而以陽居陽，未能拯危，不如九二「枯楊生稊」，但以處在尊位，唯得「枯楊生華」而已。言其衰老，雖被拯救，其益少也。又似年老之婦得其彊壯士夫，婦已衰老，夫又彊大，亦是其益少也。所拯難處少，纔得无咎而已，何有聲譽之美？故「无咎无譽」也。象曰「枯楊生華，何可久」者，枯槁之楊，被拯纔得生華，何可長久？尋當衰落也。「老婦士夫，亦可醜也」者，婦當少稚於夫，今年老之婦而得彊壯士夫，亦可醜辱也。此言九五不能廣拯衰難，但使「枯楊生華」而已，但使「老婦得其士夫」而已。拯難狹劣，故不得長久，誠可醜辱，言不如九二也。

○注「處得」至「可醜也」　正義曰：「處得尊位，亦未有橈」者，以九三不得尊位，故有棟橈。今九五雖

〔一〕「之」，阮校云：監、毛本作「云」。

與九三同以陽居陽，但九五處得尊位，功雖未廣，亦未有橈弱。若其橈弱，不能拯難，不能使「枯楊生華」也。以在尊位，微有拯難，但其功狹少，但使「枯楊生華」而已，不能使之生稊也。「能得夫，不能得妻」者，若拯難功闊，則「老夫得其女妻」，是得少之甚也。今既拯難功狹，但能使老婦得士夫而已，不能〔一〕得女妻，言老婦所得利益薄少，皆爲拯難功薄，故所益少也。

上六，過涉滅頂，凶，无咎。 注云：處大過之極，過之甚也。涉難過甚，故至于滅頂，凶。志在救時，故不可咎也。**象曰：過涉之凶，不可咎也。** 注云：雖凶无咎，不害義也。

【疏】正義曰：「過涉滅頂，凶」者，處大過之極，是過越之甚也。以此涉危難，乃至於滅頂，言涉難深也。既滅其頂，所以「凶」也。「无咎」者，所以涉難滅頂，至於凶亡，本欲濟時拯難，意善功惡，无可咎責。此猶龍逢、比干，憂時危亂，不懼誅殺，直言深諫，以忤无道之主，遂至滅亡。其意則善，而功不成，復有何咎責？此亦「過涉滅頂，凶，无咎」之象，故象云「不可咎」，言不可害於義理也。

䷜坎下坎上。**習坎：** 注云：坎，險陷之名也。習，謂便習之。**有孚，維心亨，** 注云：剛正在内，「有孚」者也。陽不外發而在乎内，「心亨」者也。**行有尚。** 注云：内亨外闇，内剛外順，以此行險，「行有尚」也。

〔一〕「能」下，阮校云：監本、毛本有「使老夫」三字。

【疏】正義曰：「習坎」者，坎是險陷之名；習者，便習之義。險難之事，非經便習，不可以行。故須便習於坎，事乃得用，故云「習坎」也。「有孚」者，孚，信也，由剛正在內，故有信也。「維心亨」者，陽不外發而在於內，是「維心亨」，言心得通也。「行有尚」者，內亨外闇，內剛外柔，以此行險，事可尊尚，故云「行有尚」也。案：諸卦之名，皆於卦上不加其字，此坎卦之名特加「習」者，以坎爲險難，故特加「習」名。「習」有二義：一者，習重也，謂上下俱坎，是重疊有險，險之重疊，乃成險之用也；二者，人之行險，先須便習其事，乃可得通，故云「習」也。

○注「剛正」至「亨者也」　正義曰：「剛正在內」者，謂陽在中也。內心剛正，則能有誠信，故云「剛正在內，有孚者也」。「陽不外發而在乎內，心亨者也」者，若外陽內陰，則內心柔弱，故不得亨通；今以陽在於內，陽能開通，故維其在心之亨也。

○注「內亨」至「有尚也」　正義曰：「內亨外闇」者，內陽故內亨，外陰故外闇。以亨通之性，而往詣陰闇之所，能通於險，故行可貴尚也。

彖曰：習坎，重險也。注云：坎以險爲用，故特名曰「重險」，言「習坎」者，習乎重險也。水流而不盈，行險而不失其信。注云：險陗之極，故水流而不能盈也。處至險而不失剛中，「行險而不失其信」者，習險之謂也。維心亨，乃以剛中也。行有尚，往有功也。注云：便習於坎而之坎地，盡坎之宜，故往必有功也。天險，不可升也。注云：不可得升，故得保其威尊。地險，山川丘陵也。注云：有山川丘陵，故物得以保全也。王公設險，以守其國。注云：國之爲衛，恃於險也。言自天地以下莫不須險也。險之時用大矣哉！注云：非用之常，用有時也。

【疏】正義曰：「習坎，重險」者，釋「習坎」之義。言「習坎」者，習行重險。險，難也。若險難不重，不爲至險，不須便習，亦可濟也。今險難既重，是險之甚者，若不便習，不可濟也，故注云「習坎者，習重險也」。「水流而不盈，行險而不失其信」者，此釋重險、習坎之義。「水流而不盈」，謂險陷既極，坑穽特深，水雖流注，不能盈滿，言險之甚也。此釋「重險」之義也。「行險而不失其信」，謂行此至險，能守其剛中，不失其信也。此釋「習坎」及「有孚」之義也。以能便習於險，故守剛中，「不失其信」也。「維心亨，乃以剛中也」者，釋「維心亨」義也。以剛在於中，故維得心亨也。「行有尚，往有功」者，此釋「行有尚」也。既便習於坎，而往之險地，必有其功，故云「行有尚，往有功也」。「天險，不可升」者已下，廣明險之用也。言天之爲險，懸邈高遠，不可升上，此天之險也。若其可升，不得保其威尊，故以「不可升」爲險也。「地險，山川丘陵也」者，言地以山川丘陵而爲險也，故使〔一〕地之所載之物保守其全。若无山川丘陵，則地之所載之物失其性也，故地以山川丘陵而爲險也。「王公設險，以守其國」者，言王公法象天地，固其城池，嚴其法令，以保守其國也。「險之時用大矣哉」者，言天地已下莫不須險，險難有

〔一〕「使」字原脱，據單疏本補。

時而用，故其功盛大矣哉！

○注「言習」至「重險也」　正義曰：言「習坎者，習乎重險也」者，言人便習於坎，止是便習重險。便習之語以釋「習」名。兩坎相重，謂之「重險」，又當「習」義，是一「習」之名有此兩義。

○注「險陗」至「之謂也」　正義曰：「險陗之極，故水流而不能盈」者，若淺岸平谷，則水流有可盈滿。若其崖岸險峻，澗谷泄漏，是水流不可盈滿，是險難之極也。

○注「非用」至「有時也」　正義曰：「非用之常，用有時」者，若天險、地險，不可暫无，此謂人之設險，用有時也。若化洽平治，内外輯睦，非用險也。若家國有虞，須設險防難，是「用有時也」。

象曰：水洊至，習坎。注云：重險懸絶，故「水洊至」也。不以坎爲隔絶，相仍而至，習乎坎也。君子以常德行，習教事。注云：至險未夷，教不可廢，故以常德行而習教事也。習於坎，然後乃能不以險難爲困，而德行不失常也。故則夫「習坎」，以常德行而習教事也。

【疏】正義曰：「水洊至，習坎」者，重險懸絶，其水不以險之懸絶，水亦相仍而至，故謂爲「習坎」也。以人之便習于坎，猶若水之洊至，水不以險爲難也。「君子以常德行，習教事」者，言君子當法此，便習於坎，不以險難爲困，常守德行而習其政教之事。若能習其教事，則可便習於險也。

初六，習坎，入于坎窞，凶。注云：「習坎」者，習爲險難之事也。最處坎底，入坎窞者也。處重險而復入坎底，其道凶也。行險而不能自濟，習坎而入坎窞，失道而窮在坎底，上无應援可以自濟，是以凶也。

象曰：習坎入坎，

失道凶也。

【疏】正義曰：「習坎，入於坎窞，凶」者，既處坎底，上无應援，是習爲險難之事。无人應援，故入於坎窞而至凶也。以其失道，不能自濟，故象云「失道凶也」。

九二，坎有險，求小得。注云：履失其位，故曰「坎」。上无應援，故曰「有險」。坎而有險，未能出險之中也。處中而與初、三相得，故可以「求小得」也。初、三未足以爲援，故曰「小得」也。

【疏】正義曰：「坎有險」者，履失其位，故曰「坎」也。上无應援，故曰「有險」。既在坎難而又遇險，未能出險之中，故象云「未出中也」。「求小得」者，以陽處中，初、三來附，故可以「求小得」也。初、三柔弱，未足以爲大援，故云「求小得」也。象曰：「求小得」，未出中也。

六三，來之坎坎，險且枕，入于坎窞，勿用。注云：既履非其位，而又處兩坎之間，出則之坎，居則亦坎，故曰「來之坎坎」也。「枕」者，枝而不安之謂也。出則无之，處則无安，故曰「險且枕」也。來之皆坎，无所用之，徒勞而已。象曰：「來之坎坎」，終无功也。

【疏】正義曰：「來之坎坎」者，履非其位而處兩坎之間，出之與居，皆在於坎，故云「來之坎坎」也。「險且枕」者，枕，枝而不安之謂也；出則无應，所以險處則不安，故「且枕」也。「入于坎窞」者，出入皆難，故「入於坎窞」也。「勿用」者，不可出行。若其出行，終必无功，徒勞而已，故象云「終无功也」。

六四，樽酒簋貳，用缶，納約自牖，終无咎。注云：處重險而履正，以柔居柔，履得其位，以承於五，五亦得位，剛柔各得其所，不相犯位，皆无餘應以相承比，明信顯著，不存外飾，處坎以斯，雖復一樽之酒，二簋之食，瓦缶之器，納此至約，自進於牖，乃可羞之於王公，薦之於宗廟，故「終无咎」也。

象曰：「樽酒簋貳」，剛柔際也。注云：剛柔相比而相親焉，「際」之謂也。

【疏】正義曰：「樽酒簋貳」者，處重險而履得其位，以承於五，五亦得位，剛柔各得其所，皆无餘應，以相承比，明信顯著，不假外飾，處坎以此，雖復一樽之酒，二簋之食，故云「樽酒簋貳」也。「用缶」者，既有樽酒簋貳，又用瓦缶之器，故云「用缶」也。「納約自牖，終无咎」者，納此儉約之物，從牖而薦之，可羞於王公，可薦於宗廟，故云「終无咎」也。象曰「樽酒簋貳，剛柔際」者，釋「樽酒簋貳」義。所以一樽之酒、貳簋之食得進獻者，以六四之柔與九五之剛兩相交際而相親，故得以此儉約而爲禮也。

九五，坎不盈，祇既平，无咎。注云：爲坎之主而无應輔可以自佐，未能盈坎者也。坎之不盈，則險不盡矣。祇，辭也。爲坎之主盡平乃无咎，故曰「祇既平，无咎」也。説既平乃无咎，明九五未免於咎也。

象曰：「坎不盈」，中未大也。

【疏】正義曰：「坎不盈」者，爲坎之主而无應輔可以自佐，險難未能盈坎，猶險難未盡也，故云「坎不盈」也。「祇既平，无咎」者，祇，辭也，謂險難既得盈滿而平，乃得无咎。若坎未盈平，仍有咎也。象曰「坎不盈，中未大」者，釋「坎不盈」之義。雖復居中而无其應，未得光大，所以坎不盈滿也。

上六，係用徽纆，寘于叢棘，三歲不得，凶。注云：險陗之極，不可升也。嚴法峻整，難可犯也。宜其囚執，寘于思過之地。三歲，險道之夷也。險終乃反，故三歲不得。自脩三歲，乃可以求復，故曰「三歲不得，凶」也。象曰：上六失道，凶三歲也。

【疏】正義曰：「係用徽纆，寘於叢棘」者，險陗之極，不可升上。嚴法峻整，難可犯觸。上六居此險陗之處，犯其峻整之威，所以被繫用其徽纆之繩，置於叢棘，謂囚執之處以棘叢而禁之也。「三歲不得，凶」者，謂險道未終，三歲已來，不得其吉，而有凶也。險終乃反，若能自脩，三歲後可以求復自新，故象云「上六失道，凶三歲也」。言失道之凶，唯三歲之後可以免也。

☲☲離下離上。離：利貞，亨。注云：離之爲卦，以柔爲正，故必貞而後乃亨，故曰「利貞，亨」也。畜牝牛，吉。注云：柔處于内而履正中，牝之善也。外强而内順，牛之善也。離之爲體，以柔順爲主者也。故不可以畜剛猛之物，而「吉」於「畜牝牛」也。

【疏】正義曰：「離，利貞，亨」者，離，麗也，麗謂附著也。言萬物各得其所附著處，故謂之「離」也。「利貞，亨」者，離卦之體，陰柔爲主，柔則近於不正，不正則不亨通，故利在行正，乃得亨通。以此故「亨」在「利貞」之下，故云「利貞，亨」。「畜牝牛，吉」者，柔處於内而履正中，是牝之善者。外强内順，是牛之善者也。離之爲體，以柔順爲主，故畜養牝牛，乃得其吉。若畜養剛健，則不可也。此云「畜牝牛」，假象以明人事也。言離之爲德，須内順外强，而行此德，則得吉也。若内剛外順，則反離之是以柔爲正。

道也。

○注「離之」至「貞亨也」　正義曰：「離之爲卦，以柔爲正」者，二與五俱是陰爻，處於上下兩卦之中，是以柔爲正。

○注「柔處」至「牝牛也」　正義曰：「柔處於内而履正中，牝之善也」者，若柔不處於内，似婦人而預外事；若柔而不履正中，則邪僻之行，皆非牝之善也。若柔能處中，行能履正，是爲「牝之善也」。云「外强而内順，牛之善」者，明若内外俱强，則失於猛害；若外内俱順，則失於劣弱。唯外强内順，於用爲善，故云「外强内順，牛之善也」。「離之爲體，以柔順爲主，故不可以畜剛猛之物」者，既以柔順爲主，若畜剛猛之物則反其德，故不可畜剛猛而「畜牝牛也」。

彖曰：離，麗也。注云：麗猶著也。各得所著之宜。日月麗乎天，百穀草木麗乎土。重明以麗乎正，乃化成天下。柔麗乎中正，故亨。是以畜牝牛吉也。注云：柔著于中正，乃得通也。柔通之吉，極於「畜牝牛」，不能及剛猛也。

【疏】正義曰：「離，麗」者，釋離卦之名。麗謂附著也。以陰柔之質，附著中正之位，得所著之宜，故云「麗」也。「日月麗乎天，百穀草木麗乎土」者，此廣明附著之義。以柔附著中正，是附得宜，故廣言所附得宜之事也。「重明以麗乎正，乃化成天下」者，此以卦象説離之功德也，并明「利貞」之義也。「重明」，謂上下俱離。「麗乎正」也〔一〕者，謂兩陰在内，既有重明之德，又附於正道，所以「化成天下」也。然陰居二位，可謂爲正。若陰居五位，非其正位，而云「重明麗乎正」者，以五處於中正，又居尊位，雖非陰陽之正，乃是事理之正，故總云「麗於正」也。「柔麗乎中正，故亨。是以牝牛吉」者，釋經「亨」義也，又總釋「畜牝牛，吉」也。「柔麗於中正」，謂六五、六二之柔皆麗於中，中則不偏，故云「中正」。以中正爲德，故萬事亨。以中正得通，故畜養牝牛而得吉也。以牝牛有中正故也。案：諸卦之彖，釋卦名之下，乃釋卦下之義，於後乃歎而美之。此彖既釋卦名，即廣歎爲卦之美，乃釋卦下之義。與諸卦不例者，此乃夫子隨義則言，因文之便也。此既釋「離」名麗，因廣説日月草木所麗之事，然後却明卦下之義，更无義例。

象曰：明兩作，離。大人以繼明照于四方。注云：繼，謂不絶也。明照相繼，不絶曠也。

【疏】正義曰：「明兩作，離」者，離爲日，日爲明。今有上下二離，故云「明兩作，離」也。案：八純之卦，論象不同，各因卦體事義，隨文而發。乾、坤不論上下之體，直總云「天行健」、「地勢坤」，以天地之大，故總稱上下二體也。雷是連續之至，水爲流注不已，義皆取連續相因，故震云「洊雷」，坎云「洊至」也。風是摇動相隨之物，故云「隨風，巽」也。山澤各自爲體，非相入之物，故云「兼山，艮」，「麗澤，

〔一〕「也」，浦鏜云：「也」當衍字。

兑」，是兩物各行也。今明之爲體，前後各照，故云「明兩作，離」，是積聚兩明，乃作於離。若一明暫絶，其離未久，必取兩明前後相續，乃得作離卦之美，故云「大人以繼明照於四方」，是繼續其明，乃得照於四方。若明不繼續，則不得久爲照臨，所以特云「明兩作，離」，取不絶之義也。

初九，履錯然，敬之，无咎。注云：「錯然」者，警慎之貌也。處離之始，將進而盛，未在既濟，故宜慎其所履，以敬爲務，辟其咎也。象曰：履錯之敬，以辟咎也。

【疏】正義曰：「履錯然」者，身處離初，將欲前進，其道未濟，故其所履踐恒錯然，敬慎不敢自寧，故云「履錯然，敬之，无咎」。若能如此恭敬，則得避其禍而无咎，故象云「履錯之敬，以避咎也」。○注「錯然」至「其咎也」　正義曰：「錯然者，警慎之貌」者，錯是警懼之狀，其心未寧，故「錯然」也。言「處離之始，將進而盛，未在既濟」者，將進而盛，謂將欲前進而向盛也。若位在於三，則得既濟，今位在於初，是未在既濟。謂功業未大，故宜慎其所履，恒須錯然避咎也。

六二，黄離，元吉。注云：居中得位，以柔處柔，履文明之盛而得其中，故曰「黄離，元吉」也。象曰：「黄離元吉」，得中道也。

【疏】正義曰：黄者中色，離者文明，居中得位而處於文明，故「元吉」也。故象云「得中道」，以其得中央黄色之道也。

九三，日昃之離，不鼓缶而歌，則大耋之嗟，凶。注云：嗟，憂歎之辭也。處下離之終，明在將没，故曰

「日昃之離」也。明在將終，若不委之於人，養志无爲，則至于耋老有嗟，凶矣，故曰「不鼓缶而歌，則大耋之嗟，凶」也。象曰：「日昃之離」，何可久也。

【疏】正義曰：「日昃之離」者，處下離之終，其明將没，故云「日昃之離」也。「不鼓缶而歌，則大耋之嗟，凶」者，時既老耄，當須委事任人，自取逸樂。若不委之於人，則是不鼓擊其缶而爲歌，則至於大耋、老耄而咨嗟，何可久長？所以凶也，故象云「日昃之離，何可久也」。

九四，突如其來如，焚如，死如，棄如。注云：處於明道始變之際，昏而始曉，没而始出，故曰「突如其來如」。其明始進，其炎始盛，故曰「焚如」。逼近至尊，履非其位，欲進其盛，以炎其上，命必不終，故曰「死如」。違離之義，无應无承，衆所不容，故曰「棄如」也。象曰：「突如其來如」，无所容也。

【疏】正義曰：「突如其來如」者，四處始變之際，三爲始昏，四爲始曉，三爲已没，四爲始出，突然而至，忽然而來，故曰「突如其來如」也。「焚如」者，逼近至尊，履非其位，欲進其盛以焚炎其上，故云「焚如」也。「死如」者，既焚其上，命必不全，故云「死如」也。「棄如」者，違於離道，无應无承，衆所不容，故云「棄如」。是以象云「无所容也」。

六五，出涕沱若，戚嗟若，吉。注云：履非其位，不勝所履，以柔乘剛，不能制下，下剛而進，將來害己，憂傷之深，至于沱嗟也。然所麗在尊，四爲逆首，憂傷至深，衆之所助，故乃沱嗟而獲吉也。象曰：六五之吉，離王公也。

【疏】正義曰：「出涕沱若」者，履非其位，不勝其任，以柔乘剛，不能制下，下剛而進，將來害己，憂傷之深，所以出涕滂沱，憂戚而咨嗟也。「若」是語辭也。「吉」者，以所居在尊位，四爲逆首，已能憂傷悲嗟，衆之所助，所以「吉」也。象曰「六五之吉，離王公」者，此釋「六五，吉」義也。所以終得吉者，以其所居在五，離附於王公之位，被衆所助，故得吉也。五爲王位，而言公者，此連王而言公，取其便文以會韻也。

上九，王用出征，有嘉折首，獲匪其醜，无咎。注云：「離」，麗也，各得安其所麗謂之「離」。處離之極，離道已成，則除其非類以去民害，「王用出征」之時也，故必「有嘉折首，獲匪其醜」，乃得「无咎」也。象曰：「王用出征」，以正邦也。

【疏】正義曰：「王用出征」者，處離之極，離道既成，物皆親附，當除去其非類，以去民害，故「王用出征」也。「有嘉折首，獲匪其醜」者，以出征罪人，事必剋獲，故有嘉美之功，折斷罪人之首，獲得匪其醜類，乃得「无咎」也。若不出征除害，居在終極之地，則有咎也。象曰「王用出征，以正邦也」者，釋「出征」之義。言所出征者，除去民害，以正邦國故也。

周易注疏卷第五

周易注疏卷第六

國子祭酒上護軍曲阜縣開國子臣孔穎達奉勑撰

☱☶艮下兑上。咸：亨，利貞，取女吉。

【疏】正義曰：先儒以易之舊題，分自此已上三十卦爲上經，已下三十四卦爲下經，序卦至此又別起端首。先儒皆以上經明天道，下經明人事，然韓康伯注序卦破此義云：「夫易，六畫成卦，三才必備，錯綜天人，以效變化，豈有天道、人事偏於上下哉！」案：上經之内，明飲食必有訟，訟必有衆起，是兼於人事，不專天道。既不專天道，則下經不專人事，理則然矣。但孔子序卦不以咸繫離。繫辭云「二篇之策」，則是六十四卦舊分上下，乾、坤象天地，咸、恒明夫婦。乾坤乃造化之本，夫婦寔人倫之原，因而擬之，何爲不可？天地各卦、夫婦共卦者，周氏云：「尊天地之道，略於人事，猶如三才，天地爲二，人止爲一也。」此必不然。竊謂乾、坤明天地初闢，至屯乃剛柔始交。故以純陽象天，純陰象地，則咸以明人事。人物既生，共相〔一〕感應。若二氣不交，則不成於相感，自然天地各一，夫婦共卦。此不言

〔一〕「共相」，單疏本作「相共」。

可悉，豈宜妄爲異端！「咸，亨，利貞，取女吉」者，咸，感也；此卦明人倫之始，夫婦之義，必須男女共相感應，方成夫婦。既相感應，乃得亨通。若以邪道相通，則凶害斯及，故利在貞正。既感通以正，即是婚媾之善，故云「咸，亨，利貞，取女吉」也。

彖曰：咸，感也。柔上而剛下，二氣感應以相與。注云：是以亨也。止而説，注云：故利貞也。男下女，注云：取女吉也。是以亨，利貞，取女吉也。天地感而萬物化生，注云：二氣相與，乃化生也。聖人感人心而天下和平。觀其所感，而天地萬物之情可見矣。注云：天地萬物之情，見於所感也。凡感之爲道，不能感非類者也，故引取女以明同類之義也。同類而不相感應，以其各亢所處也，故女雖應男之物，必下之而後取女乃吉也。

【疏】正義曰：「柔上而剛下，二氣感應以相與」者，此因上下二體釋「咸，亨」之義也。艮剛而兑柔，若剛自在上，柔自在下，則不相交感，无由得通。今兑柔在上而艮剛在下，是二氣感應以相授與，所以爲「咸，亨」也。「止而説」者，此因二卦之義釋「利貞」也。艮止而兑説也。能自静止則不隨動欲，以止行説則不爲邪諂，不失其正，所以「利貞」也。「男下女」者，此因二卦之象釋「取女吉」之義。艮爲少男而居於下，兑爲少女而處於上，是男下於女也。婚姻之義，男先求女，親迎之禮，御輪三周，皆是男先下於女，然後女應於男，所以取女得吉者也。「是以亨，利貞，取女吉」者，次第釋訖，總舉繇辭以結之。「天地感而萬物化生」者，以下廣明感之義也。天地二氣，若不感應相與，則萬物无由得變化而生。

「聖人感人心而天下和平」者，聖人設教，感動人心，使變惡從善，然後天下和平。「觀其所感，而天地萬物之情可見矣」者，結歎咸道之廣，大則包天地，小則該萬物。感物而動，謂之情也。天地萬物皆以氣類共相感應，故「觀其所感，而天地萬物之情可見矣」也。

象曰：山上有澤，咸。君子以虛受人。 注云：以虛受人，物乃感應。

【疏】正義曰：「山上有澤，咸」，澤性下流，能潤於下；山體上承，能受其潤；以山感澤，所以爲「咸」。「君子以虛受人」者，君子法此咸卦，下山上澤，故能空虛其懷，不自有實，受納於物，无所棄遺，以此感人，莫不皆應。

初六，咸其拇。 注云：處咸之初，爲感之始，所感在末，故有志而已。如其本實，未至傷静。 **象曰：「咸其拇」，志在外也。** 注云：四屬外卦。

【疏】正義曰：「咸其拇」者，拇是足大指也，體之最末。初應在四，俱處卦始，爲感淺末，取譬一身，在於足指而已，故曰「咸其拇」也。象曰「志在外」者，外謂四也。與四相應，所感在外，處於感初，有志而已，故云「志在外也」。

○注「如其本實，未至傷静」 正義曰：六二咸道轉進，所感在腓。腓體動躁，則成往而行。今初六所感淺末，則譬於拇指，指雖小動，未移其足，以喻人心初感，始有其志，志雖小動，未甚躁求。凡吉凶悔吝，生乎動者也。以其本實，未傷於静，故无吉凶悔吝之辭。

六二，咸其腓，凶。居吉。注云：咸道轉進，離拇升腓，腓體動躁者也。感物以躁，凶之道也。由躁故凶，居則吉矣。處不乘剛，故可以居而獲吉。象曰：雖凶居吉，順不害也。注云：陰而爲居，順之道也。不躁而居，順不害也。

【疏】正義曰：「咸其腓，凶。居吉」者，腓，足之腓腸也；六二應在九五，咸道轉進，離拇升腓，腓體動躁，躁以相感，凶之道也；由躁故凶，静居則吉，故曰「咸其腓，凶。居吉」。以不乘剛，故可以居而獲吉。象曰「雖凶居吉，順不害」者，「雖」者，與奪之辭。若既凶矣，何由得居而獲吉？良由陰性本静。今能不躁而居，順其本性，則不有災害，免凶而獲吉也。

○注「腓體動躁者也」　正義曰：王廙云：動於腓腸，斯則行矣。故言「腓體動躁」也。

九三，咸其股，執其隨，往吝。注云：股之爲物，隨足者也。進不能制動，退不能静處，所感在股，志在隨人者也。志在隨人，所執亦以賤矣。用斯以往，吝其宜也。象曰：「咸其股」，亦不處也。志在隨人，所執下也。

【疏】正義曰：「咸其股，執其隨，往吝」者，九三處二之上，轉高至股。股之爲體，動静隨足，進不能制足之動，退不能静守其處。股是可動之物，足動則隨，不能自處，常執其隨足之志，故云「咸其股，執其隨」。施之於人，自无操持，志在隨人，所執卑下，以斯而往，鄙吝之道，故言「往吝」。象曰「咸其股，亦不處也」者，非但進不能制動，退亦不能静處也。「所執下」者，既志在隨人，是其志意所執下賤也。

九四，貞吉，悔亡。憧憧往來，朋從爾思。注云：處上卦之初，應下卦之始，居體之中，在股之上，二體始相交感，以通其志，心神始感者也。凡物始感而不以之於正，則至於害，故必貞然後乃吉，吉然後乃得亡其悔也。始在於感，未盡感極，不能至於无思以得其黨，故有「憧憧往來」，然後朋從其思也。象曰：「貞吉悔亡」，未感害也。注云：未感於害，故可正之，得「悔亡」也。「憧憧往來」，未光大也。

【疏】正義曰：「貞吉，悔亡」者，九四居上卦之初，應下卦之始，居體之中，在股之上，二體始相交感，以通其志，心神始感者也。凡物始感而不以之於正，則害之將及矣。故必貞然後乃吉，吉然後乃得亡其悔也，故曰「貞吉，悔亡」也。「憧憧往來，朋從爾思」者，始在於感，未盡感極，惟欲思運動以求相應，未能忘懷息照，任夫自然，故有「憧憧往來」，然後朋從爾之所思也。象曰「未感害」者，心神始感，未至於害，故不可不正，正而〔一〕故得「悔亡」也。「未光大」者，非感之極，不能无思无欲，故「未光大也」。

九五，咸其脢，无悔。注云：「脢」者，心之上，口之下，進不能大感，退亦不爲无志，其志淺末，故「无悔」而已。象曰：「咸其脢」，志末也。

【疏】正義曰：「咸其脢，无悔」者，脢者心之上，口之下也。四已居體之中，爲心神所感，五進在於四上，故所感在脢，脢已過心，故進不能大感，由在心上，退亦不能无志，志在淺末，故无悔而已，故曰「咸

〔一〕「而」下，浦鏜云：「而」下當脱「吉」字。

其脢，无悔」也。象曰「志末也」者，末猶淺也，感以心爲深，過心則謂之淺末矣。○注「脢者」至「而已」　正義曰：「脢者心之上，口之下」者，子夏易傳曰：「在脊曰脢。」馬融云：「脢，背也。」鄭玄云：「脢，脊肉也。」王肅云：「脢在背而夾脊。」説文云：「脢，背肉也。」雖諸〔一〕説不同，大體皆在心上。輔嗣以四爲心神，上爲輔頰，五在上、四之間，故直云「心之上，口之下」也。明其淺於心神，厚於言語。

上六，咸其輔、頰、舌。注云：咸道轉末，故在口舌言語而已。象曰：「咸其輔、頰、舌」，滕口説也。注云：「輔、頰、舌」者，所以爲語之具也。「咸其輔、頰、舌」，則「滕口説」也。「憧憧往來」，猶未光大，況在滕口，薄可知也。

【疏】正義曰：「咸其輔、頰、舌」者，馬融云：「輔，上頷也。」「輔、頰、舌」者，言語之具。咸道轉〔二〕末，在於口舌言語而已，故云「咸其輔、頰、舌」也。象曰「滕口説也」者，舊説字作「滕」，徒登反。滕，競與也。所競者口，无復心實，故云「滕口説也」。鄭玄又作「媵」。媵，送也。咸道極薄，徒送口舌言語相感而已，不復有志於其間。王注義得兩通，未知誰同其旨也。

〔一〕「諸」字原無，據單疏本補。
〔二〕「轉」原作「輔」，據單疏本改。

䷟巽下震上。恒：亨，无咎，利貞。注云：恒而亨，以濟三事也。恒之爲道，亨乃「无咎」也。恒通无咎，乃利正也。利有攸往。注云：各得所恒，脩其常道，終則有始，往而无違，故「利有攸往」也。

【疏】正義曰：「恒，亨，无咎，利貞」者，恒，久也。恒久之道，所貴變通。必須變通隨時，方可長久。能久能通，乃无咎也。恒通无咎，然後利以行正，故曰「恒，亨，无咎，利貞」也。「利有攸往」者，得其常道，何往不利，故曰「利有攸往」也。

○注「恒而亨，以濟三事也」正義曰：褚氏云：「三事，謂无咎、利貞、利有攸往。」莊氏云：「三事者，无咎一也，利二也，貞三也。」周氏云：「三事者，一亨也，二无咎也，三利貞也。」注不明數，故先儒各以意說。竊謂注云「恒而亨，以濟三事」者，明用此「恒亨」濟彼三事，无疑「亨」字在三事之中〔一〕，而此注云：「恒之爲道，亨乃无咎。恒通无咎，乃利正也。」又注彖曰：「道得所久，則常通无咎而利正也。」此解皆以「利正」相將爲一事，分以爲二，恐非注旨。驗此注云「恒之爲道，亨乃无咎」，此以「恒亨」濟「无咎」也。又云：「恒通无咎，乃利正也。」此以「恒亨」濟「利貞」也。下注「利有攸往」云：「各得所恒，脩其常道，終則有始，往而无違，故利有攸往。」此以「恒亨」濟「利有攸往」也。觀文驗注，褚氏爲長。

彖曰：恒，久也。剛上而柔下，注云：剛尊柔卑，得其序也。雷風相與，注云：長陽長陰，能相成也。巽

〔一〕「中」，浦鏜云：「中」當作「外」。

而動。注云：動无違也。剛柔皆應，注云：不孤媲也。恒。注云：皆可久之道。恒，亨，无咎，利貞，久於其道也。注云：道得所久，則常通无咎而利正也。天地之道，恒久而不已也。注云：得其所久，故不已也。利有攸往，終則有始也。注云：得其常道，故終則復始，往无窮極。日月得天而能久照，四時變化而能久成，聖人久於其道而天下化成。注云：言各得其「所恒」，故皆能長久。觀其所恒，而天地萬物之情可見矣。注云：天地萬物之情，見於「所恒」也。

【疏】正義曰：「恒，久也」者，訓釋卦名也。恒之爲名，以長久爲義。「剛上而柔下」者，既訓恒爲久，因明此卦得其恒名，所以釋可久之意。此就二體以釋恒也。震剛而巽柔，震則剛尊在上，巽則柔卑在下，得其順序，所以爲恒也。「雷風相與」者，此就二象釋恒也。雷之與風，陰陽交感，二氣相與，更互而相成，故得恒久也。「巽而動」者，此就二卦之義，因釋恒名。震動而巽順，无有違逆，所以可恒也。「剛柔皆應」者，此就六爻釋恒。此卦六爻剛柔皆相應和，无孤媲者，故可長久也。「恒」者，歷就四義釋恒名訖，故更舉卦名以結之也。明上四事皆可久之道，故名此卦爲「恒」。「恒，亨，无咎利貞。久於其道」者，此就名釋卦之德。言所以得「亨，无咎利貞」者，更无別義，正以得其恒久之道，故言「久於其道也」。「天地之道，恒久而不已也」者，將釋「利有攸往」，先舉天地以爲證喻，言天地得其恒久之道，故久而不已也。「利有攸往，終則有始」者，舉經以結成也。人用恒久之道，會於變通，故終則復始，往无窮極，同於天地之不已，所以爲利也。「日月得天而能久照」者，以下廣明恒義。上言天地之道，恒久而不已也，故日月得天，所以亦能久照。「四時變化而能久成」者，四時更代，寒暑相變，所以能久生成萬物。「聖人久於其道而天下化成」者，聖人應變隨時，得其長久之道，所以能「光宅天下」，使萬物從化而成也。「觀其所恒，而天地萬物之情可見矣」者，總結恒義也。

○注「剛尊柔卑，得其序也」　正義曰：咸明感應，故柔上而剛下，取二氣相交也。恒明長久，故剛上而柔下，取尊卑得序也。

○注「長陽長陰，能相成也」　正義曰：震爲長男，故曰「長陽」。巽爲長女，故曰「長陰」。彖曰「雷風相與」，雷之與風，共相助成之義，故褚氏云「雷資風而益遠，風假雷而增威」是也。今言「長陽長陰，能相成」者，因震爲長男，巽爲長女，遂以「長陽長陰」而名之，作文之體也。又此卦明夫婦可久之道，故以二長相成，如雷風之義也。

○注「不孤媲也」　正義曰：媲，配也。

象曰：雷風，恒。注云：長陽長陰，合而相與，可久之道也。君子以立不易方。注云：得其所久，故「不易」也。

【疏】正義曰：雷風相與爲「恒」，已如彖釋。「君子以立不易方」者，君子立身得其恒久之道，故不改易其方。方猶道也。

初六，浚恒，貞凶，无攸利。注云：處恒之初，最處卦底，始求深者也。求深窮底，令物无餘緼，漸以至此，物猶不堪，而况始求深者乎？以此爲恒，凶正害德，无施而利也。象曰：浚恒之凶，始求深也。

【疏】正義曰：浚，深也。最處卦底，故曰「深」也。深恒者，以深爲恒是也。施之於仁義，即不厭深，施之於正，即求物之情過深，是凶正害德，无施而利，故曰「浚恒，貞凶，无攸利」也。○注「始求深者乎」正義曰：處卦之初，故言始也。最在於下，故言深也。所以致凶，謂在於始而求深者也。

九二，悔亡。注云：雖失其位，恒位於中，可以消悔也。象曰：九二悔亡，能久中也。

【疏】正義曰：失位故稱「悔」，居中故「悔亡」也。象曰「能久中」者，處恒故能久，位在於中，所以消悔也。

九三，不恒其德，或承之羞，貞吝。注云：處三陽之中，居下體之上，處上體之下，上不全尊，下不全卑，中不在體，體在乎恒，而分无所定，无恒者也。德行无恒，自相違錯，不可致詰，故「或承之羞」也。施德於斯，物莫之納，鄙賤甚矣，故曰「貞吝」也。象曰：「不恒其德」，无所容也。

【疏】正義曰：「不恒其德，或承之羞，貞吝」者，九三居下體之上，處上體之下，雖處三陽之中，又在不中之位，上不全尊，下不全卑，執心不定，德行无恒，故曰「不恒其德」。德既无恒，自相違錯，則爲羞辱承之，所羞非一，故曰「或承之羞」也。處久如斯，正之所賤，故曰「貞吝」也。象曰「无所容」者，謂不恒之人，所往之處，皆不納之，故「无所容也」。

○注「中不在體」至「不可致詰」　正義曰：雖在三陽之中，非一體之中也。「不可致詰」者，詰，問也。違錯處多，不足問其事理，所以明其羞辱之深，如論語云「於予與何誅」。

九四，田无禽。注云：恒於非位，雖勞无獲也。象曰：久非其位，安得禽也？

【疏】正義曰：田者，田獵也，以譬有事也。「无禽」者，田獵不獲，以喻有事无功也。恒於非位，故勞而无功也。象曰「久非其位，安得禽」者，在恒而失位，是「久非其位」；田獵而无所獲，是「安得禽也」。

六五，恒其德，貞。婦人吉，夫子凶。注云：居得尊位，爲恒之主，不能制義，而係應在二，用心專貞，從唱而已。婦人之吉，夫子之凶也。象曰：婦人貞吉，從一而終也。夫子制義，從婦凶也。

【疏】正義曰：「恒其德，貞」者，六五係應在二，不能傍及他人，是恒常貞一其德，故曰「恒其德，貞」也。「婦人吉」者，用心專貞，從唱而已，是婦人之吉也。「夫子凶」者，夫子須制斷事宜，不可專貞從唱，故曰「夫子凶」也。象曰「從一而終」者，謂用心貞一，從其貞一而自終也；「從婦凶」者，五與二相應，五居尊位，在震爲夫，二處下體，在巽爲婦。五係於二，故曰「從婦凶也」。

上六，振恒，凶。注云：夫静爲躁君，安爲動主，故安者上之所處也，静者可久之道也。處卦之上，居動之極，以此爲恒，无施而得也。象曰：振恒在上，大无功也。

【疏】正義曰：「振恒，凶」者，振，動也。凡處於上者，當守静以制動。今上六居恒之上，處動之極，以振爲恒，所以「凶」也。〔象曰「大无功」者，居上而以振動爲恒，无施而得，故曰「大无功也」。

䷠艮下乾上。遯：亨，小利貞。

【疏】正義曰：「遯，亨」者，遯者，隱退逃避之名。陰長之卦，小人方用，君子日消。君子當此之時，若不隱遯避世，即受其害。須遯而後得通，故曰「遯，亨」。「小利貞」者，陰道初始浸長，正道亦未全滅，故曰「小利貞」。

〔彖曰：遯亨，遯而亨也。注云：遯之爲義，遯乃通也。剛當位而應，與時行也。注云：謂五也。剛〔一〕當位而應，非否亢也。遯不否亢，能與時行也。小利貞，浸而長也。注云：陰道欲浸而長，正道亦未全滅，故「小利貞」也。遯之時義大矣哉！

【疏】正義曰：「遯而亨」者，此釋遯之所以得亨通之義。小人之道方長，君子非遯不通，故曰「遯而亨也」。「剛當位而應，與時行」者，舉九五之爻釋所以能遯而致亨之由，良由九五以剛而當其位，有應於二，非爲否亢。遯不否亢，即是相時而動，所以遯而得亨，故云「剛當位而應，與時行也」。「小利貞，浸而長」者，釋「小利貞」之義。「浸」者，漸進之名。若陰德暴進，即消正道。良由二陰漸長而正道亦未

〔一〕「剛」上，原有「以」字，據單注本、注附音本删。

即全滅，故云「小利貞」也。「遯之時義大矣哉」，歎美遯德。相時度宜，避世而遯，自非大人照幾不能如此，其義甚大，故云「大矣哉」。

象曰：天下有山，遯。注云：天下有山，陰長之象。**君子以遠小人，不惡而嚴。**

【疏】正義曰：「天下有山，遯」者，山者陰類，進在天下，即是山勢欲上逼於天，天性高遠，不受於逼，是遯避之象，故曰「天下有山，遯」。「君子以遠小人，不惡而嚴」者，君子當此遯避之時，小人進長，理須遠避，力不能討，故不可爲惡，復不可與之褻瀆，故曰「不惡而嚴」。

○注「天下有山，陰長之象」 正義曰：積陽爲天，積陰爲地。山者，地之高峻，今上逼於天，是陰長之象。

初六，遯尾，厲。勿用有攸往。注云：遯之爲義，辟内而之外者也。尾之爲物，最在體後者也。處遯之時，不往何災，而爲「遯尾」，禍所及也。危至而後求行，難可免乎厲，則「勿用有攸往」也。**象曰：遯尾之厲，不往何災也。**

【疏】正義曰：「遯尾，厲」者，爲遯之尾，最在後遯者也。小人長於内，應出外以避之，而最在卦内，是遯之爲後也。逃遯之世，宜速遠而居先，而爲「遯尾」，禍所及也，故曰「遯尾，厲」也。「勿用有攸往」者，危厲既至，則當固窮，危行言遜，勿用更有所往，故曰「勿用有攸往」。象曰「不往何災」者，象釋當遯之時，宜須出避。而「勿用有攸往」者，既爲遯尾，出必見執，不如不往，不往即无災害。「何災」者，猶言无災也，與「何傷」、「何咎」之義同也。

六二，執之用黃牛之革，莫之勝説。注云：居內處中，爲遯之主，物皆遯己，何以固之？若能執乎理中、厚順之道以固之也，則莫之勝解。象曰：執用黃牛，固志也。

【疏】正義曰：「執之用黃牛之革，莫之勝説」者，逃遯之世，避內出外，二既處中居內，即非遯之人也。既非遯之人，便爲所遯之主，物皆棄己而遯，何以執固留之？惟有中和、厚順之道可以固而安之也。能用此道，則无能勝己解脱而去也。黃，中之色，以譬中和。牛性順從，皮體堅厚，牛革以譬厚順也。六二居中得位，亦是能用中和、厚順之道，故曰「執之用黃牛之革，莫之勝説」也。象曰「固志」者，堅固遯者之志，使不去己也。

九三，係遯，有疾厲。畜臣妾，吉。注云：在內近二，以陽附陰，宜遯而繫，故曰「繫遯」。遯之爲義，宜遠小人，以陽附陰，繫於所在，不能遠害，亦已憊矣，宜其屈辱而危厲也。繫於所在，畜臣妾可也；施於大事，凶之道也。象曰：係遯之厲，有疾憊也。畜臣妾吉，不可大事也。

【疏】正義曰：「係遯」者，九三无應於上，與二相比，以陽附陰，係意在二，處遯之世，而意有所係，故曰「係遯」。「有疾厲」者，遯之爲義，宜遠小人。既係於陰，即是「有疾憊」而致危厲，故曰「有疾厲」也。「畜臣妾，吉」者，親於所近，係在於下，施之於人，畜養臣妾則可矣，大事則凶，故曰「畜臣妾，吉」。象曰「不可大事」者，釋此係遯之人，以畜臣妾吉，明其不可爲大事也。

九四，好遯，君子吉，小人否。注云：處於外而有應於内，君子好遯，故能舍之；小人繫戀，是以否也。象曰：君子好遯，小人否也。注云：音臧否之否。

【疏】正義曰：九四處在於外，而有應於内。處外即意欲遠遯，應内則未能棄捨。若好遯君子，超然不顧，所以得吉。小人有所係戀，即不能遯，故曰「小人否也」。

○注「音臧否之否」　正義曰：嫌讀爲「圮」，故音之也。

九五，嘉遯，貞吉。注云：遯而得正，反制於内。小人應命，率正其志，不惡而嚴，得正之吉，遯之嘉也。象曰：「嘉遯，貞吉」，以正志也。

【疏】正義曰：「嘉遯，貞吉」者，嘉，美也。五居於外，得位居中，是遯而得正。二爲己應，不敢違拒，從五之命，率正其志，遯而得正，反制於内，不惡而嚴，得正之吉，爲遯之美，故曰「嘉遯，貞吉」也。象曰「以正志」者，小人應命，不敢爲邪，是五能正二之志，故成遯之美也。

上九，肥遯，无不利。注云：最處外極，无應於内，超然絶志，心无疑顧，憂患不能累，矰繳不能及，是以肥遯，无不利也。象曰：「肥遯，无不利」，无所疑也。

【疏】正義曰：子夏傳曰：「肥，饒裕也。」四、五雖在於外，皆在内有應，猶有反顧之心，惟上九最在外極，无應於内，心无疑顧，是遯之最優，故曰「肥遯」。遯而得肥，无所不利，故云「无不利」也。

○注「矰繳不能及」　正義曰：矰，矢名也。鄭注周禮：「結繳於矢謂之矰。」繳，字林及説文云：「繳，生絲縷也。」

䷡乾下震上。大壯：利貞。

【疏】正義曰：大壯，卦名也。壯者，强盛之名。以陽稱大，陽長既多，是大者盛壯，故曰「大壯」。「利貞」者，卦德也。群陽盛長，小道將滅，大者獲正，故曰「利貞」也。

彖曰：大壯，大者壯也。注云：大者謂陽爻，小道將滅，大者獲正，故「利貞」也。剛以動，故壯。大壯利貞，大者正也。正大而天地之情可見矣。注云：天地之情，正大而已矣。弘正極大，則天地之情可見矣。

【疏】正義曰：「大者壯也」者，就爻釋卦名。陽爻浸長，已至於四，是大者盛壯，故曰「大者壯也」。「剛以動，故壯」者，就二體釋卦名。乾剛而震動，柔弱而動，即有退弱；剛强以動，所以成壯。「大壯利貞，大者正也」者，就爻釋卦德。大者獲正，故得「利貞」。「正大而天地之情可見矣」者，因大獲正，遂廣美正大之義。天地之道，弘正極大，故正大即見天地之情。不言萬物者，壯大之名，義歸天地，故不與咸、恒同也。

○注「大者獲正，故利貞也」　正義曰：釋名之下，剩解「利貞」，成「大者」之義也。

象曰：雷在天上，大壯。注云：剛以動也。君子以非禮弗履。注云：壯而違禮則凶，凶則失壯也，故君子以「大壯」而順禮也。

【疏】正義曰：「雷在天上，大壯」者，震雷爲威動，乾天主剛健，雷在天上，是「剛以動」，所以爲「大壯」。「君子以非禮弗履」者，盛極之時，好生驕溢，故於「大壯」誡以非禮勿履也。

初九，壯于趾，征凶，有孚。注云：夫得大壯者，必能自終成也。未有陵犯於物而得終其壯者。在下而壯，故曰「壯于趾」也。居下而用剛壯，以斯而進，窮凶可必也，故曰「征凶，有孚」。〔象曰：「壯於趾」，其孚窮也。注云：言其信窮。

【疏】正義曰：「壯于趾，征凶，有孚」者，趾，足也。初在體下，有如趾足之象，故曰「壯于趾」也。施之於人，即是在下而用壯也。在下用壯，陵犯於物，以斯而行，凶其信矣，故曰「征凶有孚」。〔象曰「其孚窮」者，釋「壯於趾」者，其人信有窮凶也。

九二，貞吉。注云：居得中位，以陽居陰，履謙不亢，是以「貞吉」。〔象曰：九二貞吉，以中也。

【疏】正義曰：以其居中履謙，行不違禮，故得正而吉也。

九三，小人用壯，君子用罔，貞厲。羝羊觸藩，羸其角。注云：處健之極，以陽處陽，用其壯者也。故小人用之以爲壯，君子用之以爲羅己者也。貞厲以壯，雖復羝羊，以之觸藩，能无羸乎？〔象曰：「小人用壯」，君子罔也。

【疏】正義曰：罔，羅罔也。羝羊，羖羊也。藩，藩籬也。羸，拘纍纏繞也。九三處乾之上，是健之極也。又以陽居陽，是健而不謙也。健而不謙，必用其壯也。小人當此，不知恐懼，即用以爲壯盛，故曰「小人用壯」。君子當此即慮危難，用之爲羅罔於己，故曰「君子用罔」。以壯爲止，其正必危，故云「貞厲」也。以此爲正，狀似「羝羊觸藩」也。必拘羸其角矣。象曰「小人用壯，君子罔」者，言小人用以爲壯者，即是君子所以爲羅罔也。

九四，貞吉，悔亡。藩決不羸。壯于大輿之輹。注云：下剛而進，將有憂虞。而以陽處陰，行不違謙，不失其壯，故得貞吉而悔亡也。已得其壯，而上陰不罔己路，故「藩決不羸」也。「壯于大輿之輹」，无有能説其輹者，可以往也。象曰：「藩決不羸」，尚往也。

【疏】正義曰：「大輿」者，大車也。下剛而進，將有憂虞。而九四以陽處陰，行不違謙，居謙即不失其壯，故得正吉而悔亡也，故云「貞吉，悔亡」。九三以壯健不謙，即被「羸其角」。九四以謙而進，謂之上行，陰爻不罔己路，故「藩決不羸」也。「壯于大輿之輹」者，言四乘車而進，其輹壯大，无有能脱之者，故曰「藩決不羸，壯于大輿之輹」也。象曰「尚往」者，尚，庶幾也；言己不失其壯，庶幾可以往也。

六五，喪羊于易，无悔。注云：居於大壯，以陽處陽，猶不免咎，而況以陰處陽，以柔乘剛者乎？羊，壯也。必喪其羊，失其所居也。能喪壯于易，不于險難，故得「无悔」。二履貞吉，能幹其任，而己委焉，則得「无悔」。委之則難不至，居之則敵寇來，故曰「喪羊于易」。象曰：「喪羊于易」，位不當也。

【疏】正義曰：「喪羊于易，无悔」者，羊，壯也。居大壯之時，以陽處陽，猶不免咎，而況以陰處陽，以柔乘剛者乎？違謙越禮，必喪其壯。群陽方進，勢不可止。若於平易之時，逆捨其壯，委身任二，不爲違拒，亦剛所不害，不害即无悔矣，故曰「喪羊于易，无悔」也。象曰「位不當」者，正由處不當位，故須捨其壯也。

○注「羊壯也」至「无悔」　正義曰：羊，剛很之物，故以譬壯。云「必喪其羊，失其所居」者，言違謙越禮，理勢必然。云「能喪壯於易，不於險難」者，二雖應己，剛長則侵陰，爲己寇難，必喪其壯。當在於平易寇難未來之時，勿於險難敵寇既來之日。良由居之，有必[一]喪其羊[二]之理，故戒其預防。而莊氏云：「經止一言『喪羊』，而注爲兩處分用。初云『必喪其羊，失其所居』，是自然應失。後云『能喪壯於易，不於險難』，故得无咎。自能喪其羊，二理自爲矛楯。」竊謂莊氏此言，全不識注意。

上六，羝羊觸藩，不能退，不能遂。无攸利，艱則吉。注云：有應於三，故「不能退」。懼於剛長，故「不能遂」。持疑猶豫，志无所定，以斯決事，未見所利。雖處剛長，剛不害正。苟定其分，固志在一[三]，以斯自處，則憂患消亡，故曰「艱則吉」也。**象曰：「不能退，不能遂」，不詳也。「艱則吉」，咎不長也。**

【疏】正義曰：「退」謂退避，「遂」謂進往。有應於三，欽之不已，故不能退避。然懼於剛長，故不能遂

〔一〕「有必」，單疏本作「必有」。
〔二〕「其羊」二字原無，據單疏本補。
〔三〕「一」，阮校云：閩、監、毛本「一」作「二」。

往，故云「羝羊觸藩，不能退，不能遂」也。「无攸利」者，持疑猶豫，不能自決，以此處事，未見其利，故曰「无攸利」也。「艱則吉」者，雖處剛長，剛不害正，但艱固其志，不捨於三，即得吉，故曰「艱則吉」也。象曰「不祥也」者，祥者善也，進退不定，非爲善也，故云「不祥也」；「咎不長也」者，能艱固其志，即憂患消亡，其咎不長，釋所以得吉也。

䷢坤下離上。晉：康侯用錫馬蕃庶，晝日三接。

【疏】正義曰：「晉」者，卦名也。「晉」之爲義，進長之名。此卦明臣之昇進，故謂之「晉」。「康」者，美之名也。「侯」謂升進之臣也。臣既柔進，天子美之，賜以車馬，蕃多而衆庶，故曰「康侯用錫馬蕃庶」也。「晝日三接」者，言非惟蒙賜蕃多，又被親寵頻數，一晝之間，三度接見也。

象曰：晉，進也。明出地上，順而麗乎大明，柔進而上行。注云：凡言「上行」者，所之在貴也。是以康侯用錫馬蕃庶，晝日三接也。注云：康，美之名也。順以著明，臣之道也。柔進而上行，物所與也。故得錫馬而蕃庶。以訟受服，則終朝三褫。柔進受寵，則一晝三接也。

【疏】正義曰：「晉，進也」者，以今釋古，古之「晉」字，即以進長爲義，恐後世不曉，故以「進」釋之。「明出地上」者，此就二體釋得「晉」名。離上坤下，故言「明出地上」。明既出地，漸就進長，所以爲「晉」。「順而麗乎大明，柔進而上行」者，此就二體之義及六五之爻，釋「康侯用錫馬」已下也。坤，順也；離，麗也，又爲明。坤能順從而麗著於大明，六五以柔而進，上行貴位，順而著明臣之美道也。「柔進而上行」，君上所與也，故得厚賜而被親寵也。「是以康侯用錫馬蕃庶，晝日三接」者，釋訖，舉經以結君寵之意也。

○注「以訟」至「三接也」 正義曰：舉此對釋者，蓋訟言終朝，晉言一晝，俱不盡一日者〔一〕，明黜陟之速，所以示懲勸也。

象曰：明出地上，晉。君子以自昭明德。注云：以順著明，自顯之道。

【疏】正義曰：「自昭明德」者，昭亦明也，謂自顯明其德也。周氏等爲「照」，以爲自照己身。老子曰：「自知者明。」用明以自照爲明德。案：王注此云：「以順著明，自顯之道。」又此卦與明夷正反。明夷象云：「君子以莅衆，用晦而明。」王注彼云：「莅衆顯明，蔽僞百姓。藏明於内，乃得明也。」准此二注，明王之注意以此爲自顯明德。昭字宜爲昭，之遥反。周氏等爲照，之少反。非注旨也。

初六，晉如摧如，貞吉。罔孚，裕，无咎。注云：處順之初，應明之始，明順之德，於斯將隆。進明退順，不失其正，故曰「晉如摧如，貞吉」也。處卦之始，功業未著，物未之信，故曰「罔孚」。方踐卦始，未至履位，以此爲足，自喪其長者也，故必裕之，然後无咎。象曰：「晉如摧如」，獨行正也。「裕无咎」，未受命也。注云：

〔一〕「者」字原無，據單疏本補。

未得履位，未受命也。

【疏】正義曰：「晉如摧如，貞吉」者，何氏云：「摧，退也。裕，寬也。如，辭也。」初六處順之初，應明之始，明順之德，於斯將隆，進則之明，退則居順，進之與退，不失其正，故曰「晉如摧如，貞吉」也。「罔孚」者，處卦之始，功業未著，未爲人所信服，故曰「罔孚」。「裕，无咎」者，裕，寬也。方踐卦始，未至履位，不可自以爲足也，若以此爲足，是自喪其長也，故必宜寬裕其德，使功業弘廣，然後无咎，故曰「裕，无咎」也。○象曰「獨行正」者，獨猶專也，言進與退，專行其正也。「裕无咎，未受命」者，處進之初，未得履位，未受錫命，故宜寬裕進德，乃得「无咎」。

六二，晉如愁如，貞吉。受茲介福，于其王母。注云：進而无應，其德不昭，故曰「晉如愁如」。居中得位，履順而正，不以无應而回其志，處晦能致其誠者也。脩德以斯，聞乎幽昧，得正之吉也，故曰「貞吉」。母者，處内而成德者也。鳴鶴在陰，則其子和之，立誠於闇，闇亦應之，故其初「愁如」。履貞不回，則乃受茲大福，于其王母也。○象曰：「受茲介福」，以中正也。

【疏】正義曰：「晉如愁如」者，六二進而无應於上，其德不見昭明，故曰「進[一]如愁如」，憂其不昭也。「貞吉」者，然履順居於中正，不以无應而不脩其德，正而獲吉，故曰「貞吉」也。「受茲介福，于其王母」

[一]「進」，阮校云：毛本「進」作「晉」，是也。

者，介者，大也；母者，處内而成德者也。初雖「愁如」，但守正不改，終能受此大福於其所脩，故曰「受茲介福，於其王母」。

○注「鳴鶴在陰，則其子和之」 正義曰：此王用中孚九二爻辭也。

六三，衆允，悔亡。 注云：處非其位，悔也。志在上行，與衆同信，順而麗明，故得「悔亡」也。 **象曰：衆允之，志上行也。**

【疏】正義曰：六三處非其位，有悔也。志在上行，與衆同信，順而麗明，故得悔亡。 象曰「衆允之，志上行也」者，居晉之時，衆皆欲進，己應於上，志在上行，故能與衆同信也。

九四，晉如鼫鼠，貞厲。 注云：履非其位，上承於五，下據三陰，履非其位。又負且乘，无業可安，志无所據，以斯爲進，正之危也。進如鼫鼠，无所守也。 **象曰：「鼫鼠貞厲」，位不當也。**

【疏】正義曰：「晉如鼫鼠」者，鼫鼠，有五能而不成伎之蟲也。九四履非其位，上承於五，下據三陰，上不許其承，下不許其據，以斯爲進，无業可安，无據可守，事同鼫鼠，无所成功也。以斯爲進，正之危也，故曰「晉如鼫鼠，貞厲」也。

○注「進如鼫鼠，无所守也」 正義曰：蔡邕勸學篇云：「鼫鼠五能，不成一伎術。」注曰：「能飛不能過屋，能緣不能窮木，能游不能渡谷，能穴不能掩身，能走不能先〔一〕人。」本草經云：「螻蛄一名鼫鼠。」謂此也。鄭引詩云：「碩鼠碩鼠，无食我黍。」謂大鼠也。陸機以爲「雀鼠」。案：王以爲「无所守」，蓋五伎者當之。

六五，悔亡。失得勿恤。往，吉，无不利。注云：柔得尊位，陰爲明主，能不用察，不代下任也，故雖不當位，能消其悔。失得勿恤，各有其司，術斯以往，无不利也〔二〕。象曰「失得勿恤」，往有慶也。

【疏】正義曰：「悔亡。失得勿恤。往，吉，无不利」者，居不當位，悔也。柔得尊位，陰爲明主，能不自用其明，以事委任於下，故得「悔亡」。既以事任下，委物責成，失之與得，不須憂恤，故曰「失得勿恤」也。能用此道，所往皆吉而无不利，故曰「往，吉，无不利」也。象曰「有慶」者，委任得人，非惟自得无憂，亦將人所慶説，故曰「有慶也」。

上九，晉其角，維用伐邑。厲吉无咎，貞吝。注云：處進之極，過明之中，明將夷焉。已在乎角，而猶進之，非亢如何？失夫道化无爲之事，必須攻伐，然後服邑。危乃得吉，吉乃无咎，用斯爲正，亦以賤矣。象曰：「維用伐邑」，道未光也。

〔一〕「先」，原作「免」，據單疏本改。
〔二〕「也」字原無，據單注本、注附音本補。

【疏】正義曰：「晉其角」者，西南隅也。上九處進之極，過明之中，其猶日過於中，已在於角而猶進之，故曰「進其角」也。「維用伐邑」者，在角猶進，過亢不已，不能端拱无爲，使物自服，必須攻伐其邑，然後服之，故云「維用伐邑」也。「厲吉无咎，貞吝」者，兵者凶器，伐而服之，是危乃得吉，吉乃无咎，故曰「厲吉无咎」。以此爲正，亦以賤矣，故曰「貞吝」也。象曰「道未光也」者，用伐乃服，雖得之，其道未光大也。

䷣離下坤上。明夷：利艱貞。

【疏】正義曰：明夷，卦名。夷者，傷也。此卦日入地中，明夷之象。施之於人事，闇主在上，明臣在下，不敢顯其明智，亦明夷之義也。時雖至闇，不可隨世傾邪，故宜艱難堅固，守其貞正之德。故明夷之世，利在艱貞。

彖曰：明入地中，明夷。内文明而外柔順，以蒙大難，文王以之。利艱貞，晦其明也。内難而能正其志，箕子以之。

【疏】正義曰：「明入地中，明夷」者，此就二象以釋卦名，故此及晉卦皆彖、象同辭也。「内文明而外柔順，以蒙大難，文王以之」者，既釋明夷之義，又須出能用明夷之人，内懷文明之德，撫教六州，外執柔順之能，三分事紂，以此蒙犯大難，身得保全，惟文王能用之，故云「文王以之」。「利艱貞，晦其明也」

者，此又就二體釋卦之德。明在地中，是「晦其明也」。既處明夷之世，外晦其明，恐陷於邪道，故利在艱固其貞，不失其正。言所以「利艱貞」者，用「晦其明也」。「內難而能正其志，箕子以之」者，既釋「艱貞」之義，又須出能用艱貞之人，內有險難，殷祚將傾，而能自正其志，不爲邪諂，惟箕子能用之，故云「箕子以之」。

象曰：明入地中，明夷。君子以莅衆，注云：莅衆顯明，蔽僞百姓者也。故以蒙養正，以明夷莅衆。用晦而明。注云：藏明於內，乃得明也。顯明於外，巧所辟也。

【疏】正義曰：「莅衆顯明，蔽僞百姓者也」，所以君子能用此「明夷」之道，以臨於衆，冕旒垂目，黈纊塞耳，无爲清静，民化不欺。若運其聰明，顯其智慧，民即逃其密網，姦詐愈生，豈非藏明用晦，反得其明也？故曰「君子以莅衆，用晦而明」也。

初九，明夷于飛，垂其翼。君子于行，三日不食。有攸往，主人有言。注云：明夷之主，在於上六。上六爲至闇者也。初處卦之始，最遠於難也。遠難過甚，明夷遠遯，絶跡匿形，不由軌路，故曰「明夷于飛」。懷懼而行，行不敢顯，故曰「垂其翼」也。尚義而行，故曰「君子于行」也。志急於行，飢不遑食，故曰「三日不食」也。殊類過甚，以斯適人，人必疑之，故曰「有攸往，主人有言」。象曰：「君子于行」，義不食也。

【疏】正義曰：「明夷于飛」者，明夷是至闇之卦。上六既居上極，爲明夷之主。云「飛」者，借飛鳥爲喻，如鳥飛翔也。初九處於卦始，去上六最遠，是最遠於難。遠難過甚，明夷遠遯，絶跡匿形，不由軌路，高飛而去，故曰「明夷于飛」也。「垂其翼」者，飛不敢顯，故曰「垂其翼」也。「君子于行，三日不食」者，尚義而行，故云「君子于行」。志急於行，饑不遑食，故曰「三日不食」。「有攸往，主人有言」者，殊類過甚，以此適人，人必疑怪而有言，故曰「有〔一〕攸往，主人有言」。象曰「義不食也」者，君子逃難惟速，故義不求食也。

六二，明夷，夷于左股，用拯馬壯，吉。注云：「夷于左股」，示行不能壯也。以柔居中，用夷其明，進不殊類，退不近難，不見疑憚，順以則也，故可用拯馬而壯吉也。不垂其翼，然後乃免也。**象曰：六二之吉，順以則也。**注云：順之以則，故不見疑。

【疏】正義曰：「明夷，夷于左股」者，左股被傷，行不能壯。六二以柔居中，用夷其明，不行剛壯之事者也，故曰「明夷，夷于左股」。莊氏云：「言左者，取其傷小。」則比夷右未爲切也。「夷于左股」，明避難不壯，不爲闇主所疑，猶得處位，不至懷懼而行，然後徐徐用馬以自拯濟，而獲其壯吉也，故曰「用拯馬壯，吉」也。象曰「順以則也」者，言順闇主之則，不同初九，殊類過甚，故不爲闇主所疑，故得拯馬之吉也。

九三，明夷于南狩，得其大首，不可疾貞。注云：處下體之上，居文明之極，上爲至晦，入地之物也，故夷

〔一〕「有」字原無，據單疏本補。

其明，以獲南狩，得大首也。「南狩」者，發其明也。既誅其主，將正其民。民之迷也，其日固已久矣。化宜以漸，不可速正，故曰「不可疾貞」。象曰：南狩之志，乃大得也。注云：去闇主也。

【疏】正義曰：南方，文明之所。狩者，征伐之類。「大首」謂闇君。「明夷于南狩，得其大首」者，初藏明而往，託狩而行，至南方而發其明也。九三應於上六，是明夷之臣發明以征闇君，而得其「大首」，故曰「明夷于南狩，得其大首」也。「不可疾貞」者，既誅其主，將正其民，民迷日久，不可卒正，宜化之以漸，故曰「不可疾貞」。象曰「南狩之志，乃大得」者，志欲除闇，乃得「大首」，是其志大得也。

六四，入于左腹，獲明夷之心，于出門庭。注云：左者，取其順也。入于左腹，得其心意，故雖近不危。雖時辟難，門庭而已，能不逆忤也。象曰：「入于左腹」，獲心意也。

【疏】正義曰：「入于左腹，獲明夷之心」者，凡右爲用事也，從其左不從其右，是卑順不逆也。「腹」者，懷情之地。六四體柔處坤，與上六相近，是能執卑順。「入于左腹」，獲明夷之心意也。「于出門庭」者，既得其意，雖近不危，隨時避難，門庭而已，故曰「于出門庭」。象曰「獲心意」者，心有所存，既不逆忤，能順其旨，故曰「獲心意也」。

六五，箕子之明夷，利貞。注云：最近於晦，與難爲比，險莫如兹。而在斯中，猶闇不能沒，明不可息，正不憂危，故「利貞」也。象曰：箕子之貞，明不可息也。

【疏】正義曰：「箕子之明夷」者，六五最比闇君，似箕子之近殷紂，故曰「箕子之明夷」也。「利貞」者，箕子執志不回，闇不能没，明不可息，正不憂危，故曰「利貞」。象曰「明不可息也」，息，滅也。象稱明不可滅者，明箕子能保其貞，卒以全身，爲武王師也。

上六，不明晦，初登于天，後入于地。注云：處明夷之極，是至晦者也。本其初也，在乎光照，轉至於晦，遂入于地。象曰：「初登于天」，照四國也。「後入于地」，失則也。

【疏】正義曰：「不明晦」者，上六居明夷之極，是至闇之主，故曰「不明而晦」。本其初也，其意在於光照四國，其後由乎不明，遂入於地，謂見誅滅也。象曰「失則」者，由失法則，故誅滅也。

䷤離下巽上。家人：利女貞。注云：家人之義，各自脩一家之道，不能知家外他人之事也。統而論之，非元亨利君子之貞，故「利女貞」。其正在家内而已。

【疏】正義曰：「家人」者，卦名也。明家内之道，正一家之人，故謂之「家人」。「利女貞」者，既脩家内之道，不能知家外他人之事。統而論之，非君子、丈夫之正，故但言「利女貞」。

彖曰：家人，女正位乎内，注云：謂二也。男正位乎外。注云：謂五也。家人之義，以内爲本，故先説女也。男女正，天地之大義也。家人有嚴君焉，父母之謂也。父父子子、兄兄弟弟、夫夫婦婦而家道正，正家而天下定矣。

【疏】正義曰：「女正位乎内，男正位〔一〕乎外」者，此因二、五得正以釋「家人」之義，并明「女貞」之旨。家人之道，必須女主於内，男主於外，然後家道乃立。今此卦六二柔而得位，是女正位乎内也。九五剛而得位，是男正位乎外也。家人以内爲本，故先説女也。「男女正，天地之大義也」者，因正位之言，廣明家人之義；乃道均二儀，非惟人事而已；家人即女正於内、男正於外二儀，則天尊在上，地卑在下，同於男女正位，故曰「天地之大義也」。「家人有嚴君焉，父母之謂」者，上明義均天地，此又言道齊邦國。父母一家之主，家人尊事，同於國有嚴君，故曰「家人有嚴君〔二〕焉，父母之謂也」。「父父子子、兄兄弟弟、夫夫婦婦而家道正，正家而天下定矣」者，此歎美正家之功，可以定於天下，申成道齊邦國。既家有嚴君，即父不失父道，乃至婦不失婦道，尊卑有序，上下不失，而後爲家道之正。各正其家，无家不正，即天下之治定矣。

象曰：風自火出，家人。注云：由内以相成熾也。君子以言有物而行有恒。注云：家人之道，脩於近小而不妄也，故君子以言必有物而口无擇言，行必有恒而身无擇行。

【疏】正義曰：「風自火出，家人」者，巽在離外，是風從火出。火出之初，因風方熾。火既炎盛，還復生風。内外相成，有似家人之義，故曰「風自火出，家人」也。「君子以言有物而行有恒」者，物，事也。言

〔一〕「位」原作「謂」，據前彖文改。
〔二〕「故曰家人有嚴君」七字原無，據單疏本補。

必有事，即口无擇言；行必有常，即身无擇行。正家之義，修於近小。言之與行，君子樞機。出身加人，發邇化遠，故舉言行以爲之誡。言既稱「物」，而行稱「恒」者，發言立行，皆須合於可常之事，互而相足也。

初九，閑有家，悔亡。注云：凡教在初而法在始，家瀆而後嚴之，志變而後治之，則「悔」矣。處家人之初，爲家人之始，故宜必以「閑有家」，然後「悔亡」也。象曰：「閑有家」，志未變也。

【疏】正義曰：「閑有家，悔亡」者，治家之道，在初即須嚴正，立法防閑。若黷亂之後方始治之，即有悔矣。初九處家人之初，能防閑有家，乃得悔亡，故曰「閑有家，悔亡」也。象曰「志未變也」者，釋在初防閑之義。所以在初防閑其家者，家人志未變黷也。

六二，无攸遂，在中饋，貞吉。注云：居内處中，履得其位，以陰應陽，盡婦人之正義，无所必遂，職乎「中饋」，巽順而已，是以「貞吉」也。象曰：六二之吉，順以巽也。

【疏】正義曰：「无攸遂，在中饋，貞吉」者，六二履中居位，以陰應陽，盡婦人之義也。婦人之道，巽順爲常，无所必遂。其所職主，在於家中饋食供祭而已，得婦人之正吉，故曰「无攸遂，在中饋，貞吉」也。象曰「六二之吉，順以巽」者，舉爻位也。言「吉」者，明其以柔居中而得正位，故能順以巽而獲吉也。

九三，家人嗃嗃，悔厲，吉。婦子嘻嘻，終吝。注云：以陽處陽，剛嚴者也。處下體之極，爲一家之長者也。行與其慢，寧過乎恭；家與其瀆，寧過乎嚴。是以家人雖「嗃嗃，悔厲」，猶得其道；「婦子嘻嘻」，乃失其節也。象曰：「家人嗃嗃」，未失也；「婦子嘻嘻」，失家節也。

【疏】正義曰：「家人嗃嗃，悔厲，吉。婦子嘻嘻，終吝」者，嗃嗃，嚴酷之意也；嘻嘻，喜笑之貌也。九三處下體之上，爲一家之主，以陽處陽，行剛嚴之政，故「家人嗃嗃」。雖復嗃嗃傷猛，悔其酷厲，猶保其吉，故曰「悔厲，吉」。若縱其婦子慢黷嘻嘻，喜笑而无節，則終有恨辱，故曰「婦子嘻嘻，終吝」也。象曰「未失也」者，初雖悔厲，似失於猛，終无慢黷，故曰「未失也」。「失家節」者，若縱其嘻嘻，初雖歡樂，終失家節也。

六四，富家，大吉。注云：能以其富順而處位，故「大吉」也。若但能富其家，何足爲大吉？體柔居巽，履得其位，明於家道，以近至尊，能富其家也。象曰：「富家，大吉」，順在位也。

【疏】正義曰：「富家，大吉」者，富謂祿位昌盛也。六四體柔處巽，得位承五，能富其家者也。由其體巽承尊，長保祿位，吉之大者也，故曰「富家，大吉」。象曰「順在位」者，所以致大吉，由順承於君而在臣位，故不見黜奪也。

九五，王假有家，勿恤，吉。注云：假，至也。履正而應，處尊體巽，王至斯道，以有其家者也。居於尊位，而明於家道，則下莫不化矣。父父子子，兄兄弟弟，夫夫婦婦，六親和睦，交相愛樂而家道正，正家而天下定矣，故王假有家，則勿恤而吉。象曰：「王假有家」，交相愛也。

【疏】正義曰：「王假有家」者，假，至也。九五履正而應，處尊體巽，是能以尊貴巽接於物，王至此道，以有其家，故曰「王假有家」也。「勿恤，吉」者，居於尊位而明於家道，則在下莫不化之矣，不須憂恤而得吉也，故曰「勿恤，吉」也。象曰「交相愛也」者，王既明於家道，天下化之，六親和睦，交相愛樂也。

上九，有孚，威如，終吉。注云：處家人之終，居家道之成，刑于寡妻，以著于外者也，故曰「有孚」。凡物以猛爲本者則患在寡恩，以愛爲本者則患在寡威，故家人之道尚威嚴也。家道可終，唯信與威。身得威敬，人亦如之。反之於身，則知施於人也。象曰：威如之吉，反身之謂也。

【疏】正義曰：「有孚，威如，終吉」者，上九處家人之終，家道大成，刑于寡妻，以著於外，信行天下，故曰「有孚」也；威被海内，故曰「威如」；威、信並立，乃得終於家道而吉從之，故曰「有孚，威如，終吉」也。象曰「反身之謂」者，身得人敬則敬於人，明知身敬於人人亦敬己，反之於身則知施之於人，故曰「反身之謂也」。

䷥兑下離上。睽：小事吉。

【疏】正義曰：睽者，乖異之名，物情乖異，不可大事。大事謂興役動衆，必須大同之世，方可爲之。小事謂飲食衣服，不待衆力，雖乖而可，故曰「小事吉」也。

彖曰：睽，火動而上，澤動而下。二女同居，其志不同行。説而麗乎明，柔進而上行，得中而應乎剛，是以小事吉。注云：事皆相違，害之道也。何由得小事吉？以有此三德也。天地睽而其事同也，男女睽而其志通也，萬物睽而其事類也。睽之時用大矣哉！注云：睽離之時，非小人之所能用也。

【疏】正義曰：「睽，火動而上，澤動而下。二女同居，其志不同行」者，此就二體釋卦名爲睽之義，同而異者也。水火二物，共成烹飪，理應相濟，今火在上而炎上，澤居下而潤下，无相成之道，所以爲乖。中、少二女共居一家，理應同志，各自出適，志不同行，所以爲異也。「説而麗乎明，柔進而上行，得中而應乎剛，是以小事吉」者，此就二體及六五有應，釋所以小事得吉。「説而麗乎明」，不爲邪僻。「柔進而上行」，所之在貴。「得中而應乎剛」，非爲全弱。雖在乖違之時，卦爻有此三德，故可以行小事而獲吉也。「天地睽而其事同」，此以下歷就天地、男女、萬物，廣明睽義，體乖而用合也。天高地卑，其體懸隔，是「天地睽」也，而生成品物，其事則同也。「男女睽而其志通」者，男外女内，分位有别，是「男女睽」也，而成家理事，其志即通也。萬物殊形，各自爲象，是「萬物睽」也，而均於生長，其事即類。故曰：「天地睽而其事同也，男女睽而其志通也，萬物睽而其事類也。」「睽之時用大矣哉」，既明睽理合同之大，又歎能用睽之人其德不小，睽離之時，能建其用，使合其通理，非大德之人則不可也，故曰「睽之時用大矣哉」也。

〔象曰：上火下澤，睽。君子以同而異。注云：同於通理，異於職事。

【疏】正義曰：「上火下澤，睽」者，動而相背，所以爲「睽」也。「君子以同而異」者，佐主治民，其意則同；各有司存，職掌則異，故曰「君子以同而異」也。

初九，悔亡。喪馬勿逐，自復。見惡人，无咎。注云：處睽之初，居下體之下，无應獨立，悔也。與四合志，故得悔亡。馬者，必顯之物。處物之始，乖而喪其馬，物莫能同，其私必相顯也，故勿逐而自復也。時方乖離，而位乎窮下，上无應可援，下无權可恃，顯德自異，爲惡所害，故「見惡人」乃得免咎也。**象曰：「見惡人」，以辟咎也。**

【疏】正義曰：「悔亡」者，初九處睽離之初，居下體之下，无應獨立，所以悔也。四亦處下，无應獨立，不乖於己，與己合志，故得「悔亡」。「喪馬勿逐，自復」者，時方睽離，觸目乖阻，馬之爲物，難可隱藏，時或失之，不相容隱，不須尋求，勢必「自復」，故曰「喪馬勿逐，自復」也。「見惡人，无咎」者，處於窮下，上无其應，无應則无以爲援，窮下則无權可恃。若摽顯自異，不能和光同塵，則必爲惡人所害，故曰「見惡人，无咎」。見〔一〕，謂遜接之也。象曰「以辟咎也」者，惡人不應與之相見，而遜接之者，「以避咎也」。

九二，遇主于巷，无咎。注云：處睽失位，將无所安。然五亦失位，俱求其黨，出門同趣，不期而遇，故曰「遇主于巷」也。處睽得援，雖失其位，未失道也。**象曰：「遇主于巷」，未失道也。**

〔一〕「見」字原無，據單疏本補。

【疏】正義曰：「遇主於巷，无咎」者，九二處睽之時而失其位，將无所安。五亦失位，與己同黨，同趣相求，不假遠涉而自相遇，適在於巷。言遇之不遠，故曰「遇主於巷」。主，謂五也。處睽得援，咎悔可亡，故「无咎」也。象曰「未失道」者，既遇其主，雖失其位，亦「未失道也」。

六三，見輿曳，其牛掣。其人天且劓，无初有終。注云：凡物近而不相得則凶。處睽之時，履非其位，以陰居陽，以柔乘剛，志在於上，而不和於四，二應於五，則近而不相比，故「見輿曳」。「輿曳」者，履非其位，失所載也。「其牛掣」者，滯隔所在，不獲進也。「其人天且劓」者，四從上取，二從下取，而應在上九，執志不回，初雖受困，終獲剛助。【疏】正義曰：「見輿曳，其牛掣」者，處睽之時，履非其位，以陰居陽，以柔乘剛，志在上九，不與四合。二自應五，又與己乖。欲載，其輿被曳，失己所載也；欲進，其牛被牽，滯隔所在，不能得進也，故曰「見輿曳，其牛掣」也。「其人天且劓，无初有終」者，剠額爲「天」，截鼻爲「劓」。既處二、四之間，皆不相得，其爲人也，四從上刑之，故剠其額，二從下刑之，又截其鼻，故曰「其人天且劓」。而應在上九，執志不回，初雖受困，終獲剛助，故曰「无初有終」。象曰「位不當」者，由位不當，故輿被曳。「遇剛」者，由遇上九之剛，所以「有終」也。

象曰：「見輿曳」，位不當也。「无初有終」，遇剛也。

九四，睽孤，遇元夫。交孚，厲，无咎。注云：无應獨處，五自應二，三與己睽，故曰「睽孤」也。初亦无應特立。處睽之時，俱在獨立，同處體下，同志者也。而己失位，比於三五，皆與己乖，處无所安，故求其疇類而自託焉，故曰「遇元夫」也。同志相得而无疑焉，故曰「交孚」也。雖在乖隔，志故得行，故雖危无咎。象曰：「交孚无咎」，志行也。

【疏】正義曰：「元夫」謂初九也。處於卦始，故云「元」也。初、四俱陽而言「夫」者，蓋是丈夫之夫，非夫婦之夫也。

六五，悔亡。厥宗噬膚，往，何咎？注云：非位，悔也；有應，故亡[一]。厥宗，謂二也。「噬膚」者，齧柔也。三雖比二，二之所噬，非妨己應者也。以斯而往，何咎之有？往必合也。象曰「厥宗噬膚」，往有慶也。

【疏】正義曰：「悔亡」者，失位，悔也；有應，故「悔亡」也。「厥宗噬膚，往何咎」者，宗，主也，謂二也。噬膚，謂噬三也。三雖隔二，二之所噬，故曰「厥宗噬膚」也。三是陰爻，故以膚爲譬，言柔脆也。二既噬三即五，可以往而无咎矣，故曰「往无咎」。象曰「往有慶也」者，有慶之言，善功被物，爲物所賴也。五雖居尊而不當位，與二合德，乃爲物所賴，故曰「往有慶也」。

上九，睽孤。見豕負塗，載鬼一車，先張之弧，後説之弧。匪寇婚媾。往，遇雨則吉。注云：處睽之極，睽道未通，故曰「睽孤」。己居炎極，三處澤盛，睽之極也。以文明之極，而觀至穢之物，睽之甚也。豕而負塗，穢莫過焉。至睽將合，至殊將通，恢詭譎怪，道將爲一。未至於洽，先見殊怪，故見豕負塗，甚可穢也；見鬼盈車，吁

[一]「亡」上，阮校云：「古本、足利本『亡』上有『悔』字。按：集解有『悔』字，正義本同，是古本之所據也。」

可怪也。先張之弧，將攻害也；後説之弧，睽怪通也。四剠〔一〕其應，故爲寇也。睽志將通，匪寇婚媾，往不失時，睽疑亡也。貴於遇雨，和陰陽也。陰陽既和，群疑亡也。象曰：遇雨之吉，群疑亡也。

【疏】正義曰：「睽孤」者，處睽之極，「睽」道未通，故曰「睽孤」也。「見豕負塗」者，火動而上，澤動而下，已居炎極，三處澤盛，睽之極也。離爲文明，澤是卑穢，以文明之極而觀至穢之物，事同豕而負塗泥，穢莫斯甚矣，故曰「見豕負塗」。「載鬼一車，先張之弧，後説之弧」者，鬼魅盈車，怪異之甚也。至睽將合，至殊將通，未至於洽，先見殊怪，故又見「載鬼一車」。載鬼不言「見」者，爲豕上有「見」字也。見怪若斯，懼來害己，故「先張之弧」，將攻害也。物極則反，睽極則通，故「後説之弧」，不復攻也。「匪寇婚媾」者，四剠其應，故謂四爲寇。睽志既通，匪能爲寇，乃得與三爲婚媾矣，故曰「匪寇婚媾」也。「往，遇雨則吉」者，雨者，陰陽交和之道也。衆異併消，无復疑阻，往得和合，則吉從之，故曰「往，遇雨則吉」。象曰「群疑亡也」者，往與三合，如雨之和。向之見豕、見鬼、張弧之疑併消釋矣，故曰「群疑亡也」。

○注「恢詭譎怪，道將爲一」　正義曰：莊子内篇齊物論曰：「无物不然，无物不可。故爲舉筳〔二〕與楹，厲與西施，恢詭譎怪，道通爲一。」郭象注云：「夫筳横而楹縦，厲醜而西施好，所謂齊者，豈必齊形

〔一〕「剠」原作「剌」，據單注本、注附音本改，下同。
〔二〕「筳」，據莊子當作「莛」，下同。

狀，同規矩哉！舉縱橫好醜，恢詭譎怪，各然其所然，各可其所可，即形雖萬殊，而性本得同，故曰『道通爲一』也。」莊子所言以明齊物，故舉恢詭譎怪至異之物，道通爲一，得性則同。王輔嗣用此文而改「通」爲「將」字者，明物極則反，睽極則通，有似引詩斷章，不必與本義同也。

䷦艮下坎上。**蹇：利西南，不利東北。**注云：西南，地也；東北，山也。以難之平則難解，以難之山則道窮。**利見大人，**注云：往則濟也。**貞吉。**注云：爻皆當位，各履其正，居難履正，正邦之道也。正道未否，難由正濟，故「貞吉」也。遇難失正，吉可得乎？

【疏】正義曰：蹇，難也。有險在前，畏而不進，故稱爲「蹇」。「利西南，不利東北」者，西南地位，平易之方；東北險位，阻礙之所。世道多難，率物以適平易，則蹇難可解。若入於險阻，則彌加擁塞。去就之宜，理須如此，故曰「蹇，利西南，不利東北」也。「利見大人」者，能濟衆難，惟有大德之人，故曰「利見大人」。「貞吉」者，居難之時，若不守正而行其邪道，雖見大人，亦不得吉，故曰「貞吉」也。

彖曰：蹇，難也，險在前也。見險而能止，知矣哉！蹇利西南，往得中也；不利東北，其道窮也。利見大人，往有功也。當位貞吉，以正邦也。蹇之時用大矣哉！注云：蹇難之時，非小人之所能用也。

【疏】正義曰：「蹇，難也，險在前也。見險而能止，知矣哉」者，釋卦名也。蹇者，有難而不進，能止而不犯，故就二體，有險有止，以釋蹇名。坎在其外，是「險在前也」。有險在前，所以爲難。若冒險而行，或罹其害。艮居其内，止而不往，相時而動，非知不能，故曰「見險而能止，知矣哉」也。「蹇利西南，往得中也」者，之於平易，救難之理，故云「往得中也」。「不利東北，其道窮」者，之於險阻，更益其難，其道彌窮，故曰「其道窮也」。「利見大人，往有功也」者，往見大人必能除難，故曰「往有功也」。「當位貞吉，以正邦也」者，二、三、四、五爻皆當位，所以得正而吉，故曰「當位貞吉」也。「以正邦也」者，居難守正，正邦之道，故曰「以正邦也」。「蹇之時用大矣哉」者，能於蹇難之時建立其功、用以濟世者，非小人之所能，故曰「蹇之時用大矣哉」也。

象曰：山上有水，蹇。注云：山上有水，蹇難之象。君子以反身脩德。注云：除難莫若反身脩德。

【疏】正義曰：「山上有水，蹇」者，山者是巖險，水是阻難。水積山上，彌益危難，故曰「山上有水，蹇」。「君子以反身脩德」者，蹇難之時，未可以進，惟宜反求諸身，自修其德，道成德立，方能濟險，故曰「君子以反身修德」也。陸績曰：「水在山上，失流通之性，故曰蹇。」通水流下，今在山上，不得下流，蹇之象。陸績又曰：「水本應山下，今在山上，終應反下，故曰反身。」處難之世，不可以行，只可反自省察，修己德用乃除難。君子通達道暢之時並濟天下，處窮之時則獨善其身也。

初六，往蹇，來譽。注云：處難之始，居止之初，獨見前識，覩險而止，以待其時，知矣哉！故往則遇蹇，來則得譽。

象曰：「往蹇，來譽」，宜待也。

【疏】正義曰：「往蹇，來譽」者，初六處蹇之初，往則遇難，來則得譽。初居艮始，是能見險而止。見險不往，則是來而得譽，故曰「往蹇，來譽」。象曰「宜待」者，既往則遇蹇，宜止以待時也。

六二，王臣蹇蹇，匪躬之故。注云：處難窮〔一〕時，履當其位，居不失中，以應於五。不以五在難中，私身遠害，執心不回，志匡王室者也，故曰「王臣蹇蹇，匪躬之故」。履中行義，以存其上，處蹇以此，未見其尤也。**象曰：「王臣蹇蹇」，終无尤也。**

【疏】正義曰：「王臣蹇蹇，匪躬之故」者，王謂五也，臣謂二也。九五居於王位而在難中，六二是五之臣，往應於五，履正居中，志匡王室，能涉蹇難，而往濟蹇，故曰「王臣蹇蹇」也。盡忠於君，匪以私身之故而不往濟君，故曰「匪躬之故」。象曰「終无尤」者，處難以斯，豈有過尤也？

九三，往蹇，來反。注云：進則入險，來則得位，故曰「往蹇，來反」。爲下卦之主，是內之所恃也。**象曰：「往蹇來反」，內喜之也。**

【疏】正義曰：「往蹇，來反」者，九三與坎爲鄰，進則入險，故曰「往蹇」；來則得位，故曰「來反」。象曰「內喜之」者，內卦三爻，惟九三一陽居二陰之上，是內之所恃，故云「內喜之也」。

六四，往蹇，來連。注云：往則无應，來則乘剛，往來皆難，故曰「往蹇，來連」。得位履正，當其本實，雖遇於難，非

〔一〕「窮」，單注本、注附音本作「之」。

妄所招也。象曰：「往蹇，來連」，當位實也。

【疏】正義曰：馬云：「連亦難也。」鄭云：「遲久之意。」六四往則无應，來則乘剛，往來皆難，故曰「往蹇，來連」也。象曰「當位實」者，明六四得位履正，當其本實。而往來遇難者，乃數之所招，非邪妄之所致也，故曰「當位實也」。

九五，大蹇，朋來。注云：處難之時，獨在險中，難之大者也，故曰「大蹇」。然居不失正，履不失中，執德之長，不改其節，如此則同志者集而至矣，故曰「朋來」也。象曰：「大蹇朋來」，以中節也。

【疏】正義曰：九五處難之時，獨在險中，難之大者也，故曰「大蹇」。然得位履中，不改其節，如此則同志者自遠而來，故曰「朋來」。象曰「以中節」者，得位居中，不易其節，故致「朋來」，故云「以中節也」。

○注「同志者集而至矣」正義曰：此以「同志」釋「朋來」之義。鄭注論語云：「同門曰朋，同志曰友。」此對文也。通而言之，同志亦是朋黨也。

上六，往蹇，來碩，吉。利見大人。注云：往則長難，來則難終，難終則衆難皆濟，志大得矣，故曰「往蹇，來碩，吉」。險夷難解，大道可興，故曰「利見大人」也。象曰：「往蹇來碩」，志在內也。注云：有應在內，往則失之〔一〕，來則志獲，志在內也。「利見大人」，以從貴也。

〔一〕「往則失之」原作「往之則失」，據單注本、注附音本改。

【疏】正義曰：碩，大也。上六難終之地，不宜更有所往，往則長難，故曰「往蹇」也。來則難終，難終則衆難皆濟，志大得矣，故曰「來碩，吉」也。險夷難解，大道可興，宜見大人，以弘道化，故曰「利見大人」也。象曰「志在内也」者，有應在三，是「志在内也」。應既在内，往則失之，來則得之，所以往則有蹇，來則碩吉也。「以從貴」者，貴謂陽也。以陰從陽，故云「以從貴也」。

䷧坎下震上。**解：利西南。**注云：西南，衆也。解難濟險，利施於衆也。亦不困〔一〕于東北，故不言不利東北也。**无所往，其來復，吉。有攸往，夙吉。**注云：未有善於解難而迷於處安也。解之爲義，解難而濟厄者也。无難可往，以解來復，則不失中；有難而往，則以速爲吉也。无難則能復其中，有難則能濟其厄也。

【疏】正義曰：解者，卦名也。然解有兩音，一音「古買反」，一音「胡賣反」；「解」謂解難之初，「解」謂既解之後。象稱「動而免乎險」，明非救難之時，故先儒皆讀爲「解」。序卦云：「物不可以終難，故受之以解。解者，緩也。」然則「解」者，險難解，釋物情舒緩，故爲「解」也。「解，利西南」者，西南坤位，坤是衆也，施解於衆，則所濟者弘，故曰「解，利西南」也。「无所往」者，上言解難濟險，利施於衆，此下明救難之時，誠其可否。若无難可往，則以「來復」爲吉。若有難可往，則以速赴爲善，故云「无所往，其

〔一〕「困」原作「因」，據單注本改。

來復，吉。有攸往，夙吉」。設此誡者，褚氏云：「世有无事求功，故誡以无難宜靜，亦有待敗乃救，故誡以有難須速也。」

彖曰：解，險以動，動而免乎險，解。注云：動乎險外，故謂之「免」。免險則解，故謂之「解」。解利西南，往得衆也。其來復吉，乃得中也。有攸往，夙吉，往有功也。天地解而雷雨作，雷雨作而百果草木皆甲坼。注云：天地否結則雷雨不作，交通感散，雷雨乃作也。雷雨之作，則險厄者亨，否結者散，故「百果草木皆甲坼〔一〕」也。解之時大矣哉！注云：无所而不釋也。難解之時，非治難時，故不言用。體盡於解之名，无有幽隱，故不曰義。

【疏】正義曰：「解，險以動，動而免乎險，解」者，此就二體以釋卦名。遇險不動，无由解難。動在險中，亦未能免咎。今動於險外，即見免説〔二〕於險，所以爲「解」也。「解利西南，往得衆」者，解之爲義，兼濟爲美。往之西南，得施解於衆，所以爲利也。「其來復吉，乃得中也」者，无難可解，退守靜默，得理之中，故云「乃得中也」。「有攸往，夙吉，往有功也」者，解難能速則不失其幾，故「往有功也」。「天地解而雷雨作，雷雨作而百果草木皆甲坼」者，此因震、坎有雷雨之象，以廣明解義。天地解緩，雷雨

〔一〕「坼」原作「拆」，據單注本改。

〔二〕「即見免説」，阮校云：閩、監、毛本「見」作「是」，「説」作「脱」。

乃作。雷雨既作，百果草木皆孚甲開坼，莫不解散也。「解之時大矣哉」者，結歎解之大也。自天地至於草木，无不有解，豈非大哉！

象曰：雷雨作，解。君子以赦過宥罪。

【疏】正義曰：赦謂放免，過謂誤失，宥謂寬宥，罪謂故犯。過輕則赦，罪重則宥，皆解緩之義也。

初六，无咎。注云：解者，解也。屯難盤結，於是乎解也。處蹇難始解之初，在剛柔始散之際，將赦罪厄，以夷其險。處此之時，不煩於位而无咎也。

象曰：剛柔之際，義无咎也。注云：或有過咎，非其理也。義猶理也。

【疏】正義曰：夫險難未夷，則賤弱者受害，然則蹇難未解之時，柔弱者不能无咎；否結既釋之後，剛强者不復陵暴。初六處蹇難始解之初，在剛柔始散之際，雖以柔弱處无位之地，逢此之時，不慮有咎，故曰「初六，无咎」也。象曰「義无咎」者，義猶理也。剛柔既散，理必无咎，或有過咎，非理之常也，故曰「義无咎也」。

○注「或有過咎，非其理也」正義曰：或本无此八字。

九二，田獲三狐，得黄矢，貞吉。注云：狐者，隱伏之物也。剛中而應，爲五所任，處於險中，知險之情，以斯解物，能獲隱伏也，故曰「田獲三狐」也。黄，理中之稱也。矢，直也。田而獲三狐，得乎理中之道，不失枉直之實，能全其正者也，故曰「田獲三狐，得黄矢，貞吉」也。

象曰：九二貞吉，得中道也。

【疏】正義曰：「田獲三狐」者，狐是隱伏之物，三爲成數，舉三言之，搜獲備盡。九二以剛居中而應於五，爲五所任，處於險中，知險之情，以斯解險，无險不濟，能獲隱伏，如似田獵而獲窟中之狐，故曰「田獲三狐」。「得黄矢，貞吉」者，黄，中之稱；矢，直也。田而獲三狐，得乎理中之道，不失枉直之實，能全其正者也，故曰「得黄矢，貞吉」也。〇象曰「得中道也」者，明九二位既不當，所以得「貞吉」者，由處於中，得乎理中之道故也。

六三，負且乘，致寇至，貞吝。注云：處非其位，履非其正，以附於四，用夫柔邪以自媚者也。乘二負四，以容其身。寇之來也，自己所致，雖幸而免，正之所賤也。〇**象曰：「負且乘」，亦可醜也。自我致戎，又誰咎也？**

【疏】正義曰：「負且乘，致寇至」者，六三失正无應，下乘於二，上附於四，即是用夫邪佞以自説媚者也。乘者，君子之器也。負者，小人之事也。施之於人，即在車騎之上而負於物也。故寇盜知其非己所有，於是競欲奪之，故曰「負且乘，致寇至」也。「貞吝」者，負乘之人，正其所鄙，故曰「貞吝」也。〇象曰「亦可醜也」者，天下之醜多矣，此是其一，故曰「亦可醜也」。「自我致戎，又誰咎也」者，言此寇難由己之招，非是他人致此過咎，故云「又誰咎也」。

九四，解而拇，朋至斯孚。注云：失位不正，而比於三，故三得附之爲其拇也。三爲之拇，則失初之應，故「解其拇」，然後朋至而信矣。〇**象曰：「解而拇」，未當位也。**

【疏】正義曰：「解而拇，朋至斯孚」者，而，汝也；拇，足大指也。履於不正，與三相比，三從下來附之，如指之附足，四有應在初，若三爲之拇，則失初之應，故必「解其拇」，然後朋至而信，故曰「解而拇，朋至斯孚」。象曰「未當位」者，四若當位履正，即三爲邪媚之身，不得附之也；既三不得附，四則无所解。今須解拇，由不當位也。

六五，君子維有解，吉。有孚于小人。注云：居尊履中而應乎剛，可以有解而獲吉矣。以君子之道解難釋險，小人雖闇，猶知服之而无怨矣，故曰「有孚于小人」也。**象曰：君子有解，小人退也。**

【疏】正義曰：「君子維有解，吉」者，六五居尊履中而應於剛，是有君子之德。君子當此之時，可以解於險難。維，辭也。有解於難，所以獲吉，故曰「君子維有解，吉」也。「有孚于小人」者，以君子之道解難，則小人皆信服之，故曰「有孚于小人」也。象曰「君子有解，小人退」者，小人謂作難者，信君子之德，故退而畏服之。

上六，公用射隼于高墉之上，獲之，无不利。注云：初爲四應，二爲五應，三不應上，失位負乘，處下體之上，故曰「高墉」。墉非隼之所處，高非三之所履，上六居動之上，爲解之極，將解荒悖而除穢亂者也。故用射之，極而後動，成而後舉，故必獲之，而无不利也。**象曰：「公用射隼」，以解悖也。**

【疏】正義曰：隼者，貪殘之鳥，鸇鷂之屬。墉，牆也。六三失位負乘，不應於上，即是罪釁之人，故以譬於隼。此借飛鳥爲喻，而居下體之上，其猶隼處高墉。隼之爲鳥，宜在山林，隼〔一〕於人家高墉，必

〔一〕「隼」，阮校云：「隼」當作「集」。

爲人所繳射，以譬六三處於高位，必當被人所誅討。上六居動之上，爲解之極，將解之荒悖而除穢亂，故用射之也。極而後動，成而後舉，故必獲之而无不利，故曰「公用射隼于高墉之上，獲之，无不利」也。公者臣之極，上六以陰居上，故謂之「公」也。○象曰「解悖也」者，悖，逆也。六三失位負乘，不應於上，是悖逆之人也。上六居動之上，能除解六三之荒悖，故云「以解悖也」。

周易注疏卷第六

周易注疏卷第七

國子祭酒上護軍曲阜縣開國子臣孔穎達奉勑撰

䷨兑下艮上。損：有孚，元吉，无咎可貞，利有攸往。曷之用？二簋可用享。

【疏】正義曰：「損」者，減損之名，此卦明損下益上，故謂之「損」。「損」之爲義，損下益上，損剛益柔。損下益上，非補不足者也；損剛益柔，非長君子之道者也。若不以誠信，則涉諂諛而有過咎，故必有孚然後大吉，无咎可正而利有攸往矣，故曰「損有孚，元吉，无咎可貞，利有攸往」也。先儒皆以无咎、可貞各自爲義，言既吉而无咎，則可以爲正准。下王注彖辭云：「損下而不爲邪，益上而不爲諂，則何咎而可正。」然則王意以无咎、可貞共成一義，故莊氏云：「若行損有咎，則須補過以正其失。今行損用信，則是无過可正，故云『无咎可貞』。」竊謂莊氏之言得王旨矣。「曷之用？二簋可用享」者，明行損之禮，貴夫誠信，不在於豐。既行損以信，何用豐爲？二簋至約，可用享祭矣，故曰「曷之用？二簋可用享」也。

彖曰：損，損下益上，其道上行。注云：艮爲陽，兑爲陰。凡陰，順於陽者也。陽止於上，陰説而順，損下益上，上行之義也。**損而有孚，元吉，无咎可貞，利有攸往。**注云：損之爲道，損下益上，損剛益柔也。損下益上，非補不足也；損剛益柔，非長君子之道也。爲損而可以獲吉，其唯有孚乎！損而有孚則元吉，无咎而可正，利有攸往矣。損剛益柔，不以消剛；損下益上，不以盈上。損剛而不爲邪，益上而不爲諂，則何咎而可正？雖不能拯濟大難，以斯有往，物无距也。**曷之用？**注云：曷，辭也。「曷之用」，言何用豐爲也。**二簋可用享。**注云：二簋，質薄之器也。行損以信，雖二簋而可用享。**二簋應有時，**注云：至約之道，不可常也。**損剛益柔有時。**注云：下不敢剛，貴於上行，「損剛益柔」之謂也。剛爲德長，損之不可以爲常也。**損益盈虛，與時偕行。**注云：自然之質，各定其分，短者不爲不足，長者不爲有餘，損益將何加焉？非道之常，故必與時偕行也。

【疏】正義曰：「損，損下益上，其道上行」者，此就二體釋卦名之義。艮，陽卦，爲止。兑，陰卦，爲説。陽止於上，陰説而順之，是下自減損以奉於上，「上行」之謂也。「損而有孚，元吉，无咎可貞，利有攸往」者，卦有「元吉」已下等事，由於「有孚」，故加一「而」字，則其義可見矣。「曷之用？二簋可用享」者，舉經明之，皆爲損而有孚，故得如此。「二簋應有時」者，申明二簋之禮，不可爲常。二簋至約，惟在損時應時行之，非時不可也。「損剛益柔有時」者，明「損下益上」之道，亦不可爲常。損之所以能「損下益上」者，以下不敢剛亢，貴於奉上，則是損於剛亢而益柔順也。「損剛」者，謂損兑之陽爻也。「益柔」者，謂益艮之陰爻也。人之爲德，須備剛柔，就剛柔之中，剛爲德長。既爲德長，不可恒減，故損之「有時」。「損益盈虛，與時偕行」者，「盈虛」者，鳧足短而任性，鶴脛長而自然。此又云「與時偕行」者，上既言「損剛益柔」，不可常用，此又汎明損益之事，體非恒理，自然之質，各定其分。鳧足非短，鶴脛非長，何須損我以益人。虚此以盈彼，但有時宜用，故應時而行，故曰「損益盈虚，與時偕行」也。

象曰：山下有澤，損。注云：山下有澤，損之象也。**君子以懲忿窒欲。**注云：可損之善，莫善忿欲也。

【疏】正義曰：「山下有澤，損。君子以懲忿窒欲」者，澤在山下，澤卑山高，似澤之自損以崇山之象也。君子以法此損道，以懲止忿怒，窒塞情欲。夫人之情也，感物而動，境有順逆，故情有忿欲。懲者息其既往，窒者閉其將來。忿欲皆有往來，懲、窒互文而相足也。

初九，已事遄往，无咎，酌損之。注云：損之爲道，損下益上，損剛益柔，以應其時者也。居於下極，損剛奉柔，則不可以逸；處損之始，則不可以盈。事已則往，不敢宴安，乃獲无咎也。剛以奉柔，雖免乎咎，猶未親也，故既獲无咎，復自酌損，乃得合志也。遄，速也。**象曰：「已事遄往」，尚合志也。**注云：尚合於志，故速往也。

【疏】正義曰：「已事遄往，无咎」者，已，竟也。遄，速也。損之爲道，損下益上，如人臣欲自損己奉上。然各有職掌，若廢事而往，咎莫大焉。若事已不往，則爲傲慢。竟事速往，乃得无咎，故曰「已事遄往，无咎」也。「酌損之」者，剛勝則柔危，以剛奉柔，初未見親也，故須酌而減損之，乃得合志，故曰「酌損之」。象曰「尚合志」者，尚，庶幾也。所以竟事速往，庶幾與上合志也。

九二，利貞，征凶。弗損，益之。注云：柔不可全益，剛不可全削，下不可以无正。初九已損剛以順柔，九二履中，而復損己以益柔，則剥道成焉，故不可遄往而利貞也。進之乎柔則凶矣，故曰「征凶」也。故九二不損而務益，以中爲志也。

象曰：九二利貞，中以爲志也。

【疏】正義曰：「利貞，征凶。弗損，益」者，柔不可以全益，剛不可以全削，下不可以无正。初九已損剛以益柔，爲順六四爲初六；九二復損己，以益六五爲六二，則成剥卦矣。故九二利以居而守正，進之於柔則凶，故曰「利貞，征凶」也。既征凶，故九二不損己而務益，故曰「不損，益之」也。象曰「中以爲志」者，言九二所以能居而守貞，不損益之，良由居中，以中爲志，故損益得其節適也。

六三，三人行則損一人，一人行則得其友。注云：損之爲道，損下益上，其道上行。三人，謂自六三已上三陰也。三陰並行，以承於上，則上失其友，内无其主，名之曰「益」，其實乃「損」。故天地相應，乃得化淳〔一〕；男女匹配，乃得化生。陰陽不對，生可得乎？故六三獨行，乃得其友。三陰俱行，則必疑矣。象曰：「一人行」，三則疑也。

【疏】正義曰：「三人行則損一人，一人行則得其友」者，六三處損之時，居於下體。損之爲義，其道上行。三人，謂自六三已上三陰。上一人，謂上九也。下一人，謂六三也。夫陰陽相應，萬物化淳，男女匹配，故能生育，六三應於上九，上有二陰，六四、六五也。損道上行，有相從之義。若與二陰并己俱

〔一〕「淳」，阮校云：閩、監、毛本作「醇」，下同。

行，雖欲益上九一人，更使上九懷疑，疑則失其適匹之義也。名之曰「益」，即不是減損，其實損之也，故曰「三人行則損一人」。若六三一人獨行，則上九納己无疑，則得其友矣，故曰「一人行則得其友」也。象曰「三則疑」者，言一人則可，三人益加疑惑也。

六四，損其疾，使遄有喜，无咎。注云：履得其位，以柔納剛，能損其疾也。疾何可久？故速乃有喜。損疾以離其咎，有喜乃免，故使速乃有喜，有喜乃无咎也。象曰：「損其疾」，亦可喜也。

【疏】正義曰：「損其疾，使遄有喜，无咎」者，疾者，相思之疾也；初九自損己遄往，己以正道速納，陰陽相會，同志斯來，无復企予之疾，故曰「損其疾」。疾何可久，速乃有喜，有喜乃无咎，故曰「使遄有喜，无咎」。象曰「亦可喜」者，詩曰「亦既見止」，「我心則降」，不亦有喜乎？○注「速乃有喜，有喜乃无咎也」正義曰：相感而久不相會，則有勤望之憂，故「速乃有喜」。初九自損以益四，四不速納，則有失益之咎也，故曰「有喜乃无咎也」。

六五，或益之十朋之龜，弗克違，元吉。注云：以柔居尊而爲損道，江海處下，百谷歸之，履尊以損，則或益之矣。朋，黨也。龜者，決疑之物也。陰非先唱，柔非自任，尊以自居，損以守之，故人用其力，事竭其功，知者慮能，明者慮策，弗能違也，則衆才之用盡矣。獲益而得「十朋之龜」，足以盡天人之助也。象曰：六五元吉，自上祐也。

【疏】正義曰：「或益之十朋之龜，弗克違，元吉」者，六五居尊以柔而在乎損，而能自抑損者也。居尊而能自抑損，則天下莫不歸而益之，故曰「或益之」也。「或」者，言有也，言其不自益之，有人來益之也。朋者，黨也。龜者，決疑之物也。陰不先唱，柔不自任，尊以自居，損以守之，則人用其力，事竭其功，智者慮能，明者慮策，而不能違也。朋至不違，則群才之用盡矣，故曰「十朋之龜，弗克違」也。群才畢用，自尊委人，天人並助，故曰「元吉」。象曰「自上祐」者，上謂天也，故與「自天祐之，吉无不利」義同也。

○注「朋黨也」　正義曰：馬、鄭皆案爾雅云：「十朋之龜者，一曰神龜，二曰靈龜，三曰攝龜，四曰寶龜，五曰文龜，六曰筮龜，七曰山龜，八曰澤龜，九曰水龜，十曰火龜。」

上九，弗損，益之，无咎，貞吉，利有攸往。得臣无家。注云：處損之終，上无所奉，損終反益。剛德不損，乃反益之，而不憂於咎。用正而吉，不制於柔，剛德遂長，故曰「弗損，益之，无咎，貞吉，利有攸往」也。居上乘柔，處損之極，尚夫剛德，爲物所歸，故曰「得臣」；得臣則天下爲一，故「无家」也。象曰：「弗損益之」，大得志也。

【疏】正義曰：「弗損，益之，无咎，貞吉」者，損之爲義，損下益上。上九處損之極，上无所奉，損終反益，故曰「弗損，益之」也。既剛德不損，乃反益之，則不憂於咎，用正而吉，故曰「无咎，貞吉」也。「利有攸往」者，下制於柔，不使三陰俱進，不疑其志，剛德遂長，故曰「利有攸往」也。又能自守剛陽，不爲柔之所制，豈惟无咎、貞吉而已，所往亦无不利，故曰「利有攸往」，義兩存也。「得臣无家」者，居上乘柔，處損之極，尊夫剛德，爲物所歸，故曰「得臣」；得臣則以天下爲一，故曰「无家」。「无家」者，光宅天下，无適一家也。〜象曰「大得志」者，剛德不損，爲物所歸，故「大得志也」。

䷩震下巽上。**益：利有攸往，利涉大川。**

【疏】正義曰：益者，增足之名，損上益下，故謂之益。下已有矣，而上更益之，明聖人利物之无已也。損卦則損下益上，益卦則損上益下，得名皆就下而不據上者，向秀云：「明王之道，志在惠下，故取下謂之損，與下謂之益。」既上行惠下之道，利益萬物，動而无違，何往不利，故曰「利有攸往」。以益涉難，理絶險阻，故曰「利涉大川」。

〜**象曰：益，損上益下，民説无疆。**注云：震，陽也。巽，陰也。巽非違震者也。處上而巽，不違於下，「損上益下」之謂也。**自上下下，其道大光。利有攸往，中正有慶。**注云：五處中正，自上下下，故有慶也。以中正有慶之德，有攸往也，何適而不利哉！**利涉大川，木道乃行。**注云：木者，以涉大川爲常而不溺者也。以益涉難，同乎木也。**益動而巽，日進无疆。天施地生，其益无方。**注云：損上益下。**凡益之道，與時偕行。**注云：益之爲用，施未足也。滿而益之，害之道也。故「凡益之道，與時偕行」也。

【疏】正義曰：「益，損上益下，民説无疆」者，此就二體釋卦名之義。柔巽在上，剛動在下，上巽不違於下，「損上益下」之義也。既居上者能自損以益下，則下民歡説，无復疆限。益卦所以名益者，正以「損上益下，民説无疆」者也。「自上下下，其道大光。利有攸往，中正有慶」者，此就九五之爻，釋「利有攸往，中正有慶」也。五處中正，能「自上下下」，則其道光大，爲天下之所慶賴也。以「中正有慶」之德，故所往无不利焉。益之所以「利有攸往」者，正謂中正有慶故也。「利涉大川，木道乃行」者，此取譬以釋「利涉大川」也。木體輕浮，以涉大川爲常而不溺也。以益涉難，如木道之涉川。涉川无害，方見益之爲利，故云「利涉大川，木道乃行」也。「益動而巽，日進无疆」者，自此已下廣明益義。前則就二體明「損上益下」以釋卦名，以下有動求，上能巽接，是「損上益下」之義。今就二體更明得益之方也。若動而驕盈，則被損无已；若動而卑巽，則進益无疆，故曰「益動而巽，日進无疆」。「天施地生，其益无方」者，此就天地廣明「益」之大義也。天施氣於地，地受氣而化生，亦是「損上益下」義也。其施化之益，无有方所，故曰「天施地生，其益无方」。「凡益之道，與時偕行」者，雖施益无方，不可恒用，當應時行之，故舉「凡益」揔結之，故曰「凡益之道，與時偕行」也。

象曰：風雷，益。君子以見善則遷，有過則改。注云：遷善改過，益莫大焉。

【疏】正義曰：「風雷，益。君子以見善則遷，有過則改」者，子夏傳云：「雷以動之，風以散之，萬物皆益。」孟僖亦與此同其意。言必須雷動於前，風散於後，然後萬物皆益。如二月啓蟄之後，風以長物；八月收聲之後，風以殘物。風之爲益，其在雷後，故曰「風雷，益」也。遷謂遷徙慕尚，改謂改更懲止。遷善改過，益莫大焉，故君子求益，以「見善則遷，有過則改」也。六子之中，並有益物，獨取雷、風者，何晏云：「取其最長可久之義也。」

初九，利用爲大作，元吉，无咎。注云：處益之初，居動之始，體夫剛德，以莅其事，而之乎巽，以斯大作，必獲大功。夫居下非厚事之地，在卑非任重之處，大作非小功所濟，故元吉，乃得无咎也。象曰：「元吉，无咎」，下不厚事也。注云：時可以大作，而下不可以厚事，得其時而无其處，故元吉，乃得无咎也。

【疏】正義曰：「利用爲大作，元吉，无咎」者，「大作」謂興作大事也。初九處益之初，居動之始，有興作大事之端，又體剛能幹，應巽不違，有堪建大功之德，故曰「利用爲大作」也。然有其才而无其位，得其時而非其處，雖有殊功，人不與也。時人不與，則咎過生焉。故必元吉，乃得无咎，故曰「元吉，无咎」。象曰「下不厚事」者，厚事猶大事也。

六二，或益之十朋之龜，弗克違，永貞吉。王用享于帝，吉。注云：以柔居中，而得其位。處内履中，居益以沖。益自外來，不召自至，不先不爲〔二〕，則朋龜獻策，同於損卦六五之位。位不當尊，故吉在「永貞」也。帝者，生物之主，興益之宗，出震而齊巽者也。六二居益之中，體柔當位，而應於巽，享帝之美，在此時也。象曰：「或益之」，自外來也。

【疏】正義曰：「或益之十朋之龜，弗克違，永貞吉。王用享於帝，吉」者，六二體柔居中，當位應巽，是居益而能用謙沖者也。居益用謙，則物自外來，朋龜獻策，弗能違也。同於損卦六五之位，故曰「或益

〔二〕「爲」，阮校云：「爲」當作「違」。

之十朋之龜，弗克違」也。然位不當尊，故永貞乃吉，故曰「永貞吉」。帝，天也。王用此時，以享祭於帝，明靈降福，故曰「王用享於帝，吉」也。象曰「自外來」者，明益之者從外自來，不召而至也。

六三，益之，用凶事，无咎。有孚，中行，告公用圭。注云：以陰居陽，求益者也，故曰「益之」。益不外來，己自爲之，物所不與，故在謙則戮，救凶則免。以陰居陽，處下卦之上，壯之甚也。用救衰危，物所恃也，故「用凶事」，乃得「无咎」也。若能益不爲私，志在救難，壯不至亢，不失中行，以此告公，國主所任也；用圭之禮，備此道矣，故曰「有孚，中行，告公用圭」也。公者，臣之極也。凡事足以施天下，則稱王；次天下之大者，則稱公。六三之才，不足以告王，足以告公，而得用圭也，故曰「中行，告公用圭」也。象曰：益用凶事，固有之也。注云：用施凶事，乃得固有之也。

【疏】正義曰：「益之，用凶事，无咎。有孚，中行，告公用圭」者，六三以陰居陽，不能謙退，是求益者也，故曰「益之」。益不外來，己自爲之，物所不與。若以謙道責之，則理合誅戮。若以救凶原之，則情在可恕。然此六三，以陰居陽，處下卦之上，壯之甚也。用此以救衰危，則物之所恃，所以「用凶事」而得免咎，故曰「益之，用凶事，无咎」。若能求益不爲私己，志在救難，爲壯不至亢極，能適於時，是有信實而得中行，故曰「有孚，中行」也。用此「有孚，中行」之德，執圭以告於公，公必任之，以救衰危之事，故曰「告公用圭」。象曰「固有之」者，明非爲救凶，則不可求益；施之凶事，乃得固有其功也。

○注「公者臣之極」至「用圭也」　正義曰：告王者宜以文德燮理，使天下人寧，不當恒以救凶，用志褊狹也。

六四，中行，告公從，利用爲依遷國。注云：居益之時，處巽之始，體柔當位，在上應下，卑不窮下，高不處亢，位雖不中，用「中行」者也。以斯告公，何有不從？以斯「依遷」，誰有不納也？象曰：「告公從」，以益志也。注云：志得益也。

【疏】正義曰：「中行，告公從，利用爲依遷國」者，六四居益之時，處巽之始，體柔當位，在上應下，卑不窮下，高不處亢，位雖不中，用中行者也，故曰「中行」也。以此中行之德，有事以告於公，公必從之，故曰「告公從」也。用此道以依人而遷國者，人无不納，故曰「利用爲依遷國」也。遷國，國之大事，明以中行，雖有大事而无不利，如「周之東遷，晉鄭焉依」之義也。象曰「以益志」者，既爲公所從，其志得益也。

九五，有孚惠心，勿問元吉。有孚，惠我德。注云：得位履尊，爲益之主者也。爲益之大，莫大於信。爲惠之大，莫大於心。因民所利而利之焉，惠而不費，惠心者也。信以惠心，盡物之願，故不待問而元吉。有孚，惠我德也。以誠惠物，物亦應之，故曰「有孚，惠我德」也。象曰：「有孚惠心」，勿問之矣。「惠我德」，大得志也。

【疏】正義曰：「有孚惠心，勿問元吉。有孚，惠我德」者，九五得位處尊，爲益之主，兼弘德義，以益物者也。爲益之大，莫大於信；爲惠之大，莫大於心。因民所利而利之焉，惠而不費，「惠心」者也。有惠有信，盡物之願，必獲元吉，不待疑問，故曰「有孚惠心，勿問元吉」。我既以信惠被於物，物亦以信惠歸於我，故曰「有孚，惠我德」也。象曰「大得志」者，天下皆以信惠歸我，則可以得志於天下，故曰「大得志也」。

上九，莫益之，或擊之，立心勿恒，凶。注云：處益之極，過盈者也。求益无已，心无恒者也。无厭之求，人弗與也。獨唱莫和，是「偏辭也」。人道惡盈，怨者非一，故曰「或擊之」也。象曰：「莫益之」，偏辭也。「或擊之」，自外來也。

【疏】正義曰：上九處益之極，益之過甚者也。求益无厭，怨者非一，故曰「莫益之，或擊之」也。勿，猶无也。求益无已，是「立心无恒」者也。无恒之人，必凶咎之所集，故曰「立心勿恒，凶」。象曰「偏辭」者，此有求而彼不應，是「偏辭也」。「自外來」者，怨者非一，不待召也，故曰「自外來也」。

䷪乾下兑上。夬：揚于王庭，孚號有厲。告自邑，不利即戎。利有攸往。注云：夬，與剥反者也。剥以柔變剛，至於剛幾盡。夬以剛決柔，如剥之消剛。剛隕則君子道消，柔消則小人道隕。君子道消，則剛正之德不可得直道而用，刑罰之威不可得坦然而行。「揚于王庭」，其道公也。

【疏】正義曰：夬，決也。此陰消陽息之卦也。陽長至五，五陽共決一陰，故名爲「夬」也。「揚于王庭」者，明行決斷之法，夬以剛決柔，施之於人，則是君子決小人也。王庭是百官所在之處，以君子決小人，故可以顯然發揚決斷之事於王者之庭，示公正而无私隱也，故曰「揚于王庭」也。「孚號有厲」者，號，號令也。行決之法，先須號令。夬以剛決柔，則是用明信之法而宣其號令，如此即柔邪者危，故曰「孚號有厲」也。以剛制斷，行令於邑可也。若用剛即戎，尚力取勝，爲物所疾，以此用師，必有不利，故曰「告自邑，不利即戎」。雖不利即戎，然剛德不長則柔邪不消，故陽爻宜有所往，夬道乃成，故曰「利有攸往」也。

彖曰：夬，決也，剛決柔也。健而説，決而和。注云：健而説，則決而和矣。揚于王庭，柔乘五剛也。注云：剛德齊長，一柔爲逆，衆所同誅而无忌者也，故可「揚于王庭」。孚號有厲，其危乃光也。注云：剛正明信以宣其令，則柔邪者危，故曰「其危乃光也」。告自邑，不利即戎，所尚乃窮也。注云：以剛斷制，告令可也。「告自邑」，謂行令於邑也。用剛即戎，尚力取勝也。尚力取勝，物所同疾也。利有攸往，剛長乃終也。注云：剛德愈長，柔邪愈消，故「利有攸往」，道乃成也。

【疏】正義曰：「夬，決也，剛決柔」者，此就爻釋卦名也。「健而説，決而和」者，此就二體之義，明決而能和，乾健而兑説，健則能決，説則能和，故曰「決而和」也。「揚于王庭，柔乘五剛」者，此因一陰而居五陽之上，釋行決之法。以剛德齊長，一柔爲逆，衆所同誅，誅而无忌也，故曰「揚于王庭」。言所以得顯然「揚于王庭」者，只謂「柔乘五剛也」。「孚號有厲，其危乃光」者，以明信而宣號令，即柔邪者危厲，危厲之理分明可見，故曰「其危乃光也」。「告自邑，不利即戎，所尚乃窮」者，剛克之道，不可常行。若專用威猛，以此即戎，則便爲尚力取勝，即是決而不和，其道窮矣。行決所以惟「告自邑，不利即戎」者，只謂所尚乃窮故也。「利有攸往，剛長乃終」者，終，成也；剛長柔消，夬道乃成也。

象曰：澤上於天，夬。君子以施禄及下，居德則忌。注云：澤上於天，夬之象也。澤上於天，必來下潤，「施禄及下」之義也。夬者，明法而決斷之象也。忌，禁也。法明斷嚴，不可以慢，故居德以明禁也。施而能嚴，嚴而能施，健而能說，決而能和，美之道也。

【疏】正義曰：「澤上於天，夬」者，澤性潤下，雖復「澤上於天」，決來下潤，此事必然，故是「夬」之象也。「君子以施禄及下，居德則忌」者，忌，禁也。「夬」有二義，象則澤來潤下，象則明法決斷，所以君子法此夬義，威惠兼施，雖復施禄及下，其在身居德，復須明其禁令，合於健而能說，決而能和，故曰「君子以施禄及下，居德則忌」也。

初九，壯于前趾，往不勝，爲咎。注云：居健之初，爲決之始，宜審其策，以行其事。壯其前趾，往而不勝，宜其咎也。　象曰：不勝而往，咎也。注云：不勝之理，在往前也。

【疏】正義曰：初九居夬之初，當須審其籌策，然後乃往。而體健處下，徒欲果決壯健，前進其趾，以此而往，必不克勝，非夬之謀，所以「爲咎」，故曰「初九，壯于前趾，往不勝，爲咎」也。象曰「不勝而往，咎」者，經稱「往不勝，爲咎」，象云「不勝而往，咎」，翻其文者，蓋暴虎馮河，孔子所忌，謬於用壯，必无勝理。孰知不勝，果決而往，所以致於咎過。故注云「不勝之理，在往前也」。

九二，惕號，莫夜有戎，勿恤。注云：居健履中，以斯決事，能審己度而不疑者也。故雖有惕懼號呼，莫夜有戎，不憂不惑，故「勿恤」也。象曰：「有戎勿恤」，得中道也。

【疏】正義曰：「惕號，莫夜有戎，勿恤」者，九二體健居中，能決其事，而无疑惑者也。雖復有人惕懼號呼，語之云暮夜必有戎寇來害己，能審己度，不惑不憂，故「勿恤」也。象曰「得中道」者，決事而得中道，故不以有戎爲憂，故云「得中道也」。

九三，壯于頄，有凶。君子夬夬，獨行遇雨若濡，有愠，无咎。注云：頄，面權也，謂上六也。最處體上，故曰「權」也。剥之六三，以應陽爲善。夫剛長則君子道興，陰盛則小人道長。然則處陰長而助陽則善，處剛長而助柔則凶矣。夬爲剛長，而三獨應上六，助於小人，是以凶也。君子處之，必能棄夫情累，決之不疑，故曰「夬夬」也。若不與衆陽爲群，而獨行殊志，應於小人，則受其困焉。遇雨若濡，有恨而无所咎也。象曰：「君子夬夬」，終无咎也。

【疏】正義曰：「壯于頄，有凶」者，頄，面權也，謂上六也。言九三處夬之時，獨應上六，助於小人，是以凶也。若剥之六三，處陰長之時而應上，是助陽爲善。今九三處剛長之時，獨助陰爲凶也。「君子夬夬」者，君子之人，居於此時，能棄其情累，不受於應，在於決斷而无滯，是「夬夬」也。「獨行遇雨若濡，有愠，无咎」者，若不能決斷，殊於衆陽，應於小人，則受濡濕其衣，自爲怨恨，无咎責於人，故曰「有愠，无咎」也。象曰「君子夬夬，終无咎」者，衆陽決陰，獨與上六相應，是有咎也。若能夬夬，決之不疑，則終无咎矣。然則象云「无咎」，自釋「君子夬夬」，非經之「无咎」也。

九四，臀无膚，其行次且。牽羊悔亡，聞言不信。注云：下剛而進，非己所據，必見侵食，失其所安，故「臀无膚，其行次且」也。羊者，牴很難移之物，謂五也。五爲夬主，非下所侵。若牽於五，則可得「悔亡」而已。剛亢不能納言，自任所處，聞言不信，以斯而行，凶可知矣。**象曰：「其行次且」，位不當也。「聞言不信」，聰不明也。**注云：同於噬嗑滅耳之凶。

【疏】正義曰：「臀无膚，其行次且」者，九四據下三陽，位又不正，下剛而進，必見侵傷，侵傷則居不得安，若「臀无膚」矣。次且，行不前進也。臀之无膚，居既失安，行亦不進，故曰「臀无膚，其行次且」也。「牽羊悔亡，聞言不信」者，羊者，牴很難移之物，謂五也。居尊當位，爲夬之主，下不敢侵。若牽於五，則可得悔亡，故曰「牽羊悔亡」。然四亦是剛陽，各亢所處，雖復聞「牽羊」之言，不肯信服事於五，故曰「聞言不信」也。象曰「聰不明」者，聰，聽也；良由聽之不明，故「聞言不信」也。

○注「同於噬嗑滅耳之凶」　正義曰：四既聞言不信，不肯牽係於五，則必被侵克致凶。而經无凶文，象稱「聰不明」者，與噬嗑上九辭同，彼以「不明」釋凶，知此亦爲凶也。

九五，莧陸夬夬，中行无咎。注云：莧陸，草之柔脆者也。決之至易，故曰「夬夬」也。夬之爲義，以剛決柔，以君子除小人者也。而五處尊位，最比小人，躬自決者也。以至尊而敵至賤，雖其克勝，未足多也。處中而行，足以免咎而已，未足光也。**象曰：「中行无咎」，中未光也。**

【疏】正義曰：「莧陸夬夬，中行无咎」者，莧陸，草之柔脆者也；夬之爲義，以剛決柔，以君子除小人者也。五處尊位，爲夬之主，親決上六，決之至易也，如決莧草然，故曰「莧陸夬夬」也。但以至尊而敵於至賤，雖其克勝，不足貴也。特以中行之故，纔得无咎，故曰「中行无咎」。象曰「中未光」者，雖復居中而行，以其親決上六，以尊敵卑，未足以爲光大也。

○注「莧陸，草之柔脆者」正義曰：子夏傳云：「莧陸，木根，草莖，剛下柔上也。」馬融、鄭玄、王肅皆云「莧陸，一名商陸」，皆以莧陸爲一。董遇云：「莧，人莧也。陸，商陸也。」以莧陸爲二。案：注直云「草之柔脆」，似亦以爲一同於子夏等也。

上六，无號，終有凶。注云：處夬之極，小人在上，君子道長，衆所共棄，故非號咷所能延也。象曰：无號之凶，終不可長也。

【疏】正義曰：上六居夬之極，以小人而居群陽之上，衆共棄也。君子道長，小人必凶，非號咷所免，故禁其號咷，曰「无號，終有凶」也。象曰「終不可長」者，長，延也。凶危若此，非號咷所能延，故曰「終不可長也」。

䷫巽下乾上。姤：女壯，勿用取女。

【疏】正義曰：姤，遇也。此卦一柔而遇五剛，故名爲「姤」。施之於人，則是一女而遇五男，淫壯至甚，故戒之曰「此女壯甚，勿用取此女」也。

彖曰：姤，遇也。柔遇剛也。注云：施之於人，即女遇男也。一女而遇五男，爲壯至甚，故不可取也。勿用取女，不可與長也。天地相遇，品物咸章也。注云：匹乃功成也。剛遇中正，天下大行也。注云：化乃大行也。姤之時義大矣哉！注云：凡言義者，不盡於所見，中有意謂者也。

【疏】正義曰：「姤，遇也。柔遇剛」者，此就爻釋卦名。以初六一柔而上遇五剛，所以名「遇」，而用釋卦辭「女壯，勿用取女」之義也。「勿用取女，不可與長」者，女之爲體，婉娩貞順，方可期之偕老，淫壯若此，不可與之長久，故「勿用取女」。「天地相遇，品物咸章」者，已下廣明遇義。卦得「遇」名，本由一柔與五剛相遇，故遇辭非美，就卦而取，遂言遇不可用，是「勿用取女」也，故孔子更就天地歎美「遇」之爲義不可廢也。天地若各亢所處，不相交遇，則萬品庶物无由彰顯，必須二氣相遇，乃得化生，故曰「天地相遇，品物咸章也」。「剛遇中正，天下大行」者，莊氏云：「一女而遇五男，既不可取；天地匹配，則能成品物。」由是言之，若剛遇中正之柔，男得幽貞之女，則天下人倫之化，乃得大行也。「姤之時義大矣哉」者，上既博美，此又結歎，欲就卦而取義。但是一女而遇五男，不足稱美，博論「天地相遇」乃致「品物咸章」，然後「姤之時義大矣哉」。○注「凡言」至「意謂者也」。正義曰：注總爲稱義發例，故曰「凡言」也。就卦以驗名義，只是女遇於男，博尋「遇」之深旨，乃至道該天地，故云「不盡於所見，中有意謂者也」。

象曰：天下有風，姤。后以施命誥四方。

【疏】正義曰：風行天下，則无物不遇，故爲遇象。「后以施命誥四方」者，風行草偃，天之威令，故人君法此，以施教命，誥於四方也。

初六，繫于金柅，貞吉。有攸往，見凶。羸豕孚蹢躅。注云：金者堅剛之物，柅者制動之主，謂九四也。初六處遇之始，以一柔而承五剛，體夫躁質，得遇而通，散而无主，自縱者也。柔之爲物，不可以不牽；臣妾之道，不可以不貞，故必繫于正應，乃得「貞吉」也。若不牽于一，而有攸往行，則唯凶是見矣。羸豕，謂牝豕也。群豕之中，豭强而牝弱，故謂之「羸豕」也。孚，猶務躁也。夫陰質而躁恣者，羸豕特甚焉，言以不貞之陰，失其所牽，其爲淫醜，若羸豕之孚務蹢躅也。象曰：「繫于金柅」，柔道牽也。

【疏】正義曰：「繫于金柅，貞吉」者，金者，堅剛之物；柅者，制動之主，謂九四也。初六陰質，若繫於正應以從於四，則貞而吉矣，故曰「繫於金柅，貞吉」也。「有攸往，見凶」者，若不牽於一，而有所行往，則惟凶是見矣，故曰「有攸往，見凶」。「羸豕孚蹢躅」者，初六處遇之初，以一柔而承五剛，是不繫金柅，有所往者也。不繫而往，則如羸豕之務躁而蹢躅然也，故曰「羸豕孚蹢躅」。羸豕，謂牝豕也。群豕之中，豭强而牝弱也，故謂牝豕爲「羸豕」。陰質而淫躁，牝豕特甚焉，故取以爲喻。象曰「柔道牽」者，陰柔之道必須有所牽繫也。

○注「柅者制動之主」　正義曰：柅之爲物，衆説不同。王肅之徒皆爲織績之器，婦人所用。惟馬云：「柅者，在車之下，所以止輪、令不動者也。」王注云：「柅者，制動之主。」蓋與馬同。

九二，包有魚，无咎，不利賓。注云：初陰而窮下，故稱「魚」。不正之陰，處遇之始，不能逆近者也。初自樂來應己之厨，非爲犯奪，故「无咎」也。擅人之物，以爲己惠，義所不爲，故「不利賓」也。〖象曰：「包有魚」，義不及賓也。

【疏】正義曰：「庖有魚，无咎」者，初六以陰而處下，故稱魚也。以不正之陰，處遇之始，不能逆於所近，故捨九四之正應，樂充九二之庖厨，故曰「九二，庖有魚」。初自樂來，爲己之厨，非爲犯奪，故得「无咎」也。「不利賓」者，夫擅人之物，以爲己惠，義所不爲，故「不利賓」也。〖象曰「義不及賓」者，言有他人之物，於義不可及賓也。

九三，臀无膚，其行次且。厲，无大咎。注云：處下體之極，而二據於初，不爲己乘。居不獲安，行无其應，不能牽據，以固所處，故曰「臀无膚，其行次且」也。然履得其位，非爲妄處，不遇其時，故使危厲。災非己招，是以无大咎也。〖象曰：「其行次且」，行未牽也。

【疏】正義曰：陽之所據者，陰也。九三處下體之上，爲内卦之主，以乘於二，无陰可據，居不獲安，上又无應，不能牽據以固所處，同於夬卦九四之失據，故曰「臀无膚，其行次且」也。然履得其位，非爲妄處，特以不遇其時，故致此危厲，災非己招，故无大咎，故曰「厲，无大咎」。〖象曰「行未牽」者，未能牽據，故「其行次且」，是「行未牽也」。

九四，包无魚，起凶。注云：二有其魚，故失之也。无民而動，失應而作，是以「凶」也。〖象曰：无魚之凶，遠民也。

【疏】正義曰：「庖无魚」者，二擅其應，故曰「庖无魚」也。庖之无魚，則是无民之義也。「起凶」者，起，動也；无民而動，失應而作，是以凶也。象曰「遠民」者，陰爲陽之民，爲二所據，故曰「遠民也」。

九五，以杞包瓜，含章，有隕自天。注云：杞之爲物，生於肥地者也。包瓜爲物，繫而不食者也。九五履得尊位，而不遇其應，得地而不食，含章而未發，不遇其應，命未流行，然處得其所，體剛居中，志不舍命，不可傾隕，故曰「有隕自天」也。**象曰：九五含章，中正也。「有隕自天」，志不舍命也。**

【疏】正義曰：「以杞匏瓜」者，杞之爲物，生於肥地；匏瓜爲物，繫而不食，九五處得尊位而不遇其應，是得地而不食，故曰「以杞匏瓜」也。「含章，有隕自天」者，不遇其應，命未流行，无物發起其美，故曰「含章」；然體剛居中，雖復當位，命未流行，而能不改其操，无能傾隕之者，故曰「有隕自天」，蓋言惟天能隕之耳。象曰「中正」者，中正故有美，无應故「含章」而不發。若非九五中正，則无美可含，故舉爻位而言「中正」也。「志不舍命」者，雖命未流行，而居尊當位，志不舍命，故曰「不可傾隕」也。

○注「杞之爲物，生於肥地者也」正義曰：先儒説杞，亦有不同。馬云：「杞，大木也。」左傳云「杞梓、皮革，自楚往」，則爲杞梓之杞。子夏傳曰：「作杞匏瓜。」薛虞記云：「杞，杞柳也。杞性柔刃，宜屈橈，似匏瓜。」又爲杞柳之杞。案：王氏云「生於肥地」，蓋以杞爲今之枸杞也。

上九，姤其角，吝，无咎。注云：進之於極，无所復遇，遇角而已，故曰「姤其角」也。進而无遇，獨恨而已，不與物争，其道不害，故无凶咎也。象曰：「姤其角」，上窮吝也。

【疏】正義曰：「姤其角」者，角者，最處體上，上九進之於極，无所復遇，遇角而已，故曰「姤其角」也。「吝，无咎」者，角非所安，與无遇等，故獨恨而鄙吝也。然不與物争，其道不害，故无凶咎，故曰「无咎」也。象曰「上窮吝」者，處於上窮，所以遇角而吝也。

䷬坤下兑上。萃：亨。注云：聚乃通也。王假有廟。注云：假，至也。王以聚至有廟也。利見大人，亨，利貞。注云：聚得大人，乃得通而利正也。用大牲，吉。注云：全夫聚道，用大牲乃吉也。聚道不全，而用大牲，神不福也。利有攸往。

【疏】正義曰：萃，卦名也。又萃，聚也，聚集之義也。能招民聚物，使物歸而聚己，故名爲「萃」也。亨者，通也。擁隔不通，无由得聚，聚之爲事，其道必通，故云「萃，亨」。「王假有廟」者，假，至也。天下崩離，則民怨神怒，雖復享祀，與无廟同。王至大聚之時，孝德乃洽，始可謂之「有廟」矣，故曰「王假有廟」。「利見大人，亨，利貞」者，聚而无主，不散則亂，惟有大德之人能弘正道，乃得常通而利正，故曰「利〔一〕見大人，亨，利貞」也。「用大牲，吉」者，大人爲主，聚道乃全，以此而用大牲，神明降福，故曰

〔一〕「利」原作「則」，據單疏本改。

「用大牲，吉」也。「利有攸往」者，人聚神祐，何往不利？故曰「利有攸往」也。

彖曰：萃，聚也。順以説，剛中而應，故聚也。注云：但順而説，則邪佞之道也。剛而違於中應，則强亢之德也。何由得聚？順説而以剛爲主，主剛而履中，履中以應，故得聚也。王假有廟，致孝享也。注云：全聚，乃得致孝之享也。利見大人，亨，聚以正也。注云：大人，體中正者也。通聚以正，聚乃得全也。用大牲，吉，利有攸往，順天命也。注云：順以説而不損剛，順天命者也。天德剛而不違中，順天則説，而以剛爲主也。觀其所聚，而天地萬物之情可見矣。注云：方以類聚，物以群分。情同而後乃聚，氣合而後乃群。

【疏】正義曰：「萃，聚」者，訓「萃」名也。「順以説，剛中而應，故聚」者，此就二體及九五之爻釋所以能聚也。若全用順説，則邪佞之道興；全用剛陽，而違於中應，則强亢之德著，何由得聚？今「順以説」，而剛爲主，則非邪佞也。應不失中，則非偏亢也。如此方能聚物，故曰「順以説，剛中而應，故聚也」。「王假有廟，致孝享也」者，享，獻也；聚道既全，可以至於有廟，設祭祀而致孝享也。「利見大人，亨，聚以正也」者，釋聚所以利見大人，乃得通而利正者，良由大人有中正之德，能以正道通而化之，然後聚道得全，故曰「聚以正也」。「用大牲吉，利有攸往，順天命」者，天之爲德，剛不違中，今順以説，而以剛爲主，是「順天命也」。動順天命，可以享於神明，无往不利，所以得「用大牲，吉」。「利有攸往」者，只爲「順天命也」。「觀其所聚，而天地萬物之情可見矣」者，此廣明萃義而歎美之也。凡物所以得聚者，由情同也。情志若乖，无由得聚，故「觀其所聚，則天地萬物之情可見矣」。

象曰：澤上於地，萃。君子以除戎器，戒不虞。注云：聚而无防，則衆生心。

【疏】正義曰：澤上於地，則水潦聚，故曰「澤上於地，萃」也。除者，治也。人既聚會，不可无防備，故君子於此之時，脩治戎器以戒備不虞也。

初六，有孚不終，乃亂乃萃，若號，一握爲笑，勿恤，往无咎。注云：有應在四，而三承之，心懷嫌疑，故「有孚不終」也。不能守道以結至好，迷務競爭，故「乃亂乃萃」也。一握者，小之貌也。爲笑者，懦劣之貌也。己爲正配，三以近寵，若安夫卑退，謙以自牧，則勿恤而往无咎也。象曰：「乃亂乃萃」，其志亂也。

【疏】正義曰：「有孚不終，乃亂乃萃」者，初六有應在四，而三承之，萃聚之時，貴於近合，見三承四，疑四與三，始以正應相信，末以他意相阻，故曰「有孚不終」也。既心懷嫌疑，則情志迷亂，奔馳而行，萃不以禮，故曰「乃亂乃萃」。「一握」者，小之貌也，自比一握之間，言至小也。「爲笑」者，非嚴毅之容，言懦劣也。己爲正配，三以近寵。若自號比於一握之小，執其謙退之容，不與物爭，則不憂於三，往必得合而「无咎」矣，故曰「若號，一握爲笑，勿恤，往无咎」也。象曰「其志亂」者，只謂疑四與三，故志意迷亂也。

六二，引吉，无咎。孚乃利用禴。注云：居萃之時，體柔當位，處坤之中，己獨處正，與衆相殊，異操而聚，民之多僻，獨正者危。未能變體以遠於害，故必見引，然後乃吉而无咎也。禴，殷春祭名也，四時祭之省者也。居聚之時，處於中正，而行以忠信，故可以省薄薦於鬼神也。象曰：引吉无咎，中未變也。

【疏】正義曰：「引吉，无咎」者，萃之爲體，貴相從就，聚道乃成。今六二以陰居陰，復在坤體，志於靜退，則是守中未變，不欲相就者也。乖衆違時則致危害，故須牽引乃得吉而无咎也，故曰「引吉，无咎」。「孚乃利用禴」者，禴，殷春祭之名也，四時之祭最薄者也。雖乖於衆，志須牽引，然居中得正，忠信而行，故可以省薄薦於鬼神也，故曰「孚乃利用禴」。象曰「中未變也」者，釋其所以須「引」乃「吉」，良由居中未變。

六三，萃如嗟如，无攸利。往无咎，小吝。注云：履非其位，以比於四，四亦失位，不正相聚，相聚不正，患所生也。干人之應，害所起也，故「萃如嗟如，无攸利」也。上六亦无應而獨立，處極而憂危，思援而求朋，巽以待物者也。與其萃於不正，不若之於同志，故可以往而无咎也。二陰相合，猶不若一陰一陽之至〔一〕，故有小吝也。象曰：「往无咎」，上巽也。

【疏】正義曰：居萃之時，履非其位，以比於四，四亦失位。不正相聚，相聚不正，患所生也。干人之應，害所起也，故曰「萃如嗟如，无攸利」也。「往无咎，小吝」者，上六亦无應而獨立，處極而憂危，思援而求朋，巽以待物者也。與其萃於不正，不若之於同志，故可往而无咎。但以上六是陰，已又是陰，以

〔一〕「至」，阮校云：閩、監、毛本「至」作「應」，按正義作「應」。

二陰相合，猶不若一陰一陽之應，故有小吝也。象曰「往无咎，上巽也」者，以上體柔巽，以求其朋，故三可以往而无咎也。

九四，大吉，无咎。注云：履非其位，而下據三陰，得其所據，失其所處。處聚之時，不正而據，故必大吉，立夫大功，然後无咎也。**象曰：「大吉无咎」，位不當也。**

【疏】正義曰：「大吉，无咎」者，以陽處陰，明履非其位，又下據三陰，得其所據，失其所處。處聚之時，不正而據，是其凶也。若以萃之時，立夫大功，獲其大吉，乃得无咎，故曰「大吉，无咎」。象曰「位不當」者，謂以陽居陰也。

九五，萃有位，无咎，匪孚。元永貞，悔亡。注云：處聚之時，最得盛位，故曰「萃有位」也。四專而據，已德不行，自守而已，故曰「无咎，匪孚」。夫脩仁守正，久必悔消，故曰「元永貞，悔亡」。**象曰：「萃有位」，志未光也。**

【疏】正義曰：「萃有位，无咎，匪孚。元永貞，悔亡」者，九五處聚之時，最得盛位，故曰「萃有位」也。既得盛位，所以「无咎匪孚」者，良由四專而據，已德化不行，信不孚物，自守而已，故曰「无咎，匪孚」。若能修夫大德，久行其正，則其悔可消，故曰「元永貞，悔亡」。象曰「志未光也」者，雖有盛位，信德未行，久乃悔亡，今時志意未光大也。

上六，齎咨涕洟，无咎。注云：處聚之時，居於上極，五非所乘，内无應援，處上獨立，近遠无助，危莫甚焉。齎咨，嗟歎之辭也。若能知危之至，懼禍之深，憂病之甚，至于涕洟，不敢自安，亦衆所不害，故得无咎也。**象曰：「齎咨涕洟」，未安上也。**

【疏】正義曰：「齎咨」者，居萃之時，最處上極，五非所乘，内又无應，處上獨立，无其援助，危亡之甚，居不獲安，故齎咨而嗟歎也。若能知有危亡，懼害之深，憂危之甚，至於涕洟滂沲，如此居不獲安，方得衆所不害，故「无咎」矣。自目出曰涕，自鼻出曰洟。象曰「未安上」者，未敢安居其上所乘也。

䷭巽下坤上。**升：元亨。用見大人，勿恤。**注云：巽順可以升，陽爻不當尊位，无嚴剛之正，則未免於憂，故用見大人，乃「勿恤」也。**南征吉。**注云：以柔之南，則麗乎大明也。

【疏】正義曰：「升，元亨」者，升，卦名也；升者，登上之義；升而得大通，故曰「升，元亨」也。「用見大人，勿恤」者，升者，登也。陽爻不當尊位，无剛嚴之正，則未免於憂，故用見大德之人，然後乃得无憂恤，故曰「用見大人，勿恤」。「南征吉」者，非直須見大德之人，復宜適明陽之地。若以陰之陰，彌足其闇也。南是明陽之方，故云「南征吉」也。

象曰：柔以時升。注云：柔以其時，乃得升也。**巽而順，剛中而應，是以大亨。**注云：純柔則不能自升，剛亢則物不從。既以時升，又巽而順，剛中而應，以此而升，故得「大亨」。**用見大人，勿恤，有慶也。南征吉，志行也。**注云：巽順以升，至于大明，「志行」之謂也。

【疏】正義曰：「柔以時升」者，升之爲義，自下升高，故就六五居尊，以釋名「升」之意。六五以陰柔之質超升貴位，若不得時，則不能升耳，故曰「柔以時升」也。「巽而順，剛中而應，是以大亨」者，此就二體及九二之爻釋「元亨」之德也。純柔則不能自升，剛亢則物所不從。卦體既巽且順，爻又剛中而應於五，有此衆德，故得「元亨」。「用見大人，勿恤，有慶」者，以大通之德，用見大人，不憂否塞，必致慶善，故曰「有慶也」。「南征吉，志行」者，之於闇昧則非其本志，今以柔順而升大明，其志得行也。

象曰：地中生木，升。君子以順德，積小以高大。

【疏】正義曰：「地中生木，升」者，地中生木，始於細微，以至高大，故爲升象也。「君子以順德，積小以高大」者，地中生木，始於毫末，終至合抱，君子象之，以順行其德，積其小善，以成大名，故繫辭云「善不積，不足以成名」是也。

初六，允升，大吉。注云：允，當也。巽卦三爻，皆升者也。雖无其應，處升之初，與九二、九三合志俱升。當升之時，升必大得，是以「大吉」也。象曰：「允升大吉」，上合志也。

【疏】正義曰：「允升，大吉」者，允，當也；巽卦三爻，皆應升上，而二、三有應於五、六，升之不疑，惟初无應於上，恐不得升，當二、三升時，與之俱升，必大得矣，故曰「允升，大吉」也。象曰「上合志也」者，上謂二、三也，與之合志俱升，乃得「大吉」也。

九二，孚乃利用禴，无咎。注云：與五爲應，往必見任。體夫剛德，進不求寵，閑邪存誠，志在大業，故乃利用納約于神明矣。**象曰：九二之孚，有喜也。**

【疏】正義曰：「孚乃利用禴，无咎」者，九二與五爲應，往升於五，必見信任，故曰「孚」。二體剛德，而履乎中，進不求寵，志在大業，用心如此，乃可薦其省約於神明而无咎也，故曰「孚乃利用禴，无咎」。象曰「有喜也」者，上升則爲君所任，薦約則爲神所享，斯之爲喜，不亦宜乎？

九三，升虛邑。注云：履得其位，以陽升陰，以斯而舉，莫之違距，故若「升虛邑」也。**象曰：「升虛邑」，无所疑也。**注云：往必得也。

【疏】正義曰：「升虛邑」者，九三履得其位，升於上六，上六體是陰柔，不距於己，若升空虛之邑也。象曰「无所疑」者，往必得邑，何所疑乎？

六四，王用亨于岐山，吉，无咎。注云：處升之際，下升而進，可納而不可距也。距下之進，攘來自專，則殃咎至焉。若能不距而納，順物之情，以通庶志，則得吉而无咎矣。岐山之會，順事之情，无不納也。**象曰：「王用亨于岐山」，順事也。**

【疏】正義曰：「王用亨於岐山」者，六四處升之際，下體三〔一〕爻，皆來上升，可納而不可距，事同文王岐山之會，故曰「王用亨於岐山」也。「吉，无咎」者，若能納而不距，順物之情，則得吉而无咎，故曰

〔一〕「三」，阮本作「二」。

「吉，无咎」也。象曰「順事」者，順物之情而立功立事，故曰「順事也」。

六五，貞吉，升階。注云：升得尊位，體柔而應，納而不距，任而不專，故得貞吉，升階而尊也。**象曰：「貞吉，升階」，大得志也。**

【疏】正義曰：「貞吉，升階」者，六五以柔居尊位，納於九二，不自專權，故得「貞吉」；「升階」，保其尊貴而踐阼矣，故曰「貞吉，升階」也。象曰「大得志」者，居中而得其貞吉，處尊而保其升階，志大得矣，故曰「大得志也」。

上六，冥升，利于不息之貞。注云：處升之極，進而不息者也。進而不息，故雖冥猶升也。故施於不息之正則可，用於爲物之主則喪矣。終於不息，消之道也。**象曰：冥升在上，消不富也。**注云：勞不可久也。

【疏】正義曰：「冥升」者，冥猶昧也。處升之上，進而不已，則是雖冥猶升也，故曰「冥升」。「利于不息之貞」者，若冥升在上，陵物爲主，則喪亡斯及；若絜己脩身，施於爲政，則以不息爲美，故曰「利于不息之貞」。象曰「消不富」者，雖爲政不息，交免危咎，然勞不可久，終致消衰，故曰「消不富也」。

䷮坎下兑上。**困：亨。**注云：窮必通也。處窮而不能自通者，小人也。**貞大人吉，无咎。**注云：處困而得无咎，吉乃免也。**有言不信。**

【疏】正義曰：「困」者，窮厄委頓之名。道窮力竭，不能自濟，故名爲「困」。亨者，卦德也。小人遭困，則窮斯濫矣。君子遇之，則不改其操。君子處困而不失其自通之道，故曰「困，亨」也。「貞大人吉，无咎」者，處困而能自通，必是履正體大之人，能濟於困，然後得吉而无咎，故曰「貞大人吉，无咎」也。「有言不信」者，處困求濟，在於正身脩德。若巧言飾辭，人所不信，則其道彌窮，故誡之以「有言不信」也。

彖曰：困，剛揜也。注云：剛見揜於柔也。險以説，困而不失其所亨。注云：處險而不改其説，困而不失其所亨也。其唯君子乎！貞大人吉，以剛中也。注云：處困而用剛，不失其中，履正而能體大者也。能正而不能大博，未能濟困者也，故曰「貞大人吉」也。有言不信，尚口乃窮也。注云：處困而言，不見信之時也。非行言之時，而欲用言以免，必窮者也。其吉在於「貞大人」，口何爲乎？

【疏】正義曰：「困，剛揜」者，此就二體以釋卦名。兑陰卦爲柔，坎陽卦爲剛，坎在兑下，是剛見揜於柔也。剛應升進，今被柔揜，施之於人，其猶君子爲小人所蔽以爲困窮矣。「險以説，困而不失其所亨」者，此又就二體名訓以釋亨德也。坎險而兑説，所以困而能亨者，良由君子遇困，安其所遇，雖居險困之世，不失暢説之心，故曰「險以説，困而不失其所亨」也。「其惟君子乎」者，結歎處困能通非小人之事，惟君子能然也。「貞大人吉，以剛中」者，此就二五之爻釋「貞大人」之義。剛則正直，所以爲貞；中而不偏，所以能大。若正而不大，未能濟困，處困能濟，濟乃得吉而无咎也，故曰「貞大人吉，以剛中也」。「有言不信，尚口乃窮」者，處困求通，在於修德，非用言以免困；徒尚口説，更致困窮，故曰「尚口乃窮也」。

象曰：澤无水，困。君子以致命遂志。注云：澤无水，則水在澤下。水在澤下，困之象也。處困而屈其志者，小人也。「君子固窮」，道可忘乎？

【疏】正義曰：「澤无水，困」者，謂水在澤下，則澤上枯槁，萬物皆困，故曰「澤无水，困」也。「君子以致命遂志」者，君子之人，守道而死，雖遭困厄之世，期於致命喪身，必當遂其高志，不屈橈而移改也，故曰「致命遂志」也。

初六，臀困于株木，入于幽谷，三歲不覿。注云：最處底下，沉滯卑困，居无所安，故曰「臀困于株木」也。欲之其應，二隔其路，居則困于株木，進不獲拯，必隱遯者也，故曰「入于幽谷」也。困之爲道，不過數歲者也。以困而藏，困解乃出，故曰「三歲不覿」也。象曰：「入于幽谷」，幽不明也。注云：言幽者，不明之辭也。入于不明，以自藏也。

【疏】正義曰：「臀困于株木」者，初六處困之時，以陰爻最居窮下，沉滯卑困，居不獲安，若臀之困于株木，故曰「臀困于株木」也。「入于幽谷」者，有應在四，而二隔之，居則困株，進不獲拯，勢必隱遯者也，故曰「入于幽谷」也。「三歲不覿」者，困之爲道，不過數歲，困解乃出，故曰「三歲不覿」也。象曰「幽不明」者，象辭惟釋「幽」字。言「幽」者，正是不明之辭，所以入不明，以自藏而避困也。釋「株」者，杌木謂之株也。

九二，困于酒食，朱紱方來，利用享祀。征凶，无咎。注云：以陽居陰，尚謙者也。居困之時，處得其中，體夫剛質，而用中履謙，應不在一，心无所私，盛莫先焉。夫謙以待物，物之所歸；剛以處險，難之所濟。履中則不失其宜，无應則心无私恃，以斯處困，物莫不至，不勝豐衍，故曰「困于酒食」，美之至矣。坎，北方之卦也。朱紱，南方之物也。處困以斯，能招異方者也，故曰「朱紱方來」也。豐衍盈盛，故「利用享祀」。盈而又進，傾之道也。以此而征，凶誰咎乎？故曰「征凶，无咎」。象曰：「困于酒食」，中有慶也。

【疏】正義曰：「困于酒食」者，九二體剛居陰，處中无應。體剛則健，能濟險也。居陰則謙，物所歸也。處中則不失其宜，无應則心无私黨。處困以斯，物莫不至，不勝豐衍，故曰「困于酒食」也。「朱紱方來，利用享祀」者，紱，祭服也。坎，北方之卦；朱紱，南方之物。處困用謙，能招異方者也，故曰「朱紱方來」也。舉異方者，明物无不至，酒食豐盈，異方歸向，祭則受福，故曰「利用享祀」。「征凶，无咎」者，盈而又進，傾敗之道，以征必凶，故曰「征凶」。自進致凶，无所怨咎，故曰「无咎」也。象曰「中有慶」者，言二以中德被物，物之所賴，故曰「有慶也」。

六三，困于石，據于蒺蔾。入于其宫，不見其妻，凶。注云：石之爲物，堅而不納者也，謂四也。三以陰居陽，志武者也。四自納初，不受己者。二非所據，剛非所乘。上比困石，下據蒺蔾，无應而入，焉得配耦？在困處斯，凶其宜也。象曰：「據于蒺蔾」，乘剛也。「入于其宫，不見其妻」，不祥也。

【疏】正義曰：「困于石，據于蒺蔾」者，石之爲物，堅剛而不可入也。蒺蔾之草，有刺而不可踐也。六三以陰居陽，志懷剛武，己又无應，欲上附於四，四自納於初，不受己者也，故曰「困于石」也。下欲比二，二又剛陽，非己所據，故曰「據于蒺蔾」也。「入于其宫，不見其妻，凶」者，无應而入，難得配偶，譬於入宫，不見其妻，處困以斯，凶其宜也，故曰「入于其宫，不見其妻，凶」也。象曰「乘剛」者，明二爲蒺蔾也。「不祥也」者，祥，善也，吉也；不吉，必有凶也。

九四，來徐徐，困于金車。吝，有終。 注云：「金車」，謂二也。二剛以載者也，故謂之金車。「徐徐」者，疑懼之辭也。志在於初，而隔於二，履不當位，威命不行。棄之則不能，欲往則畏二，故曰「來徐徐，困于金車」也。有應而不能濟之，故曰「吝」也。然以陽居陰，履謙之道，量力而處，不與二爭，雖不當位，物終與之，故曰「有終」也。**象曰：「來徐徐」，志在下也。** 注云：下謂初也。**雖不當位，有與也。**

【疏】正義曰：「九四，來徐徐，困于金車。吝，有終」者，何氏云：「九二以剛德勝，故曰金車也。」「徐徐」者，疑懼之辭。九四有應於初而礙於九二，故曰「困于金車」。欲棄〔一〕之，惜其配偶。疑懼而行，不敢疾速，故「來徐徐」也。有應而不敢往，可恥可恨，故曰「吝」也。以陽居陰，不失謙道，爲物之所與，故曰「有終」。象曰「有與」者，位雖不當，執謙之故，物所與也。

九五，劓刖，困于赤紱，乃徐有説，利用祭祀。 注云：以陽居陽，任其壯者也。不能以謙致物，物則不

〔一〕「棄」原作「乘」，據單疏本改。

附。忿物不附而用其壯猛，行其威刑，異方愈乖，遐邇愈叛。刑之欲以得，乃益所以失也，故曰「劓刖，困于赤紱」也。二以謙得之，五以剛失之，體在中直，能不遂迷，困而後能用其道者也。致物之功，不在於暴，故曰「徐」也。困而後乃徐徐則有説矣，故曰「困于赤紱，乃徐有説」也。祭祀，所以受福也。履夫尊位，困而能改，不遂其迷，以斯祭祀，必得福焉，故曰「利用祭祀」也。

象曰：「劓刖」，志未得也。「乃徐有説」，以中直也。「利用祭祀」，受福也。

【疏】正義曰：九五以陽居陽，用其剛壯，物不歸己。見物不歸而用威刑，行其「劓刖」之事。既行此威刑，則異方愈乖，遐邇愈叛。兑爲西方之卦，赤紱南方之物，故曰「劓刖，困於赤紱」也。此卦九二爲以陽居陰，用其謙退，能招異方之物也。此言九五剛猛，不能感異方之物也。若但用其中正之德，招致於物，不在速暴而徐徐，則物歸之而有説矣，故曰「乃徐有説」也。居得尊位，困而能反，不執其迷，用其祭祀則受福也。象曰「志未得也」者，由物不附己，己志未得，故曰「志未得也」。「乃徐有説，以中直也」者，居中得直，不貪不暴，終得其應，乃寬緩修其道德，則得喜説，故云「乃徐有説，以中直也」。「利用祭祀，受福」者，若〔一〕能不遂迷志，用其中正，則異方所歸，祭則受福，故曰「利用祭祀，受福也」。

上六，困于葛藟，于臲卼；曰動悔有悔，征吉。 注云：居困之極，而乘於剛，下无其應，行則愈繞者也。

〔一〕「若」，單疏本作「君」。

行則纏繞，居不獲安，故曰「困于葛藟，于臲卼」也。下句无困，因於上也。處困之極，行无通路，居无所安，困之至也。凡物窮則思變，困則謀通，處至困之地，用謀之時也。「曰」者，思謀之辭也。謀之所行，有隙則獲，言將何以通至困乎？「曰動悔」，令生有悔，以征則濟矣，故「曰動悔有悔，征吉」也。〈象曰：「困于葛藟」，未當也。注云：所處未當，故致此困也。「動悔有悔」，吉行也。

【疏】正義曰：葛藟，引蔓纏繞之草。臲卼，動摇不安之貌。上六處困之極，極困者也。而乘於剛，下又无應，行則纏繞，居不得安，故曰「困于葛藟，於臲卼」也。應亦言「困於臲卼」，困因於上，省文也。凡物窮則思變，困則謀通，處至困之地，是用謀策之時也。「曰」者，思謀之辭也。謀之所行，有隙則獲，言將何以通至困乎？爲之謀曰：必須發動其可悔之事，令其有悔可知，然後處困求通，可以行而獲吉，故曰「動悔有悔，征吉」。〈象曰「未當也」者，處於困極，而又乘剛，所處不當，故致此困也。「吉行」者，知悔而征，行必獲吉也。

䷯巽下坎上。井：改邑不改井，注云：井，以不變爲德者也。无喪无得，注云：德有常也。往來井井。注云：不渝變也。汔至亦未繘井，注云：已來至而未出井也。羸其瓶，凶。注云：井道以已出爲功也。幾至而覆，與未汲同也。

【疏】正義曰：「井」者，物象之名也。古者穿地取水，以瓶引汲，謂之爲井。此卦明君子脩德養民，有常不變，終始無改，養物不窮，莫過乎井，故以脩德之卦取譬，名之「井」焉。「改邑不改井」者，以下明井有常德，此明井體有常，邑雖遷移而井體无改，故云「改邑不改井」也。「无喪无得」者，此明井用有常德，終日引汲，未嘗言損；終日泉注，未嘗言益，故曰「无喪无得」也。「往來井井」者，此明性常。「井井」，絜静之貌也。往者來者皆使絜静，不以人有往來改其洗濯之性，故曰「往來井井」也。「汔至，亦未繘井，羸其瓶，凶」者，此下明井誡，言井功難成也。汔，幾也。幾，近也。繘，綆也。雖汲水以至井上，然綆出猶未離井口，而鉤羸其瓶而覆之也。棄其方成之功，雖有出井之勞，而與未汲不異，喻今人行常德，須善始令終。若有初无終，則必致凶咎，故曰「汔至亦未繘井，羸其瓶，凶」。言「亦」者，不必之辭，言不必有如此不克終者。計覆一瓶之水，何足言「凶」？以喻人之修德不成，又云但取喻人之德行不恒，不能慎終如始，故就人言「凶」也。

彖曰：巽乎水而上水，井。注云：音舉上之上。**井養而不窮也，改邑不改井，乃以剛中也。**注云：以剛處中，故能定居其所而不變也。**汔至亦未繘井，未有功也。**注云：井以已成爲功。**羸其瓶，是以凶也。**

【疏】正義曰：「巽乎水而上水，井」者，此就二體釋「井」之名義。此卦坎爲水在上，巽爲木在下，又巽爲入，以木入於水而又上水，井之象也。「井養而不窮」者，歎美井德，愈汲愈生，給養於人，无有窮已也。「改邑不改井，乃以剛中也」者，此釋井體有常，由於二、五也。二、五以剛居中，故能定居其所而不改變也。不釋「往來」二德者，无喪无得，往來井井，皆由以剛居中，更无他義，故不具舉經文也。「汔至亦未繘井，未有功也」者，水未及用則井功未成，其猶人德未被物，亦是功德未就也。「羸其瓶，是以凶也」者，汲水未出而覆，喻脩德未成而止，所以致凶也。

○注「音舉上之上」　正義曰：嫌讀爲去聲，故音之也。

象曰：木上有水，井。君子以勞民勸相。注云：「木上有水」，井之象也。上水以養，養而不窮者也。相猶助也。可以勞民勸助，莫若養而不窮也。

【疏】正義曰：「木上有水」，則是上水之象，所以爲井。「君子以勞民勸相」者，勞謂勞賚，相猶助也。井之爲義，汲養而不窮，君子以勞來之恩，勸恤民隱〔一〕，勸助百姓，使有功成，則此養而不窮也。

初六，井泥不食，舊井无禽。注云：最在井底，上又无應，沉滯滓穢，故曰「井泥不食」也。井泥而不可食，則是久井不見渫治者也。久井不見渫治，禽所不嚮，而況人乎？一時所共棄舍也。井者不變之物，居德之地，恒德至賤，物无取也。象曰：「井泥不食」，下也。「舊井无禽」，時舍也。

【疏】正義曰：「井泥不食，舊井无禽」者，初六最處井底，上又无應，沉滯滓穢，即是井之下泥污，不堪食也，故曰「井泥不食」也。井泥而不可食，即是久井不見渫治，禽所不嚮，而況人乎？故曰「舊井无

〔一〕「隱」原作「德」，據單疏本改。

禽」也。象曰「下也」者，以其最在井下，故爲井泥也；「時舍也」者，人既非食，禽又不向，即是一時共棄舍也。

○注「井者不變之物，居德之地」　正義曰：繫辭稱「改邑不改井」，故曰「井者，不變之物」。「居德」者，繫辭又云「井，德之地」，故曰「居德之地」也。注言此者，明井既有不變，即是有恒；既居德地，即是用德也。今居窮下，即是恒德至賤，故物无取也，禽之與人，皆共棄舍也。

九二，井谷射鮒，甕敝漏。注云：谿谷出水，從上注下，水常射焉。井之爲道，以下給上者也。而无應於上，反下與初，故曰「井谷射鮒」。鮒謂初也。失井之道，水不上出，而反下注，故曰「甕敝漏」也。夫處上宜下，處下宜上，井已下矣，而復下注，其道不交，則莫之與也。象曰：「井谷射鮒」，无與也。

【疏】正義曰：「井谷射鮒」者，井之爲德，以下汲上。九二上无其應，反下比初，施之於事，正似谷中之水下注徹鮒，井而似谷，故曰「井谷射鮒」也。鮒謂初也。子夏傳云：「井中蝦蟆，呼爲鮒魚也。」「甕敝漏」者，井而下注，失井之道，有似甕敝漏水，水漏下流，故曰「甕敝漏」也。象曰「无與也」者，井既處下，宜應汲上，今反養下，則不與上交，物莫之與，故曰「无與也」。

九三，井渫不食，爲我心惻，可用汲。王明，並受其福。注云：渫，不停污之謂也。處下卦之上，履得其位，而應於上，得井之義也。當井之義而不見食，脩己全絜而不見用，故「爲我心惻」也。爲猶使也。不下注而應上，故「可用汲」也。王明則見照明，既嘉其行，又欽其用，故曰「王明，並受其福」也。象曰：「井渫不食」，行惻也。

注云：行感於誠，故曰「惻也」。求王明，受福也。

【疏】正義曰：「井渫不食」者，渫，治去穢污之名也。井被渫治，則清絜可食。九三處下卦之上，異初六「井泥」之時，得位而有應於上，非「射鮒」之象。但井以上出爲用，猶在下體，未有成功。功既未成，井雖渫治，未食也，故曰「井渫不食」也。「爲我心惻」者，爲猶使也；井渫而不見食，猶人修己全絜而不見用，使我心中惻愴，故曰「爲我心惻」也。「可用汲。王明，並受其福」者，不同九二下注而不可汲也，有應於上，是可汲也。井之可汲，猶人可用。若不遇明王，則滯其才用。若遭遇賢主，則申其行能。賢主既嘉其行，又欽其用，故曰「可用汲。王明，並受其福」也。

六四，井甃，无咎。注云：得位而无應，自守而不能給上，可以脩井之壞，補過而已。象曰：「井甃无咎」，脩井也。

【疏】正義曰：案：子夏傳云：「甃亦治也，以塼壘井，脩井之壞，謂之爲甃。」六四得位而无應，自守而已，不能給上，可以脩井崩壞；施之於人，可以脩德補過，故曰「井甃，无咎」也。象曰「脩井」者，但可脩井之壞，未可上給養人也。

九五，井洌寒泉，食。注云：洌，絜也。居中得位，體剛不撓，不食不義，中正高絜，故「井洌寒泉」，然後乃食也。

象曰：寒泉之食，中正也。

【疏】正義曰：「井洌寒泉，食」者，餘爻不當貴位，但脩德以待用。九五爲卦之主，擇人而用之。洌，絜也。九五居中得正而體剛直，既體剛直則不食污穢，必須井絜而寒泉，然後乃食。以言剛正之主不納非賢，必須行絜才高而後乃用，故曰「井洌寒泉，食」也。◯象曰以「中正」者，若非居中得正，則任用非賢，不能要待寒泉然後乃食也。必言「寒泉」者，清而冷者水之本性，遇物然後濁而温，故言「寒泉」以表絜也。

上六，井收。勿幕，有孚，元吉。注云：處井上極，水已出井，井功大成，在此爻矣，故曰「井收」也。群下仰之以濟，淵泉由之以通者也。幕猶覆也。不擅其有，不私其利，則物歸之，往无窮矣，故曰「勿幕，有孚，元吉」也。◯象曰：元吉在上，大成也。

【疏】正義曰：收，式胄反。凡物可收成者則謂之收，如五穀之有收也。上六處井之極，水已出井，井功大成者也，故曰「井收」也。「勿幕，有孚，元吉」者，幕，覆也；井功已成，若能不擅其美，不專其利，不自掩覆，與衆共之，則爲物所歸信，能致其大功，而獲元吉，故曰「勿幕，有孚，元吉」也。◯象曰「元吉在上，大成」者，上六所以能獲元吉者，只爲居井之上，井功大成者也。

䷰離下兑上。革：已日乃孚，元亨利貞，悔亡。注云：夫民可與習常，難與適變；可與樂成，難與慮始，故革之爲道，即日不孚，已日乃孚也。孚，然後乃得元亨利貞，悔亡也。已日而不孚，革不當也。悔吝之所生，生乎變動者也。革而當，其悔乃亡也。

【疏】正義曰：「革」者，改變之名也。此卦明改制革命，故名「革」也。「已日乃孚」者，夫民情可與習常，難與適變；可與樂成，難與慮始，故革命之初，人未信服，所以「即日不孚，已日乃孚」也。「元亨利貞，悔亡」者，爲革而民信之，然後乃得大通而利正也。悔吝之所生，生乎變動，革之爲義，變動者也。革若不當，則悔吝交及，如能大通利貞，則革道當矣。爲革而當，乃得亡其悔吝，故曰「元亨利貞，悔亡」。

彖曰：革，水火相息，二女同居，其志不相得，曰「革」。注云：凡不合，而後乃變生，變之所生，生於不合者也，故取不合之象以爲革也。息者，生變之謂也。火欲上而澤欲下，水火相戰，而後生變者也。二女同居，而有水火之性，近而不相得也。已日乃孚，革而信之。文明以説，大亨以正，革而當，其悔乃亡。注云：夫所以得革而信者，文明以説也。文明以説，履正而行，以斯爲革，應天順民，大亨以正者也。革而大亨以正，非當如何？天地革而四時成，湯武革命，順乎天而應乎人，革之時大矣哉！

【疏】正義曰：「革，水火相息，二女同居，其志不相得，曰革」者，此就二體釋卦名也。水火相息，先就二象明「革」。息，生也。火本乾燥，澤本潤濕。燥濕殊性，不可共處。若其共處，必相侵剋。既相侵剋，其變乃生，變生則本性改矣。水熱而成湯，火滅而氣冷，是謂「革」也。「二女同居」者，此就人事明「革」也。中、少二女而成一卦，此雖形同而志革也。一男一女，乃相感應，二女雖復同居，其志終不相得。志不相得，則變必生矣，所以爲「革」。「已日乃孚，革而信」者，釋「革」之爲義。革初未孚，已日乃信也。「文明以説」者，此舉二體上釋「革而信」，下釋四德也。能用文明之德以説於人，所以革命而爲民所信也。「大亨以正」者，民既説文明之德而從之，所以大通而利正也。「革而當，其悔乃亡」者，爲革若合於大通而利正，可謂當矣。革而當理，其悔乃亡消也。「天地革而四時成」者，以下廣明革義。此先明「天地革」者，天地之道，陰陽升降；温暑涼寒，迭相變革，然後四時之序皆有成也。「湯武革命，順乎天而應乎人」者，次明人革也。夏桀、殷紂，凶狂无度，天既震怒，人亦叛亡。殷湯、周武，聰明睿智，上順天命，下應人心，放桀鳴條，誅紂牧野，革其王命，改其惡俗，故曰「湯武革命，順乎天而應乎人」。計王者相承，改正易服，皆有變革，而獨舉湯、武者，蓋舜、禹禪讓，猶或因循，湯、武干戈，極其損益，故取相變甚者以明人革也。「革之時大矣哉」者，備論革道之廣訖，總結歎其大，故曰「大矣哉」也。

象曰：澤中有火，革。君子以治歷明時。注云：歷數時會，存乎變也。

【疏】正義曰：「澤中有火，革」者，火在澤中，二性相違，必相改變，故爲革象也。「君子以治歷明時」者，天時變改，故須歷數，所以君子觀兹革象，脩治歷數，以明天時也。

初九，鞏用黄牛之革。注云：在革之始，革道未成，固夫常中，未能應變者也。此可以守成，不可以有爲也。鞏，固也。黄，中也。牛之革，堅仞不可變也。固之所用常中，堅仞不肯變也。象曰：「鞏用黄牛」，不可以有爲也。

【疏】正義曰：鞏，固也。黄，中也。牛革，牛皮也。「革」之爲義，變改之名，而名皮爲革者，以禽獸之皮皆可「從革」，故以喻焉。皮雖從革之物，然牛皮堅仞難變。初九在革之始，革道未成，守夫常中，未能應變，施之於事，有似用牛皮以自固，未肯造次以從變者也，故曰「鞏用黄牛之革」也。象曰「不可以有爲」者，「有爲」謂適時之變，有所云爲也。既堅仞自固，可以守常，不可以有爲也。

六二，已日乃革之，征吉，无咎。注云：陰之爲物，不能先唱，順從者也。不能自革，革已乃能從之，故曰「已日乃革之」也。二與五雖有水火殊體之異，同處厥中，陰陽相應，往必合志，不憂咎也，是以征吉而无咎。象曰：「已日革之」，行有嘉也。

【疏】正義曰：「已日乃革之」者，陰道柔弱，每事順從，不能自革，革已日乃能從之，故曰「已日乃革之」。「征吉，无咎」者，與五相應，同處厥中，陰陽相應，往必合志，不憂咎也，故曰「征吉，无咎」。二、五雖是相應，而水火殊體，嫌有相剋之過。故曰「无咎」。象曰「行有嘉」者，往應見納，故行有嘉慶也。

九三，征凶，貞厲。革言三就，有孚。注云：已處火極，上卦三爻，雖體水性，皆從革者也。自四至上，從命而變，不敢有違，故曰「革言三就」。其言實誠，故曰「有孚」。革言三就，有孚，而猶征之，凶其宜也。象曰：「革言三就」，又何之矣。

【疏】正義曰：「征凶，貞厲。革言三就，有孚」者，九三陽爻剛壯，又居火極，火性炎上，處革之時，欲征之使革，征之非道，則正之危也，故曰「征凶，貞厲」。所以征凶致危者，正以水火相息之物，既處於火極上之三爻，水在火上，皆「從革」者也。自四至上，從命而變，不敢有違，則「從革」之言，三爻並成就不虚，故曰「革言三就」。其言實誠，故曰「有孚」也。既「革言三就，有孚」，從革已矣，而猶征之則凶，所以「征凶」而「貞厲」。象曰「又何之矣」者，征之本爲不從，既「革言三就」，更又何往征伐矣。

九四，悔亡，有孚改命，吉。 注云：初九處下卦之下，九四處上卦之下，故能變也。无應，悔也。與水火相比，能變者也，是以「悔亡」。處水火之際，居會變之始，能不固吝，不疑於下，信志改命，不失時願，是以「吉」也。有孚則見信矣。見信以改命，則物安而无違，故曰「悔亡，有孚改命，吉」也。處上體之下，始宣命也。**象曰：改命之吉，信志也。** 注云：信志而行。

【疏】正義曰：「悔亡，有孚改命，吉」者，九四與初，同處卦下。初九處下卦之下，革道未成，故未能變。九四處上卦之下，所以能變也。无應，悔也；能變，故「悔亡」也。處水火之際，居會變之始，能不固吝，不疑於下，信彼改命之志，而能從之，合於時願，所以得吉，故曰「有孚改命，吉」也。象曰「信志」者，信下之志而行其命也。

九五，大人虎變，未占有孚。 注云：未占而孚，合時心也。**象曰：「大人虎變」，其文炳也。**

【疏】正義曰：「大人虎變，未占有孚」者，九五居中處尊，以大人之德爲革之主，損益前王，創制立法，有文章之美，焕然可觀，有似「虎變」，其文彪炳。則是湯武革命，順天應人，不勞占決，信德自著，故曰「大人虎變，未占有孚」也。象曰「其文炳」者，義取文章炳著也。

上六，君子豹變，小人革面。注云：居變之終，變道已成，君子處之，能成其文。小人樂成，則變面以順上也。征凶，居貞吉。注云：改命創制，變道已成，功成則事損，事損則无爲，故居則得正而吉，征則躁擾而凶也。象曰：「君子豹變」，其文蔚也。「小人革面」，順以從君也。

【疏】正義曰：「君子豹變，小人革面」者，上六居革之終，變道已成，君子處之，雖不能同九五革命創制，如虎文之彪炳，然亦潤色鴻業，如豹文之蔚縟，故曰「君子豹變」也。「小人革面」者，小人處之，但能變其顔面容色，順上而已，故曰「小人革面」也。「征凶，居貞吉」者，革道已成，宜安静守正，更有所征則凶，居而守正則吉，故曰「征凶，居貞吉」也。象曰「其文蔚」者，明其不能大變，故文細而相暎蔚也。「順以從君」者，明其不能潤色立制，但順而從君也。

周易注疏卷第七

周易注疏卷第八

國子祭酒上護軍曲阜縣開國子臣孔穎達奉敕撰

☲☴巽下離上。鼎：元吉，亨。注云：革去故而鼎取新，取新而當其人，易故而法制齊明，吉然後乃亨，故先元吉而後亨也。鼎者，成變之卦也。革既變矣，則制器立法以成之焉。變而无制，亂可待也。法制應時，然後乃吉；賢愚有別，尊卑有序，然後乃亨，故先元吉而後乃亨。

【疏】正義曰：鼎者，器之名也。自火化之〔一〕後鑄金而爲此器，以供亨飪之用，謂之爲鼎。亨飪成新，能成新法。然則鼎之爲器，且有二義：一有亨飪之用，二有物象之法，故彖曰「鼎，象也」，明其有法象也。雜卦曰「革去故」而「鼎取新」，明其亨飪有成新之用。此卦明聖人革命，示物法象，惟新其制，有鼎之義，「以木巽火」，有鼎之象，故名爲「鼎」焉。變故成新，必須當理，故先「元吉」而後乃亨，故曰「鼎，元吉，亨」。

彖曰：鼎，象也。注云：法象也。以木巽火，亨飪也。注云：亨飪，鼎之用也。聖人亨以享上帝，

〔一〕「之」字原無，據單疏本補。

而大亨以養聖賢。注云：亨者，鼎之所爲也。革去故而鼎成新，故爲亨飪調和之器也。去故取新，聖賢不可失也。飪，孰也。天下莫不用之，而聖人用之，乃上以享上帝，而下以「大亨」養聖賢也。巽而耳目聰明。注云：聖賢獲養，則已不爲而成矣，故「巽而耳目聰明」也。柔進而上行，得中而應乎剛，是以元亨。注云：謂五也。有斯二德，故能成新，獲「大亨」也。

【疏】正義曰：「鼎，象也」者，明鼎有亨飪成新之法象也。「以木巽火，亨飪也」者，此明上下二象有亨飪之用，此就用釋卦名也。「聖人亨以享上帝，而大亨以養聖賢」者，此明鼎用之美。亨飪所須，不出二種，一供祭祀，二當賓客。若祭祀則天神爲大，賓客則聖賢爲重，故舉其重大，則輕小可知。享帝直言「亨」，養人則言「大亨」者，享帝尚質，特牲〔一〕而已，故直言「亨」。聖賢既多，養須飽飫，故「亨」上加「大」字也。「巽而耳目聰明」者，此明鼎用之益。言聖人既能謙巽，大養聖賢，聖賢獲養，則憂其事而助於己，明目達聰，不勞己之聰明，則不爲而成矣。「柔進而上行，得中而應乎剛，是以元亨」者，此就六五釋「元吉，亨」，以柔進上行，體已獲通，得中應剛，所通者大，故能制法成新而獲「大亨」也。

象曰：木上有火，鼎。君子以正位凝命。注云：凝者，嚴整之貌也。鼎者，取新成變者也。革去故而鼎成新。「正位」者，明尊卑之序也。「凝命」者，以成教命之嚴也。

〔一〕「牲」原作「牡」，據單疏本改。

【疏】正義曰：「木上有火」，即是「以木巽火」，有亨飪之象，所以爲鼎也。「君子以正位凝命」者，凝者，嚴整之貌也。鼎既成新，即須制法。制法之美，莫若上下有序，正尊卑之位，輕而難犯，布嚴凝之命，故君子象此以「正位凝命」也。

初六，鼎顛趾，利出否，得妾以其子，无咎。注云：凡陽爲實而陰爲虛，鼎之爲物，下實而上虛，而今陰在下，則是爲覆鼎也，鼎覆則趾倒矣。否謂不善之物也。取妾以爲室主，亦「顛趾」之義也。處鼎之初，將在納新，施顛以出穢，得妾以爲子，故「无咎」也。象曰：「鼎顛趾」，未悖也。注云：倒以寫否，故未悖也。「利出否」，以從貴也。注云：棄穢以納新也。

【疏】正義曰：「鼎顛趾」，趾，足也。凡陽爲實而陰爲虛，鼎之爲物，下實而上虛。初六居鼎之始，以陰處下則是下虛，下虛而鼎足倒矣，故曰「鼎顛趾」也。「利出否」者，否者不善之物，鼎之倒趾，失其所利，鼎覆而不失其利，在於寫出否穢之物也，故曰「利出否」也。「得妾以其子，无咎」者，妾者側媵，非正室也。施之於人，正室雖亡，妾猶不得爲室主。妾爲室主，亦猶鼎之顛趾而有咎過。妾若有賢子則母以子貴，以之繼室則得无咎，故曰「得妾以其子，无咎」也。象曰「未悖也」者，倒趾以出否，未爲悖逆也。「以從貴」者，舊，穢也；新，貴也。棄穢納新，所以「從貴也」。然則去妾之賤名而爲室主，亦從子貴也。

九二，鼎有實，我仇有疾，不我能即，吉。注云：以陽之質，處鼎之中，有實者也。有實之物，不可復加，益之則溢，反傷其實。「我仇」，謂五也。困於乘剛之疾不能就我，則我不溢，得全其吉也。象曰：「鼎有實」，慎所之也。注云：有實之鼎，不可復有所取。才任已極，不可復有所加。「我仇有疾」，終无尤也。

【疏】正義曰：「鼎有實，我仇有疾，不我能即，吉」者，實謂陽也，仇是匹也。即，就也。九二以陽之質，居鼎之中，「有實」者也，故曰「鼎有實」也。有實之物，不可復加也。加之則溢，而傷其實矣。六五我之仇匹，欲來應我，困於乘剛之疾，不能就我，則我不溢而全其吉也，故曰「我仇有疾，不我能即，吉」也。象曰「慎所之」者，之，往也。自此已往，所宜慎之也。「終无尤也」者，五既有乘剛之疾，不能加我，則我「終无尤也」。

九三，鼎耳革，其行塞，雉膏不食。方雨虧悔，終吉。注云：鼎之爲義，虚中以待物者也。而三處下體之上，以陽居陽，守實无應，无所納受，耳宜空以待鉉，而反全其實塞，故曰「鼎耳革，其行塞」。雖有雉膏，而終不能食也。雨者，陰陽交和，不偏亢者也。雖體陽爻，而統屬陰卦。若不全任剛亢，務在和通，方雨則悔虧，終則吉也。象曰：「鼎耳革」，失其義也。

【疏】正義曰：「鼎耳革，其行塞」者，鼎之爲義，下實上虚，是空以待物者也。鼎耳之用，亦宜空以待鉉。今九三處下體之上，當此鼎之耳，宜居空之地，而以陽居陽，是以實處實者也。既實而不虚，則變革鼎耳之常義也。常所納物受鉉之處，今則塞矣，故曰「鼎耳革，其行塞」也。「雉膏不食」者，非直體實不受，又上九不應於己，亦无所納，雖有其器而无所用，雖有雉膏而不能見食也，故曰「雉膏不食」。

「方雨虧悔，終吉」者，雨者，陰陽交和，不偏亢者也。雖體陽爻，而統屬陰卦。若不全任剛亢，務在和通，方欲爲此和通，則悔虧而終獲吉，故曰「方雨虧悔，終吉」也。〔象曰「失其義也」者，失其虚中納受之義也。

九四，鼎折足，覆公餗，其形渥，凶。 注云：處上體之下，而又應初，既承且施，非己所堪，故曰「鼎折足」也。初已出否，至四所盛，則已絜矣，故曰「覆公餗」也。渥，沾濡之貌也。既覆公餗，體爲渥沾，知小謀大，不堪其任，受其至辱，災及其身，故曰「其形渥，凶」也。〔**象曰：「覆公餗」，信如何也。** 注云：不量其力，果致凶災，信如之何？

【疏】正義曰：「鼎折足，覆公餗」者，餗，糝也。八珍之膳，鼎之實也。初以出否，至四所盛，故當馨絜矣，故以「餗」言之。初處下體之下，九四處上體之下，上有所承而又應初，下有所施，既承且施，非己所堪，故曰「鼎折足」。鼎足既折，則「覆公餗」也。渥，沾濡之貌也。既「覆公餗」，體則渥沾也。施之於人，知小而謀大，力薄而任重，如此必受其至辱，災及其身也，故曰「其形渥，凶」。〔象曰「信如何也」者，言不能治之於未亂，既敗之後，乃責之云不量其力，果致凶災，災既及矣，信如之何也？言信有此不可如何之事也。

六五，鼎黄耳金鉉，利貞。 注云：居中以柔，能以通理，納乎剛正，故曰「黄耳金鉉，利貞」也。耳黄，則能納剛正以自舉也。〔**象曰：「鼎黄耳」，中以爲實也。** 注云：以中爲實，所受不妄也。

【疏】正義曰：「鼎黄耳金鉉，利貞」者，黄，中也。金，剛也。鉉所以貫鼎而舉之也。五爲中位，故曰

「黄耳」。應在九二，以柔納剛，故曰「金鉉」。所納剛正，故曰「利貞」也。〈象曰「中爲實也」者，言六五以中爲實，所受不妄也。

上九，鼎玉鉉。大吉，无不利。注云：處鼎之終，鼎道之成也。居鼎之成，體剛履柔，用勁施鉉，以斯處上，高不誠〔一〕亢，得夫剛柔之節，能舉其任者也。應不在一，則靡所不舉，故曰「大吉，无不利」也。〈象曰：玉鉉在上，剛柔節也。

【疏】正義曰：「鼎玉鉉」者，玉者，堅剛而有潤者也。上九居鼎之終，鼎道之成，體剛處柔，則是用玉鉉以自舉者也，故曰「鼎玉鉉」也。「大吉，无不利」者，應不在一，即靡所不舉，故得大吉而无不利。〈象曰「剛柔節」者，以剛履柔，雖復在上，不爲乾之「亢龍」，故曰「剛柔節也」。

☳震下震上。震：亨。注云：懼以成，則是以亨。震來虩虩，笑言啞啞。注云：震之爲義，威至而後乃懼也，故曰「震來虩虩」，恐懼之貌也。震者，驚駭怠惰，以肅解慢者也，故「震來虩虩，恐致福也」；笑言啞啞，後有則也」。震驚百里，不喪匕鬯。注云：威震驚乎百里，則足可以不喪匕鬯矣。匕，所以載鼎實；鬯，香酒，奉宗廟之盛也。

【疏】正義曰：「震，亨」者，震，動也。此象雷之卦。天之威動，故以震爲名。震既威動，莫不驚懼，驚

〔一〕「誠」原作「誠」，據單注本、注附音本改。

懼以威則物皆整齊，由懼而獲通，所以震有亨德，故曰「震，亨」也。「震來虩虩，笑言啞啞」者，虩虩，恐懼之貌也。啞啞，笑語之聲也。「震」之爲用，天之威怒，所以肅整怠慢，故迅雷風烈，君子爲之變容，施之於人事，則是威嚴之教行於天下也。故震之來也，莫不恐懼，故曰「震來虩虩」也。物既恐懼，不敢爲非，保安其福，遂至笑語之盛，故曰「笑言啞啞」也。「震驚百里，不喪匕鬯」者，匕，所以載鼎實；鬯，香酒也，奉宗廟之盛者也。震卦施之於人，又爲長子，長子則正體於上，將所傳重，出則撫軍，守則監國，威震驚於百里，可以奉承宗廟，彝器粢盛，守而不失也，故曰「震驚百里，不喪匕鬯」。

○注「威震」至「廟之盛也」　正義曰：先儒皆云：雷之發聲，聞乎百里。故古帝王制國，公侯地方百里，故以象焉。竊謂天之震雷，不應止聞百里，蓋以古之啓土，百里爲極。文王作繇在殷時，明長子威震於一國，故以「百里」言之也。「匕，所以載鼎實；鬯，香酒」者，陸績云：「匕者棘匕，橈鼎之器。」先儒皆云：匕形似畢，但不兩歧耳。以棘木爲之，長三尺，刊柄與末，詩云「有捄棘匕」是也。用棘者，取其赤心之義。祭祀之禮，先亨牢於鑊，既納諸鼎而加冪焉。將薦乃舉冪，而以匕出之，升于俎上，故曰「匕，所以載鼎實」也。鬯者，鄭玄之義，則爲秬黍之酒，其氣調暢，故謂之「鬯」。詩傳則爲鬯是香草。案：王度記云：「天子鬯，諸侯薰，大夫蘭。」以例而言之，則鬯是草明矣。今特言「匕鬯」者，鄭玄云：「人君於祭祀之禮，尚牲薦鬯而已，其餘不足觀也。」

象曰：震，亨。震來虩虩，恐致福也；笑言啞啞，後有則也。震驚百里，驚遠而懼邇

也。注云：威震驚乎百里，則惰者懼於近矣。出，可以守宗廟社稷，以爲祭主也。注云：明所以堪長子之義也。不喪匕鬯，則已出可以守宗廟。【疏】正義曰：「震，亨」者，卦之名德，但舉經而不釋名德所由者，正明由懼得通，故曰「震，亨」，更无他義。或本无此二字。「震來虩虩，恐致福也」者，威震之來，初雖恐懼，能因懼自修，所以致福也。「笑言啞啞，後有則也」者，因前恐懼自修，未敢寬逸，致福之後，方有「笑言」。以曾經戒懼，不敢失則，必時然後言，樂然後笑，故曰「笑言啞啞，後有則也」。「震驚百里，驚遠而懼邇」者，言威震驚於百里之遠，則惰者恐懼於近也。「出可以守宗廟社稷，以爲祭主」者，釋「不喪匕鬯」之義也。出，謂君出巡狩等事也。君出，則長子留守宗廟社稷，攝祭主之禮事也。

○注「已出」　正義曰：「已出」謂君也。

象曰：洊雷，震。君子以恐懼脩省。【疏】正義曰：洊者，重也，因仍也。雷相因仍，乃爲威震也。此是重震之卦，故曰「洊雷，震」也。「君子以恐懼脩省」者，君子恒自戰戰兢兢，不敢懈惰，今見天之怒，畏雷之威，彌自脩身，省察己過，故曰「君子以恐懼脩省」也。

初九，震來虩虩，後笑言啞啞，吉。注云：體夫剛德，爲卦之先，能以恐懼脩其德也。象曰：震來虩虩，恐致福也；笑言啞啞，後有則也。

【疏】正義曰：初九剛陽之德，爲一卦之先，剛則不闇於幾，先則能有前識，故處震驚之始，能以恐懼自修而獲其吉，故曰「震來虩虩，後笑言啞啞，吉」。此爻辭兩句，既與卦同，象辭釋之，又與彖不異者，蓋卦舉威震之功，令物恐懼致福，爻論遇震而懼、脩省致福之人，卦則自震言人，爻則據人威震，所説雖殊，其事一也。所以爻卦二辭，本末俱等，其猶屯卦初九，與卦俱稱「利建侯」，然卦則汎舉屯時，宜其有所封建，爻則「以貴下賤」，則是堪建之人。此震之初九，亦其類也。

六二，震來厲，億喪貝。躋于九陵，勿逐，七日得。注云：震之爲義，威駭怠解〔一〕，肅整惰慢者也。初幹其任而二乘之，震來則危，喪其資貨，亡其所處矣，故曰「震來厲，億喪貝」。億，辭也。貝，資貨糧用之屬也。犯逆受戮，无應而行，行无所舍。威嚴大行，物莫之納，无糧而走。雖復超越陵險，必困于窮匱，不過七日，故曰「勿逐，七日得」也。**象曰：「震來厲」，乘剛也。**

【疏】正義曰：「震來厲，億喪貝」者，億，辭也。貝，資貨糧用之屬。震之爲用，本威惰慢者也。初九以剛處下，聞震而懼，恐而致福，即是有德之人。六二以陰賤之體，不能敬於剛陽，尊其有德，而反乘之，是慠尊陵貴，爲天所誅。震來則有危亡，喪其資貨，故曰「震來厲，億喪貝」也。「躋于九陵，勿逐，七日得」者，躋，升也。犯逆受戮，无應而行，行无所舍。威嚴大行，物莫之納。既喪資貨，无糧而走，雖復

〔一〕「解」，單注本作「懈」。

超越陵險，必困於窮匱，不過七日，爲有司所獲矣，故曰「躋于九陵，勿逐，七日得」。象曰「乘剛也」者，只爲乘於剛陽，所以犯逆受戮也。

六三，震蘇蘇，震行无眚。注云：不當其位，位非所處，故懼蘇蘇也。而无乘剛之逆，故可以懼行而无眚也。

象曰：「震蘇蘇」，位不當也。

【疏】正義曰：「震蘇蘇，震行无眚」者，蘇蘇，畏懼不安之貌。六三居不當位，故震懼而蘇蘇然也。雖不當位，而无乘剛之逆，故可以懼行而无災眚也。故曰「震蘇蘇，震行无眚」也。象曰「位不當」者，其猶竊位者，遇威嚴之世，不能自安也。

〇注「位非所處，故懼蘇蘇」，又云「懼行而无眚」　正義曰：驗注以訓震爲懼，蓋懼不自爲懼，由震故懼也。自下爻辭，皆以震言懼也。

九四，震遂泥。注云：處四陰之中，居恐懼之時，爲衆陰之主，宜勇其身，以安於衆。若其震也，遂困難矣。履夫不正，不能除恐，使物安己，德未光也。象曰：「震遂泥」，未光也。

【疏】正義曰：「震遂泥」者，九四處四陰之中，爲衆陰之主，當恐懼之時，宜勇其身，以安於衆。若其自懷震懼，則遂滯溺而困難矣，故曰「震遂泥」也。然四失位違中，則是有罪自懼，遂沈泥者也。象曰「未光也」者，身既不正，不能除恐，使物安己，是道德未能光大也。

六五，震往來厲，億无喪，有事。注云：往則无應，來則乘剛，恐而往來，不免於危。夫處震之時，而得尊位，斯乃有事之機也。而懼往來，將喪其事，故曰「億无喪，有事」也。

象曰：「震往來厲」，危行也。其事在中，大无喪也。注云：大則无喪，往來乃危也。

【疏】正義曰：「震往來厲」者，六五往則无應，來則乘剛，恐而往來，不免於咎，故曰「震往來厲」也。「億无喪，有事」者，夫處震之時，而得尊位，斯乃有事之機，而懼以往來，將喪其事，故戒之曰「億无喪，有事」也。象曰「危行也」者，懷懼往來，是致危之行。「其事在中，大无喪也」者，六五居尊，當其有事，在於中位，得建大功。若守中建大，則「无喪，有事」。若恐懼往來，則致危无功也。

上六，震索索，視矍矍，征凶。震不于其躬，于其鄰，无咎。婚媾有言。注云：處震之極，極震者也。居震之極，求中未得，故懼而索索，視而矍矍，无所安親也。已處動極而復征焉，凶其宜也。若恐非己造，彼動故懼，懼鄰而戒，合於備豫，故无咎也。極懼相疑，故雖婚媾而有言也。

象曰：「震索索」，中未得也。雖凶无咎，畏鄰戒也。

【疏】正義曰：「震索索，視矍矍」者，索索，心不安之貌；矍矍，視不專之容。上六處震之極，極震者也。既居震位，欲求中理以自安而未能得，故懼而索索，視而矍矍，无所安親。「征凶」者，夫處動懼之極而復征焉，凶其宜也，故曰「征凶」也。「震不于其躬，于其鄰，无咎」者，若恐非己造，彼動故懼，懼鄰而戒，合於備豫，則得无咎，故曰「震不于其躬，于其鄰，无咎」也。「婚媾有言」者，居極懼之地，雖復婚媾相結，亦不能无相疑之言，故曰「婚媾有言」也。象曰「中未得也」者，猶言未得中也。「畏鄰戒也」

者，畏鄰之動，懼而自戒，乃得「无咎」。

䷳艮下艮上。**艮：其背，**注云：目无患也。**不獲其身；**注云：所止在後，故不得其身也。**行其庭，不見其人，**注云：相背故也。**无咎。**注云：凡物對面而不相通，否之道也。艮者，止而不相交通之卦也。各止而不相與，何得无咎？唯不相見乃可也。施止於背，不隔物欲，得其所止也。背者，无見之物也。无見則自然靜止，靜止而无見，則「不獲其身」矣。相背者雖近而不相見，故「行其庭，不見其人」也。夫施止不於无見，令物自然而止，而强止之，則姦邪並興。近而不相得則凶。其得「无咎」，「艮其背，不獲其身，行其庭，不見其人」故也。

【疏】正義曰：「艮其背，不獲其身，行其庭，不見其人，无咎」者，艮，止也，靜止之義。此是象山之卦，故以「艮」爲名。施之於人，則是止物之情，防其動欲，故謂之止。「艮其背」者，此明施止之所也。施止得所，則其道易成；施止不得其所，則其功難成，故老子曰「不見可欲，使心不亂」也。背者，无見之物也。夫无見則自然靜止。夫欲防止之法，宜防其未兆。既兆〔一〕而止，則傷物情，故施止於无見之所，則不隔物欲，得其所止也。若施止於面，則對面而不相通，强止其情，則奸邪並興，而有凶咎。止而无見，則所止在後，不與面相對。言有物對面而來，則情欲有私於己。既止在後，則是施止无見。所止

〔一〕「兆」，單疏本無。

无見，何及其身，故「不獲其身」。既「不獲其身」，則相背矣。相背者雖近而不相見，故「行其庭，不見其人」。如此乃得「无咎」，故曰「艮其背，不獲其身，行其庭，不見其人，无咎」也。又若能止於未兆，則是治之於未萌，若對面不相交通，則是否之道也。但止其背，可得「无咎」也。

○注「目无患也」正義曰：目者能見之物，施止於面，則抑割所見，强隔其欲，是目見之所患。今施止於背，則「目无患也」。

彖曰：艮，止也。時止則止，時行則行，動静不失其時，其道光明。注云：止道不可常用，必施於不可以行。適於其時，道乃光明也。**艮其止，止其所也。**注云：易背曰止，以明背即止也。施止不可於面，施背乃可也。施止於止，不施止於行，得其所矣，故曰「艮其止，止其所也」。**上下敵應，不相與也，是以不獲其身，行其庭，不見其人，无咎也。**

【疏】正義曰：「艮，止也」者，訓其名也。「時止則止，時行則行，動静不失其時，其道光明」者，將釋施止有所光明，施止有時，凡物之動息，自各〔一〕有時運；用止之法，不可爲常，必須應時行止，然後其道乃得光明也。「艮其止，止其所也」者〔二〕，此釋施止之所也。「艮其止」者，疊經文「艮其背」也。「易背

〔一〕「各」，單疏本作「若」。
〔二〕「者」字原無，據單疏本補。

曰止，以明背」者，无見之物即是可止之所也。既時止即宜止，時行則宜〔一〕行，所以施止須得其〔二〕所。「艮」既訓止，今言「艮其止」，是止其所止也，故曰「艮其止，止其所也」。「上下敵〔三〕應，不相與也」者，此就六爻皆不相應，釋艮卦之名，又釋「不獲其身」以下之義。凡應者，一陰一陽，二體不敵。今上下之位，雖復相當，而爻皆峙敵，不相交與，故曰「上下敵應，不相與也」。然八純之卦皆六爻不應，何獨於此言之者？謂此卦既止而不交，爻又峙而不應，與「止」義相協，故兼取以明之也。「是以不獲其身，行其庭，不見其人，无咎也」者，此舉經文以結之，明相與而止之則有〔四〕咎也。

〖象曰：兼山，艮。君子以思不出其位。注云：各止其所，不侵官也。

【疏】正義曰：「兼山，艮」者，兩山兼重，謂之「兼山」也。直置一山，已能鎮止。今兩山重疊，止義彌大，故曰「兼山，艮」也。「君子以思不出其位」者，止之爲義，各止其所，故君子於此之時，思慮所及，不出其己位也。

初六，艮其趾，无咎，利永貞。注云：處止之初，行无所之，故止其趾，乃得无咎。至静而定，故利永貞。〖象

〔一〕「宜」字原無，據單疏本補。

〔二〕「其」字原無，據單疏本補。

〔三〕「敵」原作「適」，據單疏本改。

〔四〕「有」，阮本作「无」。

曰：「艮其趾」，未失正也。

【疏】正義曰：「艮其趾，无咎」者，趾，足也，初處體下，故謂之足。居止之初，行无所適，止其足而不行，乃得无咎，故曰「艮其趾，无咎」也。「利永貞」者，静止之初，不可以躁動，故利在「永貞」也。象曰「未失正也」者，行則有咎，止則不失其正，釋所以在「永貞」。

六二，艮其腓，不拯其隨，其心不快。注云：隨謂趾也。止其腓，故其趾不拯也。腓體躁而處止，而不得拯其隨，又不能退聽安静，故「其心不快」也。象曰：「不拯其隨」，未退聽也。

【疏】正義曰：「艮其腓，不拯其隨」者，腓，腸也，在足之上。腓體或屈或伸，躁動之物，腓動則足隨之，故謂足爲隨。拯，舉也。今既施止於腓，腓不得動，則足无由舉，故曰「艮其腓，不拯其隨」也。「其心不快」者，腓是躁動之物，而强止之，貪進而不得動，則情與質乖也，故曰「其心不快」。此爻明施止不得其所也。象曰「未退聽也」者，聽，從也，既不能拯動，又不能静退聽從其見止之命，所以「其心不快」矣。

九三，艮其限，列其夤，厲薰心。注云：限，身之中也。三當兩象之中，故曰「艮其限」。夤，當中脊之肉也。止加其身，中體而分，故「列其夤」而憂危薰心也。「艮」之爲義，各止於其所，上下不相與，至中則列矣。列加其夤，危莫甚焉。危亡之憂，乃薰灼其心也。施止體中，其體分焉。體分兩主，大器喪矣。象曰：「艮其限」，危薰心也。

【疏】正義曰：「艮其限，列其夤，厲薰心」者，限，身之中，人繫帶之處，言三當兩象之中，故謂之限。施止於限，故曰「艮其限」也。夤，當中脊之肉也。薰，燒灼也。既止加其身之中，則上下不通之義也，是分列其夤。夤既分列，身將喪亡，故憂危之切，薰灼其心矣。然則君臣共治，大體若身，大體不通則君臣不接，君臣不接則上下離心，列夤則身亡，離心則國喪，故曰「列其夤，厲薰心」。○注「體分兩主，大器喪矣」正義曰：大器謂國與身也。此爻亦明施止不得其所也。

六四，艮其身，无咎。注云：中上稱身。履得其位，止求諸身，得其所處，故不陷於咎也。**象曰：「艮其身」，止諸躬也。**注云：自止其躬，不分全體。

【疏】正義曰：「艮其身，无咎」者，中上稱身。六四居止之時，已入上體，履得其位，止求諸身，不陷於咎，故曰「艮其身，无咎」也。求，責也。諸，之也。象曰「止諸躬也」者，躬猶身也，明能靜止其身，不爲躁動也。○注「自止其躬，不分全體」正義曰：艮卦總其兩體以爲一身，兩體不分，乃謂之全，全乃謂之身。以九三居兩體之際，在於身中，未入上體，則是止於下體，不與上交，所以體分夤列。六四已入上體，則非上下不接，故能總止其身，不分全體。然則身是總名，而言「中上稱身」者何也？蓋至中則體分而身喪，入上體則不分而身全。九三施止於分體，故謂之「限」。六四施止於全體，故謂之「身」。非中上獨是其身，而中下非身也。

六五，艮其輔，言有序，悔亡。注云：施止於輔，以處於中，故口无擇言，能亡其悔也。**象曰：「艮其**

輔」，以中正也。注云：能用中正，故「言有序」也。

【疏】正義曰：「艮其輔，言有序，悔亡」者，輔，頰車也，能止於輔頰也。以處其中，故「口无擇言」也。言有倫序，能亡其悔，故曰「艮其輔，言有序，悔亡」也。象曰「以中正」者，位雖不正，以居得其中，故不失其正，故「言有序」也。

上九，敦艮，吉。注云：居止之極，極止者也。敦重在上，不陷非妄，宜其吉也。象曰：敦艮之吉，以厚終也。

【疏】正義曰：「敦艮，吉」者，敦，厚也。上九居艮之極，極止者也。在上能用敦厚以自止，不陷非妄，宜其吉也，故曰「敦艮，吉」也。象曰「以厚終」者，言上九能以敦厚自終，所以獲吉也。

䷴艮下巽上。漸：女歸吉，利貞。注云：漸者，漸進之卦也。「止而巽」，以斯適進，漸進者也。以止巽爲進，故「女歸吉」也。進而用正，故「利貞」也。

【疏】正義曰：「漸」者，不速之名也。凡物有變移，徐而不速，謂之漸也。「女歸吉」者，歸，嫁也。女人生有外成之義，以夫爲家，故謂嫁曰「歸」也。婦人之嫁，備禮乃動，故漸之所施，吉在女嫁，故曰「女歸吉」也。「利貞」者，女歸有漸，得禮之正，故曰「利貞」也。

象曰：漸，之進也，注云：之於進也。女歸吉也。進得位，往有功也。進以正，可以正邦也。其位，剛得中也。注云：以漸進得位也。止而巽，動不窮也。

【疏】正義曰：「漸，之進也」者，釋卦名也。漸是徐動之名，不當進退，但卦所名「漸」，是「之於進」也。「女歸吉也」者，漸漸而進之，施於人事，是女歸之吉也。「進得位，往有功也。進以正，可以正邦也」者，此就九五得位剛中釋「利貞」也。言進而得於貴位，是往而有功也。以六二適九五，是進而以正。身既得正，可以正邦也。「其位，剛得中」者，此卦爻皆得位，上言進得位，嫌是兼二、三、四等，故特言「剛得中」，以明得位之言，惟是九五也。「止而巽，動不窮也」者，此就二體廣明漸進之美也。止不爲暴，巽能用謙，以斯適進，物无違拒，故能漸而動進，不有困窮也。

象曰：山上有木，漸。君子以居賢德善俗。注云：賢德以止巽則居，風俗以止巽乃善。

【疏】正義曰：「山上有木，漸」者，木生山上，因山而高，非是從下忽高，故是漸義也。「君子以居賢德善俗」者，夫止而巽者，漸之美也。君子求賢德使居位，化風俗使清善，皆須文德謙下，漸以進之。若以卒暴威刑，物不從矣。

初六，鴻漸于干。小子厲，有言，无咎。注云：鴻，水鳥也。適進之義，始於下而升者也，故以鴻爲喻。六爻皆以進而履之爲義焉。始進而位乎窮下，又无其應，若履于干，危不可以安也。始進而未得其位，則困於小子，窮於謗言，故曰「小子厲，有言」也。困於小子讒諛之言，未傷君子之義，故曰「无咎」也。象曰：小子之厲，義无咎也。

【疏】正義曰：「鴻漸于干」者，鴻，水鳥也；干，水涯也。漸進之道，自下升高，故取譬鴻飛，自下而上也。初之始進，未得禄位，上无應援，體又窮下，若鴻之進於河之干，不得安寧也，故曰「鴻漸于干」也。「小子厲，有言，无咎」者，始進未得顯位，易致陵辱，則是危於小子，而被毁於謗言，故曰「小子厲，有言」。小人之言，未傷君子之義，故曰「无咎」。象曰「義无咎」者，備如經釋。

六二，鴻漸于磐。飲食衎衎，吉。注云：磐，山石之安者也。進而得位，居中而應，本无禄養，進而得之，其爲歡樂，願莫先焉。象曰：「飲食衎衎」，不素飽也。

【疏】正義曰：「鴻漸于磐。飲食衎衎，吉」者，磐，山石之安者也。衎衎，樂也。六二進而得位，居中而應，得可安之地，故曰「鴻漸于磐」。既得可安之地，所以「飲食衎衎」然，樂而獲吉福也，故曰「鴻漸于磐。飲食衎衎，吉」也。象曰「不素飽」者，素，故也；故无禄養，今日得之，故「願莫先焉」。

○注「磐，山石之安也」。正義曰：馬季長云：「山中石磐紆，故稱磐也。」鴻是水鳥，非是集於山石陵陸之禽，而爻辭以此言「鴻漸」者，蓋漸之爲義，漸漸之於高，故取山石陵陸以應漸高之義，不復係水鳥也。

九三，鴻漸于陸。夫征不復，婦孕不育，凶。利禦寇。注云：陸，高之頂也。進而之陸，與四相得，不能復反者也。夫征不復，樂於邪配，則婦亦不能執貞矣。非夫而孕，故不育也。三本艮體，而棄乎群醜，與四相得，遂乃不反，至使婦孕不育。見利忘義，貪進忘舊，凶之道也。異體合好，順而相保，物莫能間，故「利禦寇」也。象曰：「夫征不復」，離群醜也。「婦孕不育」，失其道也。「利用禦寇」，順相保也。

【疏】正義曰：「鴻漸于陸。夫征不復，婦孕不育，凶」者，陸，高之頂也。九三居下體之上，是進而得高之象，故曰「鴻漸〔一〕于陸」也。進而之陸，无應於上，與四相比，四亦无應，近而相得。三本是艮體，與初、二相同一家，棄其群類，而與四合好，即是夫征而不反復也。夫既樂於邪配，妻亦不能保其貞，非夫而孕，故「不育」也。見利忘義，貪進忘舊，凶之道也，故曰「夫征不復，婦孕不育，凶」也。「利禦寇」者，異體合好，恐有寇難離間之者，然和比相順，共相保安，物莫能間，故曰「利用禦寇」也。象曰「離群醜」者，醜，類也。言三與初、二，雖有陰陽之殊，同體艮卦，故謂之「群醜」也。「失其道也」者，非夫而孕，孕而不育，失道故也。「順相保也」者，謂四以陰乘陽，嫌其非順，然好合相得，和比相安，故曰「順相保也」。

○注「陸，高之頂也」　正義曰：爾雅云「高平曰陸」，故曰「高之頂也」。

六四，鴻漸于木。或得其桷，无咎。注云：鳥而之木，得其宜也。或得其桷，遇安棲也。雖乘于剛，志相得也。象曰：「或得其桷」，順以巽也。

【疏】正義曰：「鴻漸于木」者，鳥而之木，得其宜也。六四進而得位，故曰「鴻漸于木」也。「或得其桷，无咎」者，桷，榱也。之木而遇堪爲桷之枝，取其易直可安也。六四與三相得，順而相保，故曰「或得其

〔一〕「漸」字原無，據單疏本補。

桷」。既與相得，无乘剛之咎，故曰「无咎」。象曰「順以巽也」者，言四雖乘三，體巽而下附，三雖被乘，上順而相保，所以六四得其安栖，由「順以巽也」。

九五，鴻漸于陵。婦三歲不孕，終莫之勝，吉。注云：陵，次陸者也。進得中位，而隔乎三、四，不得與其應合，故「婦三歲不孕」也。各履正而居中，三、四不能久塞其塗者也。不過三歲，必得所願矣。進以正邦，三年有成，成則道濟，故不過三歲也。象曰：「終莫之勝，吉」，得所願也。

【疏】正義曰：「鴻漸于陵」者，陵，次陸者也。九五進得中位，處於尊高，故曰「鴻漸于陵」。「婦三歲不孕」者，有應在二而隔乎三、四，不得與其應合，是二、五情意徒相感説而隔礙不交，故曰「婦三歲不孕」也。「終莫之勝，吉」者，然二與五合，各履正而居中，三、四不能久塞其路，終得遂其所懷，故曰「終莫之勝，吉」也。象曰「得所願也」者，所願在於與二合好，既各履中正，无能勝之，故終得其所願也。○注「進以正邦，三年有成」正義曰：九五居尊得位，故曰「進以正〔一〕邦」也。三歲有成，則三、四不敢塞其路，故曰「不過三歲」也。

上九，鴻漸于陸。其羽可用爲儀，吉。注云：進處高絜，不累於位，无物可以屈其心而亂其志。峨峨清遠，儀可貴也，故曰「其羽可用爲儀，吉」。象曰：「其羽可用爲儀，吉」，不可亂也。

〔一〕「正」字原無，據單疏本補。

【疏】正義曰：「鴻漸于陸」者，上九與三皆處卦上，故並稱「陸」。上九最居上極，是進處高絜，故曰「鴻漸于陸」也。「其羽可用爲儀，吉」者，然居无位之地，是「不累於位」者也。處高而能不以位自累，則其羽可用爲物之儀表，可貴可法也，故曰「其羽可用爲儀，吉」也。必言「羽」者，既以鴻明漸，故用羽表儀也。象曰「不可亂也」者，進處高絜，不累於位，无物可以亂其志也。

䷵兑下震上。**歸妹：征凶，无攸利。**注云：妹者，少女之稱也。兑爲少陰，震爲長陽，少陰而承長陽，説以動，嫁妹之象也。

【疏】正義曰：歸妹者，卦名也。婦人謂嫁曰歸，「歸妹」猶言嫁妹也。然易論歸妹得名不同，泰卦六五云：「帝乙歸妹。」彼據兄嫁妹謂之「歸妹」。此卦名歸妹，以妹從姊而嫁，謂之「歸妹」，故初九爻辭云「歸妹以娣」是也。上咸卦明二少相感，恒卦明二長相承，今此卦以少承長，非是匹敵，明是妹從姊嫁，故謂之歸妹焉。古者諸侯一取九女，嫡夫人及左右媵皆以姪娣從，故以此卦當之矣。不言歸姪者，女娣是兄弟之行，亦舉尊以包之也。「征凶，无攸利」者，歸妹之戒也。征謂進有所往也。妹從姊嫁，本非正匹，唯須自守卑退以事元妃。若妄進求寵，則有並后凶咎之敗，故曰「征凶，无攸利」。

象曰：歸妹，天地之大義也。天地不交，而萬物不興。歸妹，人之終始也。注云：陰陽既合，長少又交，天地之大義，人倫之終始。**説以動，所歸妹也。**注云：少女而與長男交，少女所不樂也。而今「説以動」，所歸必妹也。雖與長男交，嫁而係娣，是以「說」也。**征凶，位不當也。**注云：履於不正，說動以進，妖邪之道也。**无攸利，柔乘剛也。**注云：以征則有不正之凶，以處則有乘剛之逆。

【疏】正義曰：「歸妹，天地之大義也。天地不交，而萬物不興」者，此舉天地交合，然後萬物蕃興，證美歸妹之義。所以未及釋卦名，先引證者，以歸妹之義非人情所欲，且違於匹對之理。蓋以聖人制禮，令姪娣從其姑姊而充妾媵者，所以廣其繼嗣，以象天地以少陰、少陽、長陰、長陽之氣共相交接，所以蕃興萬物也。「歸妹，人之終始也」者，上既引天地交合爲證，此又舉人事「歸妹」結合其義也。天地以陰陽相合而得生物不已，人倫以長少相交而得繼嗣不絶，歸妹豈非「天地之大義，人倫之終始」也？「說以動，所歸妹也」者，此就二體釋歸妹之義。少女而與長男交，少女所不樂也。而今「說以動」，所歸必妹也，雖與長男交，嫁而係於娣，是以說也。係娣所以說者，既係娣爲媵，不得別適，若其不以備數，更有勤望之憂，故係娣而行合禮，「說以動」也。「征凶，位不當也」者，此因二、三、四、五皆不當位釋「征凶」之義。位既不當，明非正嫡，因說動而更求進，妖邪之道也，所戒其「征凶」也。「无攸利，柔乘剛也」者，此因六三〔一〕、六五乘剛釋「无攸利」之義。夫陽貴而陰賤，以妾媵之賤進求殊寵，即是以賤陵貴，故无施而利也。

〔一〕「三」原作「二」，據單疏本改。

○注「以征」至「之逆」　正義曰：象以失位釋「征凶」，乘剛釋「无攸利」，而注連引言之者，略例云：「去初、上而論位分，則三、五各在一卦之上，何得不謂之陽？二、四各在一卦之下，何得不謂之陰？」然則二、四陰位也，三、五陽位也。陽應在上，陰應在下，今二、三、四、五並皆失位，其勢自然柔皆乘剛，其猶妾媵求寵，其勢自然以賤陵貴，以明柔之乘剛，緣於失正而進也。

象曰：澤上有雷，歸妹。君子以永終知敝。注云：歸妹，相終始之道也，故以永終知敝。

【疏】正義曰：「澤上有雷」，説以動也，故曰「歸妹」。「君子以永終知敝」者，歸妹，相終始之道也，故君子象此，以永長其終，知應有不終之敝故也。

初九，歸妹以娣，跛能履，征吉。注云：少女而與長男爲耦，非敵之謂，是娣從之義也。妹，少女之稱也。少女之行，善莫若娣。夫承嗣以君之子，雖幼而不妄行，少女以娣，雖「跛能履」，斯乃恒久之義，吉而相承之道也。以斯而進，吉其宜也。　象曰：「歸妹以娣」，以恒也。「跛能履」，吉相承也。

【疏】正義曰：「歸妹以娣」者，少女謂之妹，從娣而行謂之歸。初九以兑適震，非夫婦匹敵，是從娣之義也，故曰「歸妹以娣」也。「跛能履」者，妹而繼姊爲娣，雖非正配，不失常道，譬猶跛人之足然，雖不正，不廢能履，故曰「跛能履」也。「征吉」者，少長非偶，爲妻而行則凶焉，爲娣而行則吉，故曰「征吉」也。象曰「以恒也」者，妹而爲娣，恒久之道也。「吉相承也」者，行得其宜，是相承之吉也。

○注「夫承嗣以君之子，雖幼而不妄行」　正義曰：此爲少女作比例也。言君之子宜爲嗣承，以類妃之妹應爲娣也。立嗣宜取長，然君之子雖幼而立之，不爲妄也。以言行嫁宜匹敵。然妃之妹雖至少，而爲娣則可行也。

九二，眇能視，利幽人之貞。注云：雖失其位，而居内處中，眇猶能視，足以保常也。在内履中，而能守其常，故「利幽人之貞」也。象曰「利幽人之貞」，未變常也。

【疏】正義曰：九二不云歸妹者，既在歸妹之卦，歸妹可知，故略不言也。然九二雖失其位，不廢居内處中，以言歸妹雖非正配，不失交合之道，猶如眇目之人視雖不正，不廢能視耳，故曰「眇能視」也。「利幽人之貞」者，居内處中，能守其常，施之於人，是處幽而不失其貞正也，故曰「利幽人之貞」也。象曰「未變常也」者，貞正者人之常也。九二失位，嫌其變常不貞也。能以履中不偏，故云「未變常也」。

六三，歸妹以須，反歸以娣。注云：室主猶存，而求進焉。進未值時，故有須也。不可以進，故反歸待時，以娣乃行也。象曰：「歸妹以須」，未當也。

【疏】正義曰：「歸妹以須」者，六三在歸妹之時，處下體之上，有欲求爲室主之象，而居不當位，則是室主猶存，室主既存而欲求進，爲未值其時也。未當其時，則宜有待，故曰「歸妹以須」也。「反歸以娣」者，既而有須，不可以進，宜反歸待時，以娣乃行，故曰「反歸以娣」。象曰「未當也」者，未當其時，故宜有待也。

九四，歸妹愆期，遲歸有時。注云：夫以不正无應而適人也，必須彼道窮盡，无所與交，然後乃可以往，故愆期遲歸，以待時也。象曰：愆期之志，有待而行也。

【疏】正義曰：「歸妹愆期，遲歸有時」者，九四居不得位，又无其應，以斯適人，必待彼道窮盡，无所與交，然後乃可以往，故曰「愆期，遲歸有時」也。象曰「愆期之志，有待而行」者，嫁宜及時，今乃過期而遲歸者，此嫁者之志，正欲有所待而後乃行也。

六五，帝乙歸妹，其君之袂，不如其娣之袂良。月幾望，吉。注云：歸妹之中，獨處貴位，故謂之「帝乙歸妹」也。袂，衣袖，所以爲禮容者也。其君之袂，謂帝乙所寵也，即五也。爲帝乙所崇飾，故謂之「其君之袂」也。配在九二，兑少震長，以長從少，不若以少從長之爲美也，故曰「不若其娣之袂良」也。位在乎中，以貴而行，極陰之盛，以斯適配，雖不若少，往亦必合，故曰「月幾望，吉」也。象曰：帝乙歸妹，不如其娣之袂良也。其位在中，以貴行也。

【疏】正義曰：「帝乙歸妹」者，六五居歸妹之中，獨處貴位，是帝王之所嫁妹也，故曰「帝乙歸妹」。「其君之袂，不如其娣之袂良」者，六五雖處貴位，卦是長陽之卦，若以爻爲人，即是婦人之道，故爲帝乙之妹。既居長卦，乃是長女之象，其君即五也。袂，衣袖也，所舉斂以爲禮容，帝王嫁妹，爲之崇飾，故曰「其君之袂」也。配在九二，兑少震長，以長從少者也。以長從少，雖有其君崇飾之袂，猶不若以少從長之爲美，故曰「不如其娣之袂良」也。「月幾望，吉」者，陰而貴盛，如月之近望，以斯適配，雖不如以少從長，然以貴而行，往必合志，故得吉也，故曰「月幾望，吉」也。象曰「帝乙歸妹，不如其娣之袂良」

者，釋其六五雖所居貴〔一〕位，然長不如少也，言不如少女而從於長男也。「其位在中，以貴行也」者，釋「月幾望，吉」也。既以長適少，非歸妹之美而得吉者，其位在五之中，以貴盛而行，所往必得合而獲吉也。

上六，女承筐无實，士刲羊无血，无攸利。注云：羊謂三也。處卦之窮，仰无所承，下又无應，爲女而承命，則筐虚而莫之與。爲士而下命，則刲羊而无血。刲羊而无血，不應所命也。進退莫與，故曰「无攸利」也。**象曰：上六无實，承虚筐也。**

【疏】正義曰：「女承筐无實，士刲羊无血，无攸利」者，女之爲行，以上有承順爲美；士之爲功，以下有應命爲貴。上六處卦之窮，仰則无所承受，故爲「女承筐」則虚而无實。又下无其應，下命則无應之者，故爲「士刲羊」則乾而无血，故曰「女承筐无實，士刲羊无血」。則進退莫與，故无所利。象曰「承虚筐」者，筐本盛幣，以幣爲實。今之「无實」，正是承捧虚筐，空无所有也。

䷶離下震上。**豐：亨，王假之。**注云：大而亨者，王之所至。**勿憂，宜日中。**注云：豐之爲義，闡弘微細，通夫隱滯者也。爲天下之主，而令微隱者不亨，憂未已也，故至豐亨，乃得勿憂也。用夫豐亨不憂之德，宜處天中以偏照

〔一〕「貴」字原無，據單疏本補。

者也，故曰「宜日中」也。

【疏】正義曰：「豐，亨」者，豐，卦名也，彖及序卦皆以「大」訓「豐」也，然則豐者，多大之名，盈足之義，財多德大，故謂之爲豐。德大則无所不容，財多則无所不濟。无所擁礙謂之爲「亨」，故曰「豐，亨」。「王假之」者，假，至也；豐亨之道，王之所尚，非有王者之德不能至之，故曰「王假之」也。「勿憂，宜日中」者，勿，无也。王能至於豐亨，乃得无復憂慮，故曰「勿憂」也。用夫豐亨无憂之德，然後可以君臨萬國，偏照四方，如日中之時偏照天下，故曰「宜日中」也。

彖曰：豐，大也。注云：音闡大之大也。**明以動，故豐。王假之，尚大也。**注云：大者王之所尚，故至之也。**勿憂，宜日中，宜照天下也。**注云：以勿憂之德，故宜照天下也。**日中則昃，月盈則食，天地盈虛，與時消息，而況於人乎？況於鬼神乎？**注云：豐之爲用，困於昃食者也。施於未足則尚豐，施於已盈則方溢，不可以爲常，故具陳消息之道者也。

【疏】正義曰：「豐，大也」者，釋卦名，正是弘大之義也。「明以動，故豐」者，此就二體釋卦得名爲豐之意。動而不明，未能光大，資明以動，乃能致豐，故曰「明以動，故豐」也。「王假之，尚大也」者，豐大之道，王所崇尚，所以王能至之，以能尚大故也。「勿憂，宜日中，宜照天下也」者，日中之時，偏照天下，王无憂慮，德乃光被，同於日中之盛，故曰「勿憂，宜日中，宜照天下也」。「日中則昃，月盈則食，天地盈虛，與時消息，而況於人乎？況於鬼神乎」者，此孔子因豐設戒。以上言王者以豐大之德照臨天下，同於日中。然盛必有衰，自然常理。日中至盛，過中則昃；月滿則盈，過盈則食。天之寒暑往來，地之陵谷遷貿，盈則與時而息，虛則與時而消。天地日月，尚不能久，況於人與鬼神，而能長保其盈盛乎？勉令及時脩德，仍戒居存慮亡也。此辭先陳天地，後言人、鬼神者，欲以輕譬重，亦先尊後卑也。而日月先天地者，承上「宜日中」之下〔一〕，遂言其昃食，因舉日月以對之，然後并陳天地作文之體也。○注「音闡大之大也」 正義曰：闡者，弘廣之言。凡物之大，其有二種，一者自然之大，二者由人之闡弘使大。「豐」之爲義，既闡弘微細，則豐之稱大，乃闡大之大，非自然之大，故音之也。

象曰：雷電皆至，豐。君子以折獄致刑。注云：文明以動，不失情理也。

【疏】正義曰：「雷電皆至，豐」者，雷者，天之威動；電者，天之光耀。雷電俱至，則威明備，足以爲豐也。「君子以折獄致刑」者，君子法象天威而用刑罰，亦當文明以動，折獄斷決也。斷決獄訟，須得虛實之情；致用刑罰，必得輕重之中。若動而不明，則淫濫斯及，故君子象於此卦而折獄致刑。

初九，遇其配主，雖旬，无咎，往有尚。注云：處豐之初，其配在四，以陽適陽，以明之動，能相光大者也。旬，均也。雖均无咎，往有尚也。初、四俱陽爻，故曰「均」也。**象曰：「雖旬无咎」，過旬災也。**注云：過均則争，交斯叛也。

〔一〕「下」，阮校云：閩、監、毛本作「文」。

【疏】正義曰：「遇其配主」者，豐者，文明以動，尚乎光大者也。初配在四，俱是陽爻，以陽適陽，以明之動，能相光大者也，故曰「遇其配主」也。「雖旬无咎，往有尚」者，旬，均也，俱是陽爻，謂之爲均，非是陰陽相應，嫌其有咎，以其能相光大，故雖均，可以无咎，而往有嘉尚也，故曰「雖均无咎，往有尚」也。

象曰「過旬災也」者，言勢若不均則相傾奪，既相傾奪則争競乃興，而相違背，災咎生焉，故曰「過旬災也」。

○注「過均則争，交斯叛也」　正義曰：初、四應配，謂之爲交，勢若不均，則初、四之相交，於斯乖叛矣。

六二，豐其蔀，日中見斗。往得疑疾，有孚發若，吉。注云：蔀，覆曖，鄣光明之物也。處明動之時，不能自豐以光大之德，既處乎内，而又以陰居陰，所〔一〕豐在蔀，幽而无覩者也，故曰「豐其蔀，日中見斗」也。日中者，明之盛也；斗見者，闇之極也。處盛明而豐其蔀，故曰「日中見斗」。不能自發，故往得疑疾。然履中當位，處闇不邪，有孚者也。若，辭也。有〔二〕孚可以發其志，不困於闇，故獲吉也。象曰：「有孚發若」，信以發志也。

【疏】正義曰：「豐其蔀」者，二以陰居〔三〕陰，陰又處於内，幽闇无所覩見，所豐在於覆蔽，故曰「豐其

〔一〕「所」，原衍在下文「豐其」下，今據單注本、注附音本移回。
〔二〕「有」字原無，據單注本、注附音本補。
〔三〕「居」，單疏本作「處」。

蔀」也。蔀者，覆曖，障光明之物也。「日中見斗」者，二居離卦之中，如日正中，則至極盛者也。處日中盛明之時，而斗星顯見，是二之至闇，使斗星見明者也。處光大之世，而爲極闇之行，譬日中而斗星見，故曰「日中見斗」也。二、五俱陰，二已見斗之闇，不能自發，以自求於五，往則得見疑之疾，故曰「往得疑疾」也。然居中履正，處闇不邪，是有信者也。有信以自發其志，不困於闇，故獲吉也，故曰「有孚發若，吉」也。象曰「信以發志」者，雖處幽闇而不爲邪，是有信以發其豐大之志，故得吉也。

九三，豐其沛，日中見沫。折其右肱，无咎。 注云：沛，幡幔，所以禦盛光也。沫，微昧之明也。應在上六，志在乎陰，雖愈乎以陰處陰，亦未足以免於闇也。所豐在沛，「日中見沫」之謂也。施明則見沫而已，施用則折其右肱，故可以自守而已，未足用也。**象曰：豐其沛，不可大事也。** 注云：明不足也。**折其右肱，終不可用也。** 注云：雖有左在，不足用也。

【疏】正義曰：「豐其沛，日中見沫」者，沛，幡幔，所以禦盛光也。沫，微昧之明也。以九三應在上六，志在乎陰，雖愈於六二以陰處陰，亦未見免於闇也，是所以豐在沛，「日中見沫」也。處光大之時，而豐沛見沫，雖愈於豐蔀見斗，然施於大事，終不可用。假如折其右肱，自守而已，乃得无咎，故曰「折其右肱，无咎」。象曰「不可大事」者，當光大之時，可爲大事，而明不足，故不可爲大事也；「終不可用」者，凡用事在右肱，右肱既折，雖有左在，終不可用也。

九四，豐其蔀，日中見斗。遇其夷主，吉。 注云：以陽居陰，豐其蔀也。得初以發，夷主吉也。**象曰：**

「豐其蔀」，位不當也。「日中見斗」，幽不明也。「遇其夷主」，吉行也。

【疏】正義曰：「豐其蔀」者，九四以陽居陰，闇同於六二，故曰「豐其蔀」也。「日中見斗，遇其夷主，吉」者，夷，平也；四應在初，而同是陽爻，能相顯發，而得其吉，故曰「遇其夷主，吉」也。言四之與初交相爲主者，若賓主之義也。若據初適四，則以四爲主，故曰「遇其配主」。自四之初，則以初爲主，故曰「遇其夷主」也。二陽體敵，兩主均平，故初謂四爲「旬」，而四謂初爲「夷」也。象曰「位不當」者，止謂以陽居陰，而位不當，所以豐蔀而闇者也。「幽不明也」者，日中盛明而反見斗，以譬當光大而居陰，是應明而幽闇不明也。「吉行也」者，處於陰位，爲闇已甚，更應於陰，无由獲吉，猶與陽相遇，故得吉行也。

六五，來章，有慶譽，吉。注云：以陰之質，來適尊陽之位，能自光大，章顯其德，獲慶譽也。象曰：六五之吉，有慶也。

【疏】正義曰：六五處豐大之世，以陰柔之質來適尊陽之位，能自光大，章顯其德，而獲慶善也，故曰「來章，有慶譽，吉」也。象曰「有慶也」者，言六五以柔處尊，履得其中，故致慶譽也。

上六，豐其屋，蔀其家，闚其户，闃其无人，三歲不覿，凶。注云：屋，藏蔭之物，以陰處極而最在外，不履於位，深自幽隱，絶跡深藏者也。既豐其屋，又蔀其家，屋厚家覆，闇之甚也。雖闚其户，闃其无人，棄其所處，而自深藏也。處於明動尚大之時，而深自幽隱以高其行，大道既濟而猶不見，隱不爲賢，更爲反道，凶其宜也。三年，豐道之成〔一〕。治道未濟，隱猶可也；既濟而隱，以治爲亂也。《象》曰：「豐其屋」，天際翔也。注云：翳光最甚者也。「窺其户，闃其无人」，自藏也。注云：可以出而不出，自藏之謂也，非有爲而藏。不出户庭，失時致凶，況自藏乎？凶其宜也。

【疏】正義曰：屋者，藏蔭隱蔽之物也。上六，以陰處陰，極以處外，不履於位，是深自幽隱，絶跡深藏也。事同豐厚於屋者也。既豐厚其屋，而又覆蔀其家，屋厚家闇，蔽鄣之甚也。雖窺視其户，而闃寂无人，棄其所處而自深藏也。處於豐大之世，隱不爲賢。治道未濟，隱猶可也；三年豐道已成，而猶不見，所以爲凶，故曰「豐其屋，蔀其家，窺其户，闃其无人，三歲不覿，凶」。《象》曰「天際翔也」者，如鳥之飛翔於天際，言隱翳之深也。「自藏也」者，言非有爲而當自藏，可以出而不出，无事自爲隱藏也。

周易注疏卷第八

〔一〕「成」原作「盛」，據單注本、注附音本改。

周易注疏卷第九

國子祭酒上護軍曲阜縣開國子臣孔穎達奉勑撰

䷷艮下離上。**旅：小亨。旅，貞吉。**注云：不足全夫貞吉之道，唯足以爲旅之貞吉，故特重曰「旅，貞吉」也。

【疏】正義曰：旅者，客寄之名，羈旅之稱；失其本居而寄他方，謂之爲旅。既爲羈旅，苟求僅存，雖得自通，非甚光大，故旅之爲義，小亨而已，故曰「旅，小亨」。羈旅而獲小亨，是旅之正吉，故曰「旅，貞吉」也。

彖曰：旅，小亨。柔得中乎外而順乎剛，止而麗乎明，是以小亨，旅貞吉也。注云：夫物失其主則散，柔乘於剛則乖，既乖且散，物皆羈旅，何由得小亨而貞吉乎？夫陽爲物長，而陰皆順陽，唯六五乘剛而復得中乎外，以承于上。陰各順陽，不爲乖逆，止而麗明，動不履妄，雖不及剛得尊位，恢弘大通，足以小亨。令附旅者不失其正，得其所安也。**旅之時義大矣哉！**注云：旅者大散，物皆失其所居之時也。咸失其居，物願所附〔一〕，豈非知

〔一〕「咸失其居，物願所附」，阮校云：集解作「物失所居，則咸願有附」。

者有爲之時？

【疏】正義曰：「旅，小亨」者，舉經文也。柔得中乎外而順乎剛，止而麗乎明，是以「小亨」。「旅貞吉」者，此就六五及二體釋旅得亨貞之義。柔處於外，弱而爲客之象，若所託不得其主，得主而不能順從，則乖逆而離散，何由得自通而貞吉乎？今柔雖處外而得中順陽，則是得其所託而順從於主，又止而麗明，動不履妄，故能於寄旅之時得通而正，不失所安也。「旅之時義大矣哉」者，此歎美寄旅之時，物皆失其所居，若能與物爲附，使旅者獲安，非小才可濟，惟大智能然，故曰「旅之時義大矣哉」。

〔象〕曰：山上有火，旅。君子以明慎用刑而不留獄。注云：止以明之，刑戮詳也。

【疏】正義曰：「山上有火，旅。君子以明慎用刑而不留獄」者，火在山上，逐草而行，勢不久留，故爲旅象。又上下二體，艮止離明，故君子象此，以静止明察，審慎用刑，而不稽留獄訟。

初六，旅瑣瑣，斯其所取災。注云：最處下極，寄旅不得所安，而爲斯賤之役，所取致災，志窮且困。〔象〕曰：「旅瑣瑣」，志窮災也。

【疏】正義曰：「旅瑣瑣，斯其所取災」者，瑣瑣者，細小卑賤之貌也。初六當旅之時，最處下極，是寄旅不得所安，而爲斯卑賤之役。然則爲斯卑賤勞役，由其處於窮下，故致此災，故曰「旅瑣瑣，斯其所取災」也。〔象〕曰「志窮災」，志意窮困，自取此災也。

六二，旅即次，懷其資，得童僕貞。注云：次者，可以安行旅之地也。懷，來也。得位居中，體柔奉上，以此寄旅，必獲次舍。懷來資貨，得童僕之所正也。旅不可以處盛，故其美盡於童僕之正也。過斯以往，則見害矣。童僕之正，義足而已。

象曰：「得童僕貞」，終无尤也。

【疏】正義曰：「旅即次，懷其資，得童僕貞」者，得位居中，體柔承上，以此而爲寄旅，必爲主君所安，故得次舍，懷來資貨，又得童僕之正，不同初六賤役，故曰「旅即次，懷其資，得童僕貞」。象曰「終无尤」者，旅不可以處盛，盛則爲物所害。今惟正於童僕，則終保无尤也。

九三，旅焚其次，喪其童僕，貞厲。注云：居下體之上，與二相得，以寄旅之身而爲施下之道，與萌侵權，主之所疑也，故次焚、僕喪而身危也。象曰：「旅焚其次」，亦以傷矣。以旅與下，其義喪也。

【疏】正義曰：「旅焚其次，喪其童僕，貞厲」者，九三居下體之上，下據於二，上无其應，與二相得，是欲自尊而惠施於下也。以羇旅之身而爲惠下之道，是與萌侵權，爲主君之所疑也。爲君主所疑，則被黜而見害，故焚其次舍，喪其童僕之正而身危也。象曰「亦以傷矣」者，言失其所安，亦可悲傷也。「其義喪」者，言以旅與下，理是喪亡也。

○注「與萌侵權」　正義曰：言與得政事之萌漸，侵奪主君之權勢，若齊之田氏，故爲主所疑也。

九四，旅于處，得其資斧，我心不快。注云：斧所以斫除荆棘，以安其舍者也。雖處上體之下，不先於物，然而不得其位，不獲平坦之地，客于所處，不得其次，而得其資斧之地，故其心不快也。象曰：「旅于處」，未得位也。「得其資斧」，心未快也。

【疏】正義曰：「旅于處，得其資斧，我心不快」者，九四處上體之下，不同九三之自尊，然不得其位，猶寄旅之人求其次舍，不獲平坦之所，而得用斧之地。言用斧除荆棘，然後乃處，故曰「旅于處，得其資斧」也。求安處而得資斧之地，所以其心不快也。

六五，射雉一矢，亡。終以譽命。注云：射雉以一矢，而復亡之，明雖有雉，終不可得矣。寄旅而進，雖處于文明之中，居于貴位，此位終不可有也。以其能知禍福之萌，不安其處，以乘其下，而上承於上，故終以譽而見命也。〔象曰：「終以譽命」，上逮也。

【疏】正義曰：「射雉一矢，亡。終以譽命」者，羇旅不可以處盛位，六五以羇旅之身進居貴位，其位終不可保，譬之射雉，惟有一矢，射之而復亡失其矢，其雉終不可得，故曰「射雉一矢，亡」也。然處文明之内，能照禍福之幾，不乘下以侵權，而承上以自保，故得終以美譽而見爵命，故曰「終以譽命」也。〔象曰「上逮」者，逮，及也；以能承及於上，故得「終以譽命」也。

上九，鳥焚其巢，旅人先笑後號咷。喪牛于易，凶。注云：居高危而以爲宅，巢之謂也。客而得上位，故「先笑」也。以旅而處于上極，衆之所嫉也。以不親之身而當嫉害之地，必凶之道也，故曰「後號咷」。牛者，稼穡之資。以旅處上，衆所同嫉，故喪牛於易。不在於難，物莫之與，危而不扶，喪牛于易，故莫之聞。莫之聞，則傷之者至矣。〔象曰：以旅在上，其義焚也。「喪牛于易」，終莫之聞也。

【疏】正義曰：「鳥焚其巢，旅人先笑後號咷。喪牛于易，凶」者，最居於上，如鳥之巢，以旅處上，必見傾奪，如鳥巢之被焚，故曰「鳥焚其巢」也。客得上位，所以「先笑」。凶害必至，故「後號咷」。衆所同疾，喪其稼穡之資，理在不難，故曰「喪牛于易」。物莫之與，則傷之者至矣，故曰「凶」也。象曰「終莫之聞也」者，衆所同疾，危而不扶，至于喪牛于易，終无以一言告之，使聞而悟也。

䷸巽下巽上。**巽：小亨。**注云：全以巽爲德，是以小亨也。上下皆巽，不違其令，命乃行也。故申命行事之時，上下不可以不巽也。**利有攸往，**注云：巽悌以行，物无距也。**利見大人。**注云：大人用之，道愈隆。

【疏】正義曰：「巽：小亨。利有攸往，利見大人」者，巽者卑順之名。説卦云：「巽，入也。」蓋以巽是象風之卦，風行无所不入，故以「入」爲訓。若施之於人事，能自卑巽者，亦无所不容。然巽之爲義，以卑順爲體，以容入爲用，故受「巽」名矣。上下皆巽，不爲違逆，君唱臣和，教令乃行，故於重巽之卦以明申命之理。雖上下皆巽，命令可行，然全用卑巽，則所通非大，故曰「小亨」。巽悌以行，物无違距，故曰「利有攸往」。但能用巽者，皆无往不利，然大人用巽，其道愈隆，故曰「利見大人」，明上下皆須用巽也。

彖曰：重巽以申命。注云：命乃行也。未有不巽而命行也。**剛巽乎中正而志行，**注云：以剛而能用巽，處于中正，物所與也。**柔皆順乎剛。**注云：明无違逆，故得小亨。**是以小亨，利有攸往，利見大人。**

【疏】正義曰：「重巽以申命」者，此卦以卑巽爲名，以申命爲義，故就二體上下皆巽，以明可以申命也。上巽能接於下，下巽能奉於上，上下皆巽，命乃得行，故曰「重巽以申命」也。「剛巽乎中正而志行」者，雖上下皆巽，若命不可從，則物所不與也。故又因二、五之爻剛而能巽，不失其中，所以志意得行，申其命令也。「柔皆順乎剛」者，剛雖巽爲中正，柔若不順乎剛，何所申其命乎？故又就初、四各處卦下，柔皆順剛，无有違逆，所以教命得申，成「小亨」以下之義也。「是以小亨」以下，舉經結也。

○注「明无違逆，故得小亨」　正義曰：案彖併舉「小亨，利有攸往，利見大人」以結之，明〔一〕柔皆順剛之意，不專釋「小亨」二字，而注獨言「明无違逆，故得小亨」者，褚氏云：「夫獻可替否，其道乃弘。柔皆順剛，非大通之道，所以文王繫『小亨』之辭，孔子致『皆順』之釋。」案：王注上下卦之體，皆以巽言之，柔不違剛，正是巽義，故知「皆順」之言通釋諸辭也。

象曰：隨風，巽。君子以申命行事。

【疏】正義曰：「隨風，巽」者，兩風相隨，故曰「隨風」。風既相隨，物无不順，故曰「隨風，巽」。「君子以申命行事」者，風之隨至，非是令初，故君子則之以申命行事也。

初六，進退，利武人之貞。注云：處令之初，未能服令者也，故進退也。成命齊邪，莫善武人，故「利武人之貞」

〔一〕「明」，單疏本作「則」。

以整之。象曰：進退，志疑也。注云：巽順之志，進退疑懼。「利武人之貞」，志治也。

【疏】正義曰：「進退，利武人之貞」者，初六處令之初，法未宣著，體於柔巽，不能自決，心懷進退，未能從令者也。成命齊邪，莫善威武，既未能從令，則宜用武人之正以整齊之，故曰「進退，利武人之貞」也。象曰「志疑」者，欲從之則未明其令，欲不從則懼罪及己，志意懷疑，所以「進退」也。「志治也」者，武非行令所宜，而言「利武人」者，志在使人從治，故曰「利武人」，其猶蒙卦初六象曰「利用刑人，以正法也」。

九二，巽在牀下，用史巫紛若，吉，无咎。注云：處巽之中，既在下位，而復以陽居陰，卑巽之甚，故曰「巽在牀下」也。卑甚失正，則入于咎過矣。能以居中而施至卑於神祇，而不用之於威勢，則乃至于紛若之吉，而亡其過矣，故曰「用史巫紛若，吉，无咎」也。象曰：紛若之吉，得中也。

【疏】正義曰：「巽在牀下」者，九二處巽下體，而復以陽居陰，卑巽之甚，故曰「巽在牀下」。「用史巫紛若，吉，无咎」者，史謂祝史，巫謂巫覡，並是接事鬼神之人也。紛若者，盛多之貌。卑甚失正，則入於過咎。人有威勢，易爲行恭；神道无形，多生怠慢。若能用居中之德，行至卑之道，用之於神祇，不行之於威勢，則能致之於盛多之吉，而无咎過，故曰「用史巫紛若，吉，无咎」也。象曰「得中」者，用卑巽於神祇，是行得其中，故能致紛若之吉也。

九三，頻巽，吝。注云：頻，頻蹙，不樂而窮，不得已之謂也。以其剛正而爲四所乘，志窮而巽，是以吝也。象曰：頻巽之吝，志窮也。

【疏】正義曰：「頻巽，吝」者，頻者，頻蹙憂戚之容也。九三體剛居正，爲四所乘，是志意窮屈，不得申遂也。既處巽時，只得受其屈辱也。頻蹙而巽，鄙吝之道，故曰「頻巽，吝」也。象曰「志窮」者，志意窮屈，所以爲吝也。

六四，悔亡，田獲三品。注云：乘剛，悔也，然得位承五，卑得所奉，雖以柔御剛，而依尊履正，以斯行命，必能獲强暴，遠不仁者也。獲而有益，莫善三品，故曰「悔亡，田獲三品」。一曰乾豆，二曰賓客，三曰充君之庖〔一〕。象曰：「田獲三品」，有功也。

【疏】正義曰：「悔亡，田獲三品」者，六四有乘剛之悔，然得位承尊，得其所奉，雖以柔乘剛，而依尊履正，以斯行命，必能有功，取譬田獵，能獲而有益，莫善三品，所以得悔亡，故曰「悔亡，田獲三品」也。三品者，一曰乾豆，二曰賓客，三曰充君之庖厨也。象曰「有功」者，田獵有獲，以喻行命有功也。

九五，貞吉，悔亡，无不利。无初有終。先庚三日，後庚三日，吉。注云：以陽居陽，損於謙巽，然秉乎中正以宣其令，物莫之違，故曰「貞吉，悔亡，无不利」也。化不以漸，卒以剛直用加於物，故初皆不説也。終於中正，邪道以消，故有終也。申命令謂之庚。夫以正齊物，不可卒也；民迷固久，直不可肆也，故先申三日，令著之後，復

〔一〕此句語出禮記王制。「庖」原作「包」，據單注本及禮記改，下正義同。

申三日，然後誅而无咎怨矣。甲、庚，皆申命之謂也。**象曰：九五之吉，位正中也。**

【疏】正義曰：九五以陽居陽，違於謙巽，是悔也。然執乎中正，以宣其令，物莫之違，是由貞正獲吉，故得悔亡而无不利，故曰「貞吉，悔亡，无不利」也。「无初有終」者，若卒用剛直，化不以漸，物皆不説，故曰「无初」也。終於中正，物服其化，故曰「有終」也。「先庚三日，後庚三日，吉」者，申命令謂之庚。民迷固久，申不可卒，故先申之三日，令著之後，復申之三日，然後誅之，民服其罪，无怨而獲吉矣，故曰「先庚三日，後庚三日，吉」也。象曰「位正中」者，若不以九居五位，則不能以中正齊物，物之不齊，无由致吉，致吉是由九居五位，故舉爻位言之。

上九，巽在牀下，喪其資斧，貞凶。 注云：處巽之極，極巽過甚，故曰「巽在牀下」也。斧，所以斷者也。過巽失正，喪所以斷，故曰「喪其資斧，貞凶」也。**象曰：「巽在牀下」，上窮也。「喪其資斧」，正乎凶也。**

【疏】正義曰：「巽在牀下」者，上九處巽之極，巽之過甚，故曰「巽在牀下」。「喪其資斧」者，斧能斬決，以喻威斷也。巽過則不能行威命，命之不行，是喪其所用之斧，故曰「喪其資斧」也。「貞凶」者，失其威斷，是正之凶，故曰「貞凶」也。象曰「上窮」者，處上窮巽，故過在牀下也。「正乎凶」者，正理須當威斷，而喪之，是「正乎凶也」。

☱☱兑下兑上。兑：亨，利貞。

【疏】正義曰：兑，説也。説卦曰：「説萬物者莫説乎澤。」以兑是象澤之卦，故以「兑」爲名。澤以潤生萬物，所以萬物皆説；施於人事，猶人君以恩惠養民，民无不説也。惠施民説，所以爲亨。以説説物，恐陷諂邪，其利在於貞正。故曰「兑，亨，利貞」。

彖曰：兑，説也。剛中而柔外，説以利貞。注云：説而違剛則諂，剛而違説則暴，剛中而柔外，所以説以利貞也。剛中，故利貞；柔外，故説亨。是以順乎天而應乎人。注云：天，剛而不失説者也。説以先民，民忘其勞；説以犯難，民忘其死。説之大，民勸矣哉！

【疏】正義曰：「兑，説也」者，訓卦名也。「剛中而柔外，説以利貞」者，此就二、五以剛居中，上六、六三以柔處外，釋「兑，亨，利貞」之義也。外雖柔説，而内德剛正，則不畏邪諂。内雖剛正，而外迹柔説，則不憂侵暴。只爲剛中而柔外，中外相濟，故得説亨而利貞也。「是以順乎天而應乎人」者，廣明説義，合於天人。天爲剛德而有柔克，是剛而不失其説也。今説以利貞，是上順乎天也。人心説於惠澤，能以惠澤説人，是下應乎人也。「説以先民，民忘其勞」，以下歎美説之所致，亦申明應人之法，先以説豫撫民，然後使之從事，則民皆竭力，忘其從事之勞，故曰「説以先民，民忘其勞」也。「説以犯難，民忘其死」者，先以説豫勞民，然後使之犯難，則民皆授命，忘其犯難之死，故曰「説以犯難，民忘其死」也。施説於人，所致如此，豈非説義之大能使民勸勉矣哉！故曰「説之大，民勸矣哉」。

象曰：麗澤，兑。君子以朋友講習。注云：麗猶連也。施説之盛，莫盛於此。

【疏】正義曰：「麗澤，兑」者，麗猶連也，兩澤相連，潤説之盛，故曰「麗澤，兑」也。「君子以朋友講習」者，同門曰朋，同志曰友，朋友聚居，講習道義，相説之盛，莫過於此也，故君子象之以朋友講習也。

初九，和兑，吉。注云：居兑之初，應不在一，无所黨係，和兑之謂也。説不在諂，履斯而行，未見有疑之者，吉其宜矣。象曰：和兑之吉，行未疑也。

【疏】正義曰：「和兑，吉」者，初九居兑之初，應不在一，无所私説，説之和也。説物以和，何往不吉，故曰「和兑，吉」也。象曰「行未疑」者，説不爲諂，履斯而行，未見疑之者也，所以得吉也。

九二，孚兑，吉，悔亡。注云：説不失中，有孚者也。失位而説，孚吉乃悔亡也。象曰：孚兑之吉，信志也。注云：其志信也。

【疏】正義曰：「孚兑，吉，悔亡」者，九二説不失中，有信者也。説而有信，則吉從之，故曰「孚兑，吉」也。然履失其位，有信而吉，乃得亡悔，故曰「孚兑，吉，悔亡」也。象曰「信志也」者，失位而得吉，是其志信也。

六三，來兑，凶。注云：以陰柔之質，履非其位，來求説者也。非正而求説，邪佞者也。象曰：來兑之凶，位不當也。

【疏】正義曰：「來兑，凶」者，三爲陽位，陰來居之，是進來求説，故言「來兑」；而以不正求説，佞邪之道，故曰「來兑，凶」也。象曰「位不當」者，由位不當，所以致凶也。

九四，商兑未寧，介疾有喜。注云：商，商量裁制之謂也。介，隔也。三爲佞説，將近至尊，故四以剛德裁而隔之，匡内制外，是以未寧也。處於幾近，閑邪介疾，宜其有喜也。**象曰：九四之喜，有慶也。**

【疏】正義曰：「商兑未寧」者，商，商量裁制之謂也。夫佞邪之人，國之疾也。三爲佞説，將近至尊，故四以剛德裁而隔之，使三不得進，匡内制外，未遑寧處，故曰「商兑未寧」。居近至尊，防邪隔疾，宜其有喜，故曰「介疾有喜」。象曰「有慶」者，四能匡内制外，介疾除邪〔一〕，此之爲喜，乃爲至尊所善，天下蒙賴，故言「有慶也」。

九五，孚于剥，有厲。注云：比於上六，而與相得，處尊正之位，不説信乎陽，而説信乎陰，「孚于剥」之義也。剥之爲義，小人道長之謂。**象曰：「孚于剥」，位正當也。**注云：以正當之位，信於小人而疏君子，故曰「位正當也」。

【疏】正義曰：「孚于剥，有厲」者，剥者，小人道長，消君子之正，故謂小人爲剥也。九五處尊正之位，下无其應，比於上六，與之相得，是説信於小人，故曰「孚于剥」。信而成剥，危之道也，故曰「有厲」。象曰「位正當」者，以正當之位，宜任君子，而信小人，故以當位責之也。

〔一〕「邪」下，原衍「除邪」二字，據單疏本删。

上六，引兑。注云：以夫陰質，最處説後，静退者也，故必見引，然後乃説也。象曰：上六引兑，未光也。

【疏】正義曰：「引兑」者，上六以陰柔之質，最在兑後，是自静退，不同六三自進求説，必須他人見引，然後乃説，故曰「引兑」也。象曰「未光也」者，雖免躁求之凶，亦有後時之失，所以經无「吉」文，以其道未光故也。

䷺坎下巽上。涣：亨。王假有廟，利涉大川，利貞。

【疏】正義曰：「涣，亨」者，涣，卦名也。序卦曰：「説而後散之，故受之以涣。」然則涣者，散釋之名。雜卦曰：「涣，離也。」此又涣是離散之號也。蓋涣之爲義，小人遭難，離散奔迸而逃避也。大德之人，能於此時建功立德，散難釋險，故謂之爲涣；能釋險難，所以爲亨，故曰「涣，亨」。「王假有廟」者，王能涣難而亨，可以至於建立宗廟，故曰「王假有廟」也。「利涉大川」者，德洽神人，可濟大難，故曰「利涉大川」。「利貞」者，大難既散，宜以正道而柔集之，故曰「利貞」。

象曰：涣，亨。剛來而不窮，柔得位乎外而上同。注云：二以剛來居内，而不窮於險；四以柔得位乎外，而與上同。内剛而无險困之難，外順而无違逆之乖，是以亨，利涉大川，利貞也。凡剛得暢而无忌回之累，柔履正而同志乎剛，則皆亨，利涉大川，利貞也。王假有廟，王乃在中也。注云：王乃在乎涣然之中，故至有廟也。利涉大川，乘木有功也。注云：乘木即涉難也。木者專所以涉川也。涉難而常用涣道，必有功也。

【疏】正義曰：「涣，亨」者，疊經文，略舉名德也。「剛來而不窮，柔得位乎外而上同」者，此就九二剛德居險，六四得位從上，釋所以能散釋險難而致亨通，乃至「利涉大川，利貞」等也。二以剛德來居險中，而不窮於險；四以柔順得位於外，而上與五同。内剛无險困之難，外柔无違逆之乖，所以得散釋險難而通亨，建立宗廟而祭享，利涉大川而克濟，利以正道而鳩民也。「王假有廟，王乃在中」者，此重明涣時可以有廟之義。險難未夷，方勞經略，今在涣然之中，故至於「有廟」也。「利涉大川，乘木有功」者，重明用涣可以濟難之事。乘木涉川，必不沉溺；以涣濟難，必有成功，故曰「乘木有功也」。

○注「凡剛」至「利貞也」　正義曰：「凡剛得暢而无忌回之累」者，此還言九二居險不窮，是剛得暢遂。剛既得暢，无復畏忌回邪之累也。「柔履正而同志乎剛」者，此還言六四得位履正，同志乎五也。剛德不暢，柔不同剛，何由得亨通而濟難，利貞而不邪乎？故言「則皆亨，利涉大川，利貞也」。注於此言「皆」者，凡有二意，一則彖雖疊「涣亨」二字，即以「剛來而不窮，柔得位乎外而上同」釋之，下别言「王假有廟，王乃在中，利涉大川，乘木有功」，恐「剛來」之言，惟釋亨德，不通在下；二則先儒有以「剛來不窮」釋亨德，「柔得位乎外」釋利貞，故言「皆」以通之。明剛柔皆釋「亨」以下至于「利貞」也。

○注「乘木即涉難也。木者專所以涉川也」　正義曰：先儒皆以此卦坎下巽上，以爲乘木水上，涉川之象，故言「乘木有功」。王不用象，直取況喻之義，故言此以序之也。

象曰：風行水上，涣。先王以享于帝，立廟。

【疏】正義曰：「風行水上，渙」者，風行水上，激動波濤，散釋之象，故曰「風行水上，渙」。「先王以享于帝，立廟」者，先王以渙然无難之時，享于上帝，以告太平，建立宗廟，以祭祖考，故曰「先王以享于帝，立廟」也。

初六，用拯馬壯，吉。 注云：渙，散也。處散之初，乖散未甚，故可以遊行，得其志而違於難也，不在危劇而後乃逃竄，故曰「用拯馬壯，吉」。**象曰：「初六之吉，順也。」** 注云：觀難而行，不與險争，故曰「順也」。

【疏】正義曰：初六處散之初，乖散未甚，可用馬以自拯拔而得壯吉也，故曰「用拯馬壯，吉」。象曰「初六之吉，順也」者，觀難而行，不與險争，故曰「順也」。

九二，渙奔其机，悔亡。 注云：机，承物者也，謂初也。二俱无應，與初相得，而初得散道，離散而奔，得其所安，故悔亡也。**象曰：「渙奔其机」，得願也。**

【疏】正義曰：「渙奔其机」者，机，承物者也。初承於二，謂初爲机，二俱无應，與初相得，而初得遠難之道。今二散奔歸初，故曰「渙奔其机」也。「悔亡」者，初得散道而二往歸之，得其所安，故悔亡也。象曰「得願」者，違難奔散，願得所安；奔初獲安，是得其願也。

六三，渙其躬，无悔。 注云：渙之爲義，内險而外安者也。散躬志外，不固所守，與剛合志，故得无悔也。**象曰：「渙其躬」，志在外也。**

【疏】正義曰：「渙其躬，无悔」者，渙之爲義，内險外安，六三内不比二，而外應上九，是不固所守，能散其躬，故得无悔，故曰「涣其躬，无悔」。〈象曰「志在外」者，釋六三所以能涣其躬者，正爲身在於内而應在上九，是志意在外也。

六四，涣其群，元吉。涣有丘，匪夷所思。注云：踰乎險難，得位體巽，與五合志，内掌機密，外宣化命者也，故能散群之險，以光其道。然處於卑順，不可自專，而爲散之任，猶有丘墟匪夷之慮，雖得元吉，所思不可忘也。〈象曰：「涣其群，元吉」，光大也。

【疏】正義曰：「涣其群」者，六四出在坎上，已踰於險，得位體巽，與五合志，内掌機密，外宣化命者也。能爲群物散其險害，故曰「涣其群」也。「元吉，涣有丘，匪夷所思」者，能散群險，則有大功，故曰「元吉」。然處上體之下，不可自專，而得位承尊，憂責復重，雖獲元吉，猶宜於散難之中，有丘墟未平之慮，爲其所思，故曰「涣有丘，匪夷所思」也。〈象曰「光大也」者，能散群險而獲元吉，是其道光大也。

九五，涣汗其大號。涣，王居无咎。注云：處尊履正，居巽之中，散汗大號，以盪險阨者也。爲涣之主，唯王居之，乃得无咎也。〈象曰：「王居无咎」，正位也。注云：正位不可以假人。

【疏】正義曰：「涣汗其大號」者，人遇險阨，驚怖而勞，則汗從體出，故以汗喻險阨也；九五處尊履正，在號令之中，能行號令，以散險阨者也，故曰「涣汗其大號」也。「涣，王居无咎」者，爲涣之主，名位不可假人，惟王居之乃得无咎，故曰「涣，王居无咎」。〈象曰「正位」者，釋「王居无咎」之義。以九五是王之正位，若非王居之，則有咎矣。

上九，涣其血，去逖出，无咎。注云：逖，遠也。最遠於害，不近侵克，散其憂傷，遠出者也。散患於遠害之地，誰將咎之哉！象曰：「涣其血」，遠害也。

【疏】正義曰：「涣其血，去逖出」者，血，傷也；逖，遠也。上九處於卦上，最遠於險，不近侵害，是能散其憂傷，去而遠出者也，故曰「涣其血，去逖出」也。「无咎」者，散患於遠害之地，誰將咎之矣，故曰「无咎」。象曰「遠害」者，釋「涣其血」也，是居遠害之地故也。

䷻兑下坎上。節：亨。苦節不可貞。

【疏】正義曰：節，卦名也。象曰：「節以制度。」雜卦云：「節，止也。」然則節者制度之名，節止之義。制事有節，其道乃亨，故曰「節，亨」。節須得中，爲節過苦，傷於刻薄，物所不堪，不可復正，故曰「苦節不可貞」也。

彖曰：節，亨，剛柔分而剛得中。注云：坎陽而兑陰也。陽上而陰下，剛柔分也。剛柔分而不亂，剛得中而爲制主，節之義也。節之大者，莫若剛柔分、男女别也。苦節不可貞，其道窮也。注云：爲節過苦，則物不能堪也。物不能堪，則不可復正也。説以行險，當位以節，中正以通。注云：然後乃亨也。无説而行險，過中而爲節，則道窮也。天地節而四時成，節以制度，不傷財，不害民。

【疏】正義曰：「節，亨，剛柔分而剛得中」者，此就上下二體及二、五剛中，釋所以爲節得亨之義也。坎剛居上，兑柔處下，是剛柔分也。剛柔分，男女别，節之大義也。二、五以剛居中，爲制之主，所以得節；節不違中，所以得亨，故曰「節，亨，剛柔分而剛得中」也。「苦節不可貞，其道窮」者，爲節過苦，不可爲正。若以苦節爲正，則其道困窮，故曰「苦節不可貞，其道窮也」。「説以行險，當位以節，中正以通」者，上言「苦節不可貞，其道窮」者，止由爲節不中則物所不説，不可復正，其道困窮，故更就二體及四、五當位，重釋行節得亨之義，以明苦節之窮也。「行險以説」，則爲節得中。「當位以節」，則可以爲正。良由中而能正，所以得通，故曰「中正以通」，此其所以爲亨也。「天地節而四時成」者，此下就天地與人廣明節義。天地以氣序爲節，使寒暑往來各以其序，則四時功成之也。王者以制度爲節，使用之有道，役之有時，則不傷財，不害民也。

象曰：澤上有水，節。君子以制數度，議德行。

【疏】正義曰：「澤上有水，節」者，水在澤中，乃得其節，故曰「澤上有水，節」也。「君子以制數度，議德行」者，數度，謂尊卑禮命之多少。德行，謂人才堪任之優劣。君子象節，以制其禮數等差，皆使有度；議人之德行任用，皆使得宜。

初九，不出户庭，无咎。注云：爲節之初，將整離散而立制度者也，故明於通塞，慮於險僞，不出户庭，慎密不失，然後事濟而无咎也。象曰：「不出户庭」，知通塞也。

【疏】正義曰：「不出户庭，无咎」者，初九處節之初，將立制度，宜其慎密，不出户庭，若不慎而泄，則民情姦險，應之以僞，故慎密不失，然後事濟而无咎，故曰「不出户庭，无咎」。象曰「知通塞」者，識時通塞，所以不出也。

○注「爲節之初，將整離散」　正義曰：序卦云：「物不可以終離，故受之以節。」此卦承涣之後，初九居節之初，故曰「將整離散而立法度」也。

九二，不出門庭，凶。注云：初已造之，至二宜宣其制矣，而故匿之，失時之極，則遂廢矣，故不出門庭則凶也。

象曰：「不出門庭，凶」，失時極也。

【疏】正義曰：「不出門庭，凶」者，初已制法，至二宜宣，若猶匿之，則失時之極，可施之事，則遂廢矣。不出門庭，所以致凶，故曰「不出門庭，凶」。象曰「失時極」者，極，中也。應出不出，失時之中，所以爲凶。

六三，不節若，則嗟若，无咎。注云：若，辭也。以陰處陽，以柔乘剛，違節之道，以至哀嗟。自已所致，无所怨咎，故曰「无咎」也。象曰：不節之嗟，又誰咎也。

【疏】正義曰：「不節若，則嗟若，无咎」者，節者制度之卦。處節之時，位不可失，六三以陰處陽，以柔乘剛，失位驕逆，違節之道，禍將及己，以至哀嗟，故曰「不節若，則嗟若」也。禍自己致，无所怨咎，故曰「无咎」。象曰「又誰咎」者，由己不節，自致禍災，又欲怨咎誰乎？

六四，安節，亨。注云：得位而順，不改其節而能亨者也。承上以斯，得其道也。象曰：安節之亨，承上道也。

【疏】正義曰：「安節，亨」者，六四得位而上順於五，是得節之道。但能安行此節而不改變，則何往不通，故曰「安節，亨」。明六三以失位乘剛，則失節而招咎，六四以得位承陽，故安節而致亨。象曰「承上道」者，以能承於上，故不失其道也。

九五，甘節，吉。往有尚。注云：當位居中，爲節之主，不失其中，不傷財，不害民之謂也。爲節而不苦，非甘而何？術斯以往，往有尚也。象曰：甘節之吉，居位中也。

【疏】正義曰：「甘節，吉。往有尚」者，「甘」者，不苦之名也。九五居於尊位，得正履中，能以中正爲節之主，則當象曰「節以制度，不傷財，不害民」之謂也。爲節而无傷害，則是不苦而甘，所以得吉，故曰「甘節，吉」。以此而行，所往皆有嘉尚，故曰「往有尚」也。象曰「居位中」者，以居尊位而得中，故致「甘節」之吉也。

上六，苦節，貞凶，悔亡。注云：過節之中，以致亢極，苦節者也。以斯施正〔一〕，物所不堪，正之凶也。以斯脩身，行在无妄，故得悔亡。象曰：苦節貞凶，其道窮也。

〔一〕「正」，阮校云：閩、監、毛本「正」作「人」，依正義當作「人」。

【疏】正義曰：「苦節，貞凶，悔亡」者，上六處節之極，過節之中，節不能甘，以至於苦，故曰「苦節」也。爲節過苦，物所不堪，不可復正，正之凶也，故曰「貞凶」。若以苦節施人，則是正道之凶。若以苦節脩身，則儉約无妄，可得亡悔，故曰「悔亡」也。

䷼兑下巽上。**中孚：豚魚吉。利涉大川，利貞。**

【疏】正義曰：「中孚，豚魚吉」者，「中孚」，卦名也。信發於中，謂之中孚。魚者，蟲之幽隱。豚者，獸之微賤。人主内有誠信，則雖微隱之物，信皆及矣。莫不得所而獲吉，故曰「豚魚吉」也。「利涉大川，利貞」者，微隱獲吉，顯著可知。既有誠信，光被萬物，萬物得宜，以斯涉難，何往不通？故曰「利涉大川」。信而不正，凶邪之道，故利在貞也。

彖曰：中孚，柔在内而剛得中，説而巽，孚。注云：有上四德，然後乃孚。**乃化邦也。**注云：信立而後邦乃化也。柔在内而剛得中，各當其所也。剛得中，則直而正；柔在内，則静而順；説而以巽，則乖争不作。如此則物无巧競，敦實之行著，而篤信發乎其中矣。**豚魚吉，信及豚魚也。**注云：魚者，蟲之隱者也。豚者，獸之微賤者也。争競之道不興，中信之德淳著，則雖微隱之物，信皆及之。**利涉大川，乘木舟虚也。**注云：乘木於用舟之虚，則終已无溺也。用中孚以涉難，若乘木舟虚也。**中孚以利貞，乃應乎天也。**注云：盛之至也。

【疏】正義曰：「中孚，柔在内而剛得中，説而巽，孚」者，此就三、四陰柔併在兩體之内，二、五剛德各處一卦之中，及上下二體説而以巽，釋此卦名爲「中孚」之義也。柔内剛中，各當其所，説而以巽，乖争不作，所以信發於内，謂之「中孚」，故曰「柔在内而剛得中，説而巽，孚」也。「乃化邦也」者，誠信發於内，則邦國化於外，故曰「乃化邦也」。「豚魚吉，信及豚魚也」者，釋所以得吉，由信及豚魚故也。「利涉大川，乘木舟虚」者，釋此涉川所以得利，以中信而濟難，若乘虚舟以涉川也。「中孚以利貞，乃應乎天」者，釋中孚所以利貞者，天德剛正而氣序不差，是正而信也。今信不失正，乃得應於天，是中孚之盛，故須濟以利貞也。

〖象曰：澤上有風，中孚。君子以議獄緩死。注云：信發於中，雖過可亮。

【疏】正義曰：「澤上有風，中孚」者，風行澤上，无所不周，其猶信之被物，无所不至，故曰「澤上有風，中孚」。「君子以議獄緩死」者，中信之世，必非故犯，過失爲辜，情在可恕，故君子以議其過失之獄，緩捨當死之刑也。

初九，虞吉，有它不燕。注云：虞猶專也。爲信之始，而應在四，得乎專吉者也，志未能變，繫心於一，故「有它不燕」也。〖象曰：初九虞吉，志未變也。

【疏】正義曰：「虞吉，有它不燕」者，虞猶專也。燕，安也。初爲信始，應在于四，得其專一之吉，故曰「虞吉」。既係心於一，故更有他來，不能與之共相燕安也，故曰「有它不燕」也。〖象曰「志未變」者，所以得專一之吉，以志未改變，不更親於他也。

九二，鳴鶴在陰，其子和之。我有好爵，吾與爾靡之。注云：處内而居重陰之下，而履不失中，不徇於外，任其真者也。立誠篤至，雖在闇昧，物亦應焉，故曰「鳴鶴在陰，其子和之」也。不私權利，唯德是與，誠之至也，故曰我有好爵，與物散之。**象曰：「其子和之」，中心願也。**

【疏】正義曰：「鳴鶴在陰，其子和之」者，九二體剛，處於卦内，又在三、四重陰之下，而履不失中，是不徇於外，自任其真者也。處於幽昧而行不失信，則聲聞于外，爲同類之所應焉。如鶴之鳴於幽遠，則爲其子所和，故曰「鳴鶴在陰，其子和之」也。「我有好爵，吾與爾靡之」者，靡，散也；又无偏應，是不私權利，惟德是與。若我有好爵，吾願與爾賢者分散而共之，故曰「我有好爵，吾與爾靡之」。象曰「中心願」者，誠信之人願與同類相應，得誠信而應之，是「中心願也」。

六三，得敵，或鼓或罷，或泣或歌。注云：三居少陰之上，四居長陰之下，對而不相比，敵之謂也。以陰居陽，欲進者也。欲進而閡敵，故「或鼓」也。四履正而承五，非己所克，故「或罷」也。不勝而退，懼見侵陵，故「或泣」也。四履乎順，不與物校，退而不見害，故「或歌」也。不量其力，進退无恒，憊可知也。**象曰：「或鼓或罷」，位不當也。**

【疏】正義曰：「得敵，或鼓或罷，或泣或歌」者，六三與四，俱是陰爻，相與爲類。然三居少陰之上，四居長陰之下，各自有應對，而不相比，敵之謂也，故曰「得敵」。欲進礙四，恐其害己，故「或鼓」而攻之，而四履正承尊，非己所勝，故「或罷」而退敗也。不勝而退，懼見侵陵，故「或泣」而憂悲也。四履于順，不與物校，退不見害，故「或歌」而歡樂也。故曰「或鼓或罷，或泣或歌」也。〉象曰「位不當」者，所以或鼓或罷，進退无恒者，止爲不當其位，妄進故也。

六四，月幾望，馬匹亡，无咎。注云：居中孚之時，處巽之始，應説之初，居正履順，以承於五，内毗元首，外宣德化者也。充乎陰德之盛，故曰「月幾望」。「馬匹亡」者，弃群類也。若夫居盛德之位，而與物校其競争，則失其所盛矣，故曰絶類而上。履正承尊，不與三争，乃得无咎也。〉象曰：「馬匹亡」，絶類上也。注云：類謂三，俱陰爻，故曰「類」也。

【疏】正義曰：「月幾望」者，六四居中孚之時，處巽應説，得位履順，上承於五，内毗元首，外宣德化，充乎陰德之盛，如月之近望，故曰「月幾望」也。「馬匹亡，无咎」者，三與己敵，進來攻己，己若與三校戰，則失其所盛，故棄三之類，如馬之亡匹；上承其五，不與三争，乃得无咎，故曰「馬匹亡，无咎」也。〉象曰「絶類上」者，絶三之類，不與三争而上承於五也。

九五，有孚攣如，无咎。注云：「攣如」者，繫其信之辭也。處中誠以相交之時，居尊位以爲群物之主，信何可舍？故「有孚攣如」，乃得「无咎」也。〉象曰：「有孚攣如」，位正當也。

【疏】正義曰：「有孚攣如，无咎」者，攣如者，相牽繫不絶之名也。五在信時，處於尊位，爲群物之主，恒須以中誠交物，孚信何可暫舍，故曰「有孚攣如」。繫信不絶，乃得无咎，故曰「有孚攣如，无咎」也。〉象曰「位正當」者，以其正當尊位，故戒以繫信，乃得无咎。若直以陽得正位，而无有係信，則招有咎之嫌也。

上九，翰音登于天，貞凶。注云：翰，高飛也。飛音者，音飛而實不從之謂也。居卦之上，處信之終，信終則衰，忠篤内喪，華美外揚，故曰「翰音登于天」也。翰音登天，正亦滅矣。**象曰：「翰音登于天」，何可長也。**

【疏】正義曰：「翰音登于天，貞凶」者，翰，高飛也；飛音者，音飛而實不從之謂也。上九處信之終，信終則衰也。信衰則詐起，而忠篤内喪，華美外揚，若鳥之翰音登于天，虚聲遠[一]聞也，故曰「翰音登于天」。虚聲无實，正之凶也，故曰「貞凶」。象曰「何可長也」者，虚聲无實，何可久長。

䷽艮下震上。**小過：亨，利貞。可小事，不可大事。飛鳥遺之音，不宜上，宜下，大吉。**注云：飛鳥遺其音，聲哀以求處，上愈无所適，下則得安。愈上則愈窮，莫若飛鳥也。

【疏】正義曰：「小過，亨」者，小過，卦名也。王於大過卦下注云：「音相過之過。」恐人作罪過之義，故以音之。然則「小過」之義，亦與彼同也。過於小事，謂之小過，即「行過乎恭，喪過乎哀」之例是也。褚氏云：「謂小人之行小有過差，君子爲過厚之行以矯之也，如晏子狐裘之比也。」此因小人有過差，故君子爲過厚之行，非即以過差釋卦名。象曰「小過，小者過而亨」，言因過得亨，明非罪過，故王於大

[一]「遠」，單疏本作「進」。

過音之，明雖義兼罪過得名，止在君子爲過行也。而周氏等不悟此理，兼以罪過釋卦名，失之遠矣。過爲小事，道乃可通，故曰「小過，亨」也。「利貞」者，矯世勵俗，利在歸正，故曰「利貞」也。「可小事，不可大事」者，時世小有過差，惟可矯以小事，不可正以大事，故曰「可小事，不可大事」也。「飛鳥遺之音，不宜上，宜下，大吉」者，借喻以明過厚之行有吉有凶。飛鳥遺其音，聲哀以求處，過上則愈无所適，過下則不失其安，以譬君子處過差之時，爲過矯之行，順而止之則吉，逆而忤鱗則凶，故曰：「飛鳥遺之音，不宜上，宜下，大吉」。順則執卑守下，逆則犯君陵上，故以臣之逆順類鳥之上下也。

○注「飛鳥遺其音，聲哀以求處」　正義曰：遺，失也。鳥之失聲，必是窮迫未得安處。論語曰：「鳥之將死，其鳴也哀。」故知「遺音」即哀聲也。

彖曰：小過，小者過而亨也。注云：小者謂凡諸小事也，過於小事而通者也。過以利貞，與時行也。注云：過而得以利貞，應時宜也。施過於恭儉，利貞者也。柔得中，是以小事吉也；剛失位而不中，是以不可大事也。注云：成大事者，必在剛也。柔而浸大，剥之道也。有飛鳥之象焉。注云：不宜上，宜下，即飛鳥之象。飛鳥遺之音，不宜上，宜下，大吉，上逆而下順也。注云：上則乘剛，逆也；下則承陽，順也。施過於不順，凶莫大焉；施過於順，過更變而爲吉也。

【疏】正義曰：「小過，小者過而亨也」者，此釋小過之名也，并明小過有亨德之義。過行小事謂之小過，順時矯俗，雖過而通，故曰「小者過而亨也」。「過以利貞，與時行也」者，此釋利貞之德。由爲過行而得利貞。然矯枉過正，應時所宜，不可常也，故曰「與時行也」。「柔得中，是以小事吉也；剛失位而不中，是以不可大事也」者，此就六二、六五以柔居中，九四失位不中，九三得位不中，釋「可小事，不可大事」之義。柔順之人，惟能行小事，柔而得中，是行小中時，故曰「小事吉也」。剛健之人，乃能行大事，失位不中，是行大不中時，故曰「不可大事也」。「有飛鳥之象焉」者，釋不取餘物爲況，惟取「飛鳥」者，以不宜上，宜下，有飛鳥之象故也。「飛鳥遺之音，不宜上，宜下，大吉，上逆而下順」者，此就六五乘九四之剛，六二承九三之陽，釋所以「不宜上，宜下，大吉」之義也。上則乘剛而逆，下則承陽而順，故曰「不宜上，宜下，大吉」，以上逆而下順也。

象曰：山上有雷，小過。君子以行過乎恭，喪過乎哀，用過乎儉。

【疏】正義曰：「山上有雷，小過。君子以行過乎恭，喪過乎哀，用過乎儉」者，雷之所出，本出於地。今出山上，過其本所，故曰「小過」。小人過差，失在慢易奢侈，故君子矯之，以「行過乎恭，喪過乎哀，用過乎儉」也。

初六，飛鳥以凶。注云：小過，上逆下順，而應在上卦，進而之逆，无所錯足，飛鳥之凶也。象曰：「飛鳥以凶」，不可如何也？

【疏】正義曰：「飛鳥以凶」者，小過之義，上逆下順，而初應在上卦，進而之逆，同於飛鳥，无所錯足，故曰「飛鳥以凶」也。象曰「不可如何也」者，進而之逆，孰知不可？自取凶咎，欲如何乎？

六二，過其祖，遇其妣；不及其君，遇其臣，无咎。注云：過而得之謂之遇，在小過而當位，過而得之之謂也。祖，始也，謂初也。妣者，居内履中而正者也。過初而履二位，故曰「過其祖」而「遇其妣」。過而不至於僭，盡於臣位而已，故曰「不及其君，遇其臣，无咎」。象曰：「不及其君」，臣不可過也。

【疏】正義曰：「過其祖，遇其妣；不及其君，遇其臣，无咎」者，過而得之謂之遇，六二在小過而當位，是過而得之也。祖，始也，謂初也。妣者，母之稱。六二居内，履中而正，故謂之妣。已過於初，故曰「過其祖」也。履得中位，故曰「遇其妣」也。過不至於僭，盡於臣位而已，故曰「不及其君，遇其臣，无咎」。象曰「臣不可過」者，臣不可自過其位也。

九三，弗過防之，從或戕之，凶。注云：小過之世，大者不立，故令小者得過也。居下體之上，以陽當位，而不能先過防之，至令小者咸過，而復應而從焉。其從之也，則戕之，凶至矣，故曰「弗過防之，從或戕之，凶」也。象曰：「從或戕之」，凶如何也？

【疏】正義曰：「弗過防之」者，小過之世，大者不能立德，故令小者得過。九三居下體之上，以陽當位，不能先過爲防，至令小者咸過。上六小人最居高顯，而復應而從焉。其從之也，則有殘害之凶至矣，故曰「弗過防之」。「從或戕之，凶」者，春秋傳曰：「在内曰弑，在外曰戕。」然則「戕」者，皆殺害之謂也。言「或」者，不必之辭也。謂爲此行者，有幸而免也。象曰「凶如何」者，從於小人，果致凶禍，將如何乎？言不可如何也。

九四，无咎，弗過遇之，往厲必戒，勿用永貞。注云：雖體陽爻，而不居其位，不爲貴主，故得无咎也。失位在下，不能過者也。以其不能過，故得合於免咎之宜，故曰「弗過遇之」。夫宴安酖毒，不可懷也，處於小過不寧之時，而以陽居陰，不能有所爲者也。以此自守，免咎可也；以斯攸往，危之道也。不交於物，物亦弗與，无援之助，故危則必戒而已，无所告救也。沈没怯弱，自守而已，以斯而處於群小之中，未足任者也，故曰「勿用永貞」，言不足用之於永貞。

象曰：「弗過遇之」，位不當也；「往厲必戒」，終不可長也。

【疏】正義曰：「无咎，弗過遇之，往厲必戒，勿用永貞」者，居小過之世，小人有過差之行，須大德之人防使无過。今九四雖體陽爻而不居其位，不防之責，責不在己，故得无咎。所以无其咎者，以其失位在下，不能爲過厚之行，故得遇於无咎之宜，故曰「无咎，弗過遇之」也。既能无爲自守則无咎，有往則危厲，故曰「往厲」。不交於物，物亦不與，无援之助，故危則必自戒慎而已，无所告救，故曰「必戒」。以斯而處於群小之中，未足委任，不可用之以長行其正也，故曰「勿用永貞」也。象曰「位不當」者，釋所以弗過而遇，得免於咎者，以其位不當故也。「終不可長」者，自身有危，无所告救，豈可任之長以爲正也？

○注「夫宴安酖毒，不可懷也」 正義曰：此春秋狄伐邢，管仲勸齊侯救邢，爲此辭，言宴安不救邢，比酖鳥之毒，不可懷而安之也。

六五，密雲不雨，自我西郊，公弋取彼在穴。注云：小過者，小者過於大也。六得五位，陰之盛也，故密雲不雨，至于西郊也。夫雨者，陰布於上，而陽薄之，而不得通，則烝而爲雨。今艮止於下而不交焉，故不雨也。是故小畜尚往而亨，則不雨也；小過陽不上交，亦不雨也。雖陰盛于上，未能行其施也。公者，臣之極也，五極陰盛，故稱公也。弋，射也。在穴者，隱伏之物也。小過者，過小而難未大作，猶在隱伏者也。以陰質治小過，能獲小過者也，故曰「公弋取彼在穴」也。除過之道，不在取之，足及密雲，未能雨也。〔象曰：「密雲不雨」，已上也。注云：陽已上，故止也。

【疏】正義曰：「密雲不雨，自我西郊」者，小過者，小者過於大也。六得五位，是小過於大，陰之盛也。陰盛於上而艮止之，九三陽止於下，是陰陽不交，雖復至盛，密雲至于西郊，而不能爲雨也。施之於人是柔得過而處尊，未能行其恩施、廣其風化也，故曰「密雲不雨，自我西郊」也。「公弋取彼在穴」者，公者臣之極，五極陰盛，故稱公也。小過之時，爲過猶小，而難未大作，猶在隱伏，以小過之才治小過之失，能獲小過在隱伏者，有如公之弋獵，取得在穴隱伏之獸也，故曰「公弋取彼在穴」也。〔象曰「已上」者，釋所以「密雲不雨」也。以艮之陽爻，已止於一卦之上而成止，故不上交而爲雨也。

○注「除過」至「能雨也」　正義曰：雨者，以喻德之惠化也。除過差之道，在於文德懷之，使其自服，弋而取之，是尚威武，尚威武即「密雲不雨」之義也。

上六，弗遇過之，飛鳥離之，凶。是謂災眚。　注云：小人之過，遂至上極，過而不知限，至于亢也。過至於亢，將何所遇？飛而不已，將何所託？災自己致，復何言哉！

象曰：「弗遇過之」，已亢也。

【疏】正義曰：「弗遇過之，飛鳥離之，凶。是謂災眚」者，上六處小過之極，是小人之過，遂至上極，過而不知限，至于亢者也。過至於亢，无所復遇，故曰「弗遇過之」也。以小人之身，過而弗遇，必遭羅網，其猶飛鳥，飛而无託，必離矰繳，故曰「飛鳥離之，凶」也。過亢離凶，是謂自災而致眚，復何言哉！故曰「是謂災眚」也。象曰「已亢」者，釋所以「弗遇過之」，以其已在亢極之地故也。

䷾離下坎上。既濟：亨小，利貞。初吉終亂。

【疏】正義曰：「既濟，亨小，利貞。初吉終亂」者，濟者，濟渡之名；既者，皆盡之稱；萬事皆濟，故以「既濟」爲名。既萬事皆濟，若小者不通，則有所未濟，故曰「既濟，亨小」也。小者尚亨，何況于大？則大小剛柔各當其位，皆得其所。當此之時，非正不利，故曰「利貞」也。但人皆不能居安思危，慎終如始，故戒以今日既濟之初，雖皆獲吉，若不進德脩業，至於終極，則危亂及之，故曰「初吉終亂」也。

象曰：既濟亨，小者亨也。注云：既濟者，以皆濟爲義者也。小者不遺，乃爲皆濟，故舉小者以明既濟也。利貞，剛柔正而位當也。注云：剛柔正而位當，則邪不可以行矣，故唯正乃利貞也。初吉，柔得中也。終止則亂，其道窮也。注云：柔得中，則小者亨也。柔不得中，則小者未亨；小者未亨，雖剛得正，則爲未既濟也。故既濟之要，在柔得中也。以既濟爲家〔一〕者，道極無進，終唯有亂，故曰「初吉，終亂」。終亂不爲自亂，由止故亂，故曰「終止則亂」也。

【疏】正義曰：「既濟亨，小者亨也」者，此釋卦名德。既濟之亨，必小者皆亨也。但舉小者，則大者可知，所以爲既濟也。具足爲文，當更有一「小」字，但既疊經文，略足以見，故從省也。「利貞，剛柔正而位當」者，此就二、三、四、五並皆得正以釋「利貞」也。剛柔皆正，則邪不可行，故惟正乃利貞也。「初吉，柔得中」者，此就六二以柔居中釋「初吉」也。以柔小尚得其中，則剛大之理皆獲其濟。物无不濟，所以爲吉，故曰「初吉」也。「終止則亂，其道窮」者，此正釋戒。若能進脩不止，則既濟无終。既濟終亂，由止故亂。終止而亂，則既濟之道窮矣，故曰「終止則亂，其道窮也」。

象曰：水在火上，既濟。君子以思患而豫防之。注云：存不忘亡，既濟不忘未濟也。

【疏】正義曰：「水在火上，既濟。君子以思患而豫防之」者，水在火上，炊爨之象，飲食以之而成，性命以之而濟，故曰「水在火上，既濟」也。但既濟之道，初吉終亂，故君子思其後患而豫防之。

初九，曳其輪，濡其尾，无咎。注云：最處既濟之初，始濟者也。始濟未涉於燥，故輪曳而尾濡也。雖未造易，心无顧戀，志棄難者也。其於義也，无所咎矣。**象曰：「曳其輪」，義无咎也。**

〔一〕「家」，阮校云：案「家」即「象」之誤。樓宇烈周易注（二〇一一年六月中華書局整理本）校云：據王弼注文之意及孔穎達疏，當作「安」。

【疏】正義曰：「曳其輪，濡其尾，无咎」者，初九處既濟之初，體剛居下，是始欲濟渡也。始濟未涉於燥，故輪曳而尾濡，故云「曳其輪，濡其尾」也。但志在棄難，雖復曳輪濡尾，其義不有咎，故云「无咎」。

六二，婦喪其茀，勿逐，七日得。注云：居中履正，處文明之盛，而應乎五，陰之光盛者也。然居初、三之間，而近不相得，上不承三，下不比初。夫以光盛之陰處於二陽之間，近而不相得，能无見侵乎？故曰「喪其茀」也。稱「婦」者，以明自有夫而它人侵之也。茀，首飾也。夫以中道執乎貞正，而見侵者，衆之所助也。處既濟之時，不容邪道者也。時既明峻，衆又助之，竊之者逃竄而莫之歸矣。量斯勢也，不過七日，不須己逐而自得也。象曰：「七日得」，以中道也。

【疏】正義曰：「婦喪其茀，勿逐，七日得」者，茀者，婦人之首飾也。六二居中履正，處文明之盛，而應乎五，陰之光盛者也，然居初、三之間，而近不相得。夫以光盛之陰處於二陽之間，近而不相得，能无見侵乎？故曰「婦喪其茀」。稱「婦」者，以明自有夫，而他人侵之也。夫以中道執乎貞正，而見侵者，物之所助也。處既濟之時，不容邪道者也。時既明峻，衆又助之，竊之者逃竄而莫之歸矣。量斯勢也，不過七日，不須己逐而自得，故曰「勿逐，七日得」。象曰「以中道」者，釋不須追逐而自得者，以執守中道故也。

九三，高宗伐鬼方，三年克之，小人勿用。注云：處既濟之時，居文明之終，履得其位，是居衰末而能濟者也。故伐鬼方，三年乃克也。君子處之，故能興也。小人居之，遂喪邦也。象曰：「三年克之」，憊也。

【疏】正義曰：「高宗伐鬼方，三年克之」者，高宗者，殷王武丁之號也，九三處既濟之時，居文明之終，履得其位，是居衰末而能濟者也。高宗伐鬼方，以中興殷道，事同此爻，故取譬焉。高宗德實文明，而勢甚衰憊，不能即勝，三年乃克，故曰「高宗伐鬼方，三年克之」也。「小人勿用」者，勢既衰弱，君子處之能建功立德，故興而復之，小人居之日就危亂，必喪邦也，故曰「小人勿用」。象曰「憊也」者，以衰憊之故，故三年乃克之。

六四，繻有衣袽，終日戒。注云：繻宜曰濡。衣袽，所以塞舟漏也。履得其正，而近不與三、五相得。夫有隙之棄舟而得濟者，有衣袽也。鄰於不親而得全者，終日戒也。象曰：「終日戒」，有所疑也。

【疏】正義曰：「繻有衣袽，終日戒」者，王注云「繻宜曰濡，衣袽，所以塞舟漏」者也。六四處既濟之時，履得其位，而近不與三、五相得，如在舟而漏矣。而舟漏則濡濕，所以得濟者，有衣袽也。鄰於不親而得全者，終日戒也，故曰「繻有衣袽，終日戒」也。象曰「有所疑」者，釋所以「終日戒」，以不與三、五相得，懼其侵克，有所疑故也。

九五，東鄰殺牛，不如西鄰之禴祭，實受其福。注云：牛，祭之盛者也。禴，祭之薄者也。居既濟之時，而處尊位，物皆濟矣，將何爲焉？其所務者，祭祀而已。祭祀之盛，莫盛脩德，故沼沚之毛，蘋蘩之菜，可羞於鬼神，故「黍稷非馨，明德惟馨」，是以「東鄰殺牛，不如西鄰之禴祭，實受其福」也。象曰：東鄰殺牛，不如西鄰之時也。注云：在於合時，不在於豐也。實受其福，吉大來也。

【疏】正義曰：牛，祭之盛者也。禴，殷春祭之名，祭之薄者也。九五居既濟之時，而處尊位，物既濟矣，將何爲焉？其所務者，祭祀而已。祭祀之盛，莫盛脩德。九五履正居中，動不爲妄，脩德者也。苟能脩德，雖薄可饗。假有東鄰不能脩德，雖復殺牛至盛，不爲鬼神歆饗，不如我西鄰禴祭雖薄，能脩其德，故神明降福，故曰「東鄰殺牛，不如西鄰之禴祭，實受其福」也。象曰「不如西鄰之時」者，神明饗德，能脩德致敬，合於祭祀之時，雖薄降福，故曰時也。「吉大來」者，非惟當身，福流後世。

○注「沼沚之毛，蘋蘩之菜，可羞於鬼神」　正義曰：並略左傳之文也。

○注「在於合時」　正義曰：詩云：「威儀孔時。」言周王廟中，群臣助祭，並皆威儀肅敬，甚得其時。此合時之義，亦當如彼也。

上六，濡其首，厲。注云：處既濟之極，既濟道窮，則之於未濟；之於未濟，則首先犯焉。過進不已，則遇於難，故「濡其首」也。將没不久，危莫先焉。象曰：「濡其首厲」，何可久也？

【疏】正義曰：「濡其首，厲」者，上六處既濟之極，則反於未濟。若反於未濟，則首先犯焉。若進而不已，必遇於難，故「濡其首」也。既被濡首，將没不久，危莫先焉，故曰「濡其首，厲」也。象曰「何可久」者，首既被濡，身將陷没，何可久長者也。

䷿坎下離上。未濟：亨。小狐汔濟，濡其尾，无攸利。

【疏】正義曰：「未濟，亨」者，未濟者，未能濟渡之名也。未濟之時，小才居位，不能建功立德，拔難濟險。若能執柔用中，委任賢哲，則未濟有可濟之理，所以得通，故曰「未濟，亨」。「小狐汔濟，濡其尾，无攸利」者，汔者，將盡之名。小才不能濟難，事同小狐雖能渡水而无餘力，必須水汔方可涉川。未及登岸而濡其尾，濟不免濡，豈有所利？故曰「小狐汔濟，濡其尾，无攸利」也。

《彖》曰：未濟亨，柔得中也。注云：以柔處中，不違剛也。能納剛健，故得亨也。小狐汔濟，未出中也。注云：小狐不能涉大川，須汔然後乃能濟。處未濟之時，必剛健拔難，然後乃能濟，汔乃能濟，未能出險之中。濡其尾，无攸利，不續終也。注云：小狐雖能渡，而无餘力，將濟而濡其尾，力竭於斯，不能續終，險難猶未足以濟也。濟未濟者，必有餘力也。雖不當位，剛柔應也。注云：位不當，故未濟。剛柔應，故可濟。

【疏】正義曰：「未濟，亨，柔得中」者，此就六五以柔居中，下應九二，釋未濟所以得亨。柔而得中，不違剛也。與二相應，納剛自輔，故於未濟之世終得亨通也。「小狐汔濟，未出中也」者，釋小狐涉川所以必須水汔乃濟，以其力薄，未能出險之中故也。「濡其尾，无攸利，不續終」者，濡尾力竭，不能相續而終，至於登岸，所以无攸利也。「雖不當位，剛柔應」者，重釋未濟之義。凡言未者，今日雖未濟，後有可濟之理。以其不當其位，故即時未濟；剛柔皆應，足得相拯，是有可濟之理。故稱「未濟」，不言「不濟」也。

象曰：火在水上，未濟。君子以慎辨物居方。注云：辨物居方，令物各當其所也。

【疏】正義曰：「火在水上，未濟」者，火在水上，不成烹飪，未能濟物，故曰「火在水上，未濟」。「君子以慎辨物居方」者，君子見未濟之時，剛柔失正，故用慎爲德，辨别衆物，各居其方，使皆得求〔一〕其所，所以濟也。

初六，濡其尾，吝。注云：處未濟之初，最居險下，不可以濟者也。而欲之其應，進則溺身。未濟之始，始於既濟之上六也。濡其首猶不反，至于濡其尾，不知紀極者也。然以陰處下，非爲進亢，遂其志者也。困則能反，故不曰凶。事在已量，而必困乃反，頑亦甚矣，故曰「吝」也。象曰：「濡其尾」，亦不知極也。

【疏】正義曰：「濡其尾，吝」者，初六處未濟之初，最居險下，而欲上之其應，進則溺身，如小狐之渡川，濡其尾也。未濟之始，始於既濟之上六也。既濟上六，但云「濡其首」，言始入於難，未没其身。此言「濡其尾」者，進不知極，已没其身也。然以陰處下，非爲進亢，遂其志者也。困則能反，故不曰凶。不能豫照〔二〕事之幾萌，困而後反，頑亦甚矣，故曰「吝」也。象曰「亦不知極」者，未濟之初，始於既濟之上六，濡首而不知，遂濡其尾，故曰「不知極也」。

○注「不知紀極者」 正義曰：春秋傳曰「聚斂積實，不知紀極，謂之饕餮」，言无休已也。

〔一〕「求」，阮校云：閩、監、毛本作「安」。

〔二〕「照」，單疏本作「昭」。

九二，曳其輪，貞吉。注云：體剛履中，而應於五，五體陰柔，應與而不自任者也。居未濟之時，處險難之中，體剛中之質，而見任與，拯救危難，經綸屯蹇者也。用健施難，循難在正，而不違中，故「曳其輪，貞吉」也。象曰：九二貞吉，中以行正也。注云：位雖不正，中以行正也。

【疏】正義曰：「曳其輪，貞吉」者，九二居未濟之時，處險難之內，體剛中之質，以應於五。五體陰柔，委任於二，令其濟難者也。經綸屯蹇，任重憂深，故曰「曳其輪」。「曳其輪」者，言其勞也。循難在正，然後得吉，故曰「曳其輪，貞吉」也。象曰「中以行正」者，釋九二失位而稱貞吉者，位雖不正，以其居中，故能行正也。

六三，未濟，征凶。利涉大川。注云：以陰之質，失位居險，不能自濟者也。以不正之身，力不能自濟，而求進焉，喪其身也，故曰「征凶」也。二能拯難，而已比之，棄己委二，載二而行，溺可得乎？何憂未濟？故曰「利涉大川」。象曰：「未濟征凶」，位不當也。

【疏】正義曰：「未濟，征凶」者，六三以陰柔之質，失位居險，不能自濟者也。身既不能自濟，而欲自進求濟，必喪其身，故曰「未濟，征凶」也。「利涉大川」者，二能拯難，而己比之，若能棄己委二，則没溺可免，故曰「利涉大川」。象曰「位不當」者，以不當其位，故有征則凶。

九四，貞吉，悔亡。震用伐鬼方，三年有賞于大國。注云：處未濟之時，而出險難之上，居文明之初，體乎剛質，以近至尊。雖履非其位，志在乎正，則吉而悔亡矣。其志得行，靡禁其威，故曰「震用伐鬼方」也。「伐鬼方」者，興衰之征也，故每至興衰而取義焉。處文明之初，始出於難，其德未盛，故曰「三年」也。五居尊以柔，體乎文明之盛，不奪物功者也，故以大國賞之也。**象曰：「貞吉，悔亡」，志行也。**

【疏】正義曰：居未濟之時，履失其位，所以爲悔。但出險難之外，居文明之初，以剛健之質接近至尊，志行其正，正則貞吉而悔亡，故曰「貞吉，悔亡」。正志既行，靡禁其威，故震發威怒，用伐鬼方也。然處文明之初，始出於險，其德未盛，不能即勝，故曰「三年」也。五以柔順文明而居尊位，不奪物功。九四既克而還，必得百里大國之賞，故曰「有賞於大國」也。象曰「志行」者，釋九四失位而得「貞吉，悔亡」者也。以其正志得行而終吉故也。

六五，貞吉，无悔。君子之光，有孚，吉。注云：以柔居尊，處文明之盛，爲未濟之主，故必正然後乃吉，吉乃得无悔也。夫以柔順文明之質居於尊位，付與於能，而不自役，使武以文，御剛以柔，斯誠君子之光也。付物以能，而不疑也，物則竭力，功斯克矣，故曰「有孚，吉」。**象曰：「君子之光」，其暉吉也。**

【疏】正義曰：「貞吉，无悔」者，六五以柔居尊，處文明之盛，爲未濟之主，故必正然後乃吉，吉乃得无悔，故曰「貞吉，无悔」也。「君子之光」者，以柔順文明之質居於尊位，有應於二，是能付物以能，而不自役，有君子之光華矣，故曰「君子之光」也。「有孚，吉」者，付物以能而无疑焉，則物竭其誠，功斯克矣，故曰「有孚，吉」也。象曰「其暉吉」者，言君子之德光暉著見，然後乃得吉也。

上九，有孚于飲酒，无咎。濡其首，有孚，失是。注云：未濟之極，則反於既濟。既濟之道，所任者當也。所任者當，則可信之无疑，而己逸焉，故曰「有孚于飲酒，无咎」也。以其能信於物，故得逸豫而不憂於事之廢。苟不憂於事之廢，而耽於樂之甚，則至于失節矣。由於有孚，失於是矣，故曰「濡其首，有孚，失是」也。〉象曰：飲酒濡首，亦不知節也。

【疏】正義曰：「有孚于飲酒，无咎」者，上九居未濟之極，則反於既濟。既濟之道，則所任者當也。所任者當，則信之无疑，故得自逸飲酒而已，故曰「有孚于飲酒，无咎」。「濡其首」者，既得自逸飲酒，而不知其節，則濡首之難，還復及之，故曰「濡其首」也。「有孚，失是」者，言所以濡首之難及之者，良由信任得人，不憂事廢，故失於是矣，故曰「有孚，失是」也。〉象曰「亦不知節」者，釋飲酒所以致濡首之難，以其不知止節故也。

周易注疏卷第九

周易注疏卷第十

國子祭酒上護軍曲阜縣開國子臣孔穎達奉勑撰

周易繫辭上〔一〕

【疏】正義曰：謂之「繫辭」者，凡有二義：論字取繫屬之義。聖人繫屬此辭於爻卦之下，故此篇第六章云：「繫辭焉以斷其吉凶。」第十二章云：「繫辭焉以盡其言。」是繫屬其辭於爻卦之下，則上下二篇經辭是也。文取繫屬之義，故字體從「毄」。又音爲係者，取綱係之義。卦之與爻，各有其辭以釋其義，則卦之與爻，各有綱係，所以音謂之「係」也。夫子本作十翼，申説上下二篇經文，繫辭條貫義理，别自爲卷，摠曰繫辭。分爲上下二篇者，何氏云：上篇明无，故曰「易有太極」，太極即无也。又云「聖人以此洗心，退藏於密」，是其无也。下篇明幾，從无入有，故云「知幾其神乎」。今謂分爲上下，更无

〔一〕篇題，單疏本作「周易繫辭上第七」。

異義，直以簡編重大，是以分之。或以上篇論易之大理，下篇論易之小理者，事必不通。何則？案上繫云：「君子出其言善，則千里之外應之。出其言不善，則千里之外違之。」又云：「藉用白茅，无咎。」皆人言語小事及小慎之行，豈爲易之大理？又下繫云：「天地之道，貞觀者也。日月之道，貞明者也。」豈復易之小事乎？明以大小分之，義必不可。故知聖人既无其意，若欲强釋，理必不通。諸儒所釋上篇，所以分段次下，凡有一十二章。周氏云：「天尊地卑」爲第一章，「聖人設卦觀象」爲第二章，「彖者言乎象者」爲第三章，「精氣爲物」爲第四章，「顯諸仁，藏諸用」爲第五章，「聖人有以見天下之賾」爲第六章，「初六，藉用白茅」爲第七章，「大衍之數」爲第八章，「子曰：知變化之道」爲第九章，「天一地二」爲第十章，「是故易有太極」爲第十一章，「子曰：書不盡言」爲第十二章。馬季長、荀爽、姚信等又分「白茅」章後，取「負且乘」更爲別章，成十三章。案「白茅」以下，歷序諸卦，獨分「負且乘」以爲別章，義无所取也。虞翻分爲十一章，合「大衍之數」并「知變化之道」共爲一章。案「大衍」一章，總明揲蓍策數及十有八變之事，首尾相連，其「知變化之道」已下，別明「知神」及「唯幾」之事，全與「大衍」章義不類，何得合爲一章？今從先儒，以十二章爲定。

天尊地卑，乾坤定矣。注云：乾坤，其易之門户，先明天尊地卑，以定乾坤之體。**卑高以陳，貴賤位矣。**注云：天尊地卑之義既列，則涉乎萬物，貴賤之位明矣。**動静有常，剛柔斷矣。**注云：剛動而柔止也。動止得其常體，則剛柔之分著矣。**方以類聚，物以群分，吉凶生矣。**注云：方有類，物有群，則有同有異，有聚有分也。順其所同則吉，乖其所趣〔一〕則凶，故吉凶生矣。在天成象，在地成形，變化見矣。注云：象況日月星辰，形況山川草木也。縣象運轉以成昏明，山澤通氣而雲行雨施，故變化見矣。是故剛柔相摩，注云：相切摩也，言陰陽之交感也。八卦相盪。注云：相推盪也，言運化之推移。鼓之以雷霆，潤之以風雨。日月運行，一寒一暑。乾道成男，坤道成女。乾知大始，坤作成物。乾以易知，坤以簡能。注云：天地之道，不爲而善始，不勞而善成，故曰「易簡」。易則易知，簡則易從。易知則有親，易從則有功。注云：順萬物之情，故曰「有親」。通天下之志，故曰「有功」。有親則可久，有功則可大。注云：有易簡之德，則能成可久、可大之功。可久則賢人之德，可大則賢人之業。注云：天地易簡，萬物各載其形；聖人不爲，群方各遂其業。德業既成，則入於形器，故以賢人目〔二〕其德業。易簡而天下之理得矣。注云：天下之理，莫不由於易簡，而各得順其分位也。天下之理得，而成位乎其中矣。注云：成位況立象也。極易簡，則能通天下之理；通天下之理，故能成象並乎天地。言其中，則明並天地也。

【疏】正義曰：此第一章，明天尊地卑及貴賤之位，剛柔動静，寒暑往來，廣明乾坤簡易之德。聖人法之，能見天下之理。「天尊地卑，乾坤定矣」者，天以剛陽而尊，地以柔陰而卑，則乾坤之體安定矣。乾

〔一〕「趣」原作「趍」，據單注本改。
〔二〕「目」原作「名」，據單注本、注附音本改。

健與天陽同，坤順與地陰同，故得「乾坤定矣」。若天不剛陽，地不柔陰，是乾坤之體不得定也。此經明天地之德也。「卑高以陳，貴賤位矣」者，卑，謂地體卑下；高，謂天體高上。卑高既以陳列，則物之貴賤得其位矣。若卑不處卑，謂地在上，高不處高，謂天在下，上下既亂，則萬物貴賤〔一〕不得其位矣。此經明天地之體。此雖明天地之體，亦涉乎萬物之形。此「貴賤」揔兼萬物，不唯天地而已，先云「卑」者，便文爾。案前經云「天尊地卑」，天地別陳；此「卑高以陳」，不更別陳。揔云「卑高」者，上文詳，於此略也。「動静有常，剛柔斷矣」者，天陽爲動，地陰爲静，各有常度，則剛柔斷定矣。動而有常則成剛，静而有常則成柔，所以剛柔可斷定矣。若動而无常則剛道不成，静而无常則柔道不立，是剛柔雜亂，動静无常，則剛柔不可斷定也。此經論天地之性也。此雖天地動静，亦揔兼萬物也。萬物稟於陽氣多而爲動也，稟於陰氣多而爲静也。「方以類聚，物以群分，吉凶生矣」者，方謂法術性行，以類共聚，同方者則同聚也。物謂物色群黨，共在一處，而與他物相分别，若順其所同則吉也，若乖其所趣則凶也，故曰「吉凶生矣」。此經雖因天地之性，亦廣包萬物之情也。「在天成象，在地成形，變化見矣」者，「象」謂懸象，日月星辰也。「形」謂山川草木也。懸象運轉而成昏明，山澤通氣而雲行雨施，故變化見也。「是故剛柔相摩」者，以變化形見，即陽極變爲陰，陰極變爲陽，陽剛而陰柔，故剛柔共相切摩，更遞變化也。「八卦相盪」者，剛則陽爻也，柔則陰爻也。剛柔兩體，是陰陽二爻，相雜而成八卦，

〔一〕「賤」下，原有「則」字，據單疏本删。

遞相推盪，若十一月一陽生而推去一陰，五月一陰生而推去一陽。雖諸卦遞相推移，本從八卦而來，故云「八卦相盪」也。「鼓之以雷霆，潤之以風雨。日月運行，一寒一暑」者，重明上經「變化見矣」及「剛柔相摩，八卦相盪」之事。八卦既相推盪，各有功之所用也。又鼓動之以震雷離電，滋潤之以巽風坎雨，或離日坎月運動而行，一節爲寒，一節爲暑。直云震、巽、離、坎，不云乾、坤、艮、兑者，乾、坤上下備言，艮、兑非鼓動運行之物，故不言之，其實亦兼焉。雷電風雨，亦出山澤也。「乾道成男，坤道成女」者，道謂自然而生，故乾得自然而爲男，坤得自然而成女。必云「成」者有故，以乾因陰而得成男，坤因陽而得成女，故云「成」也。「乾知太始」者，以乾是天陽之氣，萬物皆始在於氣，故云知其太始也。「坤作成物」者，坤是地陰之形，坤能造作以成物也。初始无形，未有營作，故但云「知」也。已成之物，事可營爲，故云「作」也。「乾以易知」者，易謂易略，无所造爲，以此爲知，故曰「乾以易知」也。「坤以簡能」者，簡謂簡省凝静，不須繁勞，以此爲能，故曰「坤以簡能」也。若於物艱難，則不可以知，故以易而得知也。若於事繁勞，則不可能也，必簡省而後可能也。「易則易知」者，此覆説上「乾以易知」也。乾德既能説易，若求而行之，則易可知也。「簡則易從」者，覆説上「坤以簡能」也。於事簡省，若求而行之，則易可從也。上「乾以易知，坤以簡能」，論乾坤之體性也。「易則易知，簡則易從」者，此論乾坤既有此性，人則易可倣效也。「易知則有親」者，性意易知，心无險難，則相和親，故云「易知則有親」也。「易從則有功」者，於事易從，不有繁勞，其功易就，故曰「易從則有功」。此二句，論聖人法此乾坤，易簡則有所益也。「有親則可久」者，物既和親，无相殘害，故可久也。「有功則可大」者，事業有功，則積漸可大。此二句，論人法乾坤，久而益大。「可久則賢人之德」者，使物長久，是賢人之德能養萬物，故云「可久則賢人之德」也。「可大則賢人之業」者，功勞既大，則是賢人事業。行天地之道，揔天地之功，唯聖人能然。今云賢人者，聖人則隱迹藏用，事在无境。今云「可久」「可大」，則是離无入有，賢人亦事在有境，故「可久」、「可大」，以賢人目之也。「易簡而天下之理得矣」者，此則贊明聖人能行天地易簡之化，則天下萬事之理並得其宜矣。「天下之理得，而成位乎其中」者，成位況立象，言聖人極易簡之善，則能通天下之理，故能成立卦象於天地之中，言並天地也。

○注「乾坤其易」至「之體」　正義曰：云「先明天尊地卑，以定乾坤之體」者，易含萬象，天地最大。若天尊地卑，各得其所，則乾坤之義得定矣。若天之不尊，降在滯溺；地之不卑，進在剛盛，則乾坤之體何由定矣？案乾坤是天地之用，非天地之體，今云乾坤之體者，是所用之體，乾以健爲體，坤以順爲體，故云「乾坤之體」。

○注「天尊地卑」至「明矣」　正義曰：「天尊地卑之義既列」，解經「卑高以陳」也。云「則涉乎萬物，貴賤之位明矣」，解經「貴賤位矣」。上經既云「天尊地卑」，此經又云「貴賤」者，則貴賤非唯天地，是兼萬物之貴賤。

○注「方有類」至「生矣」　正義曰：云「方有類」者，方，謂法術情性趣舍，故春秋云「教子以義方」，注云：「方，道也。」是方謂性行法術也。言方雖以類而聚，亦有非類而聚者。若陰之所求者陽，陽之所求者陰，是非類聚也。若以人比禽獸，即是非類，雖男女不同，俱是人例，亦是以類聚也，故云「順所同則吉，乖所趣則凶」。

○注「天地之道」至「易簡」　正義曰：云「天地之道，不爲而善始」者，釋經之「乾以易知」；「不勞而善成」者，釋經「坤以簡能」也。案經乾易、坤簡，各自别言，而注合云「天地」者，若以坤對乾，乾爲易也，坤爲簡也，經之所云者是也。若據乾坤相合皆无爲，自然養物之始也，是自然成物之終也。是乾亦有簡，坤亦有易，故注合而言之也。用使聖人俱行易簡，法无爲之化。

○注「天地易簡」至「其德業」　正義曰：云「聖人不爲，群方各遂其業」者，聖人顯仁藏用，唯見生養之功，不見其何以生養，猶若日月見其照臨之力，不知何以照臨，是聖人用无爲以及天下，是聖人不爲也。云「德業既成，則入於形器」者，初行德業未成之時，不見其所爲，是在於虚无。若德業既成，覆被於物，在於有境，是入於形器也。賢人之分，則見其所爲，見其成功始末，皆有德之與業，是所有形器，故以賢人目其德業。然則本其虚无玄象謂之聖，據其成功事業謂之賢也。

○注「天下之理」至「分位」　正義曰：云「天下之理，莫不由於易簡，而各得順其分位」者，若能行説易簡静，任物自生，則物得其性矣，故列子云：「不生而物自生，不化而物自化。」若不行易簡，法令滋章，則物失其性也。老子云：「水至清則无魚，人至察則无徒。」又莊子云：「馬翦剔羈絆，所傷多矣。」是天下之理未得也。

聖人設卦觀象。注云：此總言也。**繫辭焉而明吉凶，剛柔相推而生變化。**注云：繫辭所以明吉凶，剛柔相推所以明變化也。吉凶者，存乎人事也；變化者，存乎運行也。是故吉凶者，失得之象也。注云：由有失得，故吉凶生。悔吝者，憂虞之象也。注云：失得之微者，足以致憂虞而已，故曰「悔吝」。變化者，進退之象也。注云：往復相推，迭進退也。剛柔者，晝夜之象也。注云：晝則陽剛，夜則陰柔。始揔言吉凶變化，而下別明悔吝、晝夜者，悔吝則吉凶之類，晝夜亦變化之道。吉凶之類，則同因繫辭而明；變化之道，則俱由剛柔而著。故始揔言之，下則明失得之輕重，辯變化之小大，故別序其義也。六爻之動，三極之道也。注云：三極，三材也。兼三材之道，故能見吉凶，成變化也。是故君子所居而安者，易之序也。注云：序，易象之次序。所樂而玩者，爻之辭也。是故君子居則觀其象而玩其辭，動則觀其變而玩其占。是以自天祐之，吉无不利。

【疏】正義曰：此第二章也。前章言天地成象、成形，簡易之德，明乾坤之大旨。此章明聖人設卦觀象，爻辭吉凶，悔吝之細別。「聖人設卦觀象」者，謂聖人設畫其卦之時，莫不瞻觀物象，法其物象，然後設之。卦象則有吉有凶，故下文云：「吉凶者，失得之象也。悔吝者，憂虞之象。變化者，進退之象。剛柔者，晝夜之象。」是施設其卦，有此諸象也。「繫辭焉而明吉凶」者，卦象爻象，有吉有凶。若不繫辭，其理未顯，故繫屬吉凶之文辭於卦爻之下，而顯明此卦爻吉凶也。案吉凶之外，猶有悔吝憂虞，直云「而明吉凶」者，悔吝憂虞，是凶中之小，別舉吉凶，則包之可知也。「剛柔相推而生變化」者，八純之卦，卦之與爻，其象既定，變化猶少；若剛柔二氣相推，陰爻陽爻交變，分爲六十四卦，有三百八十四爻，委曲變化，事非一體，是「而生變化」也。「繫辭而明吉凶」，明繫辭之意；「剛柔相推而生變化」，明其推引而生雜卦之意也。「是故吉凶者，失得之象也」者，此下四句經，總明諸象不同之事，辭之吉者是得之象；辭之凶者是失之象，故曰「吉凶者」，是「失得之象也」。初時於事有失有得，積漸成著，乃爲吉凶也。然易之諸卦及爻不言吉凶者，義有數等。或吉凶據文可知，不須明言吉凶者。若乾「元亨利貞」及「九五，飛龍在天，利見大人」之屬，尋文考義，是吉可知，故不須云吉也。若其剥「不利有攸往」，離之九四「突如其來如，焚如，死如，棄如」之屬，據其文辭，其凶可見，故不言凶也。亦有爻處吉凶之際，吉凶未定，行善則吉，行惡則凶，是吉凶未定，亦不言吉凶。若乾之九三「君子終日乾乾，夕惕若厲，无咎」，若屯之六二「屯如邅如，乘馬班如，匪寇，婚媾。女子貞不字，十年乃字」，是吉凶未定，亦不言吉凶也。又諸稱「无咎」者，若不有善應則有咎，若有善應則无咎，此亦不定言吉凶也。諸稱吉凶者，皆嫌其吉凶不明，故言吉凶以正之。若坤之六五「黄裳元吉」，以陰居尊位，嫌其不吉，故言吉以明之。推此，餘可知也。亦有於事无嫌，吉凶灼然可知，而更明言吉凶者，若剥之初六「剥牀以足，蔑貞凶」，六二「剥牀以辨〔一〕，蔑貞凶」者，此皆凶狀灼然而言凶也。或有一卦之内，或一爻之中，得失相形，須言吉凶，若大過九三「棟橈凶」，九四「棟隆吉」，是一卦相形也；屯卦九五「屯其膏，小貞吉，大貞凶」，是一爻相形也。亦有一事相形，終始有異，若訟卦「有孚窒惕，中吉，終凶」之類是也。大

〔一〕「辨」原作「辯」，據單疏本改。

略如此。原夫易之爲書，曲明萬象，苟在釋辭，明其意，達其理，不可以一爻爲例，義有變通也。「悔吝者，憂虞之象也」者，經稱悔吝者，是得失微小，初時憂念虞度之形象也。以憂虞不已，未是大凶，終致悔吝。悔者，其事已過，意有追悔之也。吝者，當事之時，可輕鄙恥，故云吝也。吝既是小凶，則易之爲書亦有小吉，則无咎之屬，善補過是也。此亦小吉，而不言者，下經備陳之也，故於此不言。其餘元亨利貞，則是吉象之境，有四德別言，故於此不言也。其「以祉」、「有慶」、「有福」之屬，各於爻卦別言，故不在此而説。且易者戒人爲惡，故於惡事備言也。「變化者，進退之象也」者，萬物之象皆有陰陽之爻，或從始而上進，或居終而倒退，以其往復相推，或漸變而頓化，故云「進退之象也」。「剛柔者，晝夜之象也」者，晝則陽日照臨，萬物生而堅剛，是晝之象也；夜則陰潤浸被，萬物而皆柔弱，是夜之象也。「六爻之動，三極之道也」者，此覆明變化進退之義。言六爻遞相推動而生變化，是天地人三才至極之道，以其事兼三才，故能見吉凶而成變化也。「是故君子所居而安者，易之序也」者，以其在上，吉凶顯其得失，變化明其進退，以此之故，君子觀象知其所處，故可居〔一〕治之位而安靜居之，是易位之次序也。若居在乾之初九而安在勿用，若居在乾之九三而安在乾乾，是以「所居而安者」，由觀易之位次序也。「所樂而玩者，爻之辭也」者，言君子愛樂而習玩者，是六爻之辭也。辭有吉凶悔吝，見善則思齊其事，見惡則懼而自改，所以愛樂而耽玩也。卦之與爻，皆有其辭，但爻有變化，取象既多，以知得失，

〔一〕「可居」，阮校云：監、毛本作「居可」。

故君子尤所愛樂，所以特云「爻之辭」也。「是故君子居則觀其象而玩其辭」者，以易象則明其善惡，辭則示其吉凶，故君子自居處其身，觀看其象以知身之善惡，而習玩其辭以曉事之吉凶。「動則觀其變而玩其占」者，言君子出行興動之時，則觀其爻之變化而習玩其占之吉凶。若乾之九四「或躍在淵」，是動則觀其變也。春秋傳云：「先王卜征五年。」又云：「卜以決疑。」是動玩其占也。「是以自天祐之，吉无不利」者，君子既能奉遵易象，以居處其身，无有凶害，是以從天以下悉皆祐之，吉无不利。此大有上九爻辭。

○注「此揔言也」　正義曰：此設卦觀象，揔爲下而言，故云「此揔言也」。

○注「晝則陽剛」至「其義」　正義曰：云「始揔言吉凶變化」者，謂上文云「繫辭焉而明吉凶，剛柔相推而生變化」，是始總言吉凶變化也。云「而下別明悔吝晝夜」者，謂次文云「悔吝者，憂虞之象」，「剛柔者，晝夜之象」，是別明悔吝晝夜也。言「悔吝則吉凶之類」者，案上文「繫辭而明吉凶」，次文別序云「吉凶者，失得之象」，「悔吝者，憂虞之象」，是吉凶之外別生悔吝，是悔吝亦吉凶之類。大略揔言吉凶，若細別之，吉凶之外別有悔吝也，故云「悔吝則吉凶之類」。云「晝夜亦變化之道」者，案上文云「剛柔相推而生變化」，次文別序云「變化者，進退之象」，「剛柔者，晝夜之象」，變化之外別云晝夜，揔言之則變化、晝夜是一，分之則變化、晝夜是殊，故云「晝夜亦變化之道」也。云「吉凶之類，則同因繫辭而明」者，案上文云「繫辭焉而明吉凶」，次文別序云吉凶、悔吝，兩事同因上繫辭而明之也，故云「吉凶之類，則同因繫辭而明」也。云「變化之道，則俱由剛柔而著」者，上文「剛柔相推而生變化」，次文別序云

「變化者，進退之象」。剛柔者，晝夜之象」，上文則變化、剛柔合爲一，次文則別序變化、剛柔分爲二，合之則同，分之則異，是變化從剛柔而生，故云「變化之道，俱由剛柔而著」也。云「故始揔言之」也，上文「繫辭焉而明吉凶」，不云悔吝，是揔言之也。又上文「剛柔相推而生變化」，不云晝夜，是揔變化言之也。云「下則明失得之輕重，辯變化之大小，故別序其義」者，案次文別序云「吉凶者，失得之象」，是失得重也；「悔吝者，憂虞之象」，是失得輕也。又次經云「變化者，進退之象」，是變化大也；「剛柔者，晝夜之象」，是變化小也。兩事並言，失得別明輕重，變化別明小大，是別序其義。

彖者，言乎象者也。注云：彖，總一卦之義也。**爻者，言乎變者也。**注云：爻，各言其變也。**吉凶者，言乎其失得也。悔吝者，言乎其小疵也。无咎者，善補過也。是故列貴賤者存乎位，**注云：爻之所處曰「位」，六位有貴賤也。**齊小大者存乎卦，**注云：卦有小大也，齊猶言辯〔一〕也，即「彖者言乎象也」。**辯吉凶者存乎辭，**注云：辭，爻辭也，即「爻者言乎變也」。言象所以明小大，言變所以明吉凶，故小大之義存乎卦，吉凶之狀見乎爻。至於悔吝无咎，其例一也。吉凶、悔吝、小疵、无咎，皆生乎變。事有小大，故下歷言五者之差也。**憂悔吝者存乎介，**注云：介，纖介也。王弼曰：憂悔吝之時，其介不可慢也。即「悔吝者，言乎小疵也」。

〔一〕「辯」，單注本作「辨」。按：辯、辨二字在古籍中常混用，下同，不一一出校。

震无咎者存乎悔。注云：无咎者，善補過也。震，動也。故動而无咎，存乎其悔過〔一〕也。是故卦有小大，辭有險易。注云：其道光明曰「大」，君子道消曰「小」；之泰則其辭易，之否則其辭險。辭也者，各指其所之。易與天地準，注云：作易以準天地。故能彌綸天地之道，仰以觀於天文，俯以察於地理，是故知幽明之故。原始反終，故知死生之說。注云：幽明者，有形无形之象。死生者，始終之數也。

【疏】正義曰：此第三章也。上章明吉凶悔吝繫辭之義，而細意未盡，故此章更委曲說卦爻吉凶之事。是以義理深奥，能彌綸天地之道，仰觀俯察，知死生之說。「彖者，言乎象者也」，彖謂卦下之辭，言說乎一卦之象也。「爻者，言乎變者也」，謂爻下之辭，言說此爻之象改變也。「吉凶者，言乎其失得也」者，謂爻卦下辭也。著其吉凶者，言論其卦爻失之與得之義也。前章言據其卦爻之象，故云「吉凶者，失得之象」。此章據其卦爻之辭，故云「吉凶者，言乎其失得也」。「悔吝者，言乎其小疵也」者，辭著悔吝者，言說此卦爻有小疵病也。有小疵病，必預有憂虞，故前章云「悔吝者，憂虞之象」。但前章據其象，此章論其辭也。「无咎者，善補過也」者，辭稱无咎者，即此卦爻能補其過。若不能補過，則有咎也。案略例：无咎有二，一者善能補過，故无咎；二者其禍自己招，无所怨咎，故節之六三：「不節之

〔一〕「其悔過」原作「悔道」，據單注本、注附音本改。

嗟，又誰咎也？」但如此者少，此據多者言之，故云「善補過也」。前章舉其大略，故不細言无咎之事，此章備論也。「是故列貴賤者存乎位」者，以爻者言乎變，以此之故，陳列物之貴賤者在存乎六爻之位，皆上貴而下賤也。「齊小大者存乎卦」者，以彖者言乎象，象有小大，故齊辯物之小大者存乎卦也，猶若泰則「小往大來，吉亨」，否則「大往小來」之類是也。「辯吉凶者存乎辭」者，謂辯明卦之與爻之吉凶，存乎卦爻下之言辭是也。「憂悔吝者存乎介」者，介謂纖介，謂小小疵病。能預憂虞悔吝者，存於細小之疵病也。「震无咎者存乎悔」者，震，動也；動而无咎者，存乎能自悔過也。「是故卦有小大，辭有險易」者，其道光明謂之大，其道銷〔一〕散謂之小。若之適通泰，其辭則説易；若之適否塞，其辭則艱險也。「辭也者，各指其所之」者，謂爻卦之辭，各斥其爻卦之之適也。若之適於善，則其辭善；若之適於惡，則其辭惡也。「易與天地準」者，自此已上，論卦爻辭理之義；自此已下，廣明易道之美。言聖人作易，與天地相準，謂準擬天地，則乾健以法天、坤順以法地之類是也。「故能彌綸天地之道」者，以易與天地相準，爲此之故，聖人用易，能彌綸天地之道，彌謂彌縫補合，綸謂經綸牽引，能補合牽引天地之道，用此易道也。「仰以觀於天文，俯以察於地理」者，天有懸象而成文章，故稱文也。地有山川原隰，各有條理，故稱理也。「是故知幽明之故」者，故謂事也。故以用易道，仰觀俯察，知无形之

〔一〕「銷」，阮校云：閩、監、毛本作「消」。

幽，有形之明，義理事故也。「原始反終，故知死生〔一〕之説」者，言用易理，原窮事物之初始，反復事物之終末，始終吉凶，皆悉包羅，以此之故，知死生之數也。止謂用易道參其逆順，則禍福可知；用蓍策求其吉凶，則死生可識也。

○注「辭，爻辭」至「之差」　正義曰：云「辭，爻辭也」者，其實卦之與爻皆有其辭，知是爻辭者，但卦辭變化少，爻辭變化多，此經「辯吉凶者存乎辭」，與「齊小大者存乎卦」，二文相對，上既云卦，故此辭爲爻辭也。云「言象所以明小大」者，即「齊小大者存乎卦」是也。云「言變化所以明吉凶」者，則「辯吉凶者存乎辭」是也。云「故小大之義存乎卦」者，覆説「言象所以明小大」也。云「吉凶之狀見乎爻」者，覆説「言變所以明吉凶」也。云「悔吝无咎，其例一也」者，謂悔吝无咎，體例與吉凶一也，皆是存乎辭。云「悔吝、小疵、无咎，皆生乎變」者，謂皆生於爻也。言乎變者，謂皆從爻變而來。云「事有小大」者，大則爲吉凶，小則爲悔吝无咎也。云「故下歷言五者之差」者，謂於吉凶下，歷次言五者之差别。數五者，謂吉一，凶二，悔三，吝四，无咎五。然諸儒以爲五者，皆數「列貴賤者存乎位」，是其一也；「齊小大者存乎卦」，是其二也；「辯吉凶者存乎辭」，是其三也；「憂悔吝者存乎介」，是其四也；「震无咎者存乎悔」，是其五也。於經數之爲便，但於注理則乖，今並存焉，任後賢所釋。

〔一〕「死生」原作「生死」，據單疏本改。

精氣爲物，遊魂爲變，注云：精氣烟熅，聚而成物。聚極則散，而遊魂爲變也。遊魂，言其遊散也。是故知鬼神之情狀。注云：盡聚散之理，則能知變化之道，无幽而不通也。與天地相似，故不違。注云：德合天地，故曰「相似」。知周乎萬物，而道濟天下，故不過。注云：知周萬物，則能以道濟天下也。旁行而不流，注云：應變旁通，而不流淫也。樂天知命，故不憂。注云：順天之化，故曰「樂」也。安土敦乎仁，故能愛。注云：安土敦仁者，萬物之情也。物順其情，則仁功贍矣。範圍天地之化而不過。注云：範圍者，擬範天地而周備其理也。曲成萬物而不遺。注云：曲成者，乘變以應物，不係一方者也，則物宜得矣。通乎晝夜之道而知。注云：通幽明之故，則无不知也。故神无方而易无體。注云：自此以上，皆言神之所爲也。方、體者，皆係於形器者也。神則陰陽不測，易則唯變所適，不可以一方、一體明。一陰一陽之謂道，注云：道者何？无之稱也，无不通也，无不由也，況之曰道。寂然无體，不可爲象。必有之用極，而无之功顯，故至乎「神无方而易无體」，而道可見矣。故窮變以盡神，因神以明道，陰陽雖殊，无一以待之。在陰爲无陰，陰以之生；在陽爲无陽，陽以之成，故曰「一陰一陽」也。繼之者善也，成之者性也。仁者見之謂之仁，知者見之謂之知，注云：仁者資道以見其仁，知者資道以見其知，各盡其分。百姓日用而不知，故君子之道鮮矣。注云：君子體道以爲用也。仁、知則滯於所見，百姓則日用而不知，體斯道者，不亦鮮矣？故「常无欲，以觀其妙」，始可以語至而言極也。

【疏】正義曰：此第四章也。上章明卦爻之義，其事類稍盡，但卦爻未明鬼神情狀。此章説物之改變而爲鬼神，易能通鬼神之變化，故於此章明之。云「精氣爲物」者，謂陰陽精靈之氣，氤氳積聚而爲萬物也。「遊魂爲變」者，物既積聚，極則分散，將散之時，浮游精魂去離物形而爲改變，則生變爲死，成變爲敗，或未死之間變爲異類也。「是故知鬼神之情狀」者，能窮易理，盡生死變化，以此之故，能知鬼神之内外情狀也。物既以聚而生，以散而死，皆是鬼神所爲，但極聚散之理，則知鬼神之情狀也。言聖人以易之理而能然也。「與天地相似，故不違」者，天地能知鬼神，任其變化，聖人亦窮神盡性，能知鬼神，是與天地相似，所爲所作，故不違於天地，能與天地合也。「知周乎萬物，而道濟天下」者，聖人无物不知，是知周於萬物；天下皆養，是道濟天下也。「故不過」者，所爲皆得其宜，不有愆過，使物失分也。「旁行而不流」者，言聖人之德，應變旁行，无不被及，而不有流移淫過。若不應變化，非理而動，則爲流淫也。「樂天知命，故不憂」者，順天施化，是歡樂於天；識物始終，是自知性命。順天道之常數，知性命之始終，任自然之理，故不憂也。「安土敦乎仁，故能愛」者，言萬物之性，皆欲安静於土，敦厚於仁。聖人能行此安土敦仁之化，故能愛養萬物也。「範圍天地之化而不過」者，範謂模範，圍謂周圍，言聖人所爲所作，模範周圍天地之化養，言法則天地以施其化，而不有過失違天地者也。「曲成萬物而不遺」者，言聖人隨變而應，屈曲委細，成就萬物，而不有遺棄細小而不成也。「通乎晝夜之道而知」者，言聖人通曉於晝夜之道，晝則明也，夜則幽也，言通曉於幽明之道，而无事不知也。自此已上，皆神之所爲，聖人能極神之幽隱之德也。「故神无方而易无體」者，神則寂然虚无，陰陽深遠，不可求測，是无一方可明也；易則隨物改變，應變而往，无一體可定也。「一陰一陽之謂道」者，一謂无也，无陰无陽，乃謂之道。一得爲无者，无是虚无，虚无是太虚，不可分别，唯一而已，故以一爲无也。若其有境，則彼此相形，有二有三，不得爲一。故在陰之時，而不見爲陰之功；在陽之時，而不見爲陽之力，自然而有陰陽，自然无所營爲，此則道之謂也。故以言之爲道，以數言之謂之一，以體言之謂之无，以物得開通謂之道，以微妙不測謂之神，以應機變化謂之易，總而言之，皆虚无之謂也。聖人以人事名之，隨其義理，立其稱號。「繼之者善也」者，道是生物開通，善是順理養物，故繼道之功者，唯善行也。「成之者性也」者，若能成就此道者，是人之本性。若性仁者成就此道爲仁，性知者成就此道爲知也，故云「仁者見之謂之仁，知者見之謂之知」。是仁之與知，皆資道而得成仁、知也。「百姓日用而不知」者，言萬方百姓，恒日日賴用此道以得生，而不知道之功力也。言道冥昧，不以功爲功，故百姓日用而不能知也。「故君子之道鮮矣」者，君子謂聖人也，仁、知則各滯於所見，百姓則日用不知，明體道君子不亦少乎？

○注「盡聚散」至「不通」　正義曰：案下云「神无方」，韓氏云「自此以上，皆言神之所爲」，則此經「情狀」是虚无之神。聖人極虚无之神，知變化之道，幽冥悉通，故能知鬼神之情狀。

○注「自此以上」至「體明」　正義曰：「自此已上，皆言神之所爲」者，謂從「神无方」以上，至「精氣爲物」以下，經之所云，皆言神所施爲。神者微妙玄通，不可測量，故能知鬼神之情狀，與天地相似。知周萬物，樂天知命，安土敦仁，範圍天地，曲成萬物，通乎晝夜，此皆神之功用也。作易者因自然之神以垂教，欲使聖人用此神道以被天下，雖是神之所爲，亦是聖人所爲。云「方體者，皆係於形器」者，方是處所之名，體是形質之稱。凡處所形質，非是虚无，皆係著於器物，故云「皆係於形器」也。云「神則陰陽不測」者，既幽微不可測度，不可測則何有處所，是「神无方」也。云「易則唯變所適」者，既是變易，唯變之適，不有定往，何可有體，是「易无體」也。云「不可以一方、一體明」者，解无方、无體也。凡无方、无體，各有二義，一者神則不見其處所云爲，是无方也；二則周遊運動，不常在一處，亦是无方也。无體者，一是自然而變，而不知變之所由，是无形體也；二則隨變而往，无定在一體，亦是无體也。

○注「道者何」至「一陽也」 正義曰：云「道者何？无之稱」者，此韓氏自問其道而釋之也。道是虚无之稱，以虚无能開通於物，故稱之曰道。云「无不通，无不由」者，若處於有，有則爲物礙難，不可常通。道既虚无爲體，則不爲礙難，故「无不通也」。「无不由」者，言萬物皆因之而通，由之而有。云「況之曰道」者，比況道路以爲稱也。「寂然无體，不可爲象」者，謂寂然幽静而无體，不可以形象求，是不可爲象。至如天覆地載，日照月臨，冬寒夏暑，春生秋殺，萬物運動，皆由道而然，豈見其所營，知其所爲？是「寂然无體，不可爲象」也。云「必有之用極，而无之功顯」者，猶若風雨是有之所用，當用之時以无爲心，風雨既極之後，萬物賴此風雨而得生育，是生育之功由風雨无心而成。是「有之用極，而无之功顯」，是神之發作動用以生萬物，其功成就乃在於无形。應機變化，雖有功用，本其用之所以，亦在於无也。故至乎「神无方而易无體」，自然无爲之道可顯見矣。當其有用之時，道未見也。云「故窮變以盡神」者，神則杳然不測，千變萬化，聖人則窮此千變萬化，以盡神之妙理，故云「窮變化以盡神」。

云「因神以明道」者，謂盡神之理，唯在虚无，因此虚无之神，以明道之所在，道亦虚无，故云「因神以明道」也。「陰陽雖殊，无一以待之」者，言陰之與陽，雖有兩氣，恒用虚无之一，以擬待之。言在陽之時，亦以爲虚无，无此陰也；在陰之時，亦以爲虚无，无此陽也。云「在陰爲无陰，陰以之生」者，謂道雖在於陰，而无於陰，言道所在皆无陰也。雖无於陰，陰終由道而生，故言「陰以之生」也。「在陽爲无陽，陽以之成」者，謂道雖在陽，陽中必无道也。雖无於陽，陽必由道而成，故言「陽以之成」也。道雖无於陰陽，然亦不離於陰陽，陰陽雖由道成，即陰陽亦非道，故曰「一陰一陽」也。

○注「君子體道」至「極也」　正義曰：「君子體道以爲用」者，謂聖人爲君子，體履於至道，法道而施政，則老子云「爲而不宰，功成不居」是也。云「仁、知則滯於所見」者，言仁、知雖賢，猶有偏見，仁者觀道謂道爲仁，知者觀道謂道爲知，不能徧曉，是「滯於所見」也。是道既以爲用，若以仁以知，則滯所見也。至於百姓，但日用通生之道，又不知通生由道而來，故云「百姓日用而不知」也。云「體斯道者，不亦鮮矣」者，是聖人君子獨能悟道，故云「不亦鮮矣」。云「故常无欲，以觀其妙」者，引老子道經之文，以結成此義。「无欲」謂无心，若能寂然无心无欲，觀其道之妙趣，謂不爲所爲，得道之妙理也。云「始可以語至而言極也」者，若能无欲，觀此道之妙理，无事无爲，如此，可以語説其至理，而言其極趣也。若不如此，不可語至而言極也。

顯諸仁，藏諸用，注云：衣被萬物，故曰「顯諸仁」；日用而不知，故曰「藏諸用」也。**鼓萬物而不與聖人同**

憂，注云：萬物由之以化，故曰「鼓萬物」也。聖人雖體道以爲用，未能全无以爲體，故顯〔一〕通天下，則有經營之跡〔二〕也。盛德大業，至矣哉！注云：夫物之所以通，事之所以理，莫不由乎道也。聖人功用之母〔三〕，體同乎道，盛德大業，所以能至。富有之謂大業，注云：廣大悉備，故曰「富有」。日新之謂盛德，注云：體化合變，故曰「日新」。生生之謂易，注云：陰陽轉易，以成化生。成象之謂乾，注云：擬乾之象。效法之謂坤，注云：效坤之法。極數知來之謂占，通變之謂事，注云：物窮則變，變而通之，事之所由生也。陰陽不測之謂神。注云：神也者，變化之極，妙萬物而爲言，不可以形詰者也，故曰「陰陽不測」。嘗試論之曰：原夫兩儀之運，萬物之動，豈有使之然哉！莫不獨化於大虛，欻尔而自造矣。造之非我，理自玄應；化之无主，數自冥運，故不知所以然，而況之神。是以明兩儀以大極爲始，言變化而稱極乎神也。夫唯知天之所爲者，窮理體化，坐忘遺照。至虛而善應，則以道爲稱；不思而玄覽，則以神爲名。蓋資道而同乎道，由神而冥於神也。夫易，廣矣大矣！以言乎遠則不禦，注云：窮幽極深，无所止也。以言乎邇則靜而正，注云：則近而當。以言乎天地之間，則備矣。夫乾，其靜也專，其動也直，是以大生焉。注云：專，專一也。直，剛正也。夫坤，其靜也

〔一〕「顯」，單注本、注附音本作「順」。
〔二〕「跡」，單注本作「功」。
〔三〕「母」原作「無」，據單注本、注附音本改。

翕，其動也闢，是以廣生焉。注云：翕，斂也。止則翕斂其氣，動則闢開以生物也。乾統天首物，爲變化之元，通乎形外者也。坤則順以承陽，功盡於己，用止乎形者也。故乾以專直，言乎其材；坤以翕闢，言乎其形。廣大配天地，變通配四時，陰陽之義配日月，易簡之善配至德。注云：易之所載，配此四義。子曰：易其至矣乎？夫易，聖人所以崇德而廣業也。注云：窮理入神，其德崇也。兼濟萬物，其業廣也。知崇禮卑，注云：知以崇爲貴，禮以卑爲用。崇效天，卑法地。注云：極知之崇，象天高而統物；備禮之用，象地廣而載物也。天地設位，而易行乎其中矣。注云：天地者，易之門户，而易之爲義，兼周萬物，故曰「行乎其中矣」。成性存存，道義之門。注云：物之存成，由乎道義也。

【疏】正義曰：此第五章也。上章論神之所爲，此章廣明易道之大，與神功不異也。「顯諸仁」者，言道之爲體，顯見仁功，衣被萬物，是「顯諸仁」也。「藏諸用」者，謂潛藏功用，不使物知，是「藏諸用」也。「鼓萬物而不與聖人同憂」者，言道之功用，能鼓動萬物，使之化育，故云「鼓萬物」。聖人化物，不能全无以爲體，猶有經營之憂；道則虚无爲用，无事无爲，不與聖人同用，有經營之憂也。「盛德大業，至矣哉」者，聖人爲功用之母，體同於道，萬物由之而通，衆事以之而理，是聖人極盛之德，廣大之業，至極矣哉！於行謂之德，於事謂之業。「富有之謂大業」者，自此已下，覆説大業、盛德。因廣明易與乾坤，及其占之與事，并明神之體，以廣大悉備，萬事富有，所以謂之「大業」。「日新之謂盛德」者，聖人以能變通體化，合變其德，日日增新，是德之盛極，故謂之盛德也。「生生之謂易」者，生生，不絶之辭。陰陽變轉，後生次於前生，是萬物恒生謂之易也。前後之生，變化改易，生必有死，易主勸戒，獎人爲善，故云生不云死也。「成象之謂乾」者，謂畫卦成乾之象，擬乾之健，故謂卦爲乾也。「效法之謂坤」者，謂畫卦效坤之法，擬坤之順，故謂之坤也。「極數知來之謂占」者，謂窮極蓍策之數，豫知來事，占問吉凶，故云「謂之占」也。「通變之謂事」者，物之窮極，欲使開通，須知其變化乃得通也。凡天下之事，窮則須變，萬事乃生，故云「通變之謂事」。「陰陽不測之謂神」者，天下萬物，皆由陰陽，或生或成，本其所由之理，不可測量之謂神也，故云「陰陽不測之謂神」。「夫易，廣矣大矣」者，此贊明易理之大。易之變化，極於四遠，是廣矣；窮於上天，是大矣，故下云「廣大配天地」也。「以言乎遠則不禦」者，禦，止也。言乎易之變化，窮極幽深之遠，則不有禦止也，謂无所止息也。「以言乎邇則静而正」者，邇，近也。言易之變化，在於邇近之處，則寧静而得正。謂變化之道，於其近處，物各静而得正，不煩亂邪僻也。遠尚不禦，近則不禦可知；近既静正，則遠亦静正，互文也。「以言乎天地之間，則備矣」者，變通之道，徧滿天地之内，是則備矣。「夫乾，其静也專，其動也直，是以大生焉」者，上經既論易道資陰陽而成，故此經明乾，復兼明坤也。乾是純陽，德能普備，无所偏二，唯專一而已。若氣不發動，則静而專一，故云「其静也專」。若其運轉，則四時不忒，寒暑无差，剛而得正，故云「其動也直」。以其動静如此，故能大生焉。「夫坤，其静也翕，其動也闢，是以廣生焉」者，此經明坤之德也。坤是陰柔，閉藏翕斂，故「其静也翕」；動則開生萬物，故「其動也闢」。以其如此，故能廣生於物焉。天體高遠，故乾云「大生」；地體廣博，故坤云「廣生」。對則乾爲物始，坤爲物生，散則始亦爲生，故總云「生」也。「廣大配天地」者，此經申明易之德，以易道廣大，配合天地，大以配天，廣以配地。「變通配四時」者，四時變通，易理亦能變通，故云「變通配四時」也。「陰陽之義配日月，易簡之善配至德」者，案初章論乾坤易簡，可久可大，配至極微妙之德也。然易初章易爲賢人之德，簡爲賢人之業，今總云「至德」者，對則德、業别，散則業由德而來，俱爲德也。「子曰：易其至矣乎」者，更美易之至極，是語之别端，故言「子曰」。「夫易，聖人所以崇德而廣業」者，言易道至極，聖人用之，增崇其德，廣大其業，故云「崇德而廣業也」。「知崇禮卑」者，易兼「知」之與「禮」，故此明知、禮之用。知者通利萬物，象天陽无不覆，以崇爲貴也。禮者卑敬於物，象地柔而在下，故以卑爲用也。「崇效天，卑法地」者，知既崇高，故效天；禮以卑退，故法地也。「天地設位，而易行乎其中矣」者，天地陳設於位，謂知之與禮，而效法天地也；「而易行乎其中矣」者，變易之道，行乎知、禮之中，言知、禮與易而並行也。若以實象言之，天在上，地在下，是天地設位；天地之間，萬物變化，是易行乎天地之中也。「成性存存，道義之門」者，此明易道既在天地之中，能成其萬物之性，使物生不失其性；存其萬物之存，使物得其存成也。性，謂稟其始也。存，謂保其終也。道，謂開通也。義，謂得其宜也。既能「成性存存」，則物之開通、物之得宜從此易而來，故云「道義之門」，謂易與道義爲門户也。

○注「萬物由之」至「之跡」　正義曰：云「聖人雖體道以爲用」者，言聖人不能无憂之事。道則无心无跡，聖人則亦无心有跡，聖人能體附於道，其跡以有爲用。云「未能全无以爲體」者，道則心跡俱无，是其全无以爲體；聖人則无心有跡，是跡有而心无，是不能全无以爲體。云「故順通天下，則有經營之跡」者，言聖人順通天下之理，内則雖是无心，外則有經營之跡，則有憂也。道則心跡俱无，无憂无患，故云「不與聖人同憂」也。

○注「神也者」至「於神矣」　正義曰：云「神也者，變化之極」者，言神之施爲，自將變化之極以爲名也。云「妙萬物而爲言」者，妙謂微妙也。萬物之體，有變象可尋，神則微妙於萬物而爲言也，謂不可尋求也。云「不可以形詰」者，杳寂不測，无形无體，不可以物之形容所求而窮詰也。云「造之非我，理自玄應」者，此言神力也。我，謂宰主之名也。言物之造作，非由我之宰主所爲，其造化之理，自然玄空相應，而自然造作也。云「是以明兩儀以太極爲始」者，言欲明兩儀天地之體，必以太極虚无爲初始，不知所以然，將何爲始也？云「言變化而稱極乎神」者，欲言論變化之理，不知涯際，唯稱極乎神，神則不可知也。云「夫唯知天之所爲者，窮理體化，坐忘遺照」者，言若能知天之所造爲者，會能窮其物理，體其變化，静坐而忘其事，及遺棄所照之物，任其自然之理，不以他事係心，端然玄寂，如此者，乃能知天之所爲也。言天之道亦如此也。「坐忘遺照」之言，事出莊子大宗師篇也。云「至虚而善應，則以道爲稱」者，此解道之目也。言至極空虚而善應於物，則乃目之爲道，故云「則以道爲稱」。云「不思而玄覽，則以神爲名」者，謂不可思量而玄遠覽見者乃目之爲神，故云「則以神爲名」也。云「蓋資道而同乎道」者，此謂聖人設教，資取乎道，行无爲之化，積久而遂同於道，内外皆无也。云「由神而冥於神也」者，言聖人設教，法此神之不測，无體无方，以垂於教，久能積漸而冥合於神，不可測也。此皆謂聖人初時雖法道、法神以爲无，體未能全无，但行之不已，遂至全无不測，故云「資道而同於道，由神而冥於神也」。

周易注疏卷第十

周易注疏卷第十一

國子祭酒上護軍曲阜縣開國子臣孔穎達奉勑撰

聖人有以見天下之賾，而擬諸其形容，象其物宜，注云：乾剛坤柔，各有其體，故曰「擬諸形容」。是故謂之象。聖人有以見天下之動，而觀其會通，以行其典禮，注云：典禮，適時之所用。繫辭焉以斷其吉凶，是故謂之爻。言天下之至賾而不可惡也，言天下之至動而不可亂也。注云：易之爲書，不可遠也。惡之則逆於順，錯之則乖於理。擬之而後言，議之而後動，擬議以成其變化。注云：擬議以動，則盡變化之道。「鳴鶴在陰，其子和之；我有好爵，吾與爾靡之。」注云：鶴鳴則子和，脩誠則物應。我有好爵，與物散之，物亦以善應也。明擬議之道，繼以斯義者，誠以吉凶失得存乎所動。同乎道者，道亦得之；同乎失者，失亦違之，莫不以同相順，以類相應。動之斯來，綏之斯至。鶴鳴于陰，氣同而〔一〕和。出言户庭，千里或應。出言猶然，況其大者乎；千里或應，況其邇者乎。故夫憂悔吝者，存乎纖介；定失得者，慎於樞機。是

〔一〕「而」，單注本、注附音本作「則」。

以君子擬議以動，慎其微也。**子曰：君子居其室，出其言善，則千里之外應之，況其邇者乎！居其室，出其言不善，則千里之外違之，況其邇者乎！言出乎身，加乎民；行發乎邇，見乎遠。言行，君子之樞機。**注云：樞機，制動之主。**樞機之發，榮辱之主也。言行，君子之所以動天地也，可不慎乎！「同人，先號咷而後笑。」子曰：君子之道，或出或處，或默或語。二人同心，其利斷金；**注云：同人終獲後笑者，以有同心之應也。夫所況同者，豈係乎一方哉！君子出處默語，不違其中，則其跡雖異，道同則應。**同心之言，其臭如蘭。**

【疏】正義曰：此第六章也。上章既明易道變化，神理不測，聖人法之，所以配於天地，道義從易而生。此章又明聖人擬議易象，以贊成變化。又明人擬議之事，先慎其身，在於慎言語，同心行，動舉措，守謙退，勿驕盈，保靜密，勿貪非位，凡有七事，是行之尤急者，故引七卦之義以證成之。「聖人有以見天下之賾」者，賾謂幽深難見。聖人有其神妙，以能見天下深賾之至理也。「而擬諸其形容」者，以此深賾之理，擬度諸物形容也。見此剛理，則擬諸乾之形容；見此柔理，則擬諸坤之形容也。「象其物宜」者，聖人又法象其物之所宜。若象陽物，宜於剛也；若象陰物，宜於柔也，是各象其物之所宜。六十四卦，皆擬諸形容，象其物宜也。若泰卦比擬泰之形容，象其泰之物宜；若否卦則比擬否之形容，象其否之物宜也。舉此而言，諸卦可知也。「是故謂之象」者，以是之故，謂之象也，謂六十四卦是也，故前章云「卦者，言乎象者也」。此以上結成卦象之義也。「聖人有以見天下之動」者，謂聖人有其微妙，以見天下萬物之動也。「而觀其會通，以行其典禮」者，既知萬物以此變動，觀看其物之會合變通，當此會通之時，以施行其典法禮儀也。「繫辭焉以斷其吉凶」者，既觀其會通而行其典禮，以定爻之通變，而有三百八十四爻，於此爻下繫屬文辭，以斷定其吉凶。若會通典禮得則爲吉，若會通典禮失則爲凶也。「是故謂之爻」者，以是之故，謂此會通之事而爲爻也。夫爻者效也，效諸物之通變，故上章云「爻者，言乎變者也」。自此已上，結爻義也。「言天下之至賾而不可惡也」者，此覆説前文「見天下之賾」，卦象義也。謂聖人於天下至賾之理，必重慎明之，不可鄙賤輕惡也。若鄙賤輕惡，不存意明之，則逆於順道也。「言天下之至動而不可亂」者，覆説上「聖人見天下之至動」，爻之義也。謂天下至賾變動之理，論説之時，明不可錯亂也。若錯亂，則乖違正理也。若以文勢上下言之，宜云「至動而不可亂也」。「擬之而後言」者，覆説上「天下之至賾不可惡也」，聖人欲言之時，必擬度之而後言也。「議之而後動」者，覆説上「天下之至動不可亂也」，謂欲動之時，必議論之而後動也。「擬議以成其變化」者，言則先擬也，動則先議也，則能成盡其變化之道也。「鳴鶴在陰」者，上既明擬議而動，若擬議於善，則善來應之；若擬於惡，則惡亦隨之，故引鳴鶴在陰，取同類相應以證之。此引中孚九二爻辭也。鳴鶴在幽陰之處，雖在幽陰而鳴，其子則在遠而和之，以其同類相感召故也。「我有好爵」者，言我有美好之爵而在我身。「吾與爾靡之」者，言我雖有好爵，不自獨有，吾與汝外物共靡散之。謂我既有好爵，能靡散以施於物，物則有感我之恩，亦來歸從於我。是善往則善者來，皆證明擬議之事。我擬議於善以及物，物亦以善而應我也。「子曰：君子居其室」者，既引〔一〕易辭，前語已絶，故言「子曰」。「況其邇者乎」者，出其言善，遠尚應之，則近應可知，故曰「況其邇者乎」。此證明擬議而動之事。言身有善惡，無問遠近皆應之也。「言行，君子之樞機」者，樞謂户樞，機謂弩牙。言户樞之轉，或明或闇；弩牙之發，或中或否，猶言行之動，從身而發，以及於物，或是或非也。「言行，君子之所以動天地」者，言行雖初在於身，其善惡積而不已，所感動天地，豈可不慎乎？「同人，先號咷而後笑」者，證擬議而動，則同類相應。以同人初未和同，故先號咷；後得同類，故後笑也。「子曰：君子之道」者，各引易之後，其文勢已絶，故言「子曰」。「或出或處，或默或語」者，言同類相應，本在於心，不必共同一事。或此物而出，或彼物而處；或此物而默，或彼物而語。出處默語，其時雖異；其感應之事，其意則同。或處應於出，或默應於語。「二人同心，其利斷金」者，二人若同齊其心，其纖利能斷截於金。金是堅剛之物，能斷而截之，盛言利之甚也。此謂二人心行同也。「同心之言，其臭如蘭」者，言二人同齊其心，吐發言語，氤氲臭氣，香馥如蘭也。此謂二人言同也。

「初六，藉用白茅，無咎。」子曰：苟錯諸地而可矣，藉之用茅，何咎之有？慎之至也。夫茅之爲物薄，而用可重也。慎斯術也以往，其無所失矣。「勞謙，君子有終，吉。」子

〔一〕「引」，單疏本作「明」。

曰：勞而不伐，有功而不德，厚之至也。語以其功下人者也。德言盛，禮言恭。謙也者，致恭以存其位者也。「亢龍有悔。」子曰：貴而無位，高而無民，賢人在下位而無輔，是以動而有悔也。「不出户庭，無咎。」子曰：亂之所生也，則言語以爲階。君不密則失臣，臣不密則失身，幾事不密則害成。是以君子慎密而不出也。子曰：作易者，其知盜乎！注云：言盜亦乘釁而至也。易曰：「負且乘，致寇至。」負也者，小人之事也；乘也者，君子之器也。小人而乘君子之器，盜思奪之矣。上慢下暴，盜思伐之矣。慢藏誨盜，冶容誨淫。易曰「負且乘，致寇至」，盜之招也。

【疏】正義曰：此第七章也。此章欲求外物來應，必須擬議謹慎，則外物來應之。故引「藉用白茅，無咎」之事，以證謹慎之理。此「藉用白茅」，大過初六爻辭也。「子曰：苟錯諸地而可矣」者，苟，且也；錯，置也。凡薦獻之物，且置於地，其理可矣。言今乃謹慎，薦藉此物而用絜白之茅，可置於地。「藉之用茅，何咎之有」者，何愆咎之有，是謹慎之至也。「勞謙，君子有終，吉」者，欲求外物來應，非唯謹慎，又須謙以下人，故引謙卦九三爻辭以證之也。「子曰：勞而不伐」者，以引卦之後，故言「子曰」；「勞而不伐」者，雖謙退疲勞，而不自伐其善也。「有功而不德，厚之至」者，雖有其功，而不自以爲恩德，是篤厚之至極。「語以其功下人」者，言易之所言者，語説其謙卦九三，能以其功卑下於人者也。「德言盛，禮言恭」者，謂德以盛爲本，禮以恭爲主；德貴盛新，禮尚恭敬，故曰「德言盛，禮言恭」。「謙也者，致恭以存其位」者，言謙退致其恭敬，以存其位者也。言由恭德，保其禄位也。「亢龍有悔」者，上既以謙德保位，此明无謙則有悔，故引乾之上九「亢龍有悔」證驕亢不謙也。「不出户庭，無咎」者，又明擬議之道，非但謙而不驕，又當謹慎周密，故引節之初九周密之事以明之。「子曰：亂之所生，則言語以爲階」者，階謂梯也。言亂之所生，則由言語以爲亂之階梯也。「君不密則失臣」者，臣既盡忠，不避危難，爲君謀事，君不慎密乃彰露臣之所爲，使在下聞之，衆共嫉怒，害此臣而殺之，是失臣也。「臣不密則失身」者，言臣之言行，既有虧失，則失身也。「幾事不密則害成」者，幾謂幾微之事，當須密慎，預防禍害。若其不密而漏泄，禍害交起，是害成也。「是以君子慎密而不出」者，於易言之，是身慎密不出户庭；於此義言之，亦謂不妄出言語也。「子曰：作易者，其知盜乎」者，此結上不密失身之事。事若不密，人則乘此機危而害之，猶若財之不密，盜則乘此機危而竊之。易者，愛惡相攻，遠近相取，盛衰相變，若此爻有釁隙衰弱，則彼爻乘變而奪之，故云「作易者，其知盜乎」。「易曰：負且乘，致寇至」者，此又明擬議之道，當量身而行，不可以小處大，以賤貪貴，故引解卦六三以明之也。「負也者，小人之事也」，負者，擔負於物，合是小人所爲也。「乘也者，君子之器」者，言乘車者，君子之器物。言君子合乘車，今應負之人而乘車，是小人乘君子之器也，則盜竊之人思欲奪之矣。「上慢下暴，盜思伐之矣」者，小人居上位必驕慢，而在下必暴虐，爲政如此，大盜思欲伐之矣。「慢藏誨盜，冶容誨淫」者，若慢藏財物，守掌不謹，則教誨於盜者使來取此物；女子妖冶其容，身不精慤，是教誨淫者使來淫己也。以比小人而居貴位，驕矜而不謹慎，而致寇至也。「易曰『負且乘，致寇至』，盜之招也」者，又引易之所云，是盜之招來也，言自招來於盜。以慎重其事，故首尾皆稱「易曰」而〔一〕載易之爻辭也。

大衍之數五十，其用四十有九。注云：王弼曰：演天地之數，所賴者五十也。其用四十有九，則其一不用也。不用而用以之通，非數而數以之成，斯易之大極也。四十有九，數之極也。夫無不可以無明，必因於有，故常於有物之極，而必明其所由之宗也。分而爲二以象兩，掛一以象三，揲之以四以象四時，歸奇於扐以象閏。五歲再閏，故再扐而後掛。注云：奇，況四揲之餘，不足復揲者也。分而爲二，既揲之餘，合掛於一，故曰「再扐而後掛」。凡閏，十九年七閏爲一章，五歲再閏者二，故略舉其凡也。天數五，注云：五奇也。地數五，注云：五耦也。五位相得而各有合。注云：天地之數各五，五數相配，以合成金、木、水、火、土。天數二十有五，注云：五奇合爲二十五。地數三十。注云：五耦合爲三十。凡天地之數五十有五，此所以成變化而行鬼神也。注云：變化以此成，鬼神以此行。乾之策二百一十有六，注云：陽爻六，一爻三十六策，六爻二百一十六策。坤之策百四十有四，注云：陰爻六，一爻二十四策，六爻百四十四策。凡三百有六十，當期之日。二篇之策，萬有一千五百二十，當萬物之數也。注云：二篇三百八十四爻，陰陽各半，合萬一千五百二十策。是故四營而成易，注云：分而爲二以象兩，一營也。掛一以象三，二營也。

〔一〕「而」，阮校云：盧文弨校本「而」作「兩」。

揲之以四，三營也。歸奇於扐，四營也。**十有八變而成卦，八卦而小成，引而伸之，**注云：伸之六十四卦。**觸類而長之，天下之能事畢矣。顯道，**注云：顯，明也。**神德行。**注云：由神以成其用。**是故可與酬酢，可與祐神矣。**注云：可以應對萬物之求助，成神化之功也。酬酢，猶應對也。

【疏】正義曰：此第八章，明占筮之法、揲蓍之體，顯天地之數，定乾坤之策，以爲六十四卦，而生三百八十四爻。「大衍之數五十，其用四十有九」者，京房云：「五十者，謂十日、十二辰、二十八宿也，凡五十。其一不用者，天之生氣，將欲以虛來實，故用四十九焉。」馬季長云：「易有太極，謂北辰也。太極生兩儀，兩儀生日月，日月生四時，四時生五行，五行生十二月，十二月生二十四氣。北辰居位不動，其餘四十九轉運而用也。」荀爽云：「卦各有六爻，六八四十八，加乾、坤二用，凡有五十。乾初九『潛龍勿用』，故用四十九也。」鄭康成云：「天地之數五十有五，以五行氣通，凡五行減五，大衍又減一，故四十九也。」姚信、董遇云：「天地之數五十有五者，其六以象六畫之數，故減之而用四十九。」但五十之數，義有多家，各有其說，未知孰是。今案王弼云「演天地之數，所賴者五十」，據王弼此說，其意皆與諸儒不同：萬物之策，凡有萬一千五百二十，其用此策推演天地之數，唯用五十策也。一謂自然，所須策者唯用五十，就五十策中，其所用揲蓍者，唯用四十有九，其一不用，以其虛無，非所用也，故不數之。顧懽同王弼此說。故顧懽云：「立此五十數，以數神，神雖非數，因數而顯，故虛其一數，以明不可言之義。」只如此意，則別無所以，自然而有此五十也。今依用之。「分而爲二以象兩」者，五十之内，去其一，餘有四十九，合同未分，是象太一也。今以四十九分而爲二，以象兩儀也。「掛一以象三」者，就兩儀之間，於天數之中，分掛其一，而配兩儀，以象三才也。「揲之以四，以象四時」者，分揲其蓍，皆以四四爲數，以象四時。「歸奇於扐以象閏」者，奇謂四揲之餘，歸此殘奇於所扐之策而成數，以法象天道。歸殘聚餘，分而成閏也。「五歲再閏」者，凡前閏後閏，相去大略三十二月，在五歲之中，故五歲再閏。「再扐而後掛」者，既分天地，天於左手，地於右手，乃四四揲天之數，最末之餘，歸之合於扐掛之一處，是一揲也。又以四四揲地之數，最末之餘，又合於前所歸之扐而總掛之，是再扐而後掛也。「天數五」者，謂一、三、五、七、九也。「地數五」者，謂二、四、六、八、十也。「五位相得而各有合」者，若天一與地六相得，合爲水；地二與天七相得，合爲火；天三與地八相得，合爲木；地四與天九相得，合爲金；天五與地十相得，合爲土也。「天數二十有五」者，總合五奇之數。「地數三十」者，總合五偶之數也。「凡天地之數五十有五」者，是天地二數相合爲五十五，此乃天地陰陽奇偶之數，非是上文演天地之策也。「此所以成變化而行鬼神」者，言此陽奇陰偶之數，成就其變化。言變化以此陰陽而成，故云「成變化」也。而宣行鬼神之用，言鬼神以此陰陽而得宣行，故云「而行鬼神也」。「乾之策二百一十有六」者，以乾老陽，一爻有三十六策，六爻凡有二百一十六策也。乾之少陽，一爻有二十八策，六爻則有一百六十八策。此經據老陽之策也。「坤之策百四十有四」者，坤之老陰，一爻有二十四策，六爻故一百四十有四策也。若坤之少陰，一爻有三十二，六爻則有一百九十二。此經據坤之老陰，故百四十有四也。「凡三百有六十，當期之日」者，舉合乾、坤兩策，有三百有六十，當期之數。三百六十日，舉其大略，不數五日四分日之一也。「二篇之策，萬有一千五百二十，當萬物之數」者，二篇之爻，總有三百八十四爻，陰陽各半，陽爻一百九十二爻，爻別〔一〕三十六，總有六千九百一十二也。陰爻亦一百九十二爻，爻別二十四，總有四千六百八也。陰陽總合，萬有一千五百二十，當萬物之數也。「是故四營而成易」者，營謂經營，謂四度經營蓍策，乃成易之一變也。「十有八變而成卦」者，每一爻有三變，謂初一揲，不五則九，是一變也。第二揲，不四則八，是二變也。第三揲，亦不四則八，是三變也。若三者俱多爲老陰，謂初得九，第二、第三俱得八也。若三者俱少爲老陽，謂初得五，第二、第三俱得四也。若兩少一多爲少陰，謂初與二、三之間，或有四，或有五而有八也，或有二箇四而有一箇九，此爲兩少一多也。其兩多一少爲少陽者，謂三揲之間，或有一箇九、有一箇八而有一箇四，或有二箇八而有一箇五，此爲兩多一少也。如此三變既畢，乃定一爻。六爻則十有八變，乃始成卦也。「八卦而小成」者，象天地雷風日月山澤，於大象略盡，是易道小成。「引而伸之」者，謂引長八卦而伸盡之，謂引之爲六十四卦也。「觸類而長之」者，謂觸逢事類而增長之，若觸剛之事類，以次增長於剛；若觸柔之事類，以次增長於柔。「天下之能事畢矣」者，天下萬事，皆如此例，各以類增長，則天下所能之事，法象皆盡，故曰「天下之能事畢矣」也。「顯道，神德行」者，言易理備盡天下之能事，故可以顯明无爲之道，而神靈其德行之事。言太虛以養萬物爲德行，今易道以其神靈助太虛而養物，是神其德行也。「是故可與

〔一〕「別」，單疏本作「則」。

酬酢」者，酬酢，謂應報對答。言易道如此，若萬物有所求爲，此易道可與應答，萬物有求則報，故曰「可與酬酢也」。「可與祐神矣」者，祐，助也。易道弘大，可與助成神化之功也。

○注「演天地之數」至「由之宗也」 正義曰：「王弼云：演天地之數，所賴者五十」者，韓氏親受業于王弼，承王弼之旨，故引王弼云以證成其義。「演天地之數，所賴者五十」，謂萬物籌策雖萬有一千五百二十，若用之推演天地之數，所須賴者唯賴五十，其餘不賴也。但賴五十者，自然如此，不知其所以然。云「則其一不用」者，經既云「五十」，又云「其用四十九」也。既稱「其用」，明知五十之内，其一是不用者也。言「不用而用以之通」者，若全不用，理應不賴。此既當論用，所以并言不用爲用。五十者雖是不用，其有用從不用而來，以不用而得用也，故云「不用而用以之通」。所用者則四十九蓍也。蓍所以堪用者，從造化虚无而生也。若无造化之生，此蓍何由得用也？言「非數而數以之成」者，太一虚无，无形无〔一〕數，是非可數也。然有形之數，由非數而得成也。即四十九是有形之數，原從非數而來，故將非數之一，總爲五十，故云「非數而數以之成」也。言「斯易之太極」者，斯，此也。言此「其一不用」者，是易之太極之虚无也。无形，即无數也。凡有皆從无而來，故易從太一爲始也。言「夫无不可以无明，必因於有」者，言虚无之體，處處皆虚，何可以无説之，明其虚无也。若欲明虚无之理，必因於有物之境，可以却本虚无。猶若春生秋殺之事，於虚无之時，不見生殺之象，是不可以无明也。就

〔一〕「无」，單疏本作「之」。

有境之中，見其生殺，却推於无，始知无中有生殺之理，是明无必因於有也。言「故常於有物之極，而必明其所由之宗」者，言欲明於无，常須因有物至極之處，而明其所由宗。若易由太一，有由於无，變化由於神，皆是所由之宗也。言有且何因如此，皆由於虛无自然而來也。

子曰：知變化之道者，其知神之所爲乎！注云：夫變化之道，不爲而自然，故知變化者，則知神之所爲。易有聖人之道四焉：以言者尚其辭，以動者尚其變，以制器者尚其象，以卜筮者尚其占。注云：此四者存乎器象，可得而用也。是以君子將有爲也，將有行也。問焉而以言，其受命也如響。无有遠近幽深，遂知來物。非天下之至精，其孰能與於此？參伍以變，錯綜其數。通其變，遂成天地之文；極其數，遂定天下之象。非天下之至變，其孰能與於此？易无思也，无爲也，寂然不動，感而遂通天下之故。非天下之至神，其孰能與於此？注云：夫非忘象者，則无以制象。非遺數者，无以極數。至精者，无籌策而不可亂；至變者，體一而无不周；至神者，寂然而无不應。斯蓋功用之母，象數所由立，故曰非至精、至變、至神，則不得與於斯也。夫易，聖人之所以極深而研幾也。唯深也，故能通天下之志；唯幾也，故能成天下之務；注云：極未形之理則曰深，適動微之會則曰幾。唯神也，故不疾而速，不行而至。子曰「易有聖人之道四焉」者，此之謂也。注云：四者由聖道以成，故曰「聖人之道」。

【疏】正義曰：此第九章也。上章既明大衍之數，極盡蓍策之名數，可與助成神化之功，此又廣明易道深遠，聖人之道有四，又明易之深遠，窮極幾神也。「知變化之道者，其知神之所爲乎」者，言易既知變化之道理，不爲而自然也，則能知神化之所爲，言神化亦不爲而自然也。「易有聖人之道四焉」者，言易之爲書，有聖人所用之道者凡有四事焉。「以言者尚其辭」者，謂聖人發言而施政教者，貴尚其爻卦之辭，發〔一〕其言辭，出言而施政教也。「以動者尚其變」者，謂聖人有所興動營爲，故〔二〕法其陰陽變化。變有吉凶，聖人之動，取吉不取凶也。「以制器者尚其象」者，謂造制形器，法其爻卦之象。若造弧矢，法睽之象；若造杵臼，法小過之象也。「以卜筮者尚其占」者，策是筮之所用，并言卜者，卜雖龜之見兆，亦有陰陽五行變動之狀，故卜之與筮，尚其爻卦變動之占也。「是以君子將有爲也，將有行也，問焉而以言」者，既易道有四，是以君子將欲有所施爲，將欲有所行往，占問其吉凶，而以言命蓍也。「其受命也如嚮」者，謂蓍受人命，報人吉凶，如嚮之應聲也。「无有遠近幽深」者，言易之告人吉凶，无問遠之與近，及幽邃深遠之處，悉皆告之也。「遂知來物」者，物，事也。然易以萬事告人，人因此遂知將來之事也。「非天下之至精，其孰能與於此」者，言易之功深如此，若非天下萬事之内至極精妙，誰能參與於此，與易道同也。此已上論易道功深，告人吉凶，使豫知來事，故以此結之也。「參伍

〔一〕「發」，浦鏜云：「發」當作「法」。

〔二〕「故」，浦鏜云：「故」當作「效」。

以變」者，參，三也；伍，五也。或三或五，以相參合，以相改變。略舉三五，諸數皆然也。「錯綜其數」者，錯謂交錯，綜謂總聚，交錯總聚其陰陽之數也。「通其變」者，由交錯總聚，通極其陰陽相變也。「遂成天地之文」者，以其相變，故能遂成就天地之文。若青赤相雜，故稱文也。「極其數，遂定天下之象」者，謂窮極其陰陽之數，以定天下萬物之象，猶若極二百一十六策，以定乾之老陽之象；窮一百四十四策，以定坤之老陰之象，舉此餘可知也。「非天下之至變，其孰能與於此」者，言此易之理，若非天下萬事至極之變化，誰能與於此者，言皆不能也。此結成易之變化之道，故更言「與於此」也。前經論易理功深，故云「非天下之至精」。此經論極數變通〔一〕，故云「非天下之至變」也。「易无思也，无爲也」者，任運自然，不關心慮，是无思也；任運自動，不須營造，是无爲也。「寂然不動，感而遂通天下之故」者，既无思无爲，故寂然不動；有感必應，萬事皆通，是「感而遂通天下之故」也。故謂事故，言通天下萬事也。「非天下之至神，其孰能與於此」者，言易理神功不測，非天下萬事之中至極神妙，其孰能與於此也。此經明易理神妙不測，故云「非天下之至神」，若非天下之至神，誰能與於此也。「夫易，聖人之所以極深而研幾也」者，言易道弘大，故聖人用之，所以窮極幽深而研覈幾微也。「極深」者，則前經初一節云「君子將有爲，將有行，問焉而以言，其受命如嚮，无有遠近幽深」，是極深也。「研

〔一〕「變通」，阮校云：監、毛本作「通變」。

幾」者，上經次節云「參伍以變，錯綜其數。通其變，遂成天地之文；極其數，以〔一〕定天下之象」，是研幾也。「唯深也，故能通天下之志」者，言聖人用易道以極深，故聖人德深也，故能通天下之志意，即是前經上節「問焉而以言，其受命如響，遂知來物」，是通天下之志也。「唯幾也，故能成天下之務」者，聖人用易道以研幾，故聖人知事之幾微，是前經次節「參伍以變，錯綜其數，通其變，遂成天地之文」是也。幾者離无入有，是有初之微。以能知有初之微，則能興行其事，故能成天下之事務也。「唯神也，故不疾而速，不行而至」者，此覆説上經下節易之神功也。以无思无爲，寂然不動，感而遂通，故不須急疾而事速成，不須行動而理自至也。案下節云「唯深也」言「通天下之志」，「唯幾也」言「成天下之務」，今「唯神也」直云「不疾而速，不行而至」，不言「通天下」者，神則至理微妙，不可測知，无象无功，於天下之事理絶名，言不可論也，故不云「成天下之功」也。「子曰：易有聖人之道四焉者，此之謂也」者，章首論聖人之道四焉，章中歷陳其三事，章末結而成之，故曰「聖人之道四焉」，是「此之謂也」。章首「聖人之道有四」者，韓氏注云「此四者存乎器象，可得而用」者，則辭也、變也、象也、占也，是有形之物，形器可知也。若章中所陳則有三事：一是至精，精則唯深也；二是至變，變則唯〔二〕幾也；三是至神，神則微妙无形，是其无也。神既无形，則章中三事不得配章首四事。韓氏云「四者存乎器象」，故

〔一〕「以」，阮校云：毛本作「遂」。
〔二〕「唯」，單疏本作「中」。

知章中三事不得配章首四事者也。但行此四者，即能致章中三事，故章中歷陳三事，下總以「聖人之道四焉」結之也。

○注「此四者存乎器象，可得而用也」　正義曰：「辭」是爻辭，爻辭是器象也。「變」是變化，見其來去，亦是器象也。「象」是形象，「占」是占其形狀，並是有體之物。有體則是物之可用，故云「可得而用者也」。

○注「夫非忘象」至「與於斯也」　正義曰：云「夫非忘象者，則无以制象」者，凡自有形象者，不可以制他物之形象，猶若海不能制山之形象，山不能制海之形象。遺忘己象者，乃能制衆物之形象也。「非遺數者，无以極數」者，若以數數物，則不能極其物數，猶若以萬而數，則不能苞億；以一億而數，則不能苞千億、萬億。遺去數名者，則无所不苞。是非遺去其數，无以極盡於數也。言「至精者，无籌策而不可亂」者，以其心之至精，理在玄通，无不記憶，雖无籌策，而不可亂也。言「至變者，體一而无不周」者，言至極曉達變理者，能體其淳一之理，其變通无不周徧。言雖萬類之變，同歸於一變也。「斯蓋功用之母，象數所由立」者，言至精、至變、至神三者，是物之功用之母。物之功用，象之與數，由此至精、至變、至神所由來，故云「象數所由立」也。言象之所以立有象者，豈由象而來，由太虛自然而有象也；數之所以有數者，豈由數而來，由太虛自然而有數也。是太虛之象，太虛之數，是其至精、至變也。由其至精，故能制數；由其至變，故能制象。若非至精〔一〕、至變、至神，則不得參與妙極之玄理也。

天一，地二；天三，地四；天五，地六；天七，地八；天九，地十。注云：易以極數通神明之德，故明易之道，先舉天地之數也。子曰：夫易，何爲者也？夫易，開物成務，冒天下之道，如斯而已者也。注云：冒，覆也。言易通萬物之志，成天下之務，其道可以覆冒天下也。是故聖人以通天下之志，以定天下之業，以斷天下之疑。是故蓍之德圓而神，卦之德方以知，注云：圓者運而不窮，方者止而有分。言蓍以圓象神，卦以方象知也。唯變所適，无數不周，故曰「圓」。卦列爻分，各有其體，故曰「方」也。六爻之義易以貢。注云：貢，告也。六爻變易，以告吉凶。聖人以此洗心，注云：洗濯萬物之心。退藏於密，注云：言其道深微，萬物日用而不能知其原，故曰「退藏於密」，猶藏諸用也。吉凶與民同患。注云：表吉凶之象，以同民所憂患之事，故曰「吉凶與民同患」也。神以知來，知以藏往。注云：明蓍、卦之用，同神知也。蓍定數於始，於卦爲來；卦成象於終，於蓍爲往。往來之用相成，猶神知也。其孰能與此哉？古之聰明叡知神武而不殺者夫！注云：服萬物而不以威刑也。是以明於天之道，而察於民之故，是興神

〔一〕「精」，原作「積」，據單疏本改。

物，以前民用。注云：定吉凶於始也。聖人以此齊戒，注云：洗心曰「齊」，防患曰「戒」。以神明其德夫。是故闔户謂之坤，注云：坤道包物。闢户謂之乾；注云：乾道施生。一闔一闢謂之變，往來不窮謂之通。見乃謂之象，注云：兆見曰「象」。形乃謂之器，注云：成形曰「器」。制而用之謂之法，利用出入，民咸用之謂之神。

【疏】正義曰：此第十章也。前章論易有聖人之道四焉，以卜筮尚其占。此章明卜筮蓍龜所用，能通神知也。「天一地二」至「天九地十」，此言天地陰陽自然奇偶之數也。「子曰：夫易何爲」者，言易之功用，其體何爲，是問其功用之意。「夫易，開物成務，冒天下之道，如斯而已」者，此夫子還自釋易之體、用之狀，言易能開通萬物之志，成就天下之務，有覆冒天下之道。斯，此也，易之體用如此而已。「是故聖人以通天下之志」者，言易道如此，是故聖人以其易道通達天下之志，極其幽深也。「以定天下之業」者，以此易道定天下之業，由能研幾成務，故定天下之業也。「以斷天下之疑」者，以此易道決斷天下之疑，用其蓍龜占卜，定天下疑危也。「是故蓍之德圓而神，卦之德方以知」者，神以知來，是來无方也；知以藏往，是往有常也。物既有常，猶方之有止；數无恒體，猶圓之不窮，故蓍之變通則无窮，神之象也；卦列爻分有定體，知之象也。知可以識前言往行，神可以逆知將來之事，故蓍以圓象神，卦以方象知也。「六爻之義易以貢」者，貢，告也。六爻有吉凶之義，變易以告人也。「聖人以此洗心」者，聖人以此易之卜筮洗蕩萬物之心。萬物有疑則卜之，是蕩其疑心；行善得吉，行惡遇凶，是盪其惡心也。「退藏於密」者，言易道進則盪除萬物之心，退則不知其所以然，萬物日用而不知，有功用藏於密也。「吉凶與民同患」者，易道以示人吉凶，民則亦憂患其吉凶，是與民同其所憂患也。凶者，民之所憂也。上並言吉凶，此獨言同患者，凶雖民之所患，吉亦民之所患也。既得其吉，又患其失，故老子云「寵辱若驚」也。「神以知來，知以藏往」者，此明蓍卦德同神知，知來藏往也。蓍定數於始，於卦爲來；卦成象於終，於蓍爲往。以蓍望卦，則是知卦象將來之事，故言「神以知來」；以卦望蓍，則是聚於蓍象往去之事，故言「知以藏往」也。「其孰能與此哉」者，言誰能同此也，蓋是「古之聰明叡知神武而〔一〕不殺者夫」。易道深遠，以吉凶禍福威服萬物，故古之聰明叡知神武之君，謂伏犧等，用此易道，能威服天下，而不用刑殺而威服之也。「是以明於天之道」者，言聖人能明天道也。「而察於民之故」者，故，事也。易窮變化而察知民之事也。「是興神物，以前民用」者，謂易道興起神理事物，豫爲法象，以示於人，以前民之所用。定吉凶於前，民乃法之所用，故云「以前民用」也。「聖人以此齊戒」者，聖人以易道自齊自戒，謂照了吉凶，齊戒其身。洗心曰齊，防患曰戒。「以神明其德夫」者，言聖人既以易道自齊戒，又以易道神明其己之德化也。「是故闔户謂之坤」者，聖人既用此易道以化天下，此已下又廣明易道之大。易從乾坤而來，故更明乾坤也。凡物先藏而後出，故先言坤而後言乾。闔户，謂閉藏萬物，若室之閉闔其户，故云「闔户謂之坤」也。「闢户謂之乾」者，闢户，謂吐生萬物也，

〔一〕「而」字原無，據單疏本補。

若室之開闔其户，故云「闔户謂之乾」也。「一闔一闢謂之變」者，開閉相循，陰陽遞至，或陽變爲陰，或開而更閉；或陰變爲陽，或閉而還開，是謂之變也。「往來不窮謂之通」者，須往則變來爲往，須來則變往爲來，隨須改變，不有窮已，恒得通流，是「謂之通」也。「見乃謂之象」者，前往來不窮，據其氣也。氣漸積聚，露見萌兆，乃謂之象，言物體尚微也。「形乃謂之器」者，體質成形，是謂器物，故曰「形乃謂之器」，言其著也。「制而用之謂之法」者，言聖人裁制其物而施用之，垂爲模範，故云「謂之法」。「利用出入，民咸用之謂之神」者，言聖人以利而用，或出或入，使民咸用之，是聖德微妙，故云「謂之神」。

○注「易以極數」至「天地之數也」　正義曰：「易以極數通神明之德」者，謂易之爲道，先由窮極其數，乃以數通神明之德也。「故明易之道，先舉天地之數」者，此章欲明神之德，先由天地之數而成，故云「故明易之道，先舉天地之數也」。

○注「圓者運」至「故曰方也」　正義曰：「圓者運而不窮」者，謂團圓之物，運轉无窮已，猶阪上走丸〔一〕也。蓍亦運動不已，故稱圓也。言「方者止而有分」者，方謂處所，既有處所，則是止而有分。且物方者著地則安，其卦既成，更不移動，亦是止而有分，故卦稱方也。

是故易有大極，是生兩儀，注云：夫有必始於无，故大極生兩儀也。大極者，无稱之稱，不可得而名，取其有之

〔一〕「丸」，單疏本作「圜」。

所極，況之大極者也。兩儀生四象，四象生八卦，注云：卦以象之。八卦定吉凶，注云：八卦既立，則吉凶可定。吉凶生大業。注云：既定吉凶，則廣大悉備。是故法象莫大乎天地，變通莫大乎四時，縣象著明莫大乎日月，崇高莫大乎富貴。注云：位所以一天下之動而濟萬物。備物致用，立成器以爲天下利，莫大乎聖人。探賾索隱，鉤深致遠，以定天下之吉凶，成天下之亹亹者，莫大乎蓍龜。是故天生神物，聖人則之；天地變化，聖人效之。天垂象，見吉凶，聖人象之；河出圖，洛出書，聖人則之。易有四象，所以示也。繫辭焉，所以告也。定之以吉凶，所以斷也。易曰：「自天祐之，吉无不利。」子曰：祐者，助也。天之所助者，順也；人之所助者，信也。履信思乎順，又以尚賢也。是以「自天祐之，吉无不利」也。

【疏】正義曰：此第十一章也。前章既明蓍卦有神明之用，聖人則而象之，成其神化，此又明易道之大，法於天地，明象日月，能定天下之吉凶，成天下之亹亹也。「是故易有太極，是生生兩儀」者，太極謂天地未分之前，元氣混而爲一，即是太初、太一也。故老子云「道生一」，即此太極是也。又謂混元既分，即有天地，故曰「太極生兩儀」，即老子云「一生二」也。不言天地而言「兩儀」者，指其物體，下與四象相對，故曰「兩儀」，謂兩體容儀也。「兩儀生四象」者，謂金木水火，稟天地而有，故云「兩儀生四象」。土則分王四季，又地中之别，故唯云「四象」也。「四象生八卦」者，若謂震木、離火、兑金、坎水各主一時，又巽同震木，乾同兑金，加以坤、艮之土爲八卦也。「八卦定吉凶」者，八卦既立，爻象變而相推，有吉有凶，故「八卦定吉凶」也。「吉凶生大業」者，萬事各有吉凶，廣大悉備，故能生天下大事業也。「是故法象莫大乎天地」者，言天地最大也。「變通莫大乎四時」者，謂四時以變得通，是變中最大也。「縣象著明莫大乎日月」者，謂日月中時，徧照天下，无幽不燭，故云「著明莫大乎日月」也。「崇高莫大乎富貴」者，以王者居九五富貴之位，力能齊一天下之動，而道濟萬物，是崇高之極，故云「莫大乎富貴」。「備物致用，立成器以爲天下利，莫大乎聖人」者，謂備天下之物，招致天下所用，建立成就天下之器，以爲天下之利，唯聖人能然，故云「莫大乎聖人」也。「探賾索隱，鉤深致遠，以定天下之吉凶，成天下之亹亹者，莫大乎蓍龜」者，探，謂闚探求取；賾，謂幽深難見。卜筮則能闚探幽昧之理，故云「探賾」也。索，謂求索。隱，謂隱藏。卜筮能求索隱藏之處，故云「索隱」也。物在深處，能鉤取之；物在遠方，能招致之，卜筮能然，故云「鉤深致遠」也。以此諸事，正定天下之吉凶，成就天下之亹亹者，唯卜筮能然，故云「莫善乎蓍龜」也。案釋詁云：「亹亹，勉也。」言天下萬事，悉動而好生，皆勉勉營爲，此蓍龜知其好惡得失，人則棄其惡而取其好，背其失而求其得，是「成天下之亹亹」也。「是故天生神物，聖人則之」者，謂天生蓍龜，聖人法則之以爲卜筮也。「天地變化，聖人效之」者，行四時生殺，賞以春夏，刑以秋冬，是「聖人效之」。「天垂象，見吉凶，聖人象之」者，若璿璣玉衡，以齊七政，是「聖人象之」也。「河出圖，洛出書，聖人則之」者，如鄭康成之義，則春秋緯云：「河以通乾出天苞，洛以流坤吐地符。河龍圖發，洛龜書感。「河圖有九篇，洛書有六篇。孔安國以爲河圖則八卦是也，洛書則九疇是也。輔嗣之義，未知何從。「易有四象，所以示」者，莊氏云：「四象，謂六十四卦之中，有實象，有假象，有義象，有用象，爲四象也。」今於釋卦之處，已破之矣。何氏以爲：四象，謂「天生神物，聖人則之」，一也；「天地變化，聖人效之」，二也；「天垂象，見吉凶，聖人象之」，三也；「河出圖，洛出書，聖人則之」，四也。今謂此等四事，乃是聖人易外別有其功，非專易内之物，何得稱「易有四象」？且又云「易有四象，所以示也」，「繫辭焉，所以告也」，然則象之與辭，相對之物，辭既爻卦之下辭，則象爲爻卦之象也。則上「兩儀生四象」，七八九六之謂也。故諸儒有爲七八九六，今則從以爲義。「繫辭焉，所以告」者，繫辭於象卦下，所以告其得失也。「定之以吉凶，所以斷」者，謂於繫辭之中，定其行事吉凶，所以斷其行事得失。「易曰：自天祐之，吉无不利」者，言人於此易之四象所以示，繫辭所以告，吉凶所以〔一〕斷而行之，行則鬼神无不祐助，无所不利，故引易之大有上九爻辭以證之。「子曰：祐者助也」者，上既引易文，下又釋其易理，故云「子曰：祐者助也」。「天之所助者，順也；人之所助者，信也。履信思乎順」者，人之所助，唯在於信，此上九能履踐於信也；天之所助，唯在於順，此上九恒思於順；既有信思順，又能尊尚賢人，是以從天已下皆祐助之，而得其吉，无所不利也。

〔一〕「所以」原作「告所」，據阮校改。阮校云：閩、監、毛本「告所」作「所以」。案「所以」是也。

子曰：「書不盡言，言不盡意。」然則聖人之意，其不可見乎？子曰：聖人立象以盡意，設卦以盡情僞，繫辭焉以盡其言，變而通之以盡利，注云〔二〕：極變通之數，則盡利也，故曰「易窮則變，變則通，通則久」。鼓之舞之以盡神。乾坤其易之緼邪？注云：緼，淵奥也。乾坤成列，而易立乎其中矣。乾坤毁，則无以見易。易不可見，則乾坤或幾乎息矣。是故形而上者謂之道，形而下者謂之器，化而裁之謂之變，注云：因而制其會通，適變之道也。推而行之謂之通，注云：乘變而往者，无不通也。舉而錯之天下之民，謂之事業。注云：事業所以濟物，故舉而錯之於民。是故夫象，聖人有以見天下之賾，而擬諸其形容，象其物宜，是故謂之象。聖人有以見天下之動，而觀其會通，以行其典禮，繫辭焉以斷其吉凶，是故謂之爻。極天下之賾者存乎卦，鼓天下之動者存乎辭。注云：辭，爻辭也。爻以鼓動，效天下之動也。化而裁之存乎變，推而行之存乎通，神而明之存乎其人。注云：體神而明之，不假於象，故存乎其人。默而成之，不言而信，存乎德行。注云：德行，賢人之德行也。順足於内，故默而成之也。體與理會，故不言而信也。

〔二〕「注云」二字，本節皆無，據全書體例補，下同，不一一出校。

【疏】正義曰：此第十二章也。此章言立象盡意，繫辭盡言。易之興廢，存乎其人事也。「書不盡言，言不盡意。然則聖人之意，其不可見乎」者，此一節夫子自發其問，謂聖人之意難見也。所以難見者，書所以記言，言有煩碎，或楚夏不同，有言无字，雖欲書録，不可盡竭於其言，故云「書不盡言」也。「言不盡意」者，意有深邃委曲，非言可寫，是「言不盡意」也。聖人之意，意又深遠，若言之不能盡聖人之意，書之又不能盡聖人之言，是聖人之意，其不可見也。故云：「然則聖人之意，其不可見乎？」疑而問之，故稱「乎」也。「子曰：聖人立象以盡意」已下至「幾乎息矣」，此一節是夫子還自釋聖人之意有可見之理也。「聖人立象以盡意」者，雖言不盡意，立象可以盡之也。「設卦以盡情僞」者，非唯立象以盡聖人之意，又設卦以盡百姓之情僞也。「繫辭焉以盡其言」者，雖書不盡言，繫辭可以盡其言也。「變而通之以盡利」者，變，謂化而裁之；通，謂推而行之，故能盡物之利也。「鼓之舞之以盡神」者，此一句總結立象盡意、繫辭盡言之美。聖人立象以盡其意，繫辭則盡其言，可以説化百姓之心，百姓之心自然樂順，若鼓舞然，而天下從之，非盡神，其孰能與於此？故曰「鼓之舞之以盡神也」。「乾坤其易之緼邪」者，上明盡言盡意皆由於易道，此明易之所立本乎乾坤。若乾坤不存，則易道无由興起，故乾坤是易道之所緼積之根源也。是與「易」爲川府奥藏，故云「乾坤其易之緼邪」。「乾坤成列，而易立乎其中矣」者，夫易者，陰陽變化之謂。陰陽變化，立爻以效之，皆從乾坤而來。故乾生三男、坤生三女而爲八卦，變而相重而有六十四卦、三百八十四爻，本之根源，從乾坤而來。故乾坤既成列位，而易道變化建立乎乾坤之中矣。「乾坤毁，則无以見易」者，易既從乾坤而來，乾坤若缺毁，則易道損壞，故云「无以見易」也。「易不可見，則乾坤或幾乎息矣」，若易道毁壞，不可見其變化之理，則乾坤亦壞，或其近乎止息矣。幾，近也。猶若樹之枝幹生乎根株，根株毁則枝條不茂。若枝幹已枯死，其根株雖未全死，僅有微生，將死不久。根株譬乾坤也，易譬枝幹也，故云「易不可見，則乾坤或幾乎息矣」。「是故形而上者謂之道，形而下者謂之器」者，道是无體之名，形是有質之稱。凡有從无而生，形由道而立，是先道而後形，是道在形之上，形在道之下，故自形外已上者謂之道也，自形内而下者謂之器也。形雖處道、器兩畔之際，形在器，不在道也。既有形質，可爲器用，故云「形而下者謂之器」也。「化而裁之謂之變」者，陰陽變化而相裁節之，謂之變也，是得以〔一〕理之變也。猶若陽氣之化不可久長，而裁節之以陰雨也，是得理之變也。陰陽之化，自然相裁，聖人亦法此而裁節也。「推而行之謂之通」者，因推此以可變而施行之，謂之通也。猶若亢陽之後變爲陰雨，因陰雨而行之，物得開通，聖人亦當然也。「舉而錯之天下之民，謂之事業」者，謂舉此理以爲變化，而錯置於天下之民，凡民得以營爲事業，故云「謂之事業」也。此乃自然以變化錯置於民也。聖人亦當法此錯置變化於萬民，使成其事業也。凡繫辭之説，皆説易道，以爲聖人德化，欲使聖人法易道以化成天下，是故易與聖人恒相將也，以作易者本爲立教故也，非是空説易道，不關人事也。「是故夫象，聖人有以見天下之賾」至「是故謂之爻」者，於第六章已具其文，今於此更復言者，何也？爲下云「極天下之賾存乎卦，鼓天下之動存乎

〔一〕「以」，盧校云：「以」當作「其」。

辭」，爲此故更引其文也。且已下又云「存乎變」、「存乎通」、「存乎其人」，廣陳所存之事，所以須重論也。「極天下之賾存乎卦」者，言窮極天下深賾之處存乎卦，言觀卦以知賾也。「鼓天下之動存乎辭」者，鼓謂發揚，天下之動，動有得失，存乎爻卦之辭，謂觀辭以知得失也。「化而裁之存乎變」者，謂覆説上文「化而裁之謂之變」也。「推而行之存乎通」者，覆説上文「推而行之謂之通」也。「神而明之存乎其人」者，言人能神此易道而顯明之者，存在於其人。若其人聖，則能神而明之；若其人愚，則不能神而明之，故存於其人，不在易象也。「默而成之，不言而信，存乎德行」者，若能順理足於内，默然而成就之，闇與理會，不須言而〔一〕自信也。「存乎德行」者，若有德行則得默而成就之，不言而信也。若无德行則不能然。此言德行，據賢人之德行也。前經「神而明之，存乎其人」，謂聖人也。

周易注疏卷第十一

〔一〕「而」字原無，據單疏本補。

周易注疏卷第十二

國子祭酒上護軍曲阜縣開國子臣孔穎達奉勑撰

周易繫辭下〔一〕

【疏】正義曰：此篇章數，諸儒不同。劉瓛爲十二章，以對上繫十二章也。周氏、莊氏並爲九章，今從九章爲説也。第一起「八卦成列」至「非曰義」，第二起「古者包犧」至「蓋取諸夬」，第三起「易者象也」至「德之盛」，第四起「困于石」至「勿恒凶」，第五起「乾坤其易之門」至「失得之報」，第六起「易之興」至「巽以行權」，第七起「易之爲書」至「思過半矣」，第八起「二與四」至「謂易之道」，第九起「夫乾天下」至「其辭屈」。

八卦成列，象在其中矣。注云：備天下之象也。**因而重之，爻在其中矣。**注云：夫八卦備天下之

〔一〕篇題，單疏本作「周易繫辭下第八」。

理，而未極其變，故因而重之以象其動用，擬諸形容以明治亂之宜，觀其所應以著適時之功，則爻卦之義，所存各異，故「爻在其中矣」。**剛柔相推，變在其中矣。繫辭焉而命之，動在其中矣。**注云：剛柔相推，況八卦相盪，或否或泰。繫辭焉而斷其吉凶，況之六爻，動以適時者也。立卦之義，則見於彖象；適時之功，則存之爻辭。王氏之例詳矣。**吉凶悔吝者，生乎動者也。**注云：有變動而後有吉凶。**剛柔者，立本者也。變通者，趣時者也。**注云：立本況卦，趣時況爻。**吉凶者，貞勝者也。**注云：貞者，正也，一也。夫有動則未免乎累，殉吉則未離乎凶。盡會通之變，而不累於吉凶者，其唯貞者乎！老子曰：「王侯得一，以爲天下貞。」萬變雖殊，可以執一御也。**天地之道，貞觀者也。**注云：明夫天地萬物，莫不保其貞，以全其用也。**日月之道，貞明者也。天下之動，貞夫一者也。夫乾，確然示人易矣；夫坤，隤然示人簡矣。**注云：確，剛貌也。隤，柔貌也。乾坤皆恒一其德，物由以成，故簡易也。**爻也者，效此者也；象也者，像此者也。爻象動乎内，**注云：兆數見於卦也。**吉凶見乎外，**注云：失得驗於事也。**功業見乎變，**注云：功業由變以興，故見乎變也。**聖人之情見乎辭。**注云：辭也者，各指其所之，故曰情也。**天地之大德曰生，**注云：施生而不爲，故能常生，故曰「大德」也。**聖人之大寶曰位。**注云：夫无用則无所寶，有用則有所寶也。无用而常足者，莫妙乎道；有用而弘道者，莫大乎位，故曰「聖人之大寶曰位」。**何以守位？曰仁。何以聚人？曰財。**注云：財所以資物生也。**理財正辭，禁民爲非曰義。**

【疏】正義曰：此第一章。覆釋上繫第二章象爻剛柔、吉凶悔吝之事，更具而詳之。「八卦成列，象在其中矣」者，言八卦各成列位，萬物之象在其八卦之中也。「因而重之，爻在其中矣」者，謂因此八卦之象而更重之，萬物之爻在其所重之中矣。然象亦有爻，爻亦有象，所以象獨在卦、爻獨在重者，卦則爻少而象多，重則爻多而象少，故在卦舉象，在重論爻也。「剛柔相推，變在其中矣」者，則上繫第二章云「剛柔相推而生變化」，是變化之道，在剛柔相推之中。剛柔即陰陽也，論其氣即謂之陰陽，語其體即謂之剛柔也。「繫辭焉而命之，動在其中矣」者，謂繫辭於爻卦之下，而呼命其卦爻得失吉凶，則適時變動好惡，故在其繫辭之中也。「吉凶悔吝者，生乎動者也」，上既云動在繫辭之中，動則有吉凶悔吝，所以悔吝生在乎所動之中也。「剛柔者，立本者也」，言剛柔之象，立在其卦之根本者也。言卦之根本，皆由剛柔陰陽而來。「變通者，趣時者也」，其剛柔之氣，所以改變會通，趣向於時也。若乾之初九，趣向勿用之時；乾之上九，趣向亢極之時，是諸爻之變，皆臻趣於時也。其「剛柔立本」者，若剛定體爲乾，若柔定體爲坤，陽卦兩陰而一陽，陰卦兩陽而一陰，是立其卦本而不易也，則上「八卦成列，象在其中矣」是也。卦既與爻爲本，又是總主其時，故略例云「卦者，時也」；變通者，趣時者也」，則上「因而重之，爻在其中矣」是也。卦既總主一時，爻則就一時之中，各趣其所宜之時，故略例云「爻者，趣時者也」。「吉凶者，貞勝者也」，貞，正也；言吉之與凶，皆由所動不能守一而生吉凶，唯守一貞正，而能克勝此吉凶。謂但能貞正，則免此吉凶之累也。「天地之道，貞觀者也」，謂天覆地載之道，以貞正得一，故其功可爲物之所觀也。「日月之道，貞明者也」，言日月照臨之道，以貞正得一而爲明也。若天覆地載，不以貞正而有二心，則天不能普覆，地不能兼載，則不可以觀，由貞乃得觀見也。日月照臨，若不以貞正，有二之心，則照不普及，不爲明也，故以貞而爲明也。「天下之動，貞夫一者也」，言天地日月之外，天下萬事之動，皆正乎純一也。若得於純一，則所動遂其性；若失於純一，則所動乖其理，是天下之動，得正在一也。「夫乾，確然示人易矣」者，此明天之得一之道，剛質確然，示人以和易，由其得一无爲，物由以生，是「示人易」也。「夫坤，隤然示人簡矣」者，此明地之得一，以其得一，故坤隤然而柔，自然无爲，以成萬物，是「示人簡矣」。若乾不得一，或有隤然，則不能示人易矣。若坤不隤然，或有確然，則不能示人簡矣。「爻也者，效此者也」，此釋爻之名也。言爻者，效此物之變動也。「象也者，像此者也」，言象此物之形狀也。「爻象動乎内」者，言爻之與象，發動於卦之内也。「吉凶見乎外」者，其爻象吉凶見於卦外，在事物之上也。「功業見乎變」者，言功勞事業由變乃興，故功業見於變也。「聖人之情見乎辭」者，辭則言其聖人所用之情，故觀其辭而知其情也。是聖人之情，見乎爻象之辭也。若乾之初九，其辭云「潛龍勿用」，則聖人勿用之情見於初九爻辭也。他皆倣此。「天地之大德曰生」者，自此已下，欲明聖人同天地之德，廣生萬物之意也。言天地之盛德在乎常生，故言「曰生」。若不常生，則德之〔一〕不大。以其常生萬物，故云「大德」也。「聖人之大寶曰位」者，言聖人大可寶愛者在於位耳。位是有用之地，寶是有用之物。若以居盛位，能廣用无疆，故稱「大寶」也。「何以

〔一〕「之」，阮校云：孫志祖云：「之」字疑衍。

守位？曰仁」者，言聖人何以保守其位，必須仁愛，故言「曰仁」也。「何以聚人？曰財」者，言何以聚集人衆，必須財物，故言「曰財」也。「理財正辭，禁民爲非曰義」者，言聖人治理其財，用之有節，正定號令之辭，出之以理，禁約其民爲非僻之事，勿使行惡，是謂之義。義，宜也。言以此行之，而得其宜也。

○注「夫八卦」至「其中矣」　正義曰：「夫八卦備天下理」者，前注云「備天下之象」，據其體；此云「備天下之理」，據其用也。言八卦大略有八，以備天下大象大理，大者既備，則小者亦備矣。直是不變之備，未是變之備也，故云「未極其變，故因而重之，以象其動用」也。云「則爻卦之義，所存各異」者，謂爻之所存，存乎已變之義，「因而重之，爻在其中」是也；卦之所存，存於未變之義，「八卦成列，象在其中」是也。

○注「剛柔」至「例詳矣」　正義曰：云「立卦之義，則見於彖象」者，彖象，謂卦下之辭，說其卦之義也。「適時之功，則存於爻辭」者，卦者時也，六爻在一卦之中，各以適當時之所宜以立功也。欲知適時之功用，觀於爻辭也。云「王氏之例詳矣」者，案略例論彖云：「彖者何也？統論一卦之體，明其所由之主者也。夫衆不能治衆，治衆者至寡者也。」論卦體皆以一爲主，是卦之大略也。又論爻云：「爻者何也？言乎其變者也。變者何也？情僞之所爲也。夫情僞之動，非數之所求也。故合散屈伸，與體相乖。形躁好静，質柔愛剛。體與情反，質與願違。是故情僞相感，遠近相追，愛惡相攻，屈伸相推。見情者獲，直往則違。」此是爻之大略也。其義既廣，不能備載，是「王氏之例詳矣」。

○注「貞者正也」至「執一御也」　正義曰：「貞者，正也，一也」者，言貞之爲訓，訓正訓一，正者體无傾邪，一者情无差二，寂然无慮，任運而行者也。凡吉凶者，由動而來，若守貞靜寂，何吉何凶之有？是貞正能勝其吉凶也。云「夫有動則未能免乎累」者，寂然不動，則无所可累，若動有營求，則恥累將來，故云「動則未免於累」也。云「殉吉則未離乎凶」者，殉，求也。若不求其吉，无慮无思，凶禍何因而至？由其求吉，有所貪欲，則凶亦將來，故云「殉吉未離乎凶」也。云「盡會通之變，而不累於吉凶者，其唯貞者乎」，言若能窮盡萬物會通改變之理，而不繫累於吉凶之事者，唯貞一者乃能然也。猶若少必有老，老必有死，能知此理，是盡會通之變。既知老必將死，是運之自然，何須憂累於死，是不累乎吉凶。唯守貞一，任其自然，故云「其唯貞者乎」。云「老子曰：王侯得一，以爲天下貞」者，王侯若不得一，二三其德，則不能治正天下。若得純粹无二无邪，則能爲天下貞也，謂可以貞正天下也。云「萬變雖殊，可以執一御也」者，猶若寒變爲暑，暑變爲寒，少變爲壯，壯變爲老，老變爲死，禍變爲福，盛變爲衰，變改不同，是萬變殊也。其變雖異，皆自然而有，若能知其自然，不造不爲，无喜无感，而乘御於此，是可以執一御也。

古者包犧氏之王天下也，仰則觀象於天，俯則觀法於地，觀鳥獸之文，與地之宜，注云：聖人之作易，无大不極，无微不究。大則取象天地，細則觀鳥獸之文，與地之宜也。　近取諸身，遠取諸物，於是始作八卦，以通神明之德，以類萬物之情。作結繩而爲罔罟，以佃以漁，蓋取諸離。

注云：離，麗也。罔罟之用，必審物之所麗也。魚麗于水，獸麗于山也。

【疏】正義曰：此第二章。明聖人法自然之理而作易，象易以制器而利天下。此一章其義既廣，今各隨文釋之。「自此」至「取諸離」，此一節明包犧法天地造作八卦，法離卦而爲罔罟也。云「仰則觀象於天，俯則觀法於地」者，言取象大也。「觀鳥獸之文，與地之宜」者，言取象細也。大之與細，則无所不包也。「地之宜」者，若周禮五土，「動物植物，各有所宜」是也。「近取諸身」者，若耳目鼻口之屬是也。「遠取諸物」者，若雷風山澤之類是也。舉遠近則萬事在其中矣。「於是始作八卦，以通神明之德」者，言萬事云爲，皆是神明之德。若不作八卦，此神明之德，閉塞幽隱；既作八卦，則而象之，是通達神明之德也。「以類萬物之情」者，若不作易，物情難知，今作八卦以類象，萬物之情皆可見也。「作結繩而爲罔罟，以佃以漁」者，用此罟罔〔一〕，或陸畋以羅鳥獸，或水澤〔二〕以罔魚鼈也。「蓋取諸離」者，離，麗也，麗謂附著也。言罔罟之用，必審知鳥獸魚鼈所附著之處，故稱〔三〕離卦之名爲罔罟也。案諸儒象卦制器，皆取卦之爻象之體，今韓氏之意，直取卦名，因以制器。案上繫云「以制器者尚其象」，則取象不取名也。韓氏乃取名不取象，於義未善矣。今既遵韓氏之學，且依此釋之。

〔一〕「罟罔」，清武英殿本周易注疏（同治十年廣東書局重刊本）作「罔罟」。
〔二〕「澤」，浦鏜云：「澤」當作「漁」。
〔三〕「稱」，浦鏜云：「稱」當作「取」。

包犧氏没，神農氏作，斲木爲耜，揉木爲耒，耒耨之利，以教天下，蓋取諸益。注云：制器致豐，以益萬物。日中爲市，致天下之民，聚天下之貨，交易而退，各得其所，蓋取諸噬嗑。注云：噬嗑，合也。市人之所聚，異方之所合，設法以合物，噬嗑之義也。

【疏】正義曰：此一節明神農取卦造器之義。一者制耒耜，取於益卦，以利益民也。二者日中爲市，聚合天下之貨，設法以合物，取於噬嗑，象物噬齧乃得通也。包犧者，案帝王世紀云：大皞帝包犧氏，風姓也。母曰華胥。燧人之世，有大人跡出於雷澤，華胥履之而生包犧。長於成紀，蛇身人首，有聖德，取犧牲以充包厨，故號曰包犧氏。後世音謬，故或謂之伏犧，或謂之虙犧，一號皇雄氏，在位一百一十年。包犧氏没，女媧氏代立爲女皇，亦風姓也。女媧氏没，次有大庭氏、柏皇氏、中央氏、栗陸氏、驪連氏、赫胥氏、尊盧氏、混沌氏、皞英氏、有巢氏、朱襄氏、葛天氏、陰康氏、无懷氏，凡十五世，皆習〔一〕包犧氏之號也。神農者，案帝王世紀云：炎帝神農氏，姜姓也。母曰任已，有蟜氏女，名曰女登。爲少典正妃，游華山之陽，有神龍首感女登於尚羊，生炎帝，人身牛首，長於姜水，有聖德，繼无懷之後，本起烈山，或稱烈山氏，在位一百二十年而崩。納奔水氏女曰聽談，生帝臨魁，次帝承，次帝明，次帝直，次帝釐，次帝哀，次帝榆罔，凡八代及軒轅氏。

〔一〕「習」，浦鏜云：「習」當作「襲」。

神農氏没，黄帝、堯、舜氏作，通其變，使民不倦；注云：通物之變，故樂其器用，不懈倦也。神而化之，使民宜之。易窮則變，變則通，通則久。注云：通變則无窮，故可久。是以自天祐之，吉无不利。

【疏】正義曰：此一節明神農氏没後，乃至黄帝、堯、舜，通其易之變理，於是廣制器物。此節與下制器物爲引緒之勢，爲下起文。「黄帝、堯、舜氏作」者，案世紀云：黄帝有熊氏，少典之子，姬姓也。母曰附寶，其先即炎帝母家有蟜氏之女。附寶見大電光繞北斗樞星，照於郊野，感附寶，孕二十四月而生黄帝於壽丘。長於姬水，龍顔有聖德，戰蚩尤于涿鹿，擒之。在位一百年崩。子青陽代立，是爲少皞。少皞帝名摯，字青陽，姬姓也。母曰女節。黄帝時，大星如虹，下臨華渚，女節夢接意感，生少皞。在位八十四年而崩。顓頊高陽氏，黄帝之孫，昌意之子。母曰昌僕，蜀山氏之女，爲昌意正妃，謂之女樞。瑶光之星，貫月如虹，感女樞於幽房之宫，生顓頊於弱水〔一〕。在位七十八年而崩。少皞之孫，蟜極之子代立，是爲帝嚳。帝嚳高辛氏，姬姓也。其母不見。生而神異，自言其名。在位七十年而崩。子帝摯立，在位九年。摯立不肖而崩，弟放勛代立，是爲帝堯。帝堯陶唐氏，伊祁姓，母曰慶都，生而神異，常有黄雲覆其上。爲帝嚳妃，出以觀河，遇赤龍，晻然陰風而感慶都，孕十四月而生堯於丹陵。

〔一〕「弱水」，盧校云：當作「若水」。

即位九十八年而崩。帝舜代立。帝舜，姚姓，其先出自顓頊。顓頊生窮蟬，窮蟬生敬康，敬康生句芒，句芒生蟜牛，蟜牛生瞽瞍，瞍之妻握登，見大虹，意感而生舜於姚墟，故姓姚氏。此歷序三皇之後至堯、舜之前所爲君也。此既云黄帝、即云堯舜者，略舉五帝之終始，則少皞、顓頊、帝嚳在其間也。「通其變，使民不倦」者，事久不變，則民倦而窮。今黄帝、堯、舜之等，以其事久或窮，故開通其變，量時制器，使民用之日新，不有懈倦也。「神而化之，使民宜之」者，言所以「通其變」者，欲使神理微妙而變化之，使民各得其宜。若黄帝已上，衣鳥獸之皮，其後人多獸少，事或窮乏，故以絲麻布帛而制衣裳，是神而變化，使民得宜也。「易窮則變，變則通，通則久」者，此覆説上文「通其變」之事，所以「通其變」者，言易道若窮，則須隨時改變。所以須變者，變則開通得久長，故云「通則久」也。「是以自天祐之，吉无不利」者，此明若能變通，則无所不利，故引易文，證結變通之善，上繫引此文者，證明人事之信順，此乃明易道之變通，俱得天之祐，故各引其文也。

黄帝、堯、舜垂衣裳而天下治，蓋取諸乾坤。注云：垂衣裳以辯貴賤，乾尊坤卑之義也。

【疏】正義曰：自此已下，凡有九事，皆黄帝、堯、舜取易卦以制象，此於〔一〕九事之第一也。何以連云〔二〕堯、舜者，謂此九事黄帝制其初，堯舜成其末，事相連接，共有九事之功，故連云「黄帝、堯、舜」

〔一〕「於」，浦鏜云「於」字衍。

〔二〕「何以連云」，阮校云：浦鏜云當作「所以連云」，是也。

也。案皇甫謐帝王世紀載此九事，皆爲黄帝之功。若如所論，則堯、舜无事，易繫何須連云「堯、舜」？則皇甫之言未可用也。「垂衣裳」者，以前衣皮，其制短小，今衣絲麻布帛，所作衣裳，其制長大，故云「垂衣裳」也。「取諸乾坤」者，衣裳辯貴賤，乾坤則上下殊體，故云「取諸乾坤」也。

刳木爲舟，剡木爲楫，舟楫之利，以濟不通，致遠以利天下，蓋取諸涣。注云：涣者，乘理以散動〔一〕也。

【疏】正義曰：此九事之第二也。舟必用大木，刳鑿其中，故云「刳木」也。「剡木爲楫」者，楫必須纖長，理當剡削，故曰「剡木」也。「取諸涣」者，涣，散也。涣卦之義，取乘理以散動也。舟楫亦乘水以載運，故「取諸涣」也。

服牛乘馬，引重致遠，以利天下，蓋取諸隨。注云：隨，隨宜也。服牛乘馬，隨物所之，各得其宜也。

【疏】正義曰：此九事之第三也。隨者，謂隨時之所宜也。今服用其牛，乘駕其馬，服牛以引重，乘馬以致遠，是以人之所用，各得其宜，故「取諸隨」也。

重門擊柝，以待暴客，蓋取諸豫。注云：取其備豫。

【疏】正義曰：此九事之第四也。豫者，取其豫有防備。韓氏以此九事，皆以卦名而爲義者。特以此

〔一〕「動」，阮校云：閩、監、毛本作「通」。

豫文，取備豫之義，其事相合。故其餘八事，皆以卦名解義，量〔一〕爲此也。

斷木爲杵，掘地爲臼，臼杵之利，萬民以濟，蓋取諸小過。注云：以小用而濟物也。

【疏】正義曰：此九事之第五也。杵須短木，故斷木爲杵；臼須鑿地，故掘地爲臼。「取諸小過」，以小事之用過而濟物，杵臼亦小事，過越而用以利民，故「取諸小過」也。

弦木爲弧，剡木爲矢，弧矢之利，以威天下，蓋取諸睽。注云：睽，乖也。物乖則争興，弧矢之用，所以威乖争也。

【疏】正義曰：此九事之第六也。案爾雅：「弧，木弓也。」故云「弦木爲弧」。「取諸睽」者，睽謂乖離，弧矢所以服此乖離之人，故「取諸睽」也。案弧矢、杵臼、服牛、乘馬、舟楫皆云之「利」，此皆器物益人，故稱「利」也。重門擊柝，非如舟楫、杵臼，故不云「利」也。變稱「以禦暴客」，是亦利也。垂衣裳不言利者，此亦隨便立稱，故云「天下治」，治亦利也。此皆義便而言，不可以一例取也。

上古穴居而野處，後世聖人易之以宫室，上棟下宇，以待風雨，蓋取諸大壯。注云：宫室壯大於穴居，故制爲宫室，取諸大壯也。

【疏】正義曰：此九事之第七也。已前不云「上古」，已下三事或言「上古」，或言「古」，與上不同者，已

〔一〕「量」，海保漁村云：今本「蓋」誤「量」。

前，未造此器之前，更无餘物之用，非是後物以替前物，故不云「上古」也。此已下三事，皆是未造此物之前，已更别有所用，今將後用而代前用，欲明前用所有，故本之云「上古」及「古」者。案未有衣裳之前，則衣鳥獸之皮，亦是已前有用，不云「上古」者，雖云古者衣皮，必不專衣皮也，或衣草衣木，事无定體，故不得稱上古衣皮也。若此穴居野處，及結繩以治，唯專一事，故可稱「上古」，由後物代之也。「取諸大壯」者，以造制宫室，壯大於穴居野處，故取大壯之名也。

古之葬者，厚衣之以薪，葬之中野，不封不樹，喪期无數，後世聖人易之以棺椁〔一〕，蓋取諸大過。注云：取其過厚。

【疏】正義曰：此九事之第八也。不云「上古」，直云「古之葬者」，若極遠者則云「上古」，其次遠者則直云「古」，則「厚衣之以薪，葬之中野」，猶在穴居、結繩之後，故直云「古」也。「不封不樹」者，不積土爲墳，是「不封」也；不種樹以摽其處，是「不樹」也。「喪期无數」者，哀除則止，无日月限數也。「後世聖人易之以棺椁」者，若禮記云「有虞氏瓦棺」，未必用木爲棺也。則禮記又云「殷人之棺椁」，以前云椁，无文也。「取諸大過」者，送終追遠，欲其甚大過厚，故取諸大過也。案書稱堯崩，百姓如喪考妣，三載四海遏密八音，則喪期无數在堯已前，而棺椁自殷已後，則夏已前，棺椁未具也。所以其文參差，前後

〔一〕「椁」，單注本、注附音本作「槨」。

不齊者，但此文舉大略，明前後相代之義，不必確在一時，故九事上從黃帝，下稱堯舜，連延不絕，更相增脩也。

上古結繩而治，後世聖人易之以書契，百官以治，萬民以察，蓋取諸夬。注云：夬，決也。書契所以〔一〕決斷萬事也。

【疏】正義曰：此明九事之終也。夬者，決也。造立書契，所以決斷萬事，故「取諸夬」也。「結繩」者，鄭康成注云：「事大大結其繩，事小小結其繩。」義或然也。

是故易者，象也。象也者，像也。彖者，材也。注云：材，才德也。彖言成卦之材，以統卦義也。爻也者，效天下之動者也。是故吉凶生而悔吝著也。陽卦多陰，陰卦多陽，其故何也？陽卦奇，陰卦耦。注云：夫少者，多之所宗；一者，衆之所歸。陽卦二陰，故奇爲之君；陰卦二陽，故耦爲之主。其德行何也？注云：辯陰陽二卦之德行也。陽一君而二民，君子之道也。陰二君而一民，小人之道也。注云：陽，君道也。陰，臣道也。君以无爲統衆，无爲則一也。臣以有事代終，有事則二也。故陽爻畫奇，以明君道必一；陰爻畫兩，以明臣體必二，斯則陰陽之數，君臣之辯也。以一爲君，君之德也。二居君位，非其道也。故陽卦曰「君子之道」，陰卦曰「小人之道」也。易曰：「憧憧往來，朋從爾思。」注云：天下之動，必歸乎一。

〔一〕「以」下，原衍一「夬」字，據單注本、注附音本刪。

思以求朋，未能一也。一以感物，不思而至。**子曰：天下何思何慮？天下同歸而殊塗，一致而百慮，天下何思何慮？**注云：夫少則得，多則惑。塗雖殊，其歸則同；慮雖百，其致不二。苟識其要，不在博求；一以貫之，不慮而盡矣。**日往則月來，月往則日來，日月相推而明生焉。寒往則暑來，暑往則寒來，寒暑相推而歲成焉。往者屈也，來者信也，屈信相感而利生焉。尺蠖之屈，以求信也。龍蛇之蟄，以存身也。精義入神，以致用也。**注云：精義，物理之微者也。神寂然不動，感而遂通，故能乘天下之微，會而通其用也。**利用安身，以崇德也。**注云：利用之道，皆安其身而後動也。精義由於入神以致其用，利用由於安身以崇其德。理必由乎其宗，事各本乎其根。歸根則寧，天下之理得也。若役其思慮，以求動用，忘其安身，以殉功美，則僞彌多而理愈失，名彌美而累愈彰矣。**過此以往，未之或知也。窮神知化，德之盛也。**

【疏】正義曰：此第三章。明陰陽二卦之體，及日月相推而成歲，聖人用之，安身崇德，德之盛也。「是故易者，象也」者，但前章皆取象以制器，以是之故，易卦者，寫萬物之形象，故「易者，象也」。「象也者，像也」者，謂卦爲萬物象者，法像萬物，猶若乾卦之象，法像於天也。「彖者，材也」者，謂卦下彖辭者，論此卦之材德也。「爻也者，效天下之動」者，謂每卦六爻，皆倣效天下之物而發動也。「吉凶生而悔吝著」者，動有得失，故吉凶生也；動有細小疵病，故悔吝著也。「陽卦多陰，陰卦多陽，其故何」者，此夫子將釋陰陽二卦不同之意，故先發其問，云「其故何也」。「陽卦多陰」，謂震、坎、艮一陽而二陰也；「陰卦多陽」，謂巽、離、兑一陰而二陽也。「陽卦奇，陰卦耦」者，陽卦則以奇爲君，故一陽而二陰，陽爲君，陰爲臣也；陰卦則以耦爲君，故二陽而一陰，陰爲君，陽爲臣也。故注云：「陽卦二陰，故奇爲之君；陰卦二陽，故耦爲之主。」「其德行何」者，前釋陰陽之體，未知陰陽德行之故，故夫子將釋德行，先自問之，故云「其德行何也」。「陽一君而二民，君子之道」者，夫君以无爲統衆，无爲者，爲〔一〕每事因循，委任臣下，不司其事，故稱「一」也；臣則有事代終，各司其職，有職則有對，故稱「二」也。今陽爻以一爲君，以二爲民，得其尊卑相正之道，故爲「君子之道」者也。「陰二君而一民，小人之道」者，陰卦則以二爲君，是失其正，以一爲臣，乖反於理，上下失序，故稱「小人之道」也。「易曰：憧憧往來，朋從爾思」者，此明不能无心感物，使物來應，乃憧憧然役用思慮，或來或往，然後朋從爾之所思。若能虛寂，以純一感物，則不須憧憧往來，朋自歸也。此一之爲道，得爲可尚，結成前文陽卦以一爲君，是君子之道也。注云：「天下之動，必歸乎一。思以求朋，未能一也。一以感物，不思而至矣。」「子曰：天下何思何慮」者，言得一之道，心既静寂，何假思慮也。「天下同歸而殊塗」者，言天下萬事，終則同歸於一，但初時殊異其塗路也。「一致而百慮」者，所致雖一，慮必有百。言慮雖百種，必歸於一致也；塗雖殊異，亦同歸於至真也。言多則不如少，動則不如寂，則天下之事何須思也？何須慮也？「日往則月來」至「相推而歲成」者，此言不須思慮，任運往來，自然明生，自然歲成也。「往者屈

〔一〕「爲」，阮校云：孫志祖云：「爲」當作「謂」。

也，來者信也」者，此覆明上「日往則月來，寒往則暑來」，自然相感而生利之事也。往是去藏，故爲屈也；來是施用，故爲信也。一屈一信，遞相感動而利生，則上云「明生」、「歲成」是「利生」也。「尺蠖之屈，以求信」者，覆明上往來相感，屈信相須。尺蠖之蟲，初行必屈者，欲求在後之信也。言信必須屈，屈以求信，是相須也。「龍蛇之蟄，以存身」者，言静以求動也。蛟蛇初蟄，是静也；以此存身，是後動也。言動必因静也。静而得動，亦動静相須也。「精義入神，以致用」者，亦言先静而後動。此言人事之用，言聖人用精粹微妙之義，入於神化，寂然不動，乃能致其所用。「精義入神」，是先静也；「以致用」，是後動也，是動因静而來。「利用安身，以崇德」者，此亦言人事也。言欲利己之用，先須安静其身，不須役其思慮，可以增崇其德。言「利用安身」，是静也；言「崇德」，是動也。此亦先静而後動，動亦由静而來也。「過此以往，未之或知也」者，言精義入神以致用，利用安身以崇德，此二者皆人理之極，過此二者以往，則微妙不可知，故云「未之或知也」。「窮神知化，德之盛」者，此言過此二[一]者以往之事。若能過此以往，則窮極微妙之神，曉知變化之道，乃是聖人德之盛極也。

○注「陽君道」至「小人之道也」 正義曰：「陽，君道」者，陽是虚无爲體，純一不二，君德亦然，故云「陽，君道也」。「陰，臣道」者，陰是形器，各有質分，不能純一，臣職亦然，故云「陰，臣道也」。案經云「民」而注云「臣」者，臣則民也。經中對君，故稱民；注意解陰，故稱臣也。

〔一〕「二」原作「一」，據單疏本改。

○注「利用之道」至「愈彰矣」　正義曰：云「利用之道，皆安其身而後動」者，言欲利益所用，先須自安其身，身既得安，然後舉動，德乃尊崇。若不先安身，身有患害，何能利益所用以崇德也。云「精義由於入神以致其用」者，言精粹微妙之義，由入神寂然不動乃能致其用。云「利用由於安身以崇德」者，言欲利益所用，先須自安其身，乃可以增崇其德也。

易曰：「困于石，據于蒺蔾，入于其宮，不見其妻，凶。」子曰：非所困而困焉，名必辱。非所據而據焉，身必危。既辱且危，死期將至，妻其可得見耶？

【疏】正義曰：此第四章，凡有九節。以上章先利用安身，可以崇德，若身自危辱，何崇德之有？故此章第一節引困之六三危辱之事以證之也。困之六三，履非其位，欲上干於四，四自應初，不納於己，是困於九四之石也。三又乘二，二是剛陽，非己所乘，是下向據於九二之蒺蔾也。六三又无應，是「入其宮，不見其妻」，死期將至，所以凶也。「子曰：非所困而困焉」者，夫子既引易文，又釋其義，故云「子曰」。「非所困」謂九四。若六三不往犯之，非六三之所困，而六三彊往干之而取困焉。「名必辱」者，以向上而進取，故以聲名言之，云「名必辱」也。「非所據而據焉」者，謂九二也。若六三能卑下九二，則九二不爲其害，是「非所據」也。今六三彊往陵之，是「非所據而據焉」。「身必危」者，下向安身之處，故以身言之，云「身必危」也。

易曰：「公用射隼于高墉之上，獲之，无不利。」子曰：隼者，禽也。弓矢者，器也。射之者，人也。君子藏器於身，待時而動，何不利之有？動而不括，是以出而有獲。語成器而動者也。注云：括，結也。君子待時而動，則无結閡之患也。

【疏】正義曰：以前章先須安身可以崇德，故此第二節論明先藏器於身，待時而動而有利也，故引解之上六以證之。三不應上，又以陰居陽，此上六處解之極，欲除其悖亂而去其三也。故公用射此六三之隼於下體高墉之上，云自上攻下合於順道，故「獲之，无不利」也。「子曰：隼者，禽也」者，既引易文於上，下以解之，故言「子曰」也。「君子藏器於身，待時而動，何不利」者，猶若射人持弓矢於身，此君子若包藏其器於身，待時而動，何不利之有？似此射隼之人也。「動而不括」者，言射隼之人既持弓矢，待隼可射之〔一〕動而射之，則不括結而有礙也。猶若君子藏善道於身，待可動之時而興動，亦不滯礙而括結也。「語成器而後動」者，謂易之所說此者，語論有見成之器而後興動也。

子曰：小人不恥不仁，不畏不義，不見利不勸，不威不懲，小懲而大誡，此小人之福也。易曰：「屨校滅趾，无咎。」此之謂也。

【疏】正義曰：此章第三節也。明小人之道不能恒善，若因懲誡而得福也。此亦證前章「安身」之事，故引易噬嗑初九以證之。以初九居无位之地，是受刑者以處卦初，其過未深，故「屨校滅趾」而无

〔一〕「之」下，盧校云：「之」字下當有「時」字。

咎也。

善不積，不足以成名；惡不積，不足以滅身。小人以小善爲无益而弗爲也，以小惡爲无傷而弗去也，故惡積而不可揜，罪大而不可解。易曰：「何校滅耳，凶。」

【疏】正義曰：此章第四節也。明惡人爲惡之極以致凶也。此結成前章不能安身之事，故引噬嗑上九之義以證之。上九處斷獄之終，是罪之深極者，故有「何校滅耳」之凶。案第一、第二節皆先引易文於上，其後乃釋之。此第三已下，皆先豫張卦義於上，然後引易於下以結之。體例不同者，蓋夫子隨義而言，不爲例也。

子曰：危者，安其位者也。亡者，保其存者也。亂者，有其治者也。是故君子安而不忘危，存而不忘亡，治而不忘亂，是以身安而國家可保也。易曰：「其亡其亡，繫于苞桑。」

【疏】正義曰：此第五節。以上章有「安身」之事，故此節恒須謹慎，可以安身，故引否之九五以證之。「危者，安其位者也」，言所以今有傾危者，由往前安樂於其位，自以爲安，不有畏慎，故致今日危也。「亡者，保其存」者，所以今日滅亡者，由往前保有其存，恒以爲存，不有憂懼，故今致滅亡也。「亂者，有其治」者，所以今有禍亂者，由往前自恃有其治理也，謂恒以爲治，不有憂慮，故今致禍亂也。是故君子今雖獲安，心恒不忘傾危之事；國之雖存，心恒不忘滅亡之事；政之雖治，心恒不忘禍亂之事。

「其亡其亡，繫于苞桑」者，言心恒畏慎：其將滅亡！其將滅亡！乃繫于苞桑之固也。

子曰：德薄而位尊，知小而謀大，力少而任重，鮮不及矣。易曰：「鼎折足，覆公餗，其形渥，凶。」言不勝其任也。

【疏】正義曰：此第六節。言不能安其身，知小謀大而遇禍也，故引易鼎卦九四以證之。「鼎折足，覆公餗，其形渥，凶」者，處上體之下，而又應初，既承且施，非己所堪，故有折足之凶。既覆敗其美道，災及其形，以致渥凶也。「言不勝其任」者，此夫子之言，引易後以此結之，其文少，故不云「子曰」也。

子曰：知幾其神乎！君子上交不諂，下交不瀆，其知幾乎！注云：形而上者況之道，形而下者況之器。於道不冥而有求焉，未離乎諂也。於器不絕而有交焉，未免乎瀆也。能无諂、瀆，窮理者也。幾者動之微，吉之先見者也。注云：幾者去无入有，理而未形，不可以名尋，不可以形覩者也。唯神也不疾而速，感而遂通，故能朗然玄照，鑒於未形也。合抱之木，起於毫末；吉凶之彰，始於微兆，故爲吉之先見也。君子見幾而作，不俟終日。注云：定之於始，故不待終日也。易曰：「介于石，不終日，貞吉。」介如石焉，寧用終日，斷可識矣。君子知微知彰，知柔知剛，萬夫之望。注云：此知幾其神乎！

【疏】正義曰：此第七節。前章云精義入神，故此章明知幾入神之事，故引豫之六二以證之，云「易曰：介于石，不終日，貞吉」。「知幾其神乎」者，神道微妙，寂然不測，人若能豫知事之幾微，則能與其神道合會也。「君子上交不諂，下交不瀆」者，上謂道也，下謂器也。若聖人知幾窮理，冥於道，絶於器，故能上交不諂，下交不瀆。若於道不冥而有求焉，未能離於諂也；於器不絶而有交焉，未能免於瀆也。能无諂、瀆，知幾窮理者乎！「幾者動之微，吉之先見」者，此釋「幾」之義也。幾，微也，是已動之微。動謂心動、事動。初動之時，其理未著，唯纖微而已。若其已著之後，則心事顯露，不得爲幾。若未動之前，又寂然頓无，兼亦不得稱幾也。幾是離无入有，在有无之際，故云「動之微」也。若事著之後乃成爲吉，此幾在吉之先，豫前已見，故云「吉之先見者也」。此直云吉，不云凶者，凡豫前知幾，皆向吉而背凶，違凶而就吉，无復有凶，故特云「吉」也。諸本或有「凶」字者，其定本則无也。「君子見幾而作，不俟終日」者，言君子既見事之幾微，則須動作而應之，不得待終其日，言赴幾之速也。「易曰：介于石，不終日，貞吉」者，此豫之六二辭也。得位居中，故守介如石，見幾則動，不待終其一日也。「介如石焉，寧用終日，斷可識矣」者，此夫子解釋此爻之辭，既守志耿介，如石不動，纔見幾微，即知禍福，何用終竟其日，當時則斷可識矣。「君子知微知彰」者，初見事幾，是知其微；既見其幾，逆知事之禍福，是知其彰著也。「知柔知剛」者，剛柔是變化之道，既知初時之柔，則逆知在後之剛。言凡物之體從柔以至剛，凡事之理從微以至彰，知幾之人既知其始，又知其末，是合於神道，故爲萬夫所瞻望也。「萬夫」，舉大略而言。若知幾合神，則爲天下之主，何直只云「萬夫」而已，此「知幾其神乎」者也。

子曰：顏氏之子，其殆庶幾乎！有不善，未嘗不知，知之未嘗復行也。注云：在理則昧，造形而悟，顏子之分也。失之於幾，故有不善。得之於二，不遠而復，故知之未嘗復行也。易曰：「不遠復，无祇悔，元吉。」注云：吉凶者，失得之象也。得二者於理不盡，未至成形，故得不遠而復，舍凶之吉，免夫祇悔，而終獲元吉。祇，大也。

【疏】正義曰：此第八節。上節明其知幾是聖人之德，此節論賢人唯庶於幾，雖未能知幾，故引顏氏之子以明之也。「其殆庶幾乎」者，言聖人知幾，顏子亞聖，未能知幾，但殆近庶慕而已，故云「其殆庶幾乎」，又以「殆」爲辭。「有不善，未嘗不知」者，若知幾之人，本无不善，以顏子未能知幾，故有不善。不近於幾之人，既有不善，不能自知於惡。此顏子以其近幾，若有不善，未嘗不自知也。「知之未嘗復行」者，以顏子近幾，既知不善之事，見過則改，未嘗復更行之，但顏子於幾理闇昧，故有不善之事，於形器顯著，乃自覺悟，所有不善未嘗復行。以去幾既近，尋能改悔，故引復卦初九以明之也。以復卦初九既在卦初，則能復於陽道，是速而不遠則能復也，所以无大悔而有元吉也。

天地絪緼，萬物化醇，男女構精，萬物化生。易曰：「三人行，則損一人；一人行，則得其友。」言致一也。注云：致一而後化成也。子曰：君子安其身而後動，易其心而後語，定其交而後求。君子脩此三者，故全也。危以動，則民不與也。懼以語，則民不應也。无交而求，則民不與也。莫之與，則傷之者至矣。易曰：「莫益之，或擊之，立心勿恒，凶。」注云：夫虛己存誠，則衆之所不迕也。躁以有求，則物之所不與也。

【疏】正義曰：此第九節也。以前章利用安身以崇德也，安身之道在於得一，若己能得一，則可以安身，故此節明得一之事也。「天地絪緼，萬物化醇」者，絪緼，相附著之義。言天地无心，自然得一，唯二氣絪緼，共相和會，萬物感之變化而精醇也。天地若有心爲二，則不能使萬物化醇也。「男女構精，萬物化生」者，構，合也。言男女陰陽相感，任其自然，得一之性，故合其精則萬物化生也。若男女无自然之性，而各懷差二，則萬物不化生也。「易曰：三人行，則損一人；一人行，則得其友」者，此損卦六三辭也。言六三若更與二[一]人同往承上，則上所不納，是三人俱行，并六三不相納，是「則損一人」也；若六三獨行，則上所容受，故云「一人行，則得其友」。此言衆不如寡，三不及一也。言「致一也」者，此夫子釋此爻之意，謂此爻所論，致其醇一也。故一人獨行，乃得其友也。「子曰：君子安其身而後動」者，此明致一之道。致一者，在身之謂。若己之爲得，則萬事得；若己之爲失，則萬事失也。欲行於天下，先在其身之一，故先須安靜其身而後動，和易其心而後語，先以心選定其交而後求。若其不然，則傷之者至矣。易曰「莫益之，或擊之，立心勿恒，凶」者，此益之上九爻辭。在无位高亢，獨唱无和，是「莫益之」也。衆怒難犯，是「或擊之」也。勿，无也。由己建立其心，无能有恒，故凶危也。易

[一]「二」原作「三」，據單疏本改。

之此言，若虚己存誠，則衆之所與；躁以有求，則物之所不與也。

子曰：乾坤，其易之門邪？乾，陽物也。坤，陰物也。陰陽合德而剛柔有體，以體天地之撰，注云：撰，數也。以通神明之德。其稱名也，雜而不越。注云：備物極變，故其名雜也。各得其序，不相踰越，況爻繇之辭也。於稽其類，其衰世之意邪？注云：有憂患而後作易，世衰則失得彌彰，爻繇之辭所以辯失得，故知衰世之意邪。稽猶考也。夫易彰往而察來，而微顯闡幽。注云：易无往不彰，无來不察，而微以之顯，幽以之闡。闡，明也。開而當名，辯物正言，斷辭則備矣。注云：開釋爻卦，使各當其名也。理類辯明，故曰「斷辭」也。其稱名也小，其取類也大。注云：託象以明義，因小以喻大。其旨遠，其辭文，其言曲而中。注云：變化无恒，不可爲典要，故「其言曲而中」也。其事肆而隱。注云：事顯而理微也。因貳以濟民行，以明失得之報。注云：貳則失得也。因失得以通濟民行，故明失得之報也。「失得之報」者，得其會則吉，乖其理則凶。

【疏】正義曰：此第五章也。前章明安身崇德之道，在於知幾得一也。此明易之體用，辭理遠大，可以濟民之行，以明失得之報也。「子曰：乾坤，其易之門邪」者，易之變化，從乾坤而起，猶人之興動，從門而出，故乾坤是易之門邪。「乾，陽物也。坤，陰物也。陰陽合德而剛柔有體」者，若陰陽不合，則剛柔之體无從而生。以陰陽相合乃生萬物，或剛或柔，各有其體，陽多爲剛，陰多爲柔也。「以體天地之撰」者，撰，數也。天地之内，萬物之象，非剛則柔，或以剛柔體象天地之數也。「以通神明之德」者，萬物變化，或生或成，是神明之德。易則象其變化之理，是其易能通達神明之德也。「其稱名也，雜而不越」者，易之其〔一〕稱萬物之名，萬事論說，故辭理雜碎，各有倫敘，而不相乖越。易之爻辭，多載細小之物，若「見豕負塗」之屬，是雜碎也。辭雖雜碎，各依爻卦所宜而言之，是不相踰越也。「於稽其類，其衰世之意耶」者，稽，考也。類，謂事類。然考校易辭事類，多有悔吝憂虞，故云衰亂之世所陳情意也。若盛德之時，物皆遂性，人悉懽娱，无累於吉凶，不憂於禍害。今易所論，則有「亢龍有悔」，或稱「龍戰于野」，或稱「箕子明夷」，或稱「不如西鄰之禴祭」，此皆論戰爭盛衰之理，故云「衰〔二〕意」也。凡云「邪」者，是疑而不定之辭也。「夫易彰往而察來」者，往事必載，是彰往也；來事豫占，是察來也。「而微顯闡幽」者，闡，明也。謂微而之顯，幽而闡明也。言易之所説，論其初微之事，以至其終末顯著也；論其初時幽闇，以至終末闡明也。皆從微以至顯，從幽以至明。觀其易辭，是微而幽闇也；演其義理，則顯見著明也。以體言之，則云「微顯」也；以理言之，則云「闡幽」，其義一也。但以體以理，故別言之。「開而當名」者，謂開釋爻卦之義，使各當所象之名，若乾卦當龍，坤卦當馬也。「辨物正言」者，謂辨天下之物，各以類正定言之。若辨健物，正言其龍；若辨順物，正言其馬，是「辨物正言」也。「斷辭則備矣」者，言開而當名，及辨物正言，凡此二事，決斷於爻卦之辭則備具矣。「其稱名也小」者，

〔一〕「之其」，浦鏜云：「之其」當作「辭所」。
〔二〕「衰」下，浦鏜云：「衰」下脱「世之」二字。

言易辭所稱物名多細小，若「見豕負塗」、「噬腊肉」之屬，是其辭碎小也。「其取類也大」者，言雖是小物，而比喻大事，是所取義類而廣大也。「其旨遠」者，近道此事，遠明彼事，是其旨意深遠。若「龍戰于野」，近言龍戰，乃遠明陰陽鬭争，聖人變革，是「其旨遠」也。「其辭文」者，不直言所論之事，乃以義理明之，是其辭文飾也。若「黄裳元吉」，不直言得中居職，乃云「黄裳」，是「其辭文」也。「其言曲而中」者，變化无恒，不可爲體例，其言隨物屈曲，而各中其理也。「其事肆而隱」者，其易之所載之事，其辭放肆顯露，而所論義理深而幽隱也。「因貳以濟民行」者，貳，二也，謂吉凶二理。言易因自然吉凶二理，以濟民之行也，欲令取吉而避凶，行善而不行惡也。「以明失得之報」者，言易明人行失之與得所報應也。失則報之以凶，得則報之以吉，是「明失得之報」也。

易之興也，其於中古乎？作易者，其有憂患乎？注云：无憂患則不爲而足也。是故，履，德之基也。注云：基，所蹈也。謙，德之柄也。復，德之本也。注云：夫動本於静，語始於默，復者，各反其所始，故爲德之本也。恒，德之固也。注云：固，不傾移也。損，德之脩也。益，德之裕也。注云：能益物者，其德寬大也。困，德之辯也。注云：困而益明。井，德之地也。注云：所處不移，象居得其所也。巽，德之制也。注云：巽，所以申命明制也。履，和而至。注云：和而不至，從物者也。和而能至，故可履也。謙，尊而光。復，小而辯於物。注云：微而辯之，不遠復也。恒，雜而不厭。注云：雜而不厭，是以能恒。損，先難而後易。注云：刻損以脩身，故先難也。身脩而无患，故後易也。益，長裕而不設。注云：

有所興爲，以益於物，故曰「長裕」。因物興務，不虛設也。**困，窮而通。**注云：處窮而不屈其道也。**井，居其所而遷。**注云：改邑不改井，井所居不移，而能遷其施也。**巽，稱而隱。**注云：稱揚〔一〕命令，而百姓不知其由也。**履以和行，謙以制禮，復以自知，**注云：求諸己也。**恒以一德，**注云：以一爲德也。**損以遠害，**注云：止於脩身，故可以遠害而已。**益以興利，困以寡怨，**注云：困而不濫，无怨於物。**井以辯義，**注云：施而无私，義之方也。**巽以行權。**注云：權反經而合道，必合乎巽順，而後可以行權也。

【疏】正義曰：此第六章。明所以作易，爲其憂患故。作易既有憂患，須脩德以避患，故明九卦爲德之所用也。「其於中古乎」者，謂易之爻卦之辭起於中古。若易之爻卦之象，則在上古伏犧之時，但其時理尚質素，聖道凝寂，直觀其象，足以垂教矣。但中古之時，事漸澆浮，非象可以爲教，又須繫以文辭，示其變動吉凶，故爻卦之辭起於中古，則連山起於神農，歸藏起於黃帝，周易起於文王及周公也。此之所論，謂周易也。「作易者其有憂患乎」者，若无憂患，何思何慮，不須營作，今既作易，故知有憂患也。身既患憂，須垂法以示於後，以防憂患之事，故繫之以文辭，明其失得與吉凶也。其作易憂患，已於初卷詳之也。「是故履，德之基」者，以爲憂患，行德爲本也。六十四卦悉爲脩德防患之事，但於此九卦，最是脩德之甚，故特舉以言焉，以防憂患之事，故履卦爲德之初基。欲爲德之時，先須履踐其

〔一〕「揚」原作「楊」，據單注本改。

禮，敬事於上，故履爲德之初基也。「謙，德之柄也」者，言爲德之時以謙爲用，若行德不用謙，則德不施用，是謙爲德之柄，猶斧刃以柯柄爲用也。「復，德之本」者，言爲德之時，先從静默而來，復是静默，故爲德之根本也。「恒，德之固」者，言爲德之時，恒能執守，始終不變，則德之堅固，故爲「德之固也」。「損，德之脩」者，行德之時，恒自降損，則其德自益而增新，故云「損，德之脩也」。謙者，論其退下於人；損者，能自減損於己，故謙、損別言也。「益，德之裕」者，裕，寬大也。能〔一〕利益於物，則德更寬大也。「困，德之辨」者，若遭困之時，守操不移，德乃可分辯也。「井，德之地」者，改邑不改井，井是所居之常處，能守處不移，是「德之地也」。言德亦不移動也。「巽，德之制」者，巽申明號令，以示法制，故能與德爲制度也。自此已上，明九卦各與德爲用也。「履，和而至」者，自此已下，明九卦之德也。言履卦與物和諧而守其能至，故可履踐也。「謙，尊而光」者，以能謙卑，故其德益尊而光明也。「復，小而辯於物」者，言復卦於初細微小之時，即能辯於物之吉凶，不遠速復也。「恒，雜而不厭」者，言恒卦雖與物雜碎並居，而常執守其操，不被物之厭薄也。「損，先難而後易」者，先自減損，是先難也；後乃无患，是後易也。「益，長裕而不設」者，益是增益於物，能長養寬裕於物，皆因物性自然而長養，不空虚妄設其法而无益也。「困，窮而通」者，言困卦於困窮之時而能守節，使道通行而不屈也。「井，居其所而遷」者，言井卦居得其所，恒住不移，而能遷其潤澤，施惠於外也。「巽，稱而隱」者，言巽稱揚號

〔一〕「能」下，單疏本有「以」字。

令，而不自彰伐而幽隱也。自此已上，辯九卦性德也。「履以和行」者，自此已下，論九卦各有施用而有利益也。言履者以禮敬事於人，是調和性行也。「謙以制禮」者，性能謙順，可以裁制於禮。「復以自知」者，既能反復求身，則自知得失也。「恒以一德」者，恒能終始不移，是純一其德也。「損以遠害」者，自降損脩身，无物害己，故遠害也。「益以興利」者，既能益物，物亦盈己，故興利也。「困以寡怨」者，遇困，守節不移，不怨天，不尤人，是无怨於物，故「寡怨」也。「井以辯義」者，井能施而无私，則是義之方所，故辯明於義也。「巽以行權」者，巽，順也。既能順時合宜，故可以行權也。若不順時制變，不可以行權也。

易之爲書也不可遠，注云：擬議而動，不可遠也。爲道也屢遷。變動不居，周流六虛。注云：六虛，六位也。上下无常，剛柔相易，不可爲典要，注云：不可立〔一〕定準也。唯變所適。注云：變動貴於適時，趣舍存乎會也。其出入以度，外内使知懼，注云：明出入之度，使物知外内之戒也。出入猶行藏，外内猶隱顯。遯以遠時爲吉，豐以幽隱致凶，漸以高顯爲美，明夷以處昧利貞，此外内之戒也。又明於憂患與故。注云：故，事故也。無有師保，如臨父母。注云：安而不忘危，存而不忘亡。終日乾乾，不可以怠也。初率其辭而揆其方，既有典常。注云：能循其辭以度其義，原其初以要其終，則唯變所適，是其常典也。明其變

〔一〕「立」原作「以」，據單注本、注附音本改。

者，存其要也，故曰「苟非其人，道不虛行」。苟非其人，道不虛行。易之爲書也，原始要終，以爲質也。注云：質，體也。卦兼終始之義也。六爻相雜，唯其時物也。注云：爻各存乎其時。物，事也。其初難知，其上易知，本末也。初辭擬之，卒成之終。注云：夫事始於微而後至於著。初者數之始，擬議其端，故難知也。上者卦之終，事皆成著，故易知也。若夫雜物撰德，辯是與非，則非其中爻不備。噫！亦要存亡吉凶，則居可知矣。知者觀其彖辭，則思過半矣。注云：夫彖者，舉立象之統，論中爻之義，約以存博，簡以兼衆，雜物撰德，而一以貫之。形之所宗者道，衆之所歸者一。其事彌繁，則愈滯乎形；其理彌約，則轉近乎道。彖之爲義，存乎一也。一之爲用，同乎道矣。形而上者，可以觀道，過半之益，不亦宜乎！

【疏】正義曰：此第七章，明易書體用也。「不可遠」者，言易書之體，皆倣法陰陽，擬議而動，不可遠離陰陽物象而妄爲也。「其爲道也屢遷」者，屢，數也。言易之爲道，皆法象陰陽，數數遷改，若乾之初九則「潛龍」，九二則「見龍」，是屢遷也。「變動不居」者，言陰陽六爻，更互變動，不恒居一體也。若一陽生爲復，二陽生爲臨之屬是也。「周流六虛」者，言陰陽周徧，流動在六位之虛。六位言「虛」者，位本无體，因爻始見，故稱「虛」也。「上下无常」者，初居一位，又居二位，是上无常定也。既窮上位之極，又下來居於初，是上下无常定也。若九月剥卦，一陽上極也；十一月，一陽下來歸初也。「剛柔相易，不可爲典要」者，言陰陽六爻，兩相交易，或以陰易陽，或以陽易陰，或在初位相易，或在二位相易，六位錯綜上下，所易皆不同，是不可爲典常要會也。「唯變所適」者，言剛柔相易之時，既无定準，唯隨應變之時所之適也。「其出入以度」者，出入猶行藏也，言行藏各有其度，不可違失於時，故韓氏云「豐以幽隱致凶」，「明夷以處昧利貞」，是出入有度也。「外内使知懼」者，外内猶隱顯，言欲隱顯之人，使知畏懼於易也。若不應隱而隱，不應顯而顯，必有凶咎，使知畏懼凶咎而不爲也。「又明於憂患與故」者，故，事故也。非但使人隱顯知懼，又使人明曉於憂患并與萬事也。「无有師保，如臨父母」者，言使人畏懼此易，歸行善道，不須有師保教訓，恒常恭敬，如父母臨之，故云「如臨父母」也。「初率其辭而揆其方」者，率，循也。揆，度也。方，義也。言人君若能初始依循其易之文辭，而揆度其易之義理，則能知易有典常也，故云「既有典常」。易雖千變萬化，不可爲典要，然循其辭，度其義，原尋其初，要結其終，皆唯變所適，是其常典也。言唯變是常。既以變爲常，其就變之中，剛之與柔相易，仍不常也，故上云「不可爲典要」也。「苟非其人，道不虚行」者，言若聖人，則能循其文辭，揆其義理，知其典常，是易道得行也；若苟非通聖之人，則不曉達易之道理，則易之道不虚空得行也。言有人則易道行，若无人則易道不行，无人而行，是虚行也。必不如此，故云「道不虚行」也。「易之爲書，原始要終，以爲質也」，此以下亦明易辭體用，尋其辭則吉凶可以知也。「原始要終，以爲質」者，質，體也。言易之爲書，原窮其事之初始，乾初九「潛龍勿用」，是原始也；又要會其事之終末，若上九「亢龍有悔」，是要終也。言易以原始、要終以爲體質也，此「潛龍」、「亢龍」是一卦之始終也。諸卦亦然。若大畜初畜而後通，皆是也。亦有一爻之中原始要終也。故坤卦之初六「履霜，堅冰至」，履霜，是原始也；堅冰至，是要終也。「六爻相雜，唯其時物」者，物，事也。一卦之中，六爻交相雜錯，唯各會其時，唯各主其事。

若屯卦初九「磐桓，利居貞」，是居貞之時，有居貞之事；六二「屯如邅如」，是乘陽屯邅之時，是有屯邅之事也。略舉一爻，餘爻倣此也。「其初難知」者，謂卦之初始，起於微細，始擬議其端緒，事未顯著，故難知也。「其上易知」者，其上謂卦之上爻，事已終極，成敗已見，故易知也。上云「其上」，則其初宜云「下」也；初既言初，則上應稱末，互文也。以易經爻辭言初、言上，故此從經文也。「本末也」者，其初難知，是本也；其上易知，是末也。以事本，故難知；以事末，故易知，故云「本末也」。「初辭擬之」者，覆釋「其初難知」也。以初時以辭擬議其始，故難知也。「卒成之終」者，覆釋「其上易知」也。言上是事之卒了而成就終竟，故易知也。「若夫雜物撰德，辯是與非，則非其中爻不備」者，言雜聚天下之物，撰數衆人之德，辯定是之與非，則非其中之一爻不能備具也。謂一卦之內而有六爻，各主其物，各數其德，欲辯定此六爻之是非，則揔歸於中爻，言中爻統攝一卦之義多也。若非中爻，則各守一爻，不能盡統卦義，以中爻居一无偏，故能統卦義也。猶乾之九二「見龍在田，利見大人」，九五「飛龍在天，利見大人」，是總攝乾卦之義也。乾是陽長，是行利見大人之時。二之與五，統攝乾德。又坤之六二云「直方大」，攝坤卦地道之義；六五「黃裳元吉」，亦統攝「坤」之臣道之義也。「噫！亦要存亡吉凶，則居可知矣」者，噫者，發聲之辭。卦爻雖衆，意義必在其中爻，噫乎發歎，要定或此卦存之與亡，吉之與凶，但觀其中爻則居然可知矣。謂平居自知，不須營爲也。「知者觀其彖辭，則思過半矣」者，彖辭，謂文王卦下之辭。言聰明知達之士，觀此卦下彖辭，則能思慮有益以過半矣。

○注「夫彖者」至「不亦宜乎」　正義曰：云「夫彖者，舉立象之統」者，謂文王卦下彖辭，舉明立此卦象之綱統也。云「論中爻之義」者，言彖辭論量此卦中爻義意也。「舉立象之統」者，若屯卦彖云「利貞」，夫子釋云「動於險中，大亨貞」者，是舉立象之統也。「論中爻之義」者，若蒙卦云「蒙，亨，初筮告」，注云：「能爲初筮，其唯二乎？」是彖云「初筮」其在九二，是「論中爻之義」也。云「約以存博，簡以兼衆」者，唯舉中爻，是約是簡；存備六爻之義，是存博兼衆也。云「雜物撰德，而一以貫之」者，一卦六爻，雜聚諸物，撰數諸德，而用一道以貫穿之。一謂中爻也。以其居中，於上於下无有偏二，故稱一也。「其事彌繁，則愈滯乎形」者，愈，益也。滯，謂陷滯也。若事務彌更繁多，則轉益滯陷於形體，言處處妨礙也。云「其理彌約，則轉近乎道」者，若理能簡約則轉，轉附近於道，道以約少，无爲之稱，故少則近於道也。

二與四同功，注云：同陰功也。**而異位，**注云：有内外也。**其善不同，二多譽，**注云：二處中和，故多譽也。**四多懼，近也。**注云：位逼於君，故多懼也。**柔之爲道，不利遠者，其要无咎，其用柔中也。**注云：四之多懼，以近君也。柔之爲道，須援而濟，故有不利遠者。二之能无咎，柔而處中也。**三與五同功，**注云：同陽功也。**而異位，**注云：有貴賤也。**三多凶，五多功，貴賤之等也。其柔危，其剛勝邪？**注云：三、五陽位，柔非其位，處之則危，居以剛健，勝其任也。夫所貴剛者，閑邪存誠，動而不違其節者也。所貴柔者，含弘居中，順而不失其貞者也。若剛以犯物，則非剛之道；柔以卑佞，則非柔之義也。

【疏】正義曰：此第八章也。明諸卦二、三、四、五爻之功用，又明三才之道，并明易興之時，緫贊明易道之大也，各隨文釋之。「柔之爲道，不利遠者」，此覆釋上「四多懼」之意。凡陰柔爲道，當須親附於人以得濟。今乃遠其親援，而欲上逼於君，所以多懼，其不宜利於疏遠也。「其要无咎，其用柔中」者，覆釋上「二多譽」也。言二所多譽者，言二所以要會，无罪咎而多譽也。所以然者，以其用柔而居中也。「貴賤之等。其柔危，其剛勝邪」者，此釋「三與五同功」之義。五爲貴，三爲賤，是「貴賤之等」也。此並陽位，若陰柔處之則傾危，陽剛處之則剋勝其任，故云「其柔危，其剛勝」也。諸本「三多凶，五多功」之下，皆有注，今定本无也。三居下卦之極，故「多凶」；五居中處尊，故「多功」也。

易之爲書也，廣大悉備。有天道焉，有人道焉，有地道焉。兼三材而兩之，故六。六者非它也，三材之道也。注云：説卦備矣。**道有變動，故曰爻。爻有等，故曰物。**注云：等，類也。乾，陽物也。坤，陰物也。爻有陰陽之類，而後有剛柔之用，故曰「爻有等，故曰物」。**物相雜，故曰文。**注云：剛柔交錯，玄黃相雜。**文不當，故吉凶生焉。**

【疏】正義曰：此節明三材之義，六爻相雜之理也。「六者非他，三材之道也」者，言六爻所效法者，非更別有他義，唯三材之道也。「道有變動，故曰爻」者，言三材之道，既有變化而移動，故重畫以象之，而曰爻也。「爻有等，故曰物」者，物，類也。言爻有陰陽、貴賤、等級，以象萬物之類，故謂之「物」也。「物相雜，故曰文」者，言萬物遞相錯雜，若玄黃相間，故謂之文也。「文不當，故吉凶生焉」者，若相與聚居，間雜成文，不相妨害，則吉凶不生也。由文之不當，相與聚居不當於理，故「吉凶生」也。

易之興也，其當殷之末世、周之盛德邪？當文王與紂之事邪？注云：文王以盛德蒙難，而能亨其道，故稱文王之德，以明易之道也。是故其辭危。注云：文王與紂之事，危其辭也。危者使平，易者使傾。注云：易，慢易也。其道甚大，百物不廢，懼以終始，其要无咎，此之謂易之道也。注云：夫文不當而吉凶生，則保其存者亡，不忘亡者存；有其治者亂，不忘危者安。懼以終始，歸於无咎，安危之所由，爻象之大體也。

【疏】正義曰：此一節明易之興起在紂之末世，故其辭者，憂其傾危也。以當紂世憂畏滅亡，故作易辭，多述憂危之事，亦以垂法於後，使保身危懼，避其患難也。周氏云：「謂當紂時，不敢指斥紂惡，故其辭微危而不正也。」今案康伯之注云：「文王與紂之事，危其辭也。」則似周釋爲得也。案下覆云「危者使平」，則似危謂憂危，是非既未可明，所以兩存其釋也。「危者使平」者，既有傾危，以蒙大難，文王有天下，是「危者使平」也。「易者使傾」者，若其慢易，不循易道者，則使之傾覆，若紂爲凶惡以至誅滅也。「其道甚大，百物不廢」者，言易道功用甚大，百種之物賴之，不有休廢也。「懼以終始」者，言恒能憂懼於終始，能於始思終，於終思始也。「其要无咎」者，若能始終皆懼，要會歸於无咎也。「此之謂易之道」者，言易之爲道，若能終始之懼則无凶咎，此謂易之所用之道，其大體如此也。

夫乾，天下之至健也，德行恒易以知險。夫坤，天下之至順也，德行恒簡以知阻。能說諸心，能研諸侯之慮，注云：諸侯，物主有爲者也。能說萬物之心，能精爲者之務。定天下之吉凶，成天下之亹亹者。是故變化云爲，吉事有祥；象事知器，占事知來。注云：夫「變化云爲」者，行其吉事，則獲嘉祥之應；觀其象事，則知制器之方；玩其占事，則覩方來之驗也。天地設位，聖人成能。注云：聖人乘天地之正，萬物各成其能。人謀鬼謀，百姓與能。注云：人謀，況議於衆以定失得也；鬼謀，況寄卜筮以考吉凶也。不役思慮，而失得自明；不勞探射，而吉凶自著。類萬物之情，通幽深之故，故百姓與能，樂推而不厭也。

八卦以象告，注云：以象告人。爻彖以情言，注云：辭有險易，而各得其情也。剛柔雜居，而吉凶可見矣。變動以利言，注云：變而通之，以盡利也。吉凶以情遷。注云：吉凶无定，唯人所動。情順乘理以之吉，情逆違道以蹈凶，故曰「吉凶以情遷」也。是故愛惡相攻而吉凶生，注云：泯然同順，何吉何凶？愛惡相攻，然後逆順者殊，故吉凶生。遠近相取而悔吝生，注云：相取，猶相資也。遠近之爻，互相資取，而後有悔吝也。情僞相感而利害生。注云：情以感物則得利，僞以感物則致害也。凡易之情，近而不相得則凶。注云：近，況比爻也。易之情，剛柔相摩，變動相適者也。近而不相得，必有乖違之患。或有相違而无患者，得其應也；相順而皆凶者，乖於時也。存事以考之，則義可見矣。或害之，悔且吝。注云：夫无對於物，而後盡全順之道，豈可有欲害之者乎？雖能免濟，必有悔吝也。或，欲害之辭也。將叛者其辭慙，中心疑者其辭枝。吉人之辭寡，躁人之辭多。誣善之人其辭游，失其守者其辭屈。

【疏】正義曰：此第九章。自此已下終篇末，總明易道之美，兼明易道愛惡相攻，情僞相感，吉凶悔吝由此而生，人情不等，制辭各異也。「德行恒易以知險」者，謂乾之德行恒易略，不有艱〔一〕難，以此之故，能知險之所興。若不有易略則爲險也，故行易以知險也。「德行恒簡以知阻」者，言坤之德行恒爲簡静，不有煩亂，以此之故，知阻之所興也。若不簡則爲阻難，故行簡静以知阻也。大難曰險，乾以剛健，故知其大難；小難曰阻，坤以柔順，故知其小難。知「大難曰險」者，案坎卦彖云「天險，不可升；地險，山川丘陵」，言險不云阻，故知險爲大難，險既爲大，明阻爲小也。「能説諸心」者，萬物之心皆患險阻，今以阻險逆告於人，則萬物之心无不喜説，故曰「能説諸心」也。「能研諸侯之慮」者，研，精也。諸侯既有爲於萬物，育養萬物使令得所，易既能説諸物之心，則能精妙諸侯之慮。謂諸侯以此易之道，思慮諸物，轉益精粹，故云「研諸侯之慮」也。「定天下之吉凶」者，言易道備載諸物得失，依之則吉，逆之則凶，是易能「定天下之吉凶」也。「成天下之亹亹」者，亹亹，勉也。天下有所營爲，皆勉勉不息，若依此易道則所爲得成，故云「成天下之亹亹」也。「是故變化云爲」者，易既備含諸事，以是之故，物之或以漸變改，或頓從化易；或口之所云，或身之所爲也。「吉事有祥」者，若行吉事則有嘉祥之應也。「象事知器」者，觀其所象之事，則知作器物之方也。「占事知來」者，言卜占之事，則知未來之驗也。言易之爲道，有此諸德也。「天地設位」者，言聖人乘天地之正，設貴賤之位也。「聖人成能」者，聖人因天地所生之性，各成其能，令皆得所也。「人謀鬼謀，百姓與能」者，謂聖人欲舉事之時，先與人

〔一〕「艱」原作「難」，據單疏本改。

衆謀圖以定得失，又卜筮於鬼神以考其吉凶，是與鬼爲謀也。聖人既先與人謀、鬼神謀，不煩思慮與探射，自然能類萬物之情，能通幽深之理，是其能也，則天下百姓，親與能人，樂推爲主也。自此已上，論易道之大，聖人法之而行。自此已下，又明卦爻剛柔變動、情僞相感之事也。「剛柔雜居，而吉凶可見矣」者，剛柔二爻相雜而居，得理則吉，失理則凶，故吉凶可見也。「變動以利言」者，若不變不動，則於物有損有害；今變而動之，使利益於物，是變動以利而言説也。「吉凶以情遷」者，遷謂遷移，凡得吉者，由情遷移於善也；所得凶者，由情遷於惡也。「是故愛惡相攻而吉凶生」者，若泯然无心，事无得失，何吉凶之有？由有所貪愛，有所憎惡，兩相攻擊，或愛攻於惡，或惡攻於愛，或兩相攻擊，事有得失，故「吉凶生」也。「遠近相取而悔吝生」者，遠謂兩卦上下相應之類，近謂比爻共聚，迭相資取，取之不以理，故「悔吝生」也。「情僞相感而利害生」者，情謂實情，僞謂虚僞，虚實相感，若以實情相感則利生，若以虚僞相感則害生也。「凡易之情，近而不相得則凶」者，近謂兩爻相近，而不相得，又各无外應，則致凶咎。若各有應，雖近不相得，不必皆凶也。「或害之，悔且吝」者，言若能弘通，不偏對於物，盡竭順道，物豈害之？今既有心於物，情意二三，其外物則或欲害之，則有凶禍。假令自能免濟，猶有悔及吝也，故云「或害之，悔且吝」也。「將叛者其辭慙」者，此已下説人情不同，其辭各異。將欲違叛已者，貌雖相親，辭不以實，故其辭慙也。「中心疑者其辭枝」者，枝謂樹枝也。中心於事疑惑，則其心不定，其辭分散若樹枝也。「吉人之辭寡」者，以其吉善辭直，故辭寡也。「躁人之辭多」者，以其煩躁，故其辭多也。「誣善之人其辭游」者，游謂浮游，誣罔善人，其辭虚漫，故言其辭浮游也。「失其守者其辭屈」者，居不值時，失其所守之志，故其辭屈橈不能申也。凡此辭者，皆論易經之中有此六種之辭，謂作易之人，述此六人之意，各準望其意而制其辭也。

周易注疏卷第十二

周易注疏卷第十三

國子祭酒上護軍曲阜縣開國子臣孔穎達奉勑撰

周易説卦〔一〕

【疏】正義曰：説卦者，陳説八卦之德業變化及法象所爲也。孔子以伏犧畫八卦，後重爲六十四卦，八卦爲六十四卦之本。前繫辭中略明「八卦小成，引而伸之，觸類而長之，天下之能事畢矣」。又曰：「八卦成列，象在其中矣。因而重之，爻在其中矣。」又云：「古者包犧氏之王天下也，仰則觀象於天，俯則觀法於地，觀鳥獸之文與地之宜，近取諸身，遠取諸物，於是始作八卦，以通神明之德，以類萬物之情。」然引而伸之，重三成六之意，猶自未明；仰觀俯察，近身遠物之象，亦爲未見。故孔子於此，更備説重卦之由，及八卦所爲之象，故謂之説卦焉。先儒以孔子十翼之次，乾坤文言在二繫之後，説卦

〔一〕篇題，單疏本作「周易説卦第九」。

之前；以彖、象附上下二經爲六卷，則上繫第七，下繫第八，文言第九，説卦第十；輔嗣以文言分附乾、坤二卦，故説卦爲第九。

昔者聖人之作易也，幽贊於神明而生蓍，注云：幽，深也。贊，明也。蓍受命如嚮，不知所以然而然也。**參天兩地而倚數，**注云：參，奇也。兩，耦也。七、九陽數，六、八陰數。**觀變於陰陽而立卦，**注云：卦，象也。蓍，數也。卦則雷風相薄，山澤通氣，擬象陰陽變化之體；蓍則錯綜天地參兩之數，蓍極數以定象，卦備象以盡數，故蓍曰「參天兩地而倚數」，卦曰「觀變於陰陽」也。**發揮於剛柔而生爻，**注云：剛柔發散，變動相生。**和順於道德而理於義，窮理盡性以至於命。**注云：命者生之極，窮理則盡其極也。

【疏】正義〔一〕曰：此一節將明聖人引伸、因重〔二〕之意，故先敘聖人本制蓍數卦爻，備明天道人事妙極之理。據今而稱上世，謂之「昔者」也。聰明叡知，謂之「聖人」。此「聖人」即伏犧也。不言伏犧而云聖人者，明以聖知而制作也。且下繫已云「包犧氏之王天下也，於是始作八卦」，今言「作易」，明是伏犧，非文王等。凡言「作」者，皆本其事之所由，故云「昔者聖人之作易也」。聖人作易，其「作」如何？以此聖知深明神明之道，而生用蓍求卦之法，故曰「幽贊於神明而生蓍」也。倚，立也。既用蓍求卦，

〔一〕「【疏】正義」原無，據體例補。
〔二〕「重」下，原有「卦」字，據單疏本删。

其揲蓍所得，取奇數於天，取耦數於地，而立七、八、九、六之數，故曰「參天兩地而倚數」也。言其作易聖人，本觀察變化之道，象於天地陰陽而立乾坤等卦，故曰「觀變於陰陽而立卦」也。既觀象立卦，又就卦發動揮散於剛柔兩畫而生變動之爻，故曰「發揮於剛柔而生爻」也。蓍數既生，爻卦又立，易道周備，无理不盡。聖人用之，上以和協順成聖人之道德，下以治理斷割人倫之正義。又能窮極萬物深妙之理，究盡生靈所禀之性，物理既窮，生性又盡，至於一期所賦之命，莫不窮其短長，定其吉凶，故曰「和順於道德而理於義，窮理盡性以至於命」也。

○注「幽深」至「而然也」　正義曰：幽者，隱而難見，故訓爲深也。贊者，佐而助成，而令微者得著，故訓爲明也。「蓍受命如響，不知所以然而然」者，釋聖人所以深明神明之道，便能生用蓍之意，以神道與用蓍相協之故也。神之爲道，陰陽不測，妙而无方，生成變化，不知所以然而然者也。蓍則受人命令，告人吉凶，應人如響，亦不知所以然而然，與神道爲一，故繫辭云「蓍之德圓而神」。其「受命如響」，亦繫辭文也。

○注「參奇」至「陰數」　正義曰：先儒馬融、王肅等解此，皆依繫辭云「天數五，地數五，五位相得而各有合」，以爲五位相合，以陰從陽。天得三合，謂一、三與五也；地得兩合，謂二與四也。鄭玄亦云天地之數備於十，乃三之以天，兩之以地，而倚託大演之數五十也。必三之以天、兩之以地者，天三覆，地二載，欲極於數，庶得吉凶之審也。其意皆以繫辭所云「大演之數五十，其用四十有九」，明用蓍之數。下云「天數五，地數五，五位相得而各有合」，「天地之數五十有五」，以爲大演即天地之數。又此上言「幽贊於神明而生蓍」，便云「參天兩地而倚數」，驗文準義，故知如此。韓康伯注繫辭云「大演之數五十」，用王輔嗣意。云易之所賴者五十，其用四十有九，則其一不用也。不用而用以之通，非數而數以之成。用與不用，本末合數，故五十也。以大衍五十，非即天地之數，故不用馬融、鄭玄等說。然此倚數生數，在生蓍之後，立卦之前，明用蓍得數而布以爲卦，故以七、八、九、六當之。七、九爲奇，天數也；六、八爲耦，地數也。故取奇於天，取耦於地，而立七、八、九、六之數也。何以參兩爲目奇耦者？蓋古之奇耦亦以三兩言之，且以兩是耦數之始，三是奇數之初故也。不以一目奇者，張氏云「以三中含兩，有一以包兩之義」，明天有包地之德，陽有包陰之道，故天舉其多，地言其少也。

○注「卦象也」至「陰陽」。正義曰：「卦則雷風相薄，山澤通氣，擬象陰陽變化之體」者，此言六十四卦，非小成之八卦也。伏犧初畫八卦，以震象雷，以巽象風，以艮象山，以兑象澤。八卦未重，則雷風各異，山澤不通，於陰陽變化之理未爲周備，故此下云「八卦相錯，數往者順，知來者逆」，注云「八卦相錯，變化理備，於往則順而知之，於來則逆而數之」是也。知非八卦者，先儒皆以繫辭論用蓍之法。云「四營而成易，十有八變而成卦」者，謂用蓍三扐而布一爻，則十有八變爲六爻也。然則用蓍在六爻之後，非三畫之時。蓋伏犧之初，直仰觀俯察，用陰陽兩爻而畫八卦，後因而重之爲六十四卦，然後天地變化，人事吉凶，莫不周備，緼在爻卦之中矣。文王又於爻卦之下，繫之以辭，明其爻卦之中吉凶之義。蓍是數也。傳稱「物生而後有象，象而後有滋，滋而後有數」，然則數從象生，故可用數求象，於是「幽贊於神明而生蓍」，用蓍之法，求取卦爻以定吉凶，繫辭曰「天生神物，聖人則之，无有遠近幽深，遂知來物」是也。繫辭言伏犧作易之初，不假用蓍成卦，故直言仰觀俯察，此則論其既重之後，端策布爻，故先言「生蓍」，後言「立卦」，非是聖人「幽贊」元在「觀變」之前。

○注「命者」至「其極也」　正義曰：命者，人所稟受，有其定分，從生至終有長短之極，故曰「命者生之極」也。此所賦命乃自然之至理，故「窮理則盡其極也」。

昔者聖人之作易也，將以順性命之理，是以立天之道曰陰與陽，立地之道曰柔與剛，注云：在天成象，在地成形。陰陽者言其氣，剛柔者言其形。變化始於氣象，而後成形。萬物資始乎天，成形乎地，故天曰陰陽，地曰柔剛也。或有在形而言陰陽者，本其始也；在氣而言柔剛者，要其終也。**立人之道曰仁與義。兼三才而兩之，故易六畫而成卦。分陰分陽，迭用柔剛，故易六位而成章。**注云：設六爻以效三才之動，故六畫而成卦也。六位，爻所處之位也。二、四爲陰，三、五爲陽，故曰「分陰分陽」；六爻升降，或柔或剛，故曰「迭用柔剛」也。

【疏】正義曰：此一節就爻位明重卦之意。八卦小成，但有三畫，於三才之道，陰陽未備，所以重三爲六，然後周盡，故云「昔者聖人之畫卦、作易也」。「將以順性命之理」者，本意將此易卦，以順從天地生成萬物性命之理也。其天地生成萬物之理，須在陰陽必備，是以造化闢設之時，其立天之道有二種之氣，曰成物之陰與施生之陽也；其立地之道有二種之形，曰順承之柔與持載之剛也。天地既立，人生其間。立人之道，有二種之性，曰愛惠之仁與斷割之義也。既兼備三才之道，而皆兩之，作易本順此道理，須六畫成卦，故作易者因而重之，使六畫而成卦也。六畫所處有其六位，分二、四爲陰位，三、五爲陽位，迭用六、八之柔爻，七、九之剛爻而來居之，故作易者分布六位而成爻卦之文章也。

○注「或有」至「其終也」　正義曰：「在形而言陰陽」者，即坤象辭云「履霜堅冰，陰始凝」是也。「在氣而言柔剛」者，即尚書云「高明柔克」及左傳云「天爲剛德」是也。

○注「二四爲陰，三五爲陽」　正義曰：王輔嗣以爲初、上无陰陽定位，此注用王之説也。

天地定位，山澤通氣，雷風相薄，水火不相射。八卦相錯，數往者順，知來者逆，注云：易八卦相錯，變化理備。於往則順而知之，於來則逆而數之。是故易逆數也。注云：作易以逆覩來事，以前民用。

【疏】正義曰：此一節就卦象明重卦之意。易以乾、坤象天地，艮、兑象山澤，震、巽象雷風，坎、離象水火。若使天地不交，水火異處，則庶類无生成之用，品物无變化之理，所以因而重之，令八卦相錯，則天地人事莫不備矣。故云天地定位而合德，山澤異體而通氣，雷風各動而相薄，水火不相入而相資。既八卦之用變化如此，故聖人重卦，令八卦相錯，乾、坤、震、巽、坎、離、艮、兑，莫不交互而相重，以象天、地、雷、風、水、火、山、澤莫不交錯，則易之爻卦，與天地等，成性命之理、吉凶之數，既往之事，將來之幾，備在爻卦之中矣。故易之爲用，人欲數知既往之事者，易則順後而知之；人欲數知將來之事者，易則逆前而數之，是故聖人用此易道，以逆數知來事也。

○注「作易」至「民用」　正義曰：易雖備知來往之事，莫不假象知之，故聖人作易以逆覩來事也。「以前民用」者，易占事在其民用之前，此繫辭文，引之以證逆數來事也。

雷以動之，風以散之。雨以潤之，日以烜之。艮以止之，兑以説之。乾以君之，坤以藏之。

【疏】正義曰：此一節總明八卦養物之功。烜，乾也。上四舉象，下四舉卦者，王肅云：「互相備也。」明雷風與震巽同用，乾坤與天地通功也。

帝出乎震，齊乎巽，相見乎離，致役乎坤，説言乎兑，戰乎乾，勞乎坎，成言乎艮。萬物出乎震，震，東方也。齊乎巽，巽，東南也。齊也者，言萬物之絜齊也。離也者，明也，萬物皆相見，南方之卦也。聖人南面而聽天下，嚮明而治，蓋取諸此也。坤也者，地也，萬物皆致養焉，故曰致役乎坤。兑，正秋也，萬物之所説也，故曰説言乎兑。戰乎乾，乾，西北之卦也，言陰陽相薄也。坎者，水也，正北方之卦也，勞卦也，萬物之所歸也，故曰勞乎坎。艮，東北之卦也，萬物之所成終而所成始也，故曰成言乎艮。

【疏】正義曰：康伯於此无注，然益卦六二「王用亨于帝，吉」，王輔嗣注云：「帝者，生物之主，興益之宗，出震而齊巽者也。」王之注意，正引此文，則輔嗣之意，以此帝爲天帝也。帝若出萬物，則在乎震；絜齊萬物，則在乎巽；令萬物相見，則在乎離；致役以養萬物，則在乎坤；説萬物而可言者，則在乎兑；陰陽相戰，則在乎乾；受納萬物勤勞，則在乎坎；能成萬物而可定，則在乎艮也。「萬物出乎震，震，東方」者，解上帝出乎震，以震是東方之卦，斗柄指東爲春，春時萬物出生也。「齊乎巽，巽，東南也。齊也者，言萬物之絜齊也」，解上「齊乎巽」，以巽是東南之卦，斗柄指東南之時，萬物皆絜齊也。「離也者，明也。萬物皆相見，南方之卦也。聖人南面而聽天下，嚮明而治，蓋取諸此也」者，解上「相見乎離」，因明聖人法離之事。以離爲象日之卦，故爲明也。日出而萬物皆相見也，又位在南方，故聖人法南面而聽天下，嚮明而治也，故云「蓋取諸此也」。「坤也者，地也。萬物皆致養焉，故曰致役乎坤」者，解上「致役乎坤」。以坤是象地之卦，地能生養萬物，是有其勞役，故云「致役乎坤」。鄭云：「坤不言方者，所言地之養物不專一也。」「兑，正秋也，萬物之所說也，故曰說言乎兑」者，解上「說言乎兑」。以兑是象澤之卦，說萬物者莫說乎澤，又位是西方之卦，斗柄指西，是正秋八月也。正秋而萬物皆說成也。「戰乎乾，乾，西北之卦也，言陰陽相薄也」者，解上「戰乎乾」。以乾是西北方之卦，西北是陰地，乾是純陽而居之，是陰陽相薄之象也，故曰「戰乎乾」。「坎者，水也，正北方之卦也，勞卦也，萬物之所歸也，故曰勞乎坎」者，解上「勞乎坎」。以坎是象水之卦，水行不舍晝夜，所以爲勞卦。又是正北方之卦，斗柄指北，於時爲冬，冬時萬物閉藏，納受爲勞，是坎爲勞卦也。「艮，東北之卦也，萬物之所成終而所成始也，故曰成言乎艮」者，解上「成言乎艮」也。以艮是東北方之卦也。東北在寅、丑之間，丑爲前歲之末，寅爲後歲之初，則是萬物之所成終而所成始也。

神也者，妙萬物而爲言者也。注云：於此言神者，明八卦運動、變化、推移，莫有使之然者。神則无物，妙萬物而爲言也。則雷疾風行，火炎水潤，莫不自然相與爲變化，故能萬物既成也。動萬物者，莫疾乎雷。橈萬物者，莫疾乎風。燥萬物者，莫熯乎火。説萬物者，莫説乎澤。潤萬物者，莫潤乎水。終萬物始萬物者，莫盛乎艮。故水火相逮，雷風不相悖，山澤通氣，然後能變化，既成萬物也。

【疏】正義曰：此一節別明八卦生成之用。八卦運動，萬物變化，應時不失，无所不成，莫有使之然者，而求其真宰，无有遠近，了无晦跡，不知所以然而然，況之曰神也。然則神也者非物，妙萬物而爲言者。神既範圍天地，故此之下不復別言乾坤，直舉六子以明神之功用。故曰鼓動萬物者，莫疾乎震，震象雷也。橈散萬物者，莫疾乎巽，巽象風也。乾燥萬物者，莫熯乎離，離象火也。光説萬物者，莫説乎兑，兑象澤也。潤濕萬物者，莫潤乎坎，坎象水也。終萬物、始萬物者，莫盛乎艮，艮東北方之卦也。故水火雖不相入而相逮及，雷風雖相薄而不相悖逆，山澤雖相懸而能通氣，然後能行變化而盡成萬物也。艮不言「山」，獨舉卦名者，動橈燥潤之功，是雷風水火，至於終始萬物，於「山」義爲微，故言「艮」而不言「山」也。上章言「水火不相入」，此言「水火相逮」者，既不相入，又不相及，則无成物之功，明性雖不相入而氣相逮及也。上言「雷風相薄」，此言「不相悖」者，二象俱動，動若相薄而相悖逆，則相傷害，亦无成物之功，明雖相薄而不相逆也。

乾，健也。坤，順也。震，動也。巽，入也。坎，陷也。離，麗也。艮，止也。兑，説也。

【疏】正義曰：此一節説八卦名訓。乾象天，天體運轉不息，故爲健也。「坤，順也」，坤象地，地順承於天，故爲順也。「震，動也」，震象雷，雷奮動萬物，故爲動也。「巽，入也」，巽象風，風行无所不入，故爲入也。「坎，陷也」，坎象水，水處險陷，故爲陷也。「離，麗也」，離象火，火必著於物，故爲麗也。「艮，止也」，艮象山，山體静止，故爲止也。「兑，説也」，兑象澤，澤潤萬物，故爲説也。

乾爲馬，坤爲牛，震爲龍，巽爲雞，坎爲豕，離爲雉，艮爲狗，兑爲羊。

【疏】正義曰：此一節説八卦畜獸之象，略明遠取諸物也。乾象天，天行健，故「爲馬」也。「坤爲牛」，坤象地，任重而順，故「爲牛」也。「震爲龍」，震，動象；龍，動物，故「爲龍」也。「巽爲雞」，巽主號令，雞能知時，故「爲雞」也。「坎爲豕」，坎主水瀆，豕處污濕，故「爲豕」也。「離爲雉」，離爲文明，雉有文章，故「爲雉」也。「艮爲狗」，艮爲静止，狗能善守，禁止外人，故「爲狗」也。「兑爲羊」，兑，説也。王廙云：「羊者，順從之畜。」故「爲羊」也。

乾爲首，坤爲腹，震爲足，巽爲股，坎爲耳，離爲目，艮爲手，兑爲口。

【疏】正義曰：此一節説八卦人身之象，略明近取諸身也。乾尊而在上，故「爲首」也。「坤爲腹」，坤能包藏含容，故「爲腹」也。「震爲足」，足能動用，故「爲足」也。「巽爲股」，股隨於足，則巽順之謂，故「爲股」也。「坎爲耳」，坎北方之卦，主聽，故「爲耳」也。「離爲目」，南方之卦，主視，故「爲目」也。「艮爲手」，艮既爲止，手亦能止持其物，故「爲手」也。「兑爲口」，兑西方之卦，主言語，故「爲口」也。

乾，天也，故稱乎父。坤，地也，故稱乎母。震一索而得男，故謂之長男。巽一索而得女，故謂之長女。坎再索而得男，故謂之中男。離再索而得女，故謂之中女。艮三索而得男，故謂之少男。兑三索而得女，故謂之少女。

【疏】正義曰：此一節説乾坤六子，明父子之道。王氏云：「索，求也。」以乾坤爲父母而求其子也。得父氣者爲男，得母氣者爲女。坤初求得乾氣爲震，故曰長男。坤二求得乾氣爲坎，故曰中男。坤三求得乾氣爲艮，故曰少男。乾初求得坤氣爲巽，故曰長女。乾二求得坤氣爲離，故曰中女。乾三求得坤氣爲兑，故曰少女。

乾爲天，爲圜，爲君，爲父，爲玉，爲金，爲寒，爲冰，爲大赤，爲良馬，爲老馬，爲瘠馬，爲駁馬，爲木果。

【疏】正義曰：此下歷就八卦廣明卦象者也。此一節廣明乾象。乾既「爲天」，天動運轉，故「爲圜」也。「爲君」、「爲父」，取其尊首而爲萬物之始也。「爲玉」、「爲金」，取其剛而清明也。「爲寒」、「爲冰」，取其西北寒冰之地也。「爲大赤」，取其盛陽之色也。「爲良馬」，取其行健之善也。「爲老馬」，取其行健之久也。「爲瘠馬」，取其行健之甚，瘠馬骨多也。「爲駁馬」，言此馬有牙如倨，能食虎豹。爾雅云：「倨牙，食虎豹。」此之謂也。王廙云：「駁馬能食虎豹，取其至健也。」「爲木果」，取其果實著木，有似星之著天也。

坤爲地，爲母，爲布，爲釜，爲吝嗇，爲均，爲子母牛，爲大輿，爲文，爲衆，爲柄，其於地也爲黑。

【疏】正義曰：此一節廣明坤象。坤既「爲地」，地受任生育，故謂之「爲母」也。「爲布」，取其地廣載也。「爲釜」，取其化生成熟也。「爲吝嗇」，取其地生物不轉移也。「爲均」，取其地道平均也。「爲子母牛」，取其多蕃育而順之也。「爲大輿」，取其能載萬物也。「爲文」，取其萬物之色雜也。「爲衆」，取其地載物非一也。「爲柄」，取其生物之本也。「其於地也爲黑」，取其極陰之色也。

震爲雷，爲龍，爲玄黄，爲旉，爲大塗，爲長子，爲決躁，爲蒼筤竹，爲萑葦。其於馬也爲善鳴，爲馵足，爲作足，爲的顙。其於稼也，爲反生。其究爲健，爲蕃鮮。

【疏】正義曰：此一節廣明震象。「爲玄黄」，取其相雜而成蒼色也。「爲旉」，取其春時氣至，草木皆吐，敷布而生也。「爲大塗」，取其萬物之所生出也。「爲長子」，如上文釋，震爲長子也。「爲決躁」，取其剛動也。「爲蒼筤竹」，竹初生之時色蒼筤，取其春生之美也。「爲萑葦」，萑葦，竹之類也。「其於馬也爲善鳴」，取其象雷聲之遠聞也。「爲馵足」，馬後足〔一〕白爲馵，取其動而見也。「爲作足」，取其動

〔一〕「足」上，盧校云：依爾雅當有「左」字。

而行健也。「爲的顙」，白額爲的顙，亦取動而見也。「其於稼也爲反生」，取其始生戴甲而出也。「其究爲健」，究，極也。極於震動則爲健也。「爲蕃鮮」，鮮，明也，取其春時草木蕃育而鮮明。

巽爲木，爲風，爲長女，爲繩直，爲工，爲白，爲長，爲高，爲進退，爲不果，爲臭。其於人也，爲寡髮，爲廣顙，爲多白眼，爲近利，市三倍，其究爲躁卦。

【疏】正義曰：此一節廣明巽象。「巽爲木」，木可以輮曲直，即巽順之謂也。「爲風」，取其陽在上摇木也。「爲長女」，如上釋，巽爲長女也。「爲繩直」，取其號令齊物，如繩之直木也。「爲工」，亦皆取繩直之類。「爲白」，取其風吹去塵，故絜白也。「爲長」，取其風行之遠也。「爲高」，取其風性高遠，又木生而上也。「爲進退」，取其風之性前却，其物進退之義也。「爲不果」，取其風性前却，不能果敢決斷，亦皆進退之義也。「爲臭」，王肅作「爲香臭」也。取其風所發也，又取下風之遠聞。「其於人也爲寡髮」，寡，少也。風落樹之華葉，則在樹者稀疏，如人之少髮，亦類於此，故「爲寡髮」也。「爲廣顙」，額闊爲廣顙，髮寡少之義，故「爲廣顙」也。「爲多白眼」，取其躁人之眼，其色多白也。「爲近利」，取其躁人之情多近於利也。「市三倍」，取其木生蕃盛，於市則三倍之宜利也。「其究爲躁卦」，究，極也，取其風之勢極於躁急也。

坎爲水，爲溝瀆，爲隱伏，爲矯輮，爲弓輪。其於人也，爲加憂，爲心病，爲耳痛，爲血卦，爲赤。其於馬也，爲美脊，爲亟心，爲下首，爲薄蹄，爲曳。其於輿也，爲多眚，爲通，爲月，爲盜。其於木也，爲堅多心。

【疏】正義曰：此一節廣明坎象。「坎爲水」，取其北方之行也。「爲溝瀆」，取其水行无所不通也。「爲隱伏」，取其水藏地中也。「爲矯輮」，取其使曲者直爲矯，使直者曲爲輮，水流曲直，故「爲矯輮」也。「爲弓輪」，弓者，激矢，取如水激射也；輪者，運行如水行也。「其於人也爲加憂」，取其憂險難也。「爲心病」，憂其險難，故「心病」也。「爲耳痛」，坎爲勞卦也，又北方主聽，聽勞則耳痛也。「爲血卦」，取其人之有血，猶地有水也。「爲赤」，亦取血之色。「其於馬也爲美脊」，取其陽在中也。「爲亟心」，亟，急也，取其中堅内動也。「爲下首」，取其水流向下也。「爲薄蹄」，取其水流迫地而行也。「爲曳」，取其水磨地而行也。「其於輿也爲多眚」，取其表裏有陰，力弱不能重載，常憂災眚也。「爲通」，取其水行有孔穴也。「爲月」，取其月是水之精也。「爲盜」，取水行潛竊如盜賊也。「其於木也爲堅多心」，取剛在内也。

離爲火，爲日，爲電，爲中女，爲甲胄，爲戈兵。其於人也，爲大腹。爲乾卦，爲鱉，爲蟹，爲蠃，爲蚌，爲龜。其於木也，爲科上槁。

【疏】正義曰：此一節廣明離象。「離爲火」，取南方之行也。「爲日」，取其日是火之精也。「爲電」，取其有明似火之類也。「爲中女」，如上釋，離爲中女也。「爲甲胄」，取其剛在外也。「爲戈兵」，取其剛在於外，以剛自捍也。「其於人也爲大腹」，取其懷陰氣也。「爲乾卦」，取其日所烜也。「爲鱉」、「爲蟹」、「爲蠃」、「爲蚌」、「爲龜」，皆取剛在外也。「其於木也爲科上槁」，科，空也。陰在内爲空，木既空中者，上必枯槁也。

艮爲山，爲徑路，爲小石，爲門闕，爲果蓏，爲閽寺，爲指，爲狗，爲鼠，爲黔喙之屬。其於木也，爲堅多節。

【疏】正義曰：此一節廣明艮象。「艮爲山」，取陰在於下爲止，陽在於上爲高，故艮象山也。「爲徑路」，取其山雖高有澗道也。「爲小石」，取其艮爲山，又爲陽卦之小者，故爲小石也。「爲門闕」，取其有徑路，又崇高也。「爲果蓏」，木實爲果，草實爲蓏，取其出於山谷之中也。「爲閽寺」，取其禁止人也。「爲指」，取其執止物也。「爲狗」、「爲鼠」，取其皆止人家也。「爲黔喙之屬」，取其山居之獸也。「其於木也爲堅多節」，取其山之所生，其堅勁故多節也。

兑爲澤，爲少女，爲巫，爲口舌，爲毁折，爲附決。其於地也，爲剛鹵。爲妾，爲羊。

【疏】正義曰：此一節廣明兑象。「兑爲澤」，取其陰卦之小，地類卑也。「爲少女」，如上釋，兑爲少女也。「爲巫」，取其口舌之官也。「爲口舌」，取西方於五事爲言，取口舌爲言語之具也。「爲毁折，爲附決」，兑西方之卦，又兑主秋也，取秋物成熟，槁稈之屬則毁折也，果蓏之屬則附決也。「其於地也，爲剛鹵」，取水澤所停則鹹鹵也〔一〕。「爲妾」，取少女從姊爲娣也。「爲羊」，如上釋，取其羊性順也。

周易序卦第十

【疏】正義曰：序卦者，文王既繇六十四卦，分爲上下二篇，其先後之次，其理不見，故孔子就上下二經，各序其相次之義，故謂之序卦焉。其周氏就序卦以六門主〔二〕攝，第一天道門，第二人事門，第三相因門，第四相反門，第五相須門，第六相病門。如乾之次坤、泰之次否等，是天道運數門也。如訟必有師，師必有比等，是人事門〔三〕也。如因小畜生履，因履故通等，是相因門也。如遯極反壯，動竟歸止等，是相反門也。如大有須謙，蒙稚待養等，是相須門也。如賁盡致剥，進極致傷等，是相病門也。韓康伯云：「序卦之所明，非易之緼也。蓋因卦之次，託象以明義。」不取深緼之義，故云「非易之緼」，故以取其義〔四〕理也。今驗六十四卦，二二相耦，非覆即變。覆者，表裏視之遂成兩卦，屯蒙、需訟、師比之類是也。變者，反覆唯成一卦，則變以對之，乾坤、坎離、大過頤、中孚小過之類是也。且聖人本

〔一〕此句，孫校云：「『剛』即周禮丱人之『礦剛』，『鹵』即丱人『鹹潟』，不可合爲一地也。」
〔二〕「主」，單疏本作「往」。
〔三〕「門」字原無，據單疏本補。
〔四〕「義」，單疏本作「人」。

定先後，若元用孔子序卦之意，則不應非覆即變，然則康伯所云「因卦之次，託象以明義」，蓋不虛矣。故不用周氏之義。

有天地，然後萬物生焉。盈天地之間者唯萬物，故受之以屯。屯者，盈也。屯者，物之始生也。注云：屯剛柔始交，故爲物之始生也。

【疏】正義曰：王肅云：「屯剛柔始交而難生，故爲物始生也。」盧氏云：「物之始生故屯難。」皆以「物之始生」釋屯難之義。案上言「屯者，盈也」，釋屯次乾、坤，其言已畢。更言「屯者，物之始生」者，開說下「物生必蒙」，直取始生之意，非重釋屯之名也，故韓康伯直引「剛柔始交」以釋「物之始生也」。

物生必蒙，故受之以蒙。蒙者，蒙也，物之穉也。物穉不可不養也，故受之以需。需者，飲食之道也。飲食必有訟，故受之以訟。注云：夫有生則有資，有資則争興也。訟必有衆起，故受之以師。師者，衆也。衆必有所比，故受之以比。注云：衆起而不比，則争無由息；必相親比，而後得寧也。比者，比也。比必有所畜，故受之以小畜。注云：比非大通之道，則各有所畜以相濟也。由比而畜，故曰「小畜」而不能大也。物畜然後有禮，故受之以履。注云：履者，禮也。禮所以適用也，故既畜則宜用，有用則須禮也。履而泰然後安，故受之以泰。泰者，通也。物不可以終通，故受之以否。物不可以終否，故受之以同人。注云：否則思通，人人同志，故可出門同人，不謀而合。

與人同者，物必歸焉，故受之以大有。有大者不可以盈，故受之以謙。有大而能謙必豫，故受之以豫。豫必有隨，注云：順以動者，衆之所隨。

【疏】正義曰：鄭玄云：「喜樂而出，人則隨從。」孟子曰：「吾君不游，吾何以休？吾君不豫，吾何以助？此之謂也。」王肅云：「歡豫，人必有隨。」隨者，皆以爲人君喜樂歡豫，則以爲人所隨。案豫卦彖云：「豫，剛應而志行，順以動，豫。豫，順以動，故天地如之，而況建侯行師乎？天地以順動，故日月不過而四時不忒。聖人以順動，則刑罰清而民服。」即此上云「有大而能謙必豫，故受之以豫」，其意以聖人順動能謙，爲物所説，所以爲豫。人既説豫，自然隨之，則謙順在君，説豫在人也。若以人君喜樂游豫，人則隨之，紂作靡靡之樂，長夜之飲，何爲天下離叛乎？故韓康伯云：「順以動者，衆之所隨。」在於人君取致豫之義，然後爲物所隨，所以非斥先儒也。

故受之以隨。以喜隨人者必有事，故受之以蠱。蠱者，事也。有事而後可大，注云：可大之業，由事而生。故受之以臨。臨者，大也。物大然後可觀，故受之以觀。可觀而後有所合，故受之以噬嗑。注云：可觀則異方合會也。嗑者，合也。物不可以苟合而已，故受之以賁。賁者，飾也。注云：物相合則須飾以脩外也。致飾然後亨則盡矣，故受之以剥。注云：極飾則實喪也。剥者，剥也。物不可以終盡剥，窮上反下，故受之以復。復則不妄矣，故受之以无妄。有无妄然後可畜，故受之以大畜。物畜然後可養，故受之以頤。頤者，養也。不養則不可動，故受之以大過。注云：不養則不可動，養過則厚。

【疏】正義曰：鄭玄云：「以養賢者宜過於厚。」王輔嗣注此卦云：「音相過之過。」韓氏云：「養過則厚。」與鄭玄、輔嗣義同。唯王肅云：「過莫大於不養。」則以爲「過失」之過。案此序卦以大過次頤也，明所過在養。子雍以爲過在不養，違經反義，莫此之尤。而周氏等不悟其非，兼以「過失」釋大過之名，已具論之於經也。

物不可以終過，故受之以坎。坎者，陷也。注云：過而不已，則陷没也。陷必有所麗，故受之以離。離者，麗也。注云：物窮則變，極陷則反所麗也。

有天地然後有萬物，有萬物然後有男女，有男女然後有夫婦，有夫婦然後有父子，有父子然後有君臣，有君臣然後有上下，有上下然後禮義有所錯。注云：言咸卦之義也。凡序卦所明，非易之緼也，蓋因卦之次，託以明義。咸柔上而剛下，感應以相與。夫婦之象，莫美乎斯。人倫之道，莫大乎夫婦。故夫子殷勤深述其義，以崇人倫之始，而不係之於離也。先儒以乾至離爲上經，天道也；咸至未濟爲下經，人事也。夫易六畫成卦，三材必備，錯綜天人以效變化，豈有天道人事偏於上下哉？斯蓋守文而不求義，失之遠矣。

【疏】正義曰：韓於此一節注破先儒上經明天道，下經明人事，於咸卦之初已論之矣。

夫婦之道不可以不久也，故受之以恒。恒者，久也。物不可以久居其所，故受之以遯。遯者，退也。注云：夫婦之道，以恒爲貴。而物之所居，不可以恒，宜與世升降，有時而遯也。物不可以終遯，注云：遯，君子以遠小人。遯而後亨，何可終邪？則小人遂陵，君子日消也。故受之以大壯。注云：陽盛陰消，君子道勝。物不可以終壯，故受之以晉。注云：晉以柔而進也。晉者，進也。注云：雖以柔而進，要是進也。進必有所傷，故受之以明夷。注云：日中則昃，月盈則食。夷者，傷也。傷於外者必反於家，故受之以家人。注云：傷於外，必反脩諸内。家道窮必乖，注云：室家至親，過在失節，故家人之義，唯嚴與敬。樂勝則流，禮勝則離。家人尚嚴，其敝必乖也。故受之以睽。睽者，乖也。乖必有難，故受之以蹇。蹇者，難也。物不可以終難，故受之以解。解者，緩也。緩必有所失，故受之以損。損而不已必益，故受之以益。益而不已必決，注云：益而不已則盈，故必決也。故受之以夬。夬者，決也。決必有遇，注云：以正決邪，必有嘉遇也。故受之以姤。姤者，遇也。物相遇而後聚，故受之以萃。萃者，聚也。聚而上者謂之升，故受之以升。升而不已必困，故受之以困。困乎上者必反下，故受之以井。井道不可不革，注云：井久則濁穢，宜革易其故。故受之以革。革物者莫若鼎，故受之以鼎。注云：革去故，鼎取新。既以去故，則宜制器立法以治新也。鼎所以和齊生物，成新之器也，故取象焉。主器者莫若長子，故受之以震。震者，動也。物不可以終動，止〔一〕

〔一〕「止」上，單注本同，注附音本有「動必」二字。

之，故受之以艮。艮者，止也。物不可以終止，故受之以漸。漸者，進也。進必有所歸，故受之以歸妹。得其所歸者必大，故受之以豐。豐者，大也。窮大者必失其居，故受之以旅。旅而无所容，故受之以巽。注云：旅而无所容，以巽則得所入也。巽者，入也。入而後説之，故受之以兑。兑者，説也。説而後散之，故受之以涣。注云：説不可偏係，故宜散也。涣者，離也。注云：涣者，發暢而无所壅滯則殊趣，各肆而不反則遂乖離也。物不可以終離，故受之以節。注云：夫事有其節，則物之所同守而不散越也。節而信之，故受之以中孚。注云：孚，信也。既已有節，則宜信以守之。有其信者必行之，故受之以小過。注云：守其信者，則失貞而不諒之道，而以信爲過，故曰「小過」也。有過物者必濟，注云：行過乎恭，禮過乎儉，可以矯世厲俗，有所濟也。故受之以既濟。物不可窮也，故受之以未濟。終焉。注云：有爲而能濟者，以已窮物者也。物窮則乖，功極則亂，其可濟乎？故受之以未濟也。

周易雜卦第十一

注云：雜卦者，雜糅衆卦，錯綜其義，或以同相類，或以異相明也。

【疏】正義曰：上序卦依文王上下而次序之，此雜卦孔子更以意錯雜而對辨其次第，不與序卦同。故韓康伯云：「雜卦者，雜糅衆卦，錯綜其義，或以同相類，或以異相明也。」虞氏云：「雜卦者，雜六十四卦以爲義，其於序卦之外別言也。」此〔一〕者聖人之興，因時而作，隨其事宜，不必皆相因襲，當有損益之意也。故歸藏名卦之次，亦多異於時。王道踳駮，聖人之意，或欲錯綜以濟之，故次序卦以其雜也。

乾剛坤柔，比樂師憂。注云：親比則樂，動衆則憂。**臨觀之義，或與或求。**注云：以我臨物，故曰「與」；物來觀我，故曰「求」。**屯見而不失其居，**注云：屯利建侯，君子經綸之時。雖見而磐桓，利貞，不失其居也。**蒙雜而著。**注云：雜者，未知所定也。求發其蒙，則終得所定。著，定也。**震，起也。艮，止也。損、益，盛衰之始也。**注云：極損則益，極益則損。**大畜，時也。**注云：因時而畜，故能大也。**无妄，災也。**注云：无妄之世，妄則災也。**萃聚而升不來也。**注云：來，還也。方在上升，故不還也。**謙輕而豫怠也。**注云：謙者不自重大。**噬嗑，食也。賁，无色也。**注云：飾貴合衆，无定色也。**兑見而巽伏也。**注云：兑貴顯說，巽貴卑退。**隨，无故也。蠱，則飾〔二〕也。**注云：隨時之宜，不繫於故也。隨則有事，受之以蠱。飾，整治也。蠱所以整治其事也。**剥，爛也。**注云：物熟則剥落也。**復，反也。晉，晝也。明夷，誅也。**注云：誅，傷也。**井通而困相遇也。**注云：井，物所通用而不吝也。困，安於所遇而不濫也。**咸，速也。**注

〔一〕「此」，阮校云：閩、監、毛本作「昔」。
〔二〕「飾」，單注本作「飭」。

云：物之相應，莫速乎咸。恒，久也。涣，離也。節，止也。解，緩也。蹇，難也。睽，外也。注云：相疏外也。家人，内也。否、泰，反其類也。大壯則止，遯則退也。注云：大正則小人止，小人亨則君子退。大有，衆也。同人，親也。革，去故也。鼎，取新也。小過，過也。中孚，信也。豐，多故也。注云：高者懼危，滿者戒盈，豐大者多憂故也。親寡，旅也。注云：親寡，故寄旅也。離上而坎下也。注云：火炎上，水潤下。小畜，寡也。注云：不足以兼濟也。履，不處也。注云：王弼云：履卦陽爻，皆以不處其位爲吉也。需，不進也。注云：畏險而止也。訟，不親也。大過，顛也。注云：本末弱也。遘〔一〕，遇也，柔遇剛也。漸，女歸待男行也。注云：女從男也。頤，養正也。既濟，定也。歸妹，女之終也。注云：女終於出嫁也。未濟，男之窮也。注云：剛柔失位，其道未濟，故曰窮也。夬，決也，剛決柔也，君子道長，小人道憂也。注云：君子以決小人，長其道。小人見決去，爲深憂也〔二〕。

周易注疏卷十三

〔一〕「遘」，單注本作「姤」。

〔二〕「注云君子以」至「深憂也」原無，據單注本、注附音本補。

附録一　周易音義

陸德明

唐陸德明有周易音義一卷，亦即其經學著作經典釋文中的卷二。

陸德明（約五五〇—六三〇），名元朗，以字行，蘇州吴（今江蘇吴縣）人。德明生於梁簡文帝初年，歷仕陳、隋、唐三朝。貞觀初，拜國子博士，封吴縣男，尋卒。撰經典釋文三十卷、老子疏十五卷、易疏二十卷，並行於世。經典釋文約於陳後主至德元年（五八三）開始編纂，大約完稿於隋末唐初。

德明以經典舊音太簡，微言久絶，大義愈乖，後人攻乎異端，竟生穿鑿，故精研六典，採納九流，搜訪異同，校之蒼雅，著經典釋文三十卷。釋文出文及其羅列的别本異文所反映的文本面貌乃顔師古「考定五經」和孔穎達等五經正義編纂之前的狀態，保存了寫本時代的大量異文資料，故對於研究周易經傳、注文而言價值極大。

今整理周易音義一卷，以一九八五年上海古籍出版社影印的經典釋文爲底本。該影印本所據底本今藏國家圖書館，爲宋刻宋元遞修本。以清康熙年間徐乾學主持的通志堂經解本、乾隆年間盧文弨抱經堂叢書本爲校本，並充分吸收了二〇〇六年中華書局排印出版的黄焯經典釋文彙校的相關成果。敦煌寫本經典釋文殘卷反映了陸氏釋文成書之後至宋刻本流佈以前的形態，今亦據黄校參酌利用，簡稱「寫本」。

周代名也。周，至也，遍也，備也。今名書，義取周普。**易**盈隻反，此經名也。虞翻注參同契云：字從日月，正從〔一〕日勿。**上經**上者，對下立名。經者，常也，法也，徑也，由也。**乾**卦名。**傳**直戀反。以傳述爲義，謂夫子十翼也。解見發題。**第一**亦作弟。**王弼注**本亦作「王輔嗣注」，音張具反。今本或無注字。師説無者，非。

☰乾竭然反。依字作倝下乙。乾，從旦㫃。㫃，音偃。説卦云：乾，健也。此八純卦，象天。**元亨**許庚反，卦德也，訓通也。餘放此。**潛**捷鹽反。**龍**喻陽氣及聖人。**見龍**賢遍反，示也。注及下「見龍」皆同。**利見**如字，下皆同。**大人**王肅云：聖人在位之目。**離隱**力智反。**處於**昌呂反，衆經不音者，放此。**德施**始豉反，與也。**不偏**音篇。

〔一〕「從」原作「从」，據清盧文弨抱經堂叢書本（以下簡稱盧本）改。

則過古臥反，諸經内皆同。**夕惕**他曆反，怵惕也。鄭玄云：懼也。廣雅同。**若厲**力世反，危也。**无**音無。易内皆作此字。説文云：奇字無也。通於无者，虚无道也。王育〔一〕説：天屈西北爲无。**咎**其久反，易内同。**重剛**直龍反，下同。**竭知**音智。**或躍**羊灼反。廣雅云：上也。上音時掌反。**所處**一本作「可處」。**近乎**附近之近。**猶**以救反。**與**音預。**不謬**靡幼反，本或作繆，音同。**夫位**音符，下皆同。**亢**苦浪反。子夏傳云：極也。廣雅云：高也。**則佞**乃定反。**邪**字又作耶，似嗟反。**象**吐亂反，斷也。斷音都亂反。**資始**鄭云：資，取也。**乃統**鄭云：統，本也。**雲行**如字。**雨施**始豉反，卦内皆同。**之累**劣僞反。**者邪**或作耶，同，餘嗟反。後協句辭皆放此。**象**翔丈反，精象、擬象也。**自强**其良反。**反復**芳服反，注同，本亦作覆。**大人造**鄭徂早反，爲也。王肅七到反，就也，至也。劉歆父子作聚。**文言**文飾卦下之言也，夫子之十翼。梁武帝云：文言是文王所制。**之長**張丈反。**之幹**古旦反。**體仁**如字。京房、荀爽、董遇本作「體信」。**利物**孟喜、京、荀、陸績作「利之」。**不成名**一本作「不成乎名」。**遯世**徒頓反。**无悶**門遜反。**樂則**音洛。**確乎**苦學反，鄭云：堅高之皃。説文云：高至。**可拔**蒲八反。鄭云：移也。廣雅云：出也。**庸行**下孟反。**閑邪**似嗟反，下同。**幾**既依反，注同。理初始微名幾。**能全**一本作能令。**尟克**本亦作鮮，同，仙善反，少也。**怵**敕律反。**解怠**佳賣反。**上下**並如字。王肅上音時掌反。**非離**力智反。**相應**應對之應。

〔一〕「育」原作「述」，據通志堂本改。

易内不出者並同。流濕申入反。就燥蘇早、先皂二反。聖人作如字。鄭云：起也。馬融作起。而當都浪反。易内皆同，有異者别出。故盡津忍反。當其如字。上治直吏反，下及注同。放遠于萬反。見而賢遍反。粹雖遂反。揮音輝。廣雅云：動也。王肅云：散也。本亦作輝。義取光輝。爲行下孟反，下「之行」、「行而」皆同。日可人實反。未見賢遍反。以辯如字。徐便〔一〕免反。重剛直龍反，下同。夫大人音符。發端之字，皆放〔二〕此。先天悉薦反。後天胡豆反。知喪息浪反。其唯聖人乎王肅本作「愚人」，後結始作「聖人」。

䷁坤本又作巛。巛〔三〕，今字也，同困魂反。説卦云：順也。八純卦，象地。利牝頻忍反。徐邈扶忍反。又扶死反。有攸音由，所也。喪朋息浪反。馬云：失也。下及注並同。必離力智反。无疆或作壃，同，居良反，下及注同。必争争鬭之争。履霜如字。鄭讀履爲禮。積著張慮反。衆經不音者皆同。始凝魚冰反。馴似遵反。向秀云：從也。徐音訓。此依鄭義。任其而鴆反。衆經皆同。知光音智，注同。不擅善戰反，專也。括古活反，結也。方言云：閉也。廣雅云：塞也。囊乃剛反。无譽音餘，又音預。不造七到反，又曹早反。否皮鄙反。閉必計

〔一〕「便」原作「扶」，據阮校改。阮校云：案「便免」即集韻之「平免」，「扶」字非也。
〔二〕「放」原作「故」，據通志堂本改。
〔三〕「巛」，盧本改作「坤」，義勝。

反。字林方〔一〕結反，云：闔也。**施慎**並如字。慎，謹也。象詞同。本或作順，非。**之飾**申職反。本或作餝，俗字。**坤至柔**本或有「文言曰」者。**爲邪**似嗟反。**餘殃**於良反。鄭云：禍惡也。説文云：凶也。**臣弑**式志反。本或作殺，音同。下同。**由辯**如字。馬云：別也。荀作變。**言順**如字。**直方大不習无不利則不疑其所行**張璠本此上有「易曰」，衆家皆無。**木蕃**伐袁反。**而暢**勑亮反。**陰疑**如字，荀、虞、姚信、蜀才本作凝。**爲其**胡〔二〕僞反，注「爲其」同。**嫌**户謙反，注同。鄭作謙。荀、虞、陸、董作嗛〔三〕。**未離**力智反。

䷂屯張倫反，難也，盈也。坎宫二世卦。**則否**備鄙反。**得主則定**本亦作「則寧」。**而難**乃旦反。卦内除六二注「難可」，餘並同。賈逵注周語云：畏憚也。**天造**徂早反，注同。**草昧**音妹。廣雅云：草，造也。董云：草昧，微物。**而不寧**而，辭也。鄭讀而曰能，能猶安也。**經論**音倫〔四〕。鄭如字，謂論撰〔五〕書禮，樂施政事。黄穎云：經論，匡濟也。本亦作綸。**磐**本亦作盤，又作槃，步干反。**桓**馬云：槃桓，旋也。**晏安**本又作宴，各依字。晏，一諫反。

〔一〕「方」，阮校云當作「兵」。

〔二〕「胡」，監本、盧本作「于」，阮校云：「于」字不誤。

〔三〕「嗛」原作「兼」，據通志堂本改。

〔四〕「倫」原作「論」，據通志堂本改。

〔五〕「撰」原作「選」，據通志堂本、盧本改。

宴，一見反。**下賤**遐嫁反。**屯如**子夏傳云：如，辭也。**亶**〔一〕**如**張連反。馬云：難行不進之皃。**乘馬**繩證反，四馬曰乘，下及注並同。鄭云：馬牝牡曰乘。子夏傳音繩。**班如**如字。子夏傳云：相牽不進皃。鄭本作般。**媾**古后反。馬云：重婚。本作冓。鄭云：猶會。本或作構者，非。**相近**附近之近，下「近五〔二〕」同。又如字。**即鹿**王肅作麓，云：山足。**君子幾**徐音祈，辭也，注同。又音機，近也，速也。鄭作機，云：弩牙也。**舍**式夜反，止也，注下同。徐音捨。**往吝**力刃反，又力慎反。馬云：恨也。**雖比**毗志反，下皆同。**之易**以豉反。**不揆**葵癸反。**以從**如字。鄭、黃子〔三〕用反。**合好**呼報反，下同。**恢弘**苦回反，大也。**博施**式豉反，及下文〔四〕同。**拯**拯救之拯。**亨于**許庚反。**他閒**閒廁之閒。**漣如**音連。説文云：泣下也。**應援**于眷反，又音袁。**闉**音因，塞也。春秋傳云：「當陳隧者，井堙〔五〕木刊。」是也。**阨**於革反，又於賣反。**委仰**如字，又魚亮反。**長也**直良反。

䷃**蒙**莫公反。蒙，蒙也，稚也。稽覽圖云：無以教天下曰蒙。方言云：蒙，萌也。離宮四世卦。**童**如字，字書作

〔一〕「亶」，盧本作「邅」。

〔二〕「五」原作「並」，據黃校及王注改。

〔三〕「子」原作「手」，據黃校改。

〔四〕「文」下，通志堂本有「皆」字。

〔五〕「堙」原作「⿰木垔」，據通志堂本改。

僮。鄭云：未冠之稱。廣雅云：癡也。**筮**市制反，決也。鄭云：問。**告**古毒反，示也，語也。**再三**息暫反，又如字。**瀆**音獨，亂也。鄭云：褻也。**則復**扶又反。**能斷**丁亂反。**夫疑**音扶，六五注同。**闔山**五代反。**時中**張仲反，注「時中」、「決中」同。又如字，和也。**童蒙求我**一本作來求我。**不諮**本亦作咨，又作資，並通。**果行**下孟反，注及六三注象同。**用說**吐活反，注同。徐又音稅。**桎**音質。**梏**古毒反。在足曰桎，在手曰梏。小爾雅云：杻謂之梏，械謂之桎。杻音丑。**所惡**烏路反。**苞蒙**如字。鄭云：苞當作彪，彪，文也。**用取**七住反，本又作娶，下及注同。**獨遠**于萬反，下文同。**能比**毗志反。**以巽**音遜。鄭云：當作遜。**擊蒙**經歷反。王肅云：治也。馬、鄭作繫。**擊**〔一〕**去**紀呂反，下同。**爲之**于僞反，又如字。**扞**胡旦反。**禦**魚呂反，本又作衛。

䷄需音須。字從雨〔二〕，重而者非。飲食之道也，訓養。鄭讀爲秀，解云：陽氣秀而不直前者，畏上坎也。坤宮遊魂卦。**有孚**徐音敷，信也。又作尃〔三〕。**光**師讀絶句。**亨貞吉**一句。馬、鄭揔爲一句。**不陷**陷没之陷。**位乎**如字，鄭音莅。**雲上**時掌反。干寶云：升也。**於天**王肅本作「雲在天上」。**宴**烏練反。徐烏殄反，安也。

〔一〕「擊」原作「繫」，據黃校及王注改。
〔二〕「雨」原作「㒳」，據阮校及黃校改。
〔三〕「尃」，通志堂本作「旉」。

干[一]同。鄭云：享宴也。李軌烏衍反。**樂**音洛，注同。**最遠**袁万反，下「遠險」同。**於難**乃旦反，及下文皆同。**利用恒未失常也**本亦有「无咎」者。**于沙**如字。鄭作沚。**轉近**附近之近。**後時**胡豆反。**衍在**以善反。徐怡戰反。**致寇**如字。鄭、王肅本作戎。**則辟**音避，下同。**己得**音紀，又音己。**所復**扶又反。**不速**如字。馬云：召也。釋詁云：疾也。釋言云：徵也，召也。

䷅**訟**才用反，争也，言之於公也。鄭云：辯財曰訟。離宫遊魂卦。**窒**張栗反。徐得悉反。又得失反。馬作咥[二]，云：讀爲躓，猶止也。鄭云：咥，覺悔皃。**惕**湯歷反。王注或在惕字上，或在下，皆通。在「中吉」下者非。**中**如字。馬丁仲反。**吉**「有孚窒」一句。「惕中吉」一句。**涉難**乃旦反。**猶復**扶又反，下同。**不枉**紆往反。**而令**力呈反。**正夫**音符，下注同。**斷不**丁亂反，下注並同。**契之**苦計反，下同。**其分**符問反。**相濫**力暫反。**争何**争鬬之争。**陰和**胡卧反。**而逋**補吴反。徐方吴反。**眚**生領反。子夏傳云：妖祥曰眚。馬云：災也。鄭云：過也。**下物**遐嫁反。**竄**七亂反。徐又七外反，逃也。**掇**徐都活反。説文云：拾取也。鄭本作惙，陟劣反，憂也。**忤也**五故反。**復即**音服，後同者更不音。**渝**以朱反，變也。馬同。鄭云：然也。**不邪**似嗟反。**錫**星歷反。又星自反，賜也。**鞶**步干反。馬云：大也。徐云：王肅作槃。**帶**音帶，亦作帶。**終朝**馬云：旦至食時爲終朝。**三**息暫反，注同。或如

[一]「干」，通志堂本作「于」。
[二]「咥」原作「至」，據通志堂本及黄校改。

字。褫徐敕〔一〕紙反，又直是反。本又作褫〔二〕，音同。王肅云：解也。鄭本作拕，徒可反。

䷆師彖云：衆也。馬云：二千五百人爲師。坎宮歸魂卦。貞丈人絕句。丈人，嚴莊之稱。鄭云：能以法度長於人。之稱尺證反。以王如字。物歸往也。徐又往況反。毒徒篤反，役也。馬云：治也。畜衆敕六反，聚也。王肅許六反，養也。否音鄙，惡也，注同。馬、鄭、王肅方有反。臧作郎反，善也。三錫星歷反。徐音賜。鄭本作賜。天寵如字。鄭云：光耀也。王肅作龍，云：寵也。背高音佩。有禽徐本作擒。長子丁丈反，注及下同。軍帥色類反。

䷇比毗志反，卦内並同。彖云：輔也。序卦云：比，比也。子夏傳云：地得水而柔，水得地而流，故曰比。徐又甫履反。坤宮歸魂卦。凶邪似嗟反。求有本亦作「求得」。其炎于廉反。缶方有反，瓦器也。鄭云：汲器也。爾雅云：盎謂之缶。有它敕多反，本亦作他〔三〕。匪人非鬼反。馬云：匪，非也。王肅本作「匪人凶」。三驅匡愚反。徐云：鄭作敺。馬云：三驅者，一曰乾豆，二曰賓客，三曰君庖。狹矣户夾反。則舍音赦，又音捨。背己音佩。則射食亦反。惡而烏路反。舍逆音捨。

〔一〕「敕」原作「致」，據通志堂本及黄校改。
〔二〕「褫」原作「補」，據通志堂本改。
〔三〕「他」原作「池」，據黄校改。黄校云：「他」，宋本誤作「池」。

䷈小畜本又作蓄，同。敕六反，積也，聚也。卦内皆同。鄭許六反，養也。巽宮一世卦。施未始豉反，注皆同。陽上時掌反。蒸職膺反。車説吐活反，下文并注並同。説文〔一〕云：解也。輻也音福。雖復扶又反，上九注〔二〕同。輿音餘。輻音福。本亦作輹，音服。馬云：車下縛也。鄭云：伏菟。陰長丁丈反，下同。血如字。馬云：當作恤，憂也。去起呂反，注同。亦惡烏路反，履卦同。攣力專反。馬云：連也。徐又力轉反。子夏傳作戀，云：思〔三〕也。幾徐音祈，又音機，注同。子夏傳作近。唯泰也則然一本作「然則」，讀即以「也」字絶句。有難乃旦反。可盡津忍反。

䷉履利恥反，禮也。艮宮五世卦。咥直結反，齧也。馬云：齕。説而音悦，注及後同。行夫音符，下同。佞邪似嗟反。疚久又反。馬云：病也。陸本作疾。坦坦吐但反。説文云：安也。廣雅云：平也，明也。蒼頡篇云：著也。不憙虚備反，又音喜。險厄於革反，又作戹。眇妙小反。字書云：盲也。説文云：小目。跛波我反，足跛也。依字作破〔四〕。不脩本又作循。行未下孟反。愬愬山革反。子夏傳云：恐懼皃。何休注公羊傳

〔一〕「文」字原無，據通志堂本及黄校補。
〔二〕「注」原作「云」，據通志堂本及黄校改。
〔三〕「思」原作「惠」，據通志堂本及黄校改。
〔四〕「破」，黄校云：盧依雅雨堂本改作「⿰彳⿱虍皮」，是也。

云：驚愕也。馬本作虩虩，音許逆反，云：恐懼也。説文同。廣雅云：懼也。**逼近**附近之近。**夬**古快反。**考祥**本亦作詳。

周易上經泰傳第二

☷泰如字。大通也。鄭云：通也。馬云：大也。坤宫三世卦。**道長**丁丈反。**財成**音才。徐才載反。荀作裁。**輔相**息亮反，注同。**以左**音佐，注同。**右民**音佑，注同。左右，助也。**拔**蒲八反。**茅**卯交反。鄭音苗。**茹**汝據反，牽引也。鄒湛同。王肅音如。**彙**音胃，類也。李于鬼反。傅氏注云：彙，古偉字，美也。古文作𦳝。董作夤，出也。鄭云：勤也。**苞**本又作包，必交反。下卦同，音薄交反。**荒**本亦作巟，音同。鄭注禮云：穢也。説文：水廣也，又大也。鄭讀爲康，云：虚也。**用馮**音憑，注同。**荒穢**於廢反。**不陂**彼僞反。徐甫寄反，傾也，注同。又破河反，偏也。**象曰无平不陂**一本作「无往不復」。**篇篇**如字。子夏傳作翩翩。向本同，云：輕舉皃。古文作偏偏。**以祉**音恥，一音勑子反，又音止〔一〕。**女處**本亦作「文處」。**盡夫**音符，後皆放此，以意求之。**隍**音皇，城塹也。子夏作堭。姚作湟。**所應**如字。舊音應對之應。**上承**時掌反。**下施**始豉反。**否道**備鄙反。

〔一〕「止」原作「立」，據通志堂本改。

䷋否備鄙反。卦內同。閉也，塞也。乾宮三世卦。道長丁丈反。辟難上音避，下乃旦反。入邪似嗟反。不諂〔一〕勑檢反。否亨許庚反。疇直留反。鄭作古〔二〕𠷎字。休否虛虯反，美也。又許求反，息也，注同。

䷌同人和同也。離宮歸魂卦。以邪似嗟反。炎上時掌反。辯物如字。王肅卜免反。繫吝繫或作係。本作「黨係」。則否方有反，又備鄙反。徧必淺反。狹户夾反。于莽莫蕩反。王肅冥黨反。鄭云：叢木也。物黨物或作朋。所比毗志反。所當如字。量斯音良，又音亮。其墉〔三〕徐音容。鄭作庸。而效下教反。反則得則得則則吉也〔四〕一本作「反則得得則吉也」。號户羔反。咷道刀反。號咷，啼呼也。而遠袁万反。內爭爭鬭之爭。異災一〔五〕本作「它災」。

䷍大有包容豐富之象。乾宮歸魂卦。遏於葛反，止也。徐又音謁。休命虛虯反，美也。徐又許求反。大

〔一〕「諂」原作「謟」，據阮校改。阮校云：宋本「諂」作「謟」，非也。
〔二〕「古」原作「否」，據通志堂本改。
〔三〕「墉」原作「𤩽」，據通志堂本改。
〔四〕「反則得則得則則吉也」，通志堂本作「不克則反反則得吉也」。
〔五〕「一」字原闕，據通志堂本補。

車王肅剛除〔一〕反。蜀才作輿。不泥乃計反。用亨許庚反，通也，下同。衆家並香兩反。京云：獻也。干云：享宴也。姚云：享祀也。其彭步郎反。子夏作旁。干云：彭亨，驕滿皃。王肅云：壯也。虞作尫。姚云：彭，旁。俗音同。上近如字。亦附近之近。下比毗志反。至知音智。可舍音捨。斯數色助反。晢章舌反。王廙作晣，同音。徐、李之世反。又作哲字。鄭本作遰，云：讀如明星晢晢。陸本作逝。虞作折。何難依象宜如字，一音乃旦反。易而以豉反。祐之音又。不累劣僞反，下同。盡夫津忍反。繫辭音係。

䷎謙卑退爲義，屈己下物也。兑宮五世卦。子夏作嗛，云：嗛，謙也。下濟節細反。而上時掌反，下注「上承」、「上行」同。虧盈馬本作「毁盈」。而福京本作「而富」。惡盈烏路反，卦末注同。而好呼報反。裒蒲侯反。鄭、荀、董、蜀才作捊，云：取也。字書作掊。廣雅云：掊，減。稱物尺證反。平施始豉反，注同。大難乃旦反。自牧牧養之牧。徐音目，一音茂。名〔二〕者聲名聞之謂也一讀「名者聲」絶句。聞，音問。匪解佳賣反。撝毁皮反，指撝也。義與麾同，書云：「右秉白旄以麾」是也。馬云：撝猶離也。鄭讀爲宣。下下上遐嫁反，下如字。下句同。用侵王廙作寑。征國本或作「征邑國」者，非。不與音預。爲争争鬬之争。

〔一〕「除」，阮校云：十行本、閩本作「徐」。
〔二〕「名」，阮校云：監本上「名」改「鳴」。按監本是也。

䷏豫餘慮反，悅豫也，備豫也。馬云：豫，樂。震宮一世卦。不忒他得反。鄭云：差也。京作貣。地奮方問反。殷於勤反。馬云：盛也。說文云：作樂之盛稱殷。京作隱。薦將電反。本又作蘮，同。本或作廌，獸名耳，非。介于音界，纖介。古文作砎。鄭古八反，云：謂磨砎也。馬作扴，云：觸小石聲。荀說音悅。盱香于反，睢盱也。向云：睢盱，小人喜悅之皃。王肅云：盱，大也。鄭云：誇也。說文云：張目也。字林火孤反，又火于反。子夏作紆。京作汙。姚作盱〔一〕，云：日始出。引詩「盱日始旦」。睢香維反。說文云：仰目也。字林火隹反。由〔二〕豫由，從也。鄭云：用也。馬作猶，云：猶豫，疑也。盍胡臘反，合也。簪徐側林反。子夏傳同，疾也。鄭云：速也。埤蒼同。王肅又祖感反。古文作貸。京作撍。馬作臧。荀作宗。虞作戠，戠，叢合也。蜀才本依京，義從鄭。冥覓經反。馬云：冥，昧，耽於樂也。王廙云：深也。又亡定反。鄭讀爲鳴。有渝羊朱反。盡津忍反。樂音洛。

䷐隨從也。震宮歸魂卦。而下遐嫁反，注「下柔」同。而說音悅，注下皆同。大亨貞本又作「大亨利貞」。而天下隨時王肅本作「隨之」。隨時之義王肅本作「隨之時義」。而令力呈反。否之備鄙反。以嚮本又作向，許亮反。王肅本作鄉，音同。入宴徐烏練反。王肅烏顯反。官有蜀才作「館有」。故舍音捨，下文同。以擅市戰反。盡隨津忍反，盡卷末同。位正中也一本作「中正」。拘句于反。用亨許庚反，通也。陸許兩反，云：祭也。

〔一〕「盱」原作「盰」，據通志堂本改。

〔二〕「由」原作「山」，據通志堂本改。

之濱音賓。

䷑蠱音古，事也，惑也，亂也。左傳云：於文皿蟲爲蠱。又云：女惑男、風落山謂之蠱。徐又姬祖反。一音故。巽宮歸魂卦。先甲息薦反，彖并注同。後甲胡豆反，彖并注同。以斷丁亂反。施令力政反，下同。競争争鬭之争。治也直吏反，注同。説隨音悦。創制初亮反。此俗字也，依字作刱。復始扶又反。以振舊之慎反，濟也。師讀音真。振振，仁厚也。育德王肅作毓，古育字。有子考无咎絶句。周依馬、王肅以考絶句。當事丁堂反。盡承津忍反，下皆同。裕父羊樹反。馬云：寬也。不累力僞反。

䷒臨如字。序卦云：大也。坤宮二世卦。剛浸子鴆反。而長丁丈反。除六三注末及象「咎不長」，皆同。一音此治良反。説而音悦，下同。教思息吏反，注同。無疆居良反，注同。剛勝升證反，下同。佞邪似嗟反，下同。媚密備反。位當也本或作「當位」，實非也。知臨音智，注同。又如字。

䷓觀官喚反，示〔一〕也。乾宮四世卦。盥音管。而不薦本〔二〕又作虋，同。牋練〔三〕反。王肅本作「而不

〔一〕「示」原作「尒」，據通志堂本改。
〔二〕「本」，通志堂本作「王」。
〔三〕「練」，原爲墨丁，據通志堂本補。

觀〔一〕薦」。顒魚恭反。足復扶又反。既灌官喚反。不忒吐得反。神道設教一本作「以神道設教」。省方悉井〔二〕反。童觀馬云：童猶獨也。鄭云：稚〔三〕也。最遠袁万反。朝美直遥反。所鑒古暫反，下同。趣促裕反。闚苦規反，本亦作窺。者狹下夾反。象曰闚觀女貞一本有利字。不比毗志反。觀國之光如字，或音官喚反。最近附近之近。居近如字。德見賢遍反。平易以豉反。盡夫觀盛故觀至大觀在上王肅音官。以觀天下徐唯此一字作官音。觀盥而不薦觀之爲道而以觀感風行地上觀處於觀時君子處大觀之時處大觀之時大觀廣鑒亦音官。居觀之時爲觀之主觀之盛也從「盡夫觀」以下，並官喚反。餘不出者，並音官。

周易上經噬嗑傳第三

䷔噬市制反。齧也。嗑胡臘反，合也。巽宮五世卦。齧研節反。有閒如字，下同。又音閒廁之閒。與過

〔一〕「不觀」原爲墨丁，據通志堂本補。
〔二〕「井」原作「非」，據通志堂本改。
〔三〕「稚」原作「雅」，據通志堂本改。

一本作「有過」。**頤**以之反。**不合**本又作「而合」。**不溷**胡困反，濁也，雜〔一〕也，亂也。韋昭云：汙辱也。**上行**時掌反，注同。**勑法**恥力反。此俗字也。字林作勅〔二〕。鄭云：勑猶理也。一云整也。**屨**紀具反。**校**爻教反，注及下同。馬音教。**滅止**本亦作趾。趾，足也。**桎**章實反。**足懲**直冰反。**木絞**交卯反。**械**户戒反。**不行也**本或作「止不行也」。**噬膚**方于反。馬〔三〕云：柔色〔四〕肥美曰膚。**未盡**津忍反，下同。**其分**符問反。**脃**七歲反。**腊肉**音昔。馬云：晞〔五〕於陽而煬於日曰腊肉。鄭注周禮：小物全乾曰腊。**乾**音干。**胏**緇美反。馬云：有骨謂之胏。鄭云：簀也。字林云：食〔六〕所遺也。一曰脯也。子夏作脯。徐音甫，荀、董同。**未光大也**本亦無大字。**何校**何可反，又音何。本亦作荷，音同，下同。王肅云：荷，擔。**聰不明也**馬云：耳無所聞。鄭云：目不明，耳不聰。王肅云：言其聰之不明。**可解**佳買反。

〔一〕「雜」原作「不」，據通志堂本改。
〔二〕「勑」原作「剌」，據通志堂本改。
〔三〕「馬」原作「焉」，據通志堂本改。
〔四〕「色」，通志堂本作「脃」。
〔五〕「晞」原作「睎」，據通志堂本改。
〔六〕「食」下原衍一「食」字，據黄校及寫本删。

䷕**賁**彼僞反。徐甫寄反。李軌府瓫反。傅氏云：賁，古班字，文章皃。鄭云：變〔一〕也，文飾之皃。王肅符文反，云：有文飾，黄白色。艮宫一世卦。**剛上**時掌反，注「剛上」皆〔二〕同。**解天**音蟹，下同。**以明**蜀才本作命。**折**之舌反，注同。鄭云：斷也。斷音丁亂反。**其趾**一本作止。鄭云：趾，足。**舍**音捨，下及注同。**車**音居。鄭、張本作輿，從漢時始有居音。**安夫**音符。**其須**如字，字從彡。水邊作非〔三〕。**而比**毗志反，下同。**上附**時掌反。**循**似遵反。**濡**如臾反。**皤**白波反。説文云：老人皃。董音槃，云：馬作足横行曰皤〔四〕。鄭、陸作燔，音煩。荀作波。**翰**户旦反。董、黄云：馬舉頭高卬也。馬、荀云：高也。鄭云：幹〔五〕也。亦作寒案反。**媾**古豆反。**而閡**五戴反。**寇難**乃旦反，下同。**賁于丘園**黄本賁作世。**束帛**子夏傳云：五匹爲束，三〔六〕玄二纁，象陰陽。**戔戔**在干反。馬云：委積皃。薛虞云：禮之多也。又音牋。黄云：猥積皃。一云顯見皃。子夏傳作「殘殘」。**有喜**如字，徐許意反。無妄、大畜卦放此。

〔一〕「變」原作「有」，據通志堂本、阮校及寫本改。

〔二〕「皆」原作「音」，據通志堂本改。

〔三〕「水邊作非」，通志堂本作「作水邊非」，寫本無「作」字。

〔四〕「皤」原作「燔」，據通志堂本改。

〔五〕「幹」原作「白」，據阮校改。阮校云：盧本「白」作「幹」。按盧作「幹」是也。

〔六〕「三」原作「二」，據通志堂本改。

䷖**剥**邦角反。彖云：剥，剥也。馬云：落也。説文云：裂也。乾宫五世卦。**人長**丁丈反，下注皆同。**激**經歷反。**拂**附弗反。**觸忤**五故反。**以殞**于敏反。**失處**昌吕反，又昌預反。**蔑**莫結反，猶削也。楚俗有削蔑之言。馬云：無也。鄭云：輕慢。荀作滅。**猶削**相略反，或作消，此從荀本也，下皆然。**辨**徐音辨具之辨，足上也。馬、鄭同。黄云：牀〔一〕簀也。薛、虞：膝下也。鄭符勉反。王肅否勉反。**道浸**子鴆反，下同。**稍近**附近之近。**六三剥無咎**一本作「剥之無咎」，非。**以膚**方于反。京作簠，謂祭器。**切近**如字。徐巨靳反。鄭云：切，急也。**貫魚**古亂反。徐音官，穿也。**駢頭**薄田反。**得輿**音餘。京作「德輿」，董作「德車」。**廬**力居反。**覆蔭**於鴆反。**所芘**本又作庇，必利反，又悲備反。

䷗**復**音服，反也，還也。坤宫一世卦。**朋來**如字，京作崩。**反復**芳福反。劉本同。本又作覆，彖并注「反復」皆同。**剛反**絶句。**剛長**丁丈反，下文注皆同。**心見**賢遍反。**具存**本亦作「其存」。**商旅**鄭云：資貨而行曰商。旅，客也。**無祇**音支，辭也。馬同，音之是反。韓伯祁支反，云：大也。鄭云：病也。王肅作禔，時支反。陸云：禔，安也。九家本作𢻱字，音支。**幾悔**音機，下同。又音祈。**患難**乃旦反。**遠矣**袁万反。**錯之**七故反。**休復**虚虬反。**最比**毗志反。**仁行**下孟反。**下仁**遐嫁反。**以下仁也**如字。王肅云：下附於仁。徐户嫁反。**頻復**如字。本

〔一〕「牀」原作「然」，據通志堂本改。

又作嚬〔一〕，嚬，眉也。鄭作顰〔二〕，音同。馬云：憂頻也。**頻戚**千寂反，下同，憂也。又子六反。**自考也**鄭云：考，成也。向云：察也。**有灾**本又作災。鄭作烖。按説文，烖，正字也；灾，或字也；災，籀文也。**眚**生領反，下卦同。子夏傳云：傷害曰災，妖祥曰眚。鄭云：異自内生曰眚，自外曰祥，害物曰災。**量斯**音良。**雖復**扶又反。

䷘**无妄**亡亮反。无妄，无虚妄也。説文云：妄，亂也。馬、鄭、王肅皆云妄猶望，謂无所希望也。巽宮四世卦。**柔邪**似嗟反。**不佑**音又。鄭云：助也。本又作祐。馬作右，謂天不右行。**茂對時**茂，盛也。馬云：茂，勉也。對，配也。**下賤**遐嫁反。**不耕穫**黄郭反。或依注作「不耕而穫」，非，下句亦然。**不菑**側其反。馬云：田一歲也。董云：反草也。**畬**音餘。馬曰：田三歲也。董云：悉耨曰畬。説文云：三歲〔三〕治田也。字林弋恕反。**不擅**市戰反。**行違**下孟反，下「之行」同。**稼**音嫁。**穡**音色。**爲獲**如字。或作穫，非。**比**毗志反。**近**附近之近。**可試**試，驗。一云用也。

䷙**大畜**本又作蓄，勑六反。義與小畜同。艮宮二世卦。**大畜剛健**絶句。**篤實煇**音輝。**光**絶句。**日新其德**鄭以「日新」絶句，「其德」連下句。**厭而**於豔反。**夫能**音符，發句皆然，下「非夫」同。**令賢**力呈反，下同。**險**

〔一〕「嚬」原作「頻」，據通志堂本改。

〔二〕「顰」原作「卑」，據通志堂本改。

〔三〕「三歲」原作「二歲」，據黄校改。黄校云：當依寫本作「三歲」，詩采芑傳、説文並作「三歲」。

難乃旦反，下「遇難」同。**多識**如字，又音試。劉作志。**往行**下孟反。**利已**夷止反，下及注「已則」、「能已」同。或音紀，姚同。**輿**音餘，下同。本或作轝，音同。**説**吐活反〔一〕，注及下同。馬云：解也。**輹**音服，又音福。蜀才本同。或作輻。一云車旁作复，音服，車下縛也。作畐者，音福。老子所云「三十輻共一轂」是也。釋名云：輹〔二〕似人屐〔三〕。又曰：伏菟在軸〔四〕上似之。又曰：輹伏於軸上。**馮河**皮冰反。**良馬逐**如字。鄭本作「逐逐」，云〔五〕：兩馬走也。姚云：逐逐，疾〔六〕並驅之皃。一音胄。**曰**音越。劉云：曰猶言也。鄭人實反，云：日習車徒。**閑**如字。闑也。馬、鄭云：習。**險阨**於革反。本亦作厄。**童牛**無角牛也。廣、蒼作犝。劉云：童妾也。**牿**古毒反。劉云：牿之言角也。陸云：牿當作角。九家作告，説文同，云：牛觸角著横木，所以告人。**抑鋭**於力反，下同。本又作挫，災臥反。**强**其良反。**争**争鬭之争。**豶**符云反。劉云：豕去勢曰豶。**之牙**徐五加反。鄭讀爲互。**剛暴**一本作「剛突〔七〕」。**禁暴**

〔一〕「活」原作「恬」，據通志堂本改。

〔二〕「輹」原作「輾」，據通志堂本改。

〔三〕「屐」原作「屣」，據通志堂本改。

〔四〕「軸」原作「輻」，據通志堂本及釋名改。

〔五〕「云」上，原有「衍」字，據通志堂本及黄校刪。

〔六〕「疾」原作「姚」，據通志堂本改。

〔七〕黄校云：寫本無「剛暴」條，有「滑」條，注云：于八反。又作「骨」，剛突反。

音金。何天音河。梁武帝音賀。衢其俱反。馬云：四達謂之衢。亨許庚反。

䷚頤以之反，養也。此篆文字也。巽宮遊魂卦。舍爾音捨，注同。朶多果反，動也。鄭同。京作揣〔一〕。嚼詳略反。令物力呈反。離其力智反。而闚〔二〕苦規反。顛頤丁田反。拂符弗反，違也。薛同，注下皆同。一音敷弗反。子夏傳作弗，云：輔弼也。此行下孟反，下「立行」同。悖也布内反，逆也。虎視徐市志反。又常止反。眈眈丁南反，威而不猛也。馬云：虎下視皃。一音大南反。逐逐如字，敦實也。薛云：速也。子夏傳作「攸攸」。志林云：當爲逐。蘇林音迪。荀作「悠悠」。劉作跾〔三〕，云：遠也。説文跾音式六反。施賁始豉反，下文同。又如字。而比毗志反。得頤一本作「得順」。難未乃旦反。厲吉厲，嚴厲也。馬、王肅云：危。

䷛大過徐古臥反，罪過也，超過也。王肅音戈。震宮遊魂卦。相過之過〔四〕並古臥反。棟徐丁貢反。橈乃教反，曲折也，下同。拯拯救之拯。弱本亦作溺，並依字讀，下「救其弱」、「拯弱」皆同。而説音悦，注同。救難

〔一〕「揣」，通志堂本作「椯」。

〔二〕黄校云：「觀我朶頤凶」注，寫本周易注作「而闚我寵禄之競進」，諸本作「闚我寵禄而競進」，釋文出「而闚」，與寫本合。

〔三〕「跾」，黄校云：寫本作「跾跾」。

〔四〕「相過之過」，黄校云：寫本周易大過下有「音相過之過也」六字注文，今本無之；釋文出「相過之過」，與寫本合。

難乃並乃旦反，上六注同。遯本又作遁，同。徒遜反。藉在夜反，下同。馬云：在下曰藉。唯慎辰震反。枯楊如字。鄭音姑，謂無姑山榆。榆，羊朱反。稊〔一〕徒稽反。楊之秀也。鄭作荑。荑，木更生，音夷，謂山榆之實。老夫如字，下同。特吝特或作持。能令力呈反。得少詩照反，下同。則穉直吏反。者長丁丈反。淹溺乃歷反。生華如字。徐音花。无譽音預，又音餘。滅頂徐都冷反。

☵習便習也，重也。劉云：水流行不休，故曰習。坎徐苦感反。本亦作埳。京、劉作欿。險也，陷也。八純卦，象水。險陷陷没之陷。謂便婢面反，下同。重險直龍反，注下並同。陗七妙反。洊在薦反。徐在悶反。舊又才本反。爾雅云：再也。劉云：仍也。京作臻。干作荐。德行下孟反，注同。險難乃旦反，下「險難」同。則夫音符。窞徒坎反。説文云：坎中更有坎。王肅又作陵〔二〕感反，云：窞，坎底也。字林云：坎中小坎。一曰旁入。處欿亦作坎字。而復扶又反，下「雖復」同。險且如字。古文及鄭、向本作檢。鄭云：木在手曰檢。枕徐針鴆反。王肅針甚反。鄭玄云：木在首曰枕。陸云：閑礙險害之皃。九家作玷，古文作沈。沈，直林反。出則之坎一本作「出則亦坎」，誤。樽酒音尊。絶句。簋貳音軌。絶句。用缶方有反。絶句。舊讀「樽酒簋」絶句，「貳用缶」一句。自牖音酉。

〔一〕「稊」，黃校云：寫本釋文作「梯」，寫本周易亦作「梯」，或云大戴記夏小正「柳稊」宋本亦作「梯」，知古本從木旁作也。
〔二〕「陵」，通志堂本作「徒」。

陸作誘。承比毗志反，下同。之食音嗣，飯也。象曰樽酒簋一本更有貳字。祇音支，又祁支反。鄭云：當爲坻，小丘也。京作禔。説文同，音支。又上支反，安也。盡平津忍反。徽許韋反。纆音墨。劉云：三股曰徽，兩股曰纆，皆索名。寘之豉反，置也，注同。劉作示，言衆議於九棘之下也。子夏傳作湜。姚作寔。寔，置也。張作置。叢才公反。法峻荀潤反。

䷝離列池反，麗也。麗，著也。八純卦，象日象火。畜許六反，注同。牝頻忍反。徐又扶死反。外强其良反。猶著直略反，卦内同。草木麗如字。説文作麓。乎土王肅[一]本作地[二]。重明直龍反。明兩作鄭云：作，起也。荀云：用也。明照相繼一本無「明照」二字。履錯鄭、徐七各反。馬七路反。警京領反。辟其音避，象同。曰昃王嗣宗本作仄，音同。鼓鄭本作擊。大耋田節反。馬云：七十曰耋。王肅又他結反，云：八十曰耋。京作絰。蜀才作咥。之嗟如字。王肅又遭哥反。荀作差。下「嗟若」亦爾。凶古文及鄭無凶字。突徒忽反。王肅唐屑反。舊又湯骨反。字林同，云：暫出。逼近附近之近。出如字。徐尺遂反。王嗣宗勑類反。涕徐他米反。又音弟。沱徒河反。荀作池。一本作沲。若古文「若」皆如此。戚千寂反。子夏傳作嘁。嘁，子六反，咨慼也。不勝音升。

[一]「王」原作「五」，據通志堂本改。
[二]「地」原作「也」，據通志堂本改。

逆首本又作「逆道」，兩得。離王公也音麗。鄭作麗。王肅云：麗王者之後爲公。梁武力智反，王嗣宗同。折首徐之舌反，注同。以去羌吕反。王用出征以正邦也王肅本此下〔一〕更有「獲匪其醜大有功也」。

周易下經咸傳第四

䷞咸如字。彖云：感也。兑宫三世卦。取七具反。本亦作娶，音同。相與如字。鄭云：與猶親也。而説音悦。男下遐嫁反，下注「必下」同。見於賢遍反。各亢口浪反。本或作有。拇茂后反。馬、鄭、薛云：足大指也。子夏作「踇」。荀作母，云：陰位之尊。腓房非反。鄭云：膞腸也。膞音市臠反。王廙云：腓，腓腸也。荀作肥，云：謂五也。尊盛故稱肥。離拇力智反。動躁早報反。股音古。憧憧昌容反。馬云：行皃。王肅云：往來不絶皃。廣雅云：往來也。劉云：意未定也。徐又音童，又音鐘〔二〕。京作憧。字林云：憧，遲也。丈冢反。脢武杯〔三〕反，又音每。心之上，口之下也。鄭云：背脊肉也。説文同。王肅又音灰〔四〕。廣雅云：胂謂之脢。胂，音以人反。輔如字。馬

〔一〕「下」原作「十」，據通志堂本改。
〔二〕「鐘」，通志堂本作「鍾」。
〔三〕「杯」原作「抔」，據黄校改。黄校云：寫本同，宋本「杯」譌「抔」。
〔四〕「灰」原作「天」。據阮校改。阮校云：宋本「灰」誤「天」。

云：上頷也。虞作輔，云：耳目之間。**頰**兼叶反。孟作俠。**滕**徒登反，達也。九家作乘。虞作媵。鄭云：送也。**口説**如字，注同。徐音脱，又始鋭反。

䷟**恒**如字，久也。震宫三世卦。**長陽長陰**並丁丈反，大象〔一〕注同。**媲**普計反，配也。**復始**扶又反。**見於**賢遍反。**浚**荀潤反，深也。鄭作濬。**令**〔二〕**物**力呈反。**餘緼**〔三〕紆粉反。廣雅云：積也。**或承**或，有也。一云：常也。鄭本作「咸承」。**德行**下孟反。**詰**去吉反。**而分**扶運反。**振恒**之刃反。馬云：動也。鄭云：摇落也。張作震。

䷠**遯**徒巽反。字又作遂，又作遁，同。隱退也。匿迹避時，奉身退隱之謂也。鄭云：逃去之名。序卦云：遯者退也。乾宫二世卦。**夫静**音扶。**非否**備鄙反，下同。**亢**若浪反。**浸**子鴆〔四〕反，注同。**而長**丁丈反，卦内同。或如字。**以遠**袁万〔五〕反，注並同。**辟内**音避。**難可**乃旦反。**何災**音河。褚河可反。今不用。**勝**升證反，又音升，注同。**説**王肅如字，解説也。師同。徐吐活反，又始鋭反。**遯已**音以，或音紀。**係遯**古詣反，本或作繫。**近二**附

〔一〕「象」原作「衆」，據通志堂本改。
〔二〕「令」原作「今」，據通志堂本改。
〔三〕「緼」原作「綿」，據通志堂本改。
〔四〕「鴆」原作「鳩」，據通志堂本改。
〔五〕「万」原作「方」，據通志堂本改。

近之近。憊蒲拜反。鄭云：困也。廣雅云：極也。王肅作斃。荀作備。好遯呼報反，注下同。惡也。徐方有反。鄭、王肅備鄙反，云：塞也。能舍音捨。肥遯如字。子夏傳云：肥，饒裕。能累劣僞反。

繒則能反。繳章略反。

䷡大壯莊亮反。威盛强猛之名。鄭云：氣力浸强之名。王肅云：壯盛也。廣雅〔一〕云：健也。馬云：傷也。郭璞云：今淮南人呼壯爲傷〔二〕。坤宮四世卦。而愼禮也愼或作順，義亦通。用罔罔，羅也。馬、王肅云：无。羝羊音低。張云：羖羊也。廣雅云：吴羊曰羝〔三〕。觸徐處六反。藩方袁反。徐甫言反，下同。馬云：籬落也。羸律悲反，又力追反，下同。馬云：大索也。徐力皮反。王肅作縲，音螺。鄭、虞作纍。蜀才作累。張作虆。雖復扶又反。藩決音穴，注下同。大輿音餘。之輹音福。本又作輻。行不下孟反。能説吐活反。喪羊息浪反，注下同。于易以豉反，注下同。鄭音亦，謂佼易也。陸作埸，壃埸也。險難如字〔四〕，亦乃旦反。則難乃旦反〔五〕。

〔一〕「雅」原作「稚」，據通志堂本改。

〔二〕「呼壯爲傷」，黄校云：段云此引方言注也，盧依方言注改「呼傷爲壯」。

〔三〕「吴羊曰羝」，黄校云：案廣雅：「吴羊三歲曰羝。」

〔四〕「如字」，原無，據通志堂本補。

〔五〕「則難乃旦反」，此條原無，據通志堂本補。

剛長丁丈反，下「剛長」同。猶與音預，一本作預。其分扶問反。不詳詳，審也。鄭、王肅作祥，善也。

䷢晉彖云：進也。孟作齊。齊，子西反，義同。乾宮遊魂卦。康美之名也。馬云：安也。鄭云：尊也，廣也。陸云：安也，樂也。蕃音煩，多也。鄭發袁反。庶如字，衆也。鄭止奢反，謂蕃遮禽也。晝日竹又反。三徐息暫反，下及注同。接如字。鄭音捷，勝也。上行時掌反，凡「上行」並同。以著直略反，下「著明」同。三褫勑紙反，又直紙反。摧如罪雷反，退也。鄭讀如「南山崔崔」之崔。未著張慮反。自喪息浪反。愁狀由反。鄭子小反，云：變色皃。介音戒，大也。馬同。聞乎聞亦作文，又作交，義並通。和之胡臥反。鼫音石。子夏傳作碩鼠。鼫鼠，五技鼠也。本草：螻蛄，一名鼫鼠。失得如字。孟、馬、鄭、虞、王肅本作矢。馬、王云：離爲矢。虞云：矢，古誓字。失夫音符。

䷣明夷夷，傷也。坎宮遊魂卦。以蒙大難乃旦反，卦内同。鄭云：蒙猶遭也。一云：蒙，冒也。文王以之王肅云：唯文王能用之。鄭、荀、向作「似之」，下亦然。莅履二反，又律秘反。蔽僞本或作「弊僞」。所辟音避，下同。最遠袁万反，下「遠難」同。遠遁徒遜反。匿形女力反。不遑音皇。夷于如字。子夏作睇。鄭、陸同，云：旁視曰睇。京作眱。左股音古。馬、王肅作般，云：旋也，日隨天左旋也。姚作右槃，云：自辰右旋入丑。用拯〔一〕

〔一〕「拯」原作「承」，據通志堂本改。

拯救之拯，注同。說文云：舉也。鄭云：承也。子夏作抍。字林云：抍，上舉，音承。**示行**示或作亦。**近難**附近之近，下「最近」同。**疑憚**但旦反。**然後而免也**一本作「然後乃獲免也」。**南狩**手又反。本亦作守，同。**去闇**羌呂反。**逆忤**五故反。**箕子之明夷**蜀才箕作其。劉向云：今易「箕子」作「荄滋」。鄒湛云：「訓箕爲荄，詁子爲滋，漫衍無經，不可致詰。」以譏荀爽。**爲比**毗志反。

䷤家人說文：家，居也。案人所居稱家。爾雅「室内謂之家」是也。巽宮二世卦。**熾也**尺志反。**而行**下孟反，注皆同。**閑**馬云：闌也，防也。鄭云：習也。**中饋**巨愧反，食也。**嗃嗃**呼落反，又呼學反。馬云：悅樂自得皃。鄭云：苦熱之意。荀作「確確」。劉作「熇熇」。**嘻嘻**喜悲反。馬云：笑聲。鄭云：驕佚喜笑之意。張作「嬉嬉」。陸作「喜喜」。**之長**丁丈反。**以近**附近之近。**王假**更白反，注同。至也。鄭云：登也。徐古雅反。馬云：大也。**愛樂**音洛。**以著**張慮反。

䷥睽苦圭反。馬、鄭、王肅、徐、呂忱並音圭。序卦云：乖也。雜卦云：外也。說文云：目不相聽也。艮宮四世卦。**而上**時掌反，下「上行」同。**同行**如字。王肅遐孟反。**說而**音悅。**喪馬**息浪反，注同。**自復**音服，注同。**必顯**一本作「必類」，下「相顯」亦然。**可援**于眷反，下「得援」同，又音袁。**以辟**音避。**于巷**户絳反。說文云：里中道也。廣雅云：居也。字書作衖。**曳**以制反。**掣**昌逝反。鄭作㸷，云：牛角皆踊曰㸷。徐市制反。說文作觢，之世反，云：角一俯一仰。子夏作契，傳云：一角仰也。荀作觭。劉本從說文，解依鄭。**其人天**天，剠也。馬云：剠鑿其額曰天。

劓魚器反，截鼻也。王肅作臲。臲，魚一反。相比毗志反，下同。元夫如字。噬市制反。之弧音胡，弓也。後説吐活反，注同。一音始鋭反。之弧本亦作壺。京、馬、鄭、王肅、翟子玄作壺。媾古豆反。恢苦回反，大也。詭久委反，異也，戾也。譎古穴反。本亦作決。詐也，乖也。吁可況于反。四剠其京反。説文或作黥字。

䷦蹇紀免反。彖及序卦皆云：難也。王肅、徐紀偃反。兑宫四世卦。以難乃旦反，卦内及解卦皆同。難解音蟹，上六注同。未否備鄙反。知矣音智，初六注同。得中如字。鄭云：和也。又張仲反。王肅云：中，適也。解卦彖同。正邦荀、陸本作「正國」，爲漢朝諱。宜待也張本作「宜時也」。鄭本「宜待時也」。遠害袁万反。内喜如字。徐許意反，猶好也。來連力善反。馬云：難也。鄭如字，遲久之意。之長直良反。長難丁丈反。

䷧解音蟹。序卦云：緩也。震宫二世卦。解之爲義音蟹，下「以解來復」同。濟厄厄或作危。彖曰解音蟹，自此盡初六注皆同。坼勑宅反。説文云：裂也。廣雅云：分也。馬、陸作宅，云：根也。否結備鄙反。者亨許庚反。有罪音又。京作尤。磐結步丹反。或有遇遇或作過。咎非其理也一本無此八字。所任而鴆反。斯解佳買反。之稱尺證反。失枉紆往反。且〔一〕乘如字。王肅繩證反。柔邪似嗟反。自我致戎本又作「致寇」。解而佳買反，注同。拇茂后反。陸云：足大指。王肅云：手大指。荀作母。而比毗志反。維有解音

〔一〕「且」原作「旦」，據通志堂本改。

蟹，注「有解」及象並下注「爲解之極」同。解難佳買反。用射食亦反，注下同。隼荀尹反，毛詩草木鳥獸疏云：鷂。高墉音容。馬云：城也。將解佳買反。荒悖布内反，象同。以解佳買反。

䷨損孫本反，虧減之義也。又訓失，序卦云「緩必有所失」是也。艮宮三世卦。曷何葛反。二簋蜀才作軌。用享香兩反，下同。蜀才許庚反。上行時掌反，凡「上行」皆同。陰説音悦。非長丁丈反，下「德長」、「遂長」同。爲邪似嗟反。能拯拯救之拯。大難乃旦反。二簋應師如字。舊應對之應。偕行音皆。其分扶問反。懲直升反，止也。鄭云：猶清也。劉作懲，云：清也。蜀才作澄。忿芳粉反。窒珍栗反。徐得悉反。鄭、劉作懫。懫，止也。孟作恎。陸作嵴。欲如字。孟作浴。已事音以，本亦作以。虞作祀。遄市專反，速也。荀作顓。復自扶又反，九二注同。以上時掌反。化淳尚春反。以離力智反。知者音智。以盡津忍反。上祐音又，本亦作佑。不制一本作「下制」。遂長丁丈反。尚夫音符。

䷩益增長之名。又以弘裕爲義，繫辭云「益長裕而不設」是也。巽宮三世卦。民説音悦。無疆居良反，下同。下下上遐嫁反，下如字，注同。涉難乃旦反，下同。天施，始豉反。之處昌預反，下「其處」同。用享〔一〕香兩

〔一〕「享」原作「亨」，據通志堂本改。

反，注同。王廙許庚〔一〕反。**用圭**王肅作「用桓圭」。**不爲**于僞〔二〕反。**不處**本或作「不屆」。**不**〔三〕**費**芳貴反。**盡物**津忍反。**無厭**於鹽反。**莫和**〔四〕胡臥反。**惡盈**烏路反。**偏辭**音篇。孟作偏，云：帀也。

周易下經夬〔五〕傳第五

䷪夬古快反，決也。坤宮五世卦。**剛幾**音祈。**坦然**他但〔六〕反。**夬決**徐古穴反。**而説**音悦，注皆同。**齊長**丁丈反，除上六象並同。**則邪**似嗟反，下同。**斷制**丁亂反，注同。**澤上**時掌反，注同。**以施**始豉反，注同。**壯于**側亮反。**前趾**荀作止。**惕**勅歷反。荀、翟作錫，云：賜也。**號**户羔反，注及下同。鄭、王廙音号。**莫夜**音暮，注同。鄭如字，云：無也。無夜非一夜。**號呼**火故反。**頄**求龜反，顴也。又音求。又丘倫反。翟云：面顴頰間骨也。

〔一〕「庚」原作「使」，據通志堂本改。
〔二〕「僞」原作「遥」，據通志堂本改。
〔三〕「不」原作「用」，據阮校改。阮校云：案注云「惠而不費」，作「不」是也。
〔四〕「和」原作「以」，據寫本及通志堂本改。
〔五〕「夬」原作「夫」，據通志堂本改。
〔六〕「但」原作「伹」，據通志堂本改。

鄭作頯。頯，夾面也。王肅音龜。江氏〔一〕音琴威反。蜀才作仇。**若濡**而朱反。**有慍**紆運反，恨也。舊於問反。**面權**如字。字書作顴。**棄夫**夫亦作去，羌呂反。**情累**劣僞反。**臀**徐徒敦反。**次**本亦作趑，或作跌，說文及鄭作趀，同。七私反，注下同。馬云：卻行不前也。說文：倉卒也。下卦放此。**且**本亦作趄。或作跙，同。七餘反，注及下同。馬云：語助也。王肅云：趑趄，行止之礙也。下卦放此。**牽羊**苦年反。子夏作掔。**牴**丁禮反，本又作抵，音同。或作羝，丁啼反。**很**胡懇反。**莧**閑辯反。三家音胡練反。一本作莞，華板反。**陸**如字。馬、鄭云：莧陸，商陸也。宋衷云：莧，莧菜也；陸，當陸也。虞云：莧，蕢也；陸，商也。蜀才作睦。睦，親也，通也。**柔脆**〔二〕七歲反。**至易**以豉反。**最比**毗志反。**號咷**徒刀反。

䷫**姤**古豆反。薛云：古文作遘。鄭同。序卦及彖皆云：遇也。乾宮一世卦。**用娶**七喻反。本亦作取，音同，注及下同。**正乃**如字。正亦作匹。**誥四方**李古報反。鄭作詰，起一反，止〔三〕也，王肅同。**柅**徐乃履反。又女紀反。廣雅云：止也。說文作檷〔四〕，云：絡絲趺也，讀若昵。字林音乃米反。王肅作抳，從手。子夏作鑈。蜀才作尼，止

〔一〕「氏」原作「比」，據通志堂本改。
〔二〕「脆」，黃校云：盧本「脆」作「脃」，是也。
〔三〕「止」原作「正」，據通志堂本及黃校改。黃校云：惠云「魯恭云：君以夏至之日施命令，止四方行者」，明「誥」本作「詰」，鄭、王是也。
〔四〕「檷」原作「禰」，據通志堂本改。

也。羸豕劣隨反。王肅同。鄭力追反。陸讀爲累。蹢直戟反。徐治益反。一本作躑。古文作蹢。躅直録反。本亦作躅。蹢躅，不静也。古文作蹶。牝頻忍反。豭音家。包有本亦作庖，同，白交反，下同。鄭百交反。虞云：白茅包之。荀作胞。利賓如字。擅人市戰反。遠民袁万反。以杞音起。張云：苟杞。馬云：大木也。鄭云：柳也。薛云：柳，柔韌〔一〕木也。並同。包瓜白交反。子夏作苞。馬、鄭百交反。瓜音工花反。不舍音捨，下同。所復扶又反。物争争鬭之争，下卦同。

䷬萃在季反。彖及序卦皆云：聚也。兑宫二世卦。亨〔二〕王肅本同。馬、鄭、陸、虞等並無此字。王假更白反。以説音悦，下注皆同。則邪似嗟反。孝享，香兩反。聚以正荀作取以正。澤上時掌反。除戎器如字。本亦作儲。又作治。王肅、姚、陸云：除猶脩治。師同。鄭云：除，去也。蜀才云：除去戎器，脩行文德也。荀作慮。若號絶句。户報反。馬、鄭、王肅、王廙户羔反。一握烏學反。傅氏作渥。鄭云：握當讀爲「夫三爲屋」之屋。蜀才同。至好呼報反。愞乃亂反。正本亦作匹。妃音配。禴羊略反。殷春祭名。馬、王肅同。鄭云：夏祭名。蜀才作躍。劉作爚。多僻匹亦反。以遠袁万反。之省生領反，下同。以比毗志反。未光也一本作「志未光也」。齎徐將

〔一〕「韌」原作「扨」，據通志堂本改。

〔二〕「亨」下，寫本有釋文「許庚反」三字。

池反。王肅將啼反。咨音諮，又將利反。齎咨，嗟歎之辭也。鄭同。馬云：悲聲，怨聲。涕徐音體。洟他麗反，又音夷。鄭云：自目曰涕，自鼻曰洟。

䷭升式陵反。序卦云：上也。上音時掌反。鄭本作昇。馬云：高也。震宮四世卦。用見大人本或作「利見〔一〕」。以順德如字。王肅同。本又作慎，師同。姚本德作得。以高大本或作「以成高大」。允當如字，下同。閑邪似嗟反。升虛如字，空也。徐去餘反。馬云：丘也。用亨許庚反，通也。馬、鄭、陸、王肅許兩反。馬云：祭也。鄭云：獻也。岐山其宜反，或祁支反。攘來如羊反。冥覓經反，闇昧之義也。注同。又云：日冥也。則喪息浪反。

䷮困窮也，窮悴掩蔽之義。故彖云：剛掩也。廣雅云：困，悴也。兑宮一世卦。剛揜本又作掩，於檢反。李於範反。虞作弇。以説音悦，卦内同。困窮如字。或作「困窮」，非。臀徒敦反。株木張愚反。幽谷徐古木反。不覿大歷反，見也，注同。獲拯拯救之拯。隱遯徒困反。數歲色柱反。本亦作三歲。困解音蟹。朱紱音弗，下同。享祀許兩反，注同。難之乃旦反。不勝音升。豐衍延善反。蒺音疾。蔾音黎。蒺蔾，茨草。上比毗志反。焉得於虔反。來徐徐徐徐，疑懼皃。馬云：安行皃。子夏作「荼荼」，翟同。荼，音圖，云内不定之意。王肅作「余余」。金車本亦作「金輿」。劓徐魚器反。刖徐五刮反，又音月。荀、王肅本「劓刖」作「臲卼」，云不安皃。陸同。

〔一〕「見」原作「皃」，據通志堂本改。

鄭云：「劓刖」當爲「倪仉」。京作「劓劊」。案説文：劊，斷也。**祭祀**本亦作「享祀」。**遐遠**本或作「遐邇」。**藟**力軌反。似葛之草。本又作蘽。毛詩草木疏云：一名巨荒，似蘡薁，連蔓而生，幽州人謂之推蘽。**臲**五結切。王肅妍喆反。説文作劓，牛列反。薛同。**卼**五骨反，又音月。説文作魀，云：魀，不安也。薛又作杌，字同。**曰動悔**音越。向云：言其無不然。**令生**力呈反。

䷯井精領反。雜卦云：通也。彖云：養而不窮。周書云：黄帝穿井。世本云：化益作井。宋衷云：化益，伯益也，堯臣。廣雅云：井，深也。鄭云：井，法也。字林作丼，子挺反。周云井以不變更爲義。師説井以清絜爲義。震宮五世卦。**無喪**息浪反。**汔**徐許訖反，注同，幾也。王肅音其乞反。**繘**音橘，徐又居密反。鄭云：綆也。方言云：關西謂綆爲繘。郭璞云：汲水索也。又其律反，又音述。**羸**律悲反，徐力追反，下同。蜀才作累。鄭讀曰虆。**瓶**白經反。**幾至**音祈，或音機。**而覆**芳福反。**而上水**時掌反，注及下注「上水」皆同。**井養**如字。徐以上反。**木上**如字，師又時掌反。**以勞**力報反，注同。**勸相**息亮反，注同。王肅如字。**井泥**乃計反，注及下同。**滓穢**側里反。**不嚮**許亮反。**棄舍**音捨，下文同。**井谷**古木反，又音浴。**射**食亦反，注同。徐食夜反。鄭、王肅皆音亦，云：厭也。荀作耶。**鮒**音附，魚名也。子夏傳謂蝦蟆。**甕**屋送反。李於鍾反。鄭作甕〔一〕，云：停水器也。説文作罋，汲缾〔二〕也。**敝**婢

〔一〕「甕」，盧本作「雍」。

〔二〕「缾」原作「鉼」，據通志堂本改。

世反。王肅、徐扶滅反。**谿谷**口啼反。**注下**章喻反，下同。**而復**扶又反。**无與之也**一本作「則莫之與也」。**渫**息列反。徐又食列反。黄云：治也。**心惻**初力反。説文云：痛也。**汲**音急。**停汙**音烏。**其行**下孟反，象並注皆同。**甃**側舊反。馬云：爲瓦裏下達上也。子夏傳云：脩治也。干云：以甎壘井曰甃。字林云：井壁也。**洌**音列，絜也。説文云：水清也。王肅音例。**不橈**乃孝反。**不食**如字，又音嗣。**井收**徐詩救反。又如字。馬云：汲也。陸云：井幹也。荀作甃。**勿幕**音莫，覆也。干本勿作网。

䷰**革**馬、鄭云：改也。坎宫四世卦。**樂成**音洛，上六注同。**相息**如字。馬云：滅也。李斐注漢書同。説文作熄。**欲上**時掌反。**革而信之**一本無「之」字。**以説**音悦，注同。**鞏**九勇反，固也。馬同。**堅肕**[一]仁震反。**行有**如字，又下孟反。**相比**毗志反。**文炳**兵領反。**文蔚**音尉，又紆弗反。廣雅云：茂也，數[二]也。説文作斐。

䷱**鼎**丁令反，法象也，即鼎器也。離宫二世卦。**革去**羌吕反，下皆同。**賢愚别**彼列反。**尊卑序**本亦作「有别有序」。**以木巽火亨**本又作亯，同。普庚反，煑也。下及注「聖人亨」、「大亨」、「亨飪」、「亨者」並同。**飪**入甚反，熟也。徐而鴆反。**以享**香兩反，注「享上帝」同。**上行**時掌切。**凝**魚承反，嚴皃。鄭云：成也。翟作擬，云：度

[一]「肕」，通志堂本作「韌」。

[二]「數」，通志堂本作「敷」。

也。**顛**丁田反，倒也。**趾**音止。**利出**徐尺遂反。或如字，注及下同。**否**悲已反，惡也，注及下同。**是覆**芳目反，下皆同。**趾倒**丁老反，下同。**以爲**于僞反，下「體爲」同。**未悖**必内反，逆也。**我仇**音求，匹也。鄭云：怨耦曰仇。**可復**扶又反，下同。**其行**下孟切，注同。**塞**悉則反。**雉膏**如字。鄭云：雉膏，食之美者。**折足**示舌反，注同。**餗**送鹿反。虞云：八珍之具也。馬云：鍵也。鍵音之然反。鄭云：菜也。**形渥**於角反，沾也。鄭作剭，音屋。**且施**始豉反。**所盛**音成。**知小**音智。**金鉉**玄典反，徐又古玄反，又古冥反，一音古螢切。馬云：鉉，扛鼎而舉之也。**用勁**古〔一〕政反。

☳震止慎反，動也。八純卦，象雷。**以成**成亦作盛〔二〕。**虩虩**許逆反。馬云：恐懼皃。鄭同。荀作「愬愬」。**笑言**言亦作語，下同。**啞啞**烏客反。馬云：笑聲。鄭云：樂也。**怠**本又作殆。**惰**徒臥反，下同。**解慢**佳賣反，下同。**恐致**曲勇反，下文注皆同。**不喪**息浪反，卦内並同。**匕**必以反。**鬯**勑亮反，香酒。**堪長**丁丈反。**己出**音紀。**洊**在薦反，徐又在悶反。**億**本又作噫，同。於其反，辭也。六五同。鄭於力反，云：十万曰億。**喪**息浪反，注同。荀如字。**貝**如字。荀音敗。**躋**本又作隮，子西反，升也。**雖復**扶又反，上六注同。**蘇蘇**疑懼皃。王肅云：躁動皃。

〔一〕「古」，寫本作「吉」。
〔二〕「盛」，盧本作「威」。

鄭云：不安也。馬云：尸禄素飡皃。**无眚**生領反。**遂泥**乃計反，下同。荀本遂作隊，泥音乃低反。**困難**乃旦反。**索索**桑洛反，注及下同，懼也。馬云：内不安皃。鄭云：猶縮縮，足不正也。**視**如字。徐市至反。**矍矍**俱縛反。徐許縛反。馬云：中未得之皃。鄭云：目不正。**婚媾**古豆反。**彼動故懼**故或作而。

䷳艮根恨反，止也。鄭云：艮之言很也。八純卦，象山。**其背**必内反，徐甫載反。**相背**音佩，下「相背」同。**否之**備鄙反。**令物**力呈反。**而强**其兩反。**姸邪**似嗟反。**敵應**應對之應，又音膺。**其趾**如字。荀作止。**腓**符非反。本又作肥，義與咸卦同。**不承**音拯救之拯。馬云：舉也。**不快**苦夬反。**其限**馬云：限，要也。鄭、荀、虞同。**夤**引真反。馬云：夾脊肉也。鄭本作䐜。徐本又音胤。荀作腎，云：互體有坎，坎爲腎。**薰**許云反。荀作動，云：互體有震，震爲動。**器喪**息浪反〔一〕。

䷴漸捷檢反。以之前爲義，即階漸之道。艮宫歸魂卦。**女歸吉也**王肅本還作「女歸吉利貞」。**善俗**王肅本作「善風俗」。**于干**如字。鄭云：干，水傍，故停水處。陸云：水畔稱干。毛傳詩云：涯也。又云：澗也。荀、王肅云：山間澗水也。翟云：涯也。**則困於小子**本又作「則困讒於小子」。**於謗**博浪反。**讒諛**音臾。**磐**畔干反，山石之

〔一〕「反」下，原衍「一」字，據通志堂本刪。

安也。馬云〔二〕：山中磐紆。衎衎苦旦反。馬云：饒衍。禄養羊尚反。歡樂音洛。于陸陸，高之頂也。馬云：山上高平曰陸。孕以證反。說文云：懷子曰孕，弋甑反。鄭云：猶娠也。荀作乘。復反扶又反。邪配似嗟反。合好呼報反。能閒閒廁之閒。離群力智反。鄭云：猶去也。桷音角。翟云：方曰桷。桷，椽也。馬、陸云：桷，榱也。說文云：秦曰榱，周謂之椽，齊、魯謂之桷。安棲音西，字亦作栖。不累劣僞反。峩峩五何反。

䷵歸妹婦人謂嫁曰歸。妹者，少女之稱。兌宮歸魂卦。少女詩照反，下皆同。之稱尺證反，下同。爲長丁丈反，下皆同。說以音悅，後並同。所歸妹也本或作「所以歸妹」。不樂音洛。妖邪似嗟反。知弊婢世反。以娣大計反。跛波我反。娣從才用反，又如字。眇彌小反。以須如字，待也。鄭云：有才智之稱。荀、陸作嬬。陸云：妾也。愆期起虔反。馬云：過也。遲雉夷反，晚也，緩也。陸云：待也。一音直冀反。不正不應本亦作无應。有待而行也一本待作時。之袂彌世反。月幾音機，又音祈。荀作既。承匡曲亡反。鄭作筐。刲苦圭反。馬云：刺也。一音工惠反。

〔二〕「云」原作「六」，據通志堂本改。

周易下經豐傳第六

䷶豐芳忠反。字林匹忠反。依字作豐，今並三直畫，猶是變體。若曲下作豆〔一〕，禮字耳，非也。世人亂之久矣。彖及序卦皆云：大也。案豐是腆厚光大之義。鄭云：豐之言倎〔二〕，充滿意也。坎宮五世卦。王假庚白反，至也，下同。馬古雅反，大也。闡昌善反。而令力呈反。以徧音遍。則昃如字〔三〕。孟作稷。則食如字。或作蝕，非。則溢本或作「則方溢」者，非。以折之舌反，斷也。下及注同。其配如字。鄭作妃，云：嘉耦曰妃。雖旬如字，均也。王肅尚純反，或音脣。荀作均。劉昞作鈞。則爭爭鬬之爭，下皆同。蔀音部。王廙同，蒲户反。王肅普苟反。略例云：大暗之謂蔀。馬云：蔀〔四〕，小也。鄭、薛作菩，云：小席。見斗孟作「見主」。曖音愛。鄣音章，又止尚反。字又作障，同。斗見者賢遍反，下「不見」同。不邪似嗟反。沛本或作旆，謂幡幔也。又普貝反。姚云：滂沛

〔一〕「豆」原作「者」，據通志堂本改。
〔二〕「倎」，盧本作「腆」。
〔三〕「如字」，寫本作「側音」。
〔四〕「蔀」原作「菩」，據通志堂本改。

也。王廙豐蓋反，又補賴反。徐普蓋反。子夏作芾，傳云：小也。鄭、干作芾[一]，云：祭祀之蔽膝。**沬**徐武蓋反。又亡對反。微昧之光也。字林作昧，亡大[二]反，云：斗杓後星。王肅云：音妹。鄭作昧。服虔云：日中而昏也。子夏傳云：昧，星之小者。馬同。薛云：輔星也。**肱**古弘反。姚作股。**幡**芳袁反。**幔**末半反。**以禦**魚呂反。**微昧**音妹。**豐其屋**說文作寷，云：大屋也。**闚**苦規反。李登云：小視。**闃**苦鶪反。徐苦鵙反。一音苦馘反。馬、鄭云：无人皃。字林云：靜也。姚作閱，孟作窒，並通。**覿**徒歷反。**藏**如字。**廕**於鴆反。**其行**下孟反。**治道**直吏反，下同。**天際**如字。鄭云：當爲瘵。瘵，病也。**翔**鄭、王肅作祥。**翳光**烏細反。**自藏**如字。衆家作戕，慈羊反。馬、王肅云：殘也。鄭云：傷也。**有爲**于僞反。**不出户庭**此引節卦九二爻辭，應云「門庭」，作「户」誤也。或云：門、户通語。

䷷旅力舉反。羇旅也。序卦云「旅而無所容」，雜卦云「親寡旅」是也。離宮一世卦。王肅等以爲軍旅。**特重**直用反。**物長**丁丈反。**而復**扶又反，六五注同。**令附**力呈反。**非知**音智。**瑣瑣**悉果反。或作璅字者，非也。鄭云：瑣瑣，小也。馬云：疲弊皃。王肅云：細小皃。**懷其資**本或作「懷其資斧」，非。**喪**息浪反，卦内并下卦同。**爲施**始豉反。**與萌**如字。又音預。**得其資斧**如字。子夏傳及衆家並作「齊斧」。張軌云：齊斧，蓋黄鉞斧也。張

〔一〕「芾」，通志堂本作「韋」。
〔二〕「大」，通志堂本作「太」。

晏云：整齊也。應劭云：齊，利也。虞喜志林云：齊當作齋，齋戒入廟而受斧。下卦同。不快苦夬反。斫諸若反。平坦吐但反。射雉食亦反，注同。而上時掌反。上逮音代，一音大計反。號户羔反。咷道羔反。于易以豉反，注同。王肅音亦。所嫉音疾。字林音自。本亦作疾。下同。其義焚也馬云：義，宜也。一本作「宜其焚」。喪牛之凶本亦作「喪牛于易」。

䷸巽孫問反，入也。廣雅云：順也。八純卦，象風象木。巽弟大計反，本亦作悌。重巽直龍反。齊邪似嗟反，下并下卦同。志治直吏反。紛芳云反。廣雅云：衆也，喜也。一云盛也。而復扶又反，下同。神祇祁支反。頻顣千寂反。又子六反。此同鄭意。不樂音洛。遠不袁万反。之庖步交反。先庚西薦反，注同。後庚胡豆反。卒以寸忽反〔一〕，下同。不説字又作悦，同。先申音身。或作甲字，非。以斷丁亂反，下同。

䷹兑徒外反，悦也。八純卦，象澤。兑説音悦，卦内並同。以先西薦反。又如字。犯難乃旦反。麗澤如字。麗，連也。鄭作離，云：猶并也。黨繫本亦作係。商兑如字。商，商量也。鄭云：隱度也。介疾音界，隔也。馬云：大也。將近附近之近。比於毗志反。道長丁丈〔二〕反。

〔一〕「反」原作「厄」，據通志堂本改。

〔二〕「丈」原作「長」，據通志堂本改。

䷺渙呼亂反，散也。序卦云：離也。離宮五世卦。王假庚〔一〕白反，下同。梁武帝音賈。而上如字。又時掌反。之難乃旦反，卦內同。之累劣僞反。享于香兩反。用拯拯救之拯。馬云：舉也。伏曼容云：濟也。王肅云：拔也。子夏作抍。抍，取也。以逝逝又作遊。厄劇本又作「危處」，又作「厄處」。逃竄七亂反。險爭爭鬭之爭。机音几。有丘姚作「有近」。匪夷荀作「匪弟」。丘墟去魚反。渙汗下旦反。以蕩徒黨反。險阨於隔反。以假古雅反。逖湯歷反。血去羌呂反。最遠袁万反，下「於遠」、象「遠害」並同。不近附近之近。

䷻節薦絜反，止也。明禮有制度之名。一云分段支節之義。坎宮一世卦。男女別彼列反。復正扶又反。說以音悅，注同。澤上有水上或作中，今不用。德行下孟反，下注同。故匿女力反。所怨紆万反，又紆元反。

䷼中孚芳夫反，信也。艮宮遊魂卦。豚徒尊反。黄作遯。說而音悅，下注皆同。乖爭爭鬭之爭。之行下孟反。畜之許六反，本或作獸。涉難乃旦反。有它音他。燕音鷰。鶴户各反。和之胡臥反，注及下同。好爵如字。王肅呼報反。孟云：好，小也。爾靡本又作糜〔二〕，同。亡池反，散也。干同。徐又武寄反，又亡彼反。韓詩云：共也。孟同。埤蒼作縻，云：散也。陸作𦂊。京作劘。重陰直龍反。不徇似俊反。或罷如字。王肅音皮。徐

〔一〕「庚」，寫本作「格」。

〔二〕「糜」，通志堂本作「縻」。

扶彼反。少陰詩照反。長陰丁丈反。相比毗志反。而鬩五代反。憊備拜反。幾望音機，又音祈。京作近。荀作既。而上時掌反，象同。攣力圓反。廣雅云：拳也。可舍音捨。翰胡旦反，高飛。内喪息浪反。

䷽小過古臥切，義與「大過」同。王肅云：音戈。兑宫遊魂卦。遺之如字。不宜上時掌切，注同。下及文「不宜上」、上六注「上」亦同。鄭如字，謂君也。而浸子鴆反。以行下孟反。所錯本又作措，又作厝，同，七路切。其妣必履切。于僭子念切。盡於津忍反。或戕徐在良切，注同。故令力呈切，注〔一〕同。先過西薦切。而復扶又切，卦末同。晏安於諫切，又音宴。鴆除蔭切。本亦作酖。没怯去業切。公弋餘職切。則蒸章勝切。字又作烝。或作媵字，非。小畜本又作蓄，同。勑六切。其施始豉切。而難乃旦切。已上也並如字。上又時掌切，注同。鄭作尚，云：庶幾也。陽已上故止也本又作「陽已上故少陰止」。少，音多少之少。上六弗遇玉付切。本多誤，故詳之。災眚生領切。

䷾既濟節計切，下卦同。鄭云：既，已也，盡也；濟，度也。坎宫三世卦。亨小絶句。以「小」連「利貞」者，非。則邪似嗟切，下同。曳以制切。濡其音儒，注同。於燥西早切。未造七報切。易以豉切。棄難乃旦切，卦末并下卦同。婦喪息浪切，注皆同。其茀方拂切，首飾也。馬同。干云：馬髴也。鄭云：車蔽也。子夏作髴。荀作紱。

〔一〕「注」，盧本作「下」。

董作髢。**不比**毗志切。**鬼方**蒼頡篇云：鬼，遠也。**憊**備拜切。鄭云：劣弱也。陸作備，云：當爲憊。憊，困劣也。**繻有**而朱切。鄭、王肅云：音須。子夏作襦。王廙同。薛云：古文作繻。**衣袽**女居切。絲袽也。王肅音如。説文作絮，云：緼也。廣雅云：絮，塞也。子夏作茹。京作絮。**有郤**〔一〕去逆切。**禴**羊略切，祭之薄者。**沼**之紹切。**沚**音止。**蘋**音頻。**蘩**音煩〔二〕。**非馨**呼庭切。

䷿未濟離宮三世卦。**小狐**徐音胡。**汔**許訖切。説文云：水涸也。鄭云：幾也。**令物**力呈切。**各得其所**一本得作當。**經綸**本亦作論，同。音倫，又魯門切。**屯**張倫切。**蹇**紀勉切。**循難**似遵切。猶履也。**喪其**息浪切。**已比**上音紀，下毗志切。**以近**附近之近。**暉**許歸切，字又作輝。**而耽**丁南切。**於樂**音洛。

周易繫徐胡詣切，本系也。又音係，續也。字從毄，若直作毄下系者，音口奚切，非。**辭**本亦作嗣〔三〕，依字應作詞，説也。説文云：詞者，意内而言外也。辤，不受也。受辛者，辤。辝，籀文辤字也。**上第七**本亦作「繫辭上」，王肅本皆作「繫辭上傳」，訖於雜卦，皆有「傳」字。本亦有無「上」字者，非。**韓伯注**本亦作「韓康伯注」。案王輔嗣止注大〔四〕經，講者相承，用韓注繫辭以下續之。

〔一〕「郤」，盧本作「隙」。

〔二〕「蘩音煩」三字，原無，據通志堂本補。

〔三〕「嗣」原作「辭」，據盧本改。

〔四〕「大」原作「六」，據黄校改。黄校云：盧本改作「大」，是也。

地卑如字，又音婢。本又作埤，同。其易之門本亦作「其易之門户」。斷矣丁亂切。之分符問切。章末注同。著矣張慮切。見矣賢遍切，注同。縣象音玄。雨施始豉切。相摩本又作磨，末何切。京云：相磑切也。磑，音古代切。馬云：摩，切也。鄭注禮記云：迫也。迫音百。相盪衆家作蕩。王肅音唐黨切。馬〔一〕云：除也。桓云：動也。唯韓云：相推盪。鼓之虞、陸、董皆云：鼓，鼓動也。霆王肅、吕忱音庭。徐又徒鼎切。又音定。京云：霆者雷之餘氣，挺生萬物也。説文同。蜀才云：凝爲電。運行姚作「違行」。大始音泰。王肅作泰。坤作虞、姚作「坤化」。姚云：化當爲作。易知以豉切，訖章末同。鄭、荀、董並音亦。簡能如字。姚云：能當爲從。而成位乎其中馬、王肅作「而易成位乎其中」。繫辭音系，卷内皆同。焉而明吉凶虞本更有「悔吝」二字。迭田節切。剛柔者晝夜之象虞作「晝夜者剛柔之象」。三極陸云：極，至也。馬云：三統也。鄭、韓云：三才也。王肅云：陰陽、剛柔、仁義爲三極。能見賢遍切。易之序也陸云：序，象也。京云：次也。虞本作象。所樂音岳，適會也。虞本作「所變」。而玩五〔二〕亂切，研玩也。馬云：貪也。鄭作翫。祐之音又，後同。爻者户交反。説文云：交也。小疵徐〔三〕才斯切。馬云：瑕也。辯吉凶如字。京云：明也。虞、董、姚、顧、蜀才並云：別也。音彼列切。見乎賢遍切。

〔一〕「馬」，寫本作「徐」。
〔二〕「五」原作「玉」，據寫本及通志堂本改。
〔三〕「徐」原作「除」，據通志堂本改。

乎介音界，注同。王肅、干、韓云：纖介也。纖息廉切。震无咎馬云：震，驚也。鄭云：懼也。王肅、韓云：動也。周云：救也。險易以豉切，注同。京云：險，惡也；易，善也。之否備鄙切。天地準如字。京云：準，等也。鄭云：中也，平也。弥如字。本又作彌。綸音倫。京云：弥，遍；綸，知也。王肅云：綸，纏裹也。荀云：弥，終也；綸，迹也。天下之道一本作「天地」。俯以音甫。察於一本作「觀於」。反終鄭、虞作「及終」。之説如字。宋衷始鋭切，云：舍也。烟音因。熅紆云切。盡聚津忍切，下同。知周音智，注同。道濟如字。鄭云：道當作導。不流如字。京作留。樂天音洛，注同。虞作「變天」。功贍涉豔切。範圍鄭云：範，法也。馬、王肅、張作「犯違」。張云：犯違，猶裁成也。而知如字。荀爽、荀柔之、明僧紹音智。以上時掌反。之稱尺證反，下章及注同。知者音智，下「之知」、注「知者」、「其知」、「仁知」並同。其分符問反。鮮矣悉淺反，注同。師説云：盡也。鄭作尟。馬、鄭、王肅云：少也。藏諸才剛反。鄭作臧，云：善也。衣於既反。被皮寄反。則有經營之功也本亦无功字。一本功作迹。成象蜀才作「盛象」。爻法胡孝反。馬、韓如字，云：放也。蜀才作效。形詰去吉反。大虚音泰，下「大極」同。欻爾況勿反。自造在早反，下同。稱極尺征反。爲稱尺證反。不禦魚吕反，禁止也。乎迩本又作邇，音尒。也專如字。陸作塼，音同。也翕虚級反，斂也。也闢婢亦反，開也。易簡以豉反。知崇音智，注同。禮蜀才作體。卑必彌反。本亦作埤，徐音婢，下同。賾仕責反，下同。九家作册。京作嘖，云：情也。典禮京作「等禮」，姚作

「典體」。以斷丁亂反，下注同。惡也於嫁反。荀作亞。亞，次也。又烏路反。馬、鄭烏洛反，並通。言天下之至動而不可亂也衆家本並然。鄭本作「至賾」，云：賾當爲動。九家亦作册。可遠袁万反。之惡〔一〕烏路反。錯之七各反。議之陸、姚、桓玄、荀柔之作「儀之」。則盡津忍反。子和胡卧反，注同。靡之本又作縻，亡池反。徐又亡彼反。京作劘。行發下孟反，下同。見乎賢遍反。樞尺朱反。王廙云：户樞也。一云門臼〔二〕。機王廙云：弩牙也。先號户羔反。咷道羔反。或默亡北反。字或作嘿。利斷丁亂反。王肅丁管反。其臭昌又反。

初六藉在夜反，下同。用白茅卯交反。无咎或以此爲別章，今不用。苟錯七故反。本亦作措。可重直勇反。慎斯術也時震反。鄭、干同。一本作「順」，師用義。鄭云：術，道。不德鄭、陸、蜀才作置。鄭云：置當爲德。下人遐嫁反，後同。爲階姚作機。爲易者本又云「作易者」。乘釁許覲反。致寇至徐或作戎。宋衷云：戎誤。乘也者如字。一讀繩證反。慢藏才浪反。誨如字，教也。虞作悔，謂悔恨。冶容音也。鄭、陸、虞、姚、王肅作野，言妖野容儀教誨淫泆也。王肅云：作野音也。

大衍延善反，又注「演」同。鄭云：衍，演也。干云：合也。王廙、蜀才云：廣也。大極音泰。掛一卦買反，別也。王肅音卦。揲時設反。案：揲猶數也。説文云：閲持也。一音思頰反。徐音息列反。鄭云：取也。歸奇紀宜

〔一〕「之惡」，黄校云：盧本改作「惡之」，是也。

〔二〕「臼」原作「彐」，據通志堂本改。

反，注下同。於扐郎得反，下同。馬云：指閒也。荀柔之云：别也。後掛京作卦，云：再扐而後布卦。之策初革反。字亦作筴。當如字，下同。期本又作朞，音基，同。而伸本又作信，音身。而長丁丈反。德行下孟反。酬市由反。徐又音疇。酢在洛反。京作醋。與祐音又，助也。馬云：配也。荀作侑。

聖人之道明僧紹作「君子之道」。以言者下三句無以字，一本四句皆有。如響許兩反，又作嚮。能與音預，下及注同。參伍七南反。錯七各反。綜宗統反。天地之文一本作「天下」。虞、陸本作「之爻」。无籌直周反。研蜀才作揅。幾也如字。本或作機。鄭云：機當作幾〔一〕。幾，微也。夫易開王肅作闓，音同。物成務一本無「夫易」二字。冒天莫報反，注同。覆也。以斷丁亂反，下二章同。蓍音尸。圓而本又作員，音同。方以知音智，注同，下「知以」、「叡知」、注「神知」皆同。有分符問反。易以以豉反。韓音亦，謂變易。貢如字。告也。京、陸、虞作工。荀作功。洗心劉瓛悉殄反，盡也。王肅、韓悉禮反。京、荀、虞、董、張、蜀才作先。石經同。洗濯直角反。藏往如字。劉作「臧」，善也。能與音預。不殺馬、鄭、王肅、干所戒反。師同。徐所例反。陸、韓如字。者夫音符，下同。齊戒側皆反，注同。以神明其德夫荀、虞、顧絶句。衆皆以「夫」字爲下句，一本無「夫」字。闔户胡臘反。闢户婢亦反。王肅甫亦反。施生始豉反。見乃賢遍反。

〔一〕「機當作幾」，寫本作「幾當作機」。

是故易有大極大音泰，注同。大極，无也。馬云：北辰也。王肅云：此章首獨言「是故」者，摠衆章之意。无稱之稱並尺證反。縣象音玄。探吐南反。賾九家作册。索隱色白反。亹亹亡偉反。莫善乎蓍龜本亦作「莫大」。見吉賢遍反。河出如字。又尺遂反，下同。洛出王肅作雒。漢家以火德王，故從各、隹。又以尚賢也鄭本作「有以」。子曰書不盡如字。又津忍反，下同。之縕紆粉反。徐於憤反。王肅又於問反。之奥烏報反。而上時掌反。而錯七故反，注同。本又作措。之賾本亦作「之至賾」。而裁音才，本又作財。默而成本或作「默而成之」。德行下孟切。

周易〔一〕繫辭下第八

而重直龍切，注同。明治直吏切。繫辭音係，卷内皆同。而命孟作明。或否備鄙切。而斷丁亂切。則見賢遍切，下及注皆同。趣時七樹切。貞勝姚本作「貞稱」。乎累劣僞切。殉吉辭俊切，後同。未離力智切。盡會津忍切，下同。貞觀官煥切。又音官。貞夫音符。確然苦角切。馬、韓云：剛皃。說文云：高至。人

〔一〕「周易」二字原無，據通志堂本補。

易以豉切，下注同。隤然大回切。馬、韓云：柔皃也。孟作退。陸、董、姚作妥。像此音象。施生始豉切。大寶孟作保。曰人王肅、卞伯玉〔一〕、桓玄、明僧紹作仁。禁民音金。又金鳹〔二〕切。包本又作庖，白交切。鄭云：取也。孟、京作伏。犧許宜切。字又作羲。鄭云：鳥獸全具曰犧。孟、京作戲，云：伏，服也；戲，化也。氏包犧氏，大皞，三皇之最先。之王于況切。不究九又切。爲罟音古。馬、姚氏云：猶〔三〕网也。黄本作「爲网罟」，云：取獸曰网，取魚曰罟。以佃音田，本亦作田。以漁音魚〔四〕。本亦作魚。又言庶切。馬云：取獸曰佃，取魚曰漁。斲木陟角切。爲耜音似。京云：耒下耓也。陸云：廣五寸。耓，音勑丁切。爲耒〔五〕力對切。京云：耜上句木也。説文云：耜〔六〕，曲木，垂所作。字林同，力隹切。徐力猥〔七〕切。垂造作也。本或「楺。木爲之耒耨」，非。耒耨之利奴豆切。馬云：鉏也。孟云：耘除草。爲市世本云：祝融爲市。宋衷云：顓頊臣也。説文云：市，時止切。噬市制切。嗑胡

〔一〕「玉」原作「王」，據通志堂本改。
〔二〕「鳹」原作「鳩」，據通志堂本改。
〔三〕「云猶」，原闕，據通志堂本補。
〔四〕「魚」原作「漁」，據通志堂本改。
〔五〕「爲耒」條上，寫本有「揉木：如九反，京、姚作柔，説文作煣，云屈申木也」，計十八字。
〔六〕「耜」，寫本作「耕」。
〔七〕「猥」，原作「很」，據通志堂本改。

臘切。不解佳賣切。易窮則變變則通通則久一本作「易窮則變通則久」。祐之音又。本亦作佑。下治直吏切，章末同。以別彼列切。一本作辯。挎本又作刳，口孤切。徐音口溝切。掞以冉切。本亦作剡。楫本又作檝，將輒切，下同。徐音集。又子入切。方言云：楫謂之橈，或謂之櫂。説文云：楫，舟櫂也。致遠以利天下一本無此句。諸渙音喚。以利天下蓋取諸隨一本無「以利天下」一句。重門直龍切。柝他洛切。馬云：兩木相擊以行夜。説文作欜。字林他各切，同。暴客白報切。鄭作虣。斷木丁緩切，又徒緩切。斷，斷絶。爲杵昌吕切。掘地其月切，又其勿切。爲臼求酉切。爲弧音胡。説文云：木弓。剡木以冉切。字林云：鋭也。因〔一〕冉切。諸睽苦圭切，又音圭。則争争鬬之争，下同。厚衣於既反。喪期並如字。无數色具反。棺槨上音官，下音郭。而治直吏反，下同。書契苦計反。決斷都亂反。象也者像也衆本並云：像，擬也。孟、京、虞、董、姚還作象。卦奇紀宜反，注同。德行下孟反，下同。畫奇音獲，下同。憧憧本又作僮，昌容反。以貫古亂反。屈也丘勿反，下同。信也本又作伸，同。音申，下同。韋昭漢書音義云：古伸字。尺蠖紆縛反，蟲名也。徐又烏郭反。龍蛇本又作虵，同。之蟄直立反。全身本亦作存身。思慮息吏反。而累劣僞反。蒺音疾。藜音棃。死其其亦作期。射食亦反，下注同。隼恤允反。高墉音容。不括古活反，結也。結閡五代反。不懲直升反。屨俱遇反。

〔一〕「因」，寫本作「囚」。

校胡孝反，下同。滅止本亦作趾。弗去羌吕反。何校河可反。又音河。其治直吏反，下同。知小音智。毀不本亦作鮮，仙善反，少也。折足之設反。覆公芳六反。餗音速。馬作粥。形渥於角反。不勝音升。而上時掌反。未離力智反。先見賢遍反。介于徐音戒，衆家作介〔一〕。徐云：王廙古黠反。斷可丁亂反，注同。復行扶又反，注「復行」同。造形七報反。之分符問反。无祇韓音祁支反，注同。王廙、輔嗣音支。舍凶音捨。絪本又作氤，同。音因。縕本又作氳，紆云反。化醇音淳〔二〕。易其以豉反。不迕五路反，字亦作忤。其易之門邪本又作「門户邪」。之撰仕勉反，下章同。數也。廣雅云〔三〕：定也。王肅士眷反。數也色柱〔四〕反。爻繇直救反，下同。服虔云：抽也，抽出吉凶也。韋昭云：由也，吉凶所由而出也。於稽古兮反，考也。闡幽昌善反，明也。辯物如字。徐扶勉反，别也。斷辭丁亂反，注同。辭文如字，一音問。而中丁仲反，注同。因貳音二。鄭云：當爲式。民行下孟反，注同。所蹈徒報反。之柄兵病反。之脩如字。鄭云〔五〕：治也。馬作循。之辯如

〔一〕「介」，黄校云：寫本注文「介」作「砎」。
〔二〕「淳」原作「亨」，據寫本及通志堂本改。
〔三〕「云」原作「去」，據通志堂本改。
〔四〕「柱」，寫本作「主」。
〔五〕「云」原作「六」，據通志堂本改。

字。王肅卜免反。不厭於豔反，注同。後易以豉反，注同。長裕丁丈反，注同。其施始豉反，下同。巽稱尺證反，又尺升反。和行下孟反。以遠于〔一〕万反，注同。不濫力暫反。可遠馬、王肅、韓袁万反，注皆同。師讀如字。上下時掌反，章末同。趣舍音捨。處昧音妹。而揆葵癸反，度也。其方馬云：方，道。能循似倫反。以度待洛反。以要一遥反，下文「要終」同。其要於妙反。易知以豉反〔二〕。撰德鄭作算，云：數也。噫於其反。王肅於力反，辭也。馬同。亦要一妙反，絶句。又一遥反，則句至「吉凶」。則居馬如字，處也。師音同。鄭、王肅音基，辭〔三〕。知者音智。彖辭吐貫反。馬云：彖辭，卦辭也。鄭云：爻辭也。周同。王肅云：彖，舉象之要也。師説通謂爻卦之辭也。一云即夫子彖辭。則思息吏反。貫之古亂反。轉近附近之近，下章「以近」同。而上時掌反。須援于眷反。剛勝升證反。一音升。勝其音升。閑邪似嗟反。其當如字，下「當文王」同。紂直又反。蒙難乃旦反。能亨許庚反。易者以豉反，注同。其治直吏反。德行下孟反，下「德行」同。易以以豉反，下注「險易」同。知阻莊呂反。能説音悦，注同。亹亹亡偉反。鄭云：没没也。王肅云：勉也。役思息吏反。探吐南反。射食亦反。不厭於豔反。以盡津忍反，下同。愛惡烏路反，注同。鄭烏洛反。泯然亡忍反。比爻毗至

〔一〕「于」，寫本作「袁」。

〔二〕「反」下，寫本有「注同」二字，當是。

〔三〕「辭」上，寫本有「云」字。黄校云：王肅蓋讀「居」爲檀弓曰「何居」之「居」，而以爲助詞也。

反。**辭枝**音支。**誣善**音無。

周易説卦第九

幽贊本或作讚，子旦反。幽，深也。贊，明也。**蓍**音尸。説文云：「蒿屬，生千歲，三百莖。易以爲數，天子九尺，諸侯七尺，大夫五尺，士三尺。」毛詩草木疏云：似藾蕭，青色，科生。鴻範五行傳云：蓍百年生一莖〔一〕，一本生百莖。論衡云：七十歲生一莖，七百歲生十莖〔二〕，神靈之物，故生遲也。史記云：生滿百莖者，其下必有神龜守之，其上常有雲氣覆之。淮南子云：上有叢蓍，下有伏龜。**如嚮**香兩反，本又作響。**參**七南反。又如字，音三。**天**或作大〔三〕者，非。**而倚**於綺反。馬云：依也。王肅其綺反，云：立也。虞同。蜀才作奇，通。**數**色具反。**參奇**紀宜反。**觀變**一本作「觀變化」。**發揮**音輝。鄭云：揚也。王廙、韓云：散也。**盡性**津忍反。**要其**一遥反。**迭用**田節反。**六位而成章**本又作「六畫」。**相薄**旁各反。陸云：相附薄也。馬、鄭、顧云：薄，入也。**相射**食亦反〔四〕。虞、陸、董、姚、

〔一〕「生一莖」，原無，據寫本補。

〔二〕「莖」，原無，據通志堂本補。

〔三〕「大」，通志堂本作「夫」。

〔四〕「反」下，寫本有「入也京」三字。

王肅音亦，云：厭也。數往色具反，又色主反。而數色主反，下文同。晅〔一〕況晚反。京云：乾也。本又作暅。徐古鄧切。又一音香元反。以説音悦，後皆同。嚮明許亮反。而治直史反。妙萬物如字。王肅作眇，音妙。董云：眇，成也。橈徐乃飽反。王肅乃教反。又呼勞反。熯王肅云：呼但反，火氣也。徐本作暵。音漢，云：熱暵也。説文同。莫盛是政反。鄭音成，云：裹也。水火不相逮音代，一音大計反。鄭、宋、陸、王肅、王廙無不字。悖必内反，逆也。爲豕京作彘。爲狗音苟。一索色白反，下同。馬云：數也。王肅云：求。長男丁丈反，下「長女」、「長子」皆同。中男丁仲反，下同。少男詩照反，下「少女」皆同。爲圜音圓。瘠在亦反，下同。王廙云：健之甚者爲多骨也。京、荀作柴，云：多筋幹。駁〔二〕邦角反。爲釜房甫反。爲吝京作遴。嗇音色。爲柄彼病反。爲龍如字。虞、干作駹。虞云：倉色。干云：雜色。爲旉王肅音孚。干云：花之通名，鋪爲花皃謂之藪。本又作專，如字。虞同。姚云：專，一也。鄭市戀反。蒼筤音郎。或作琅，通。萑〔三〕音丸。廣雅云：薍也。薍音狄。葦韋鬼反。蘆〔四〕。馵主

〔一〕「晅」，寫本作「烜」。黄校云：嚴云石經元本「烜」作「晅」，説文有「烜」無「晅」。
〔二〕「駁」，寫本作「駮」。
〔三〕「萑」，寫本作「藿」。
〔四〕「蘆」下，寫本及盧本有「也」字。

樹反。京作朱[一]。荀同。陽在下。的丁歷反。説文作馰。顙桑黨反。的顙白顛。反生麻[二]豆之屬反生，戴莩甲而出也。虞作阪，云：陵坊也。陸云：阪當爲反。蕃音煩。鮮息連反。爲臭昌又反。王肅作「爲香臭」。寡髮如字。本又作宣，黑白雜爲「宣髮」。爲廣如字。鄭作黄。爲近附近之近。三倍步罪反。其究九又反。矯紀表反。一本作撟，同。輮[三]如九反。王肅奴又反。又女九反。下又如又反。馬、鄭、陸、王肅本作此。宋衷、王廙作揉。宋云：使曲者直、直者曲爲揉。京作柔。荀作橈。弓輪姚作倫[四]。美脊精亦反。爲亟紀力反。王肅去記反。荀作極，云：中也。爲薄旁博反。蹢徒低反。爲曳以制反。眚生領反。王廙云：病。甲冑直[五]又反。乾卦古丹反。鄭云：乾當爲幹，陽在外能幹正也。董作幹。鱉卑列反。本又作鼈，同。蟹户買[六]反。蠃力禾反。京作螺，姚作蠡。蚌步項反。本又作蜯，同。科苦禾反，空也。虞作折。槁苦老反。鄭作槀。干作熇。爲徑古定反。果蓏力火反。馬云：果，桃李之屬；蓏，瓜瓠之屬。應劭云：木實曰果，草實曰蓏。説文云：在木曰果，在地曰蓏。張晏云：

[一]「朱」，黄校云：雅雨本「朱」作「末」，惠云項安世引作「末」，下云「陽在下」，疑「末」字是。

[二]「麻」，盧本作「豌」。

[三]「輮」，黄校云：案説文，「輮」訓車輞，無「揉」字；火部「煣」，屈申木也，是「矯輮」字正當作「煣」。

[四]「倫」，寫本作「綸」。

[五]「直」，寫本作「丈」。

[六]「買」，原作「賣」，據寫本及阮校改。

有核曰果，無核曰蓏。京本作「果墮」之字。**闇**音昏。**寺**如字。徐音侍，亦作閹字〔一〕。**黔**其廉反。徐音禽。王肅其嚴反。鄭作黚，謂虎豹之屬，貪冒之類。**喙**況廢反。徐丁遘反。**爲堅多節**一本無「堅」字。**爲巫**亡符反。**附決**如字。徐音穴。**剛鹵**力杜反。鹹土也。**爲羊**虞作羔。此六子依求索而爲次第也。本亦有以三男居前，三女後〔二〕從。「乾，健也」章至此，韓無注。或有注者，非〔三〕也。荀爽九家集解本乾後更有四〔四〕，爲龍、爲直、爲衣、爲言；巛後有八，爲牝、爲迷、爲方、爲囊、爲裳、爲黄、爲帛、爲漿；震後有三，爲王〔五〕、爲鵠、爲鼓；巽後有二，爲揚、爲鸛；坎後有八，爲宫、爲律、爲可、爲棟、爲叢棘〔六〕、爲狐、爲蒺蔾、爲桎梏；離後有一，爲牝牛；艮後有三，爲鼻、爲虎、爲〔七〕狐；兑後有二，爲常、爲輔頰。注云：常，西方神也。不同，故記之於此。

〔一〕「亦作閹字」，寫本作「蜀才作閹」。

〔二〕「三女後」，寫本作「三女在後者」。

〔三〕「非」上，寫本有「疑」字。

〔四〕「有四」下，寫本有「云」字。下文「有八」、「有三」、「有二」、「有八」、「有一」及「有三」下，寫本皆有「曰」字。

〔五〕「王」，寫本作「主」。

〔六〕「棘」原作「梗」，據寫本及通志堂本改。

〔七〕「爲」，原闕，據通志堂本補。

周易序卦第十

之稺直吏反，本或作稚。爭興爭鬭之爭，下同。所比毗志反，下注同。所畜敕六反，本亦作蓄〔一〕，下及雜卦同。以否備鄙反，下同。以觀官喚反。亨則許庚反。鄭許兩反。徐音向，同。實喪息浪反。所錯七各反，注同。徐七路反。之緼紆粉反，本又作藴〔二〕。遠小人袁万反。有難乃旦反，下同。以解音蟹，下同。決邪似嗟反。而上時掌反。去故起吕反，下同。以和胡臥反，又如字。齊才細反，又如字。若長丁丈反。説音悦，下及注同。行過下孟反。

周易雜卦

韓云：雜糅衆卦也。孟云：雜，亂也。第十一

雜糅如又〔三〕反。比毗志反，下同。樂音洛，注同。臨觀古亂反。屯見賢遍反，注及下皆同。鄭如字。

〔一〕「蓄」原作「簹」，據通志堂本改。
〔二〕「藴」原作「薀」，據寫本及通志堂本改。
〔三〕「如又」，寫本作「女九」。

經綸本又作論，音倫。又力門反。上升時掌反，下文「離上」并注同。豫怠如字，姚同。京作治。虞作怡。則飭音敕，注同。整治也。鄭本、王肅作飾。剥爛老旦反。晝也竹又反。誅也荀云：誅，滅也。陸、韓云：傷也。解音蟹。難也乃旦反。衆荀作終。去故起吕反。豐多故衆家以此絶句。親寡旅也荀本「豐多故親」絶句，「寡旅也」别爲句。道長丁丈反。

周易略例

此是輔嗣所作，既釋經文，故相承講之。今亦隨世音焉。或有題爲「第十」者，後人輒加之耳。

明彖　動不能制動一本作「天地不能制動」。貞夫音符，後皆同。琁悉全反。又作旋。璣音機。本又作機。或作幾。輻音福。湊千豆反。則思息吏反。可遠于〔一〕万反。能渝羊朱反。至賾仕責反。能與音預。觀彖以斯一本作「以彖觀之」。

明爻通變　好静呼報反。度量音亮。朝直遥反。廷音定。必比毗志反。隆墀本又作坻，直其反。坻，螘

〔一〕「于」，寫本作「遠」。

家。遠壑火各反。而濟一本作「而載」。能説音悦。善邇善又作繕〔一〕。愛惡烏路反，次章同。語成〔二〕而後有格舊本如此。一本「格」作「括」。能與音豫〔三〕。

明卦適變通爻本又作「明卦通變適爻」。又一本直云「適變通爻」。否泰備鄙反。險易以豉反。章内同。於斷丁亂反。要其一遥反。辟險音避。本亦作避。後章同。比復毗志反。好先呼報反。侮妻亡甫反。故當如字。其介音界。本又作「分」，符問反。

明象觀意本亦作「見意」。猶蹄音啼。在兔他故反。字又作菟。筌〔四〕者七全反。筌蹄，事見莊子。重畫直龍反。下胡麥反。下同。應健音鷹。滋漫末半反。縱復扶又反。

辯位　繫辭户計反，下同。位分扶問反，下同。去初羌吕反。無六爻無亦作損。

略例下舊本如此。本或無「下」字。　率音類。又音律。又所律反。相比毗志反。險易以豉反。之行

〔一〕「繕」，黄校云：嚴云邢注「脩治也」，則正文當作「繕」，足利古本作「繕」。

〔二〕「成」下，據黄校當有「器」字。

〔三〕「豫」原作「象」，據通志堂本改。

〔四〕「筌」，據黄校當作「荃」。黄校云：嚴云説文但有「筌」字，莊子外物篇「荃蹄」，崔譔音孫，香草也，可以餌魚。則當作「荃」爲是。

下孟反。去六羌吕反。見咥直結反。所怨紆万反。又紆元反。

卦略凡十一卦。屯難乃旦反。遯、明夷卦同。所馮皮冰反。本亦作憑。蒙陰昧音妹。不諮本亦作資。四遠袁万反。觀、明夷卦同。初比毗志反。履不處謂陽爻不處其位爲美。履者禮也今雜卦無此句，韓注有，或傳寫者誤。臨剛長丁丈反。遯卦同。觀古亂反。以所見一本「所」作「知」。以近附近之近。明夷卦同。大過棟橈乃孝反。拯弱拯救之拯。同好呼報反。所贍常〔一〕豔反。褊矣必淺反。遯浸子鴆反。長張丈反。難在乃旦反。亨在許庚反。大壯觸昌録反。蕃扶袁反。明夷最遠于万反。最近附近之近。而難乃旦反。能溺寧歷反。睽最見賢遍反。豐卦同。洽乃咸夾反。本又作「合」。豐惡闇烏路反。之沛步貝反。又普貝反。之蔀步口反。明昧音妹，本亦作妹，又作沬，皆末貝反。下文同。無與如字。又音預。折其之舌反。

經典釋文第二

〔一〕「常」，盧本作「市」。

附録二　周易略例

王弼

王弼有周易略例一卷，乃易學史上第一部方法論專著，爲王弼總論周易主要思想的一組論文，共有七篇文章，各有側重。明象論卦，明爻通變論爻，明卦適變通爻論卦與爻的關係，明象論形式與内容的關係，辯位闡述他對「同功異位」的獨到見解，略例下雜論各種體例，卦略列舉了十一卦的卦義。王弼注重義理分析，不局限於象數，不盡宗費直、劉表之學，把言、意結合起來討論，提出「得意而忘象」的主張。世有「王弼掃象」之説。

王弼的周易略例與周易注互相配合，集中反映了他的易學觀點和解易方法論。與周易注相得益彰，一掃兩漢以象數、讖緯解易的學風，開創了一種注重義理的新學風。易學史上義理派與象數派明顯的分野就是以這部著作的出現爲標誌的。周易略例對周易體例的解釋排斥了漢代易學的取象説、互體説、卦變説、納甲説等觀點，用取義説與爻位説解説卦爻辭，開創了易學的新風氣，對後代易學的發展有重大影響。

今以四部叢刊本所收周易注附略例爲底本，以漢魏叢書本、津逮秘書本等爲校本，並酌收阮元周易注疏校勘記等校勘成果。

周易略例序

唐四門助教邢璹注

原夫兩儀未位，神用藏於視聽，一氣化矣。至賾隱乎名言，於是河龍負圖，犧皇畫卦，仰觀俯察，遠物近身，八象窮天地之情，六位備柔之體。言大道之妙有，一陰一陽。論聖人之範圍，顯仁藏用。寔三元之胎祖，鼓舞財成。爲萬有之蓍龜，知來藏往。是以孔子三絶，未臻樞奥；劉安九師，尚迷宗旨。臣舞象之年，鼓篋鱣序，漁獵墳典，徧〔一〕習周易，研窮耽玩，無舍寸陰，是知卦之紀綱，周文王之言略矣。象之吉凶，魯仲尼之論備矣。至如王輔嗣略例，大則揔一部之指歸，小則明六爻之得失。承乘逆順之理，應變情僞之端。用有行藏，辭有險易。觀之者，可以經緯天地，探測鬼

〔一〕「徧」原作「偏」，據漢魏叢書本改。

神，匡濟邦家，推辟咎悔。雖人非上聖，亦近代一賢。臣謹依其文，輒爲注解，雖不足敷弘易道，庶幾有裨於教義，亦猶螢爝增輝於太陽，涓流助深於巨壑。臣之志也，敢不上聞。

周易略例卷第十

明　彖

夫彖者，何也？將釋其義，故假設問端，而曰「何」。統論一卦之體，明其所由之主者也。統論一卦功用之體。明，辯也，辯卦體功用所由之主。立主之義，義在一爻。明，辯也。夫衆不能治衆，治衆者，至寡者也。萬物是衆，一是寡。衆不能治衆，治衆者至少以治之也。夫動不能制動，制天下之動者，貞夫一者也。天下之動，動則不能自制。制其動者，貞之一者也。老子曰：「王侯得一，以爲天下貞。」然則一爲君體，君體合道，動是衆，衆由一致也。制衆歸一，故静爲躁君，安爲動主。故衆之所以得咸存者，主必致一也。致猶歸也。衆得皆存其存，有必〔一〕歸於一。故無心於存，皆得其存也。動之所以得咸運者，原必无二也。動所以運，運不已者，謂无二動。故無心於動，而動不息也。物无妄然，必由其理。物，衆也，妄，虚妄也。天下之衆，衆皆无妄，无妄之理，必由君主統之也。統之有宗，會之有元，統領之以宗主，會合之以元首。故繁而不亂，衆而不惑。統之有宗主，雖繁而不亂；會之以元首，雖衆而不惑。故六爻相錯，可舉一以明也。錯，雜也。六爻或陰或陽，錯雜交亂，舉貞一之主以明其用。剛柔相乘〔二〕，可立主以定也。六爻有剛有柔，或乘〔三〕或據，有逆有順，可立主以定之。是故雜物撰德，撰，數也。雜，聚也。聚其物體，數其德行。辯是與非，辯，明也。得位而承之，是也；失位而據之，非也。則非其中爻，莫之備矣。然則非是中之一爻，莫之能備，訟彖云「訟有孚，窒惕中吉，剛來而得中也」、困彖云「貞大人吉，以剛中也」之例是也。故自統而尋之，物雖衆，則知可以執一御也。无爲之一者，道也，君也。統而推尋，萬物雖殊，一之以神道；百姓雖衆，御之以君主也。由本以觀之，義雖博，則知可以一名舉也。博，廣也。本，謂君也、道也。義雖廣，舉之在一也。故處琁璣以觀大運，則天地之動未足怪

〔一〕「必」，阮校云：錢本、足利本「必」作「心」，當是。

〔二〕「乘」，津逮秘書本作「承」。

〔三〕「乘」，浦鏜十三經注疏正字云：「乘」或「承」字誤。

也。據會要以觀方來，則六合輻湊未足多也。天地雖大，覩之以璇璣；六合雖廣，據之以要會。天地之運，不足怪其大；六合輻湊，不足稱其多。故舉卦之名，義有主矣。觀其彖辭，則思過半矣！彖總卦義，義主中爻。簡易者，道也，君也。道能化物，君能馭民。智者觀之，思過其半。夫古今雖殊，軍國異容，中之爲用，故未可遠也。古今革變，軍國殊別，中正之用，終無疏遠。品制萬變，宗主存焉。彖之所尚，斯爲盛矣！品變積萬，存之在一。

夫少者，多之所貴也。寡者，衆之所宗也。自此以下，明至少者爲至多之所主，豈直指其中爻而已。一卦五陽而一陰，則一陰爲之主矣。同人、履、小畜、大有之例是也。五陰而一陽，則一陽爲之主矣。師、比、謙、豫、復、剥之例是也。夫陰之所求者，陽也。陽之所求者，陰也。王弼曰：「夫陰陽相求之物，以所求者貴也。」陽苟一也，五陰何得不同而歸之？陰苟隻焉，五陽何得不同而從之？故陰爻雖賤，而爲一卦之主者，處其至少之地也。王氏曰：「陽貴而陰賤。」以至少處至多之地，爻雖賤，衆亦從之，小畜彖云「柔得位，而上下應之」是也。或有遺爻而舉二體者，卦體不由乎爻也。遺，棄也。棄此〔一〕一爻而舉二體以明其義，卦體之義，不在一爻，豐、歸妹之類是也。繁而不憂亂，

〔一〕「此」下，津逮秘書本有「中之」二字。

變而不憂惑，約以存博，簡以濟衆，其唯彖乎？簡易者，道也，君也。萬物是衆，道能生物，君能養民。物雖繁，不憂錯亂；爻雖變，不憂迷惑。亂而不能惑，變而不能渝，非天下之至賾，其孰能與於此乎？萬物雖雜，不能惑其君；六爻雖變，不能渝其主。非天下之至賾神武之君，其孰能與於此？言不能也。故觀象以斯，義可見矣。觀象以斯，其義可見。

明爻通變

夫爻者，何也？將釋其義，假設問辭。言乎變者也。爻者，效也。物剛效剛，物柔效柔，遇物而變，動有所之，故云「言乎變者也」。變者何也？情僞之所爲也。變之所生，生於情僞。情僞所適，巧詐多端，故云「情僞之所爲也」。夫情僞之動，非數之所求也。情欲僞動，數莫能求。故合散屈伸，與體相乖。物之爲體，或性同行乖，情貌相違，同歸殊塗，一致百慮。故萃卦六二「引吉，无咎」。萃之爲體，貴相從就。六二志在静退，不欲相就。人之多辟，己獨處〔一〕正，其體雖合，志則不同，故曰「合散」。乾之初九：「潛龍勿用。」初九身雖潛屈，情无憂悶，其志則申，故曰「屈伸」。形躁好静，質柔愛剛，體與情反，質與願違。至如風虎、雲龍，嘯吟相

〔一〕「處」原作「取」，據漢魏叢書本改。

感，物之體性形願相從，此則情體乖違，質願相反。故歸妹九四「歸妹愆期，遲歸有時」。四體是震，是形躁也。愆期待時，是好靜也。履卦六三「武人爲于大君」，志剛也。兑體是陰，是質柔也。志懷剛武，爲于於君，是愛剛也。**巧歷不能定其筭數，聖明不能爲之典要，**萬物之情，動變多端，雖復巧歷、聖明，不能定筭其數，制典法，立要會也。**法制所不能齊，度量所不能均也。**雖復法制、度量，不能均齊詐僞長短。**爲之乎，豈在夫大哉？**情有巧僞，變動相乖，不在於大，而聖明巧歷，尚測不知，豈在乎大哉。**陵三軍者，或懼於朝廷之儀。暴威武者，或困於酒色之娱。**陵三軍，暴威武，視死如歸，若獻酬、揖讓，汗成霡霂。此皆體質剛猛，懼在微小。故大畜初九「有厲，利已」，九二〔一〕「輿説輹」，雖復剛健，怯於柔弱也。

近不必比，遠不必乖。近爻不必親比，遠爻不必乖離。屯六二、初九爻雖相近，守貞不從；九五雖遠，「十年乃字」，此例是也。**同聲相應，高下不必均也。同氣相求，體質不必齊也。**初四、二五、三上，同聲相應，不必均高卑也；同氣相求，不必齊形質也。**召雲者龍，命吕者律。**雲，水氣也。龍，水畜也。召水氣者水畜，此明有識感无識；命陰吕者陽律，此明无識感有識。**故二女相違，而剛柔合體。**二女俱是陰類而相違，剛柔雖異而合體，此明異類相應。**隆墀永歎，遠壑必盈。**隆，高也。墀，水中墀也。永，長也。處高墀而長歎，

〔一〕「二」原作「三」，據周易大畜卦經文改。

遠壑之中，盈響而應。九五尊高，喻於隆墀；六二卑下，同於遠壑，唱和相應也。**投戈散地，則六親不能相保。**投，置也。散，逃也。置兵戈於逃散之地，雖是至親，不能相保守也。遯卦九四：「好遯，君子吉。」處身於外，難在於內。處外則超然遠遯。初六至親，不能相保守也。**同舟而濟，則吳越何患乎異心？**同在一舟而俱濟彼岸，胡越雖殊，其心皆同。若漸卦三四，異體和好，物莫能間。順而相保，似若同在一舟，上下殊體，猶若吳越。利用禦寇，何患乎異心？**故苟識其情，不憂乖遠。苟明其趣，不煩强武。**苟識同志之情，何憂胡越也。苟知逃散之趣，不勞用其威武也。**能説諸心，能研諸慮。**諸物之心，憂其凶患，爻變示之，則物心皆説；諸侯之慮，在於育物，爻變告之，其慮益精。**睽而知其類，異而知其通，**睽象曰：「萬物睽而其事類也，男女睽而其志同〔一〕也。」**其唯明爻者乎？**知趨舍，察安危，辯吉凶，知變化，其唯明爻者乎？**故有善邇而遠至，命宮而商應。**善，脩治也。邇，近也。近脩治言語，千里遠應。若中孚之九二：「鳴鶴在陰，其子和之。」鳴於此，和於彼，聲同則應，有若宮、商也。**脩下而高者降，與彼而取此者服矣。**處下脩正，高必命之，否之初六「拔茅，貞吉」，九四「有命，疇離祉」也。與，謂上也。取，謂下也。君上福禄，不獨有之，下人服者，感君之德，大有六五「厥孚交如〔二〕，威如吉」之例是也。

〔一〕「同」，津逮秘書本及睽卦彖辭作「通」。

〔二〕「如」原作「加」，據周易大有卦經文改。

是故情僞相感，遠近相追，正應相感是實情，蹇之二、五之例；不正相感是僞情，頤之三、上之例；有應雖遠而相追，睽之三、上之例；无應近則相取，賁之二、三之例是也。**愛惡相攻，屈伸相推，**同人三、四，有愛有惡，迭相攻伐。否、泰二卦，一屈一伸，更相推謝。**見情者獲，直往則違。**獲，得也。見彼之情，往必得志，屯之六四「求婚媾，往吉，无不利」之例；不揆則往，彼必相違，六三「即鹿无虞，惟入于林中，君子幾不如舍，往吝」之例是也。**故擬議以成其變化，語成器而後有格。**格，作括；括，結也。動則「擬議」，極於變化，「語成器」而後无結閡之患也。**不知其所以爲主，鼓舞而天下從者，見乎其情者也。**鼓舞，猶變化也。易道變化，應人如響，退藏於密，不知爲主也。其爲變化，萬物莫不從之而變，是顯見其情。繫辭曰：「聖人之情見乎辭。」又曰：「鼓之舞之以盡神。」

是故範圍天地之化而不過，曲成萬物而不遺，範，法也。圍，周圍也。模範周圍天地變化之道，而不過差；委曲成就萬物，而不有遺失。**通乎晝夜之道而无體，一陰一陽而无窮。**陽通晝。陰通夜。晝夜，猶變化也。極神妙之道，而无體可明。一者，道也。道者，虛无也。在陰之時，不以生長而爲功；在陽之時，不以生長而爲力，是以生長无窮。若以生長爲功，各盡於有，物之功極，豈得无窮乎？**非天下之至變，其孰能與於此哉！**非六爻至極通變，以應萬物，則不能與於此也。**是故卦以存時，爻以示變。**

明卦適變通爻

夫卦者，時也；爻者，適時之變者也。卦者，統一時之大義；爻者，適時中之通變。夫時有否泰，故用有行藏。泰時則行，否時則藏。卦有小大，故辭有險易。陰長則小，陽生則大。否卦辭險，泰卦辭易。一時之制，可反而用也。一時之吉，可反而凶也。一時有大畜之制，反有天衢之用；一時有豐亨之吉，反有羈旅之凶是也。故卦以反對，而爻亦皆變。諸卦之體，兩相反正，其爻隨卦而變。泰之初九：「拔茅彙，征吉。」否之初六：「拔茅彙，征。」卦既隨時，爻亦變準也。是故用无常道，事无軌度，動靜屈伸，唯變所適。卦既推移，道用无常，爻逐時變，故「事无軌度」，動出靜入，屈往伸來，「唯變所適」也。故名其卦，則吉凶從其類；存其時，則動靜應其用。名其謙、比則吉從其類，名其蹇、剥則凶從其類。震時則動應其用，艮時則靜應其用。尋名以觀其吉凶，舉時以觀其動靜，尋謙、比、蹇、剥，則觀知吉凶也。舉艮、震，則觀知動靜也。則一體之變，由斯見矣。夫應者，同志之象也；位者，爻所處之象也；得應則志同相和。陰位，小人所處；陽位，君子所處。承乘者，逆順之象也；遠近者，險易之象也；陰承陽則順，陽承陰則逆。故小過六五乘剛，逆也；六二承陽，順也。遠難則易，近難則險。需卦九三近坎，險也；初九遠險，易矣。內外者，出處之象也；初上者，始終之象也。內卦是處，外卦是出。初爲始，上爲終。是故雖遠而可以動者，得其應也；雖險而可以處者，得其時也。上下雖遠而動者，有其應也。革六二去五雖遠，陰陽相應，往者无咎也。雖險可以處者，得其時也。需上六居險之上，不憂出穴之凶，得其時也。弱而不懼於敵者，得所據也。憂而不懼於亂者，得所附也。師之六五，爲師之主體，是陰柔，禽來犯田，執言往討，處得尊位，所以不懼也。遯九五：「嘉遯，貞吉。」處遯之時，小人浸長，君子道消，逃遯於外，附著尊位，率正小人，不敢爲亂也。柔而不憂於斷者，得所御也。雖後而敢爲之先者，應其始也。體雖柔弱，不憂斷制，良由柔御於陽，終得剛勝，則噬嗑六五「噬乾肉，得黄金」之例。初爻處下，有應於四者，即是體後而敢爲之先，則泰之初九「拔茅茹以其彙，征吉」之例是也。物競而獨安於静者，要其終也。物甚争競，己獨安静，會其終也。大有上九：「自天祐之，吉无不利。」餘並乘剛，競其豐富，己獨安静，不處於位，由居上極，要其終也。故觀變動者，存乎應。察安危者，存乎位。爻有變動在乎應，有應而動，動則不失，若謙之九三「勞謙君子，有終吉」之例。爻之安危在乎位，得位則安，若節之六四「安節亨」之例。失位則危，若晉之九四「晉如鼫鼠，貞厲」之類是也〔一〕。辯逆順者，存乎承乘。陰乘於陽，逆也。師之六三〔二〕「師或輿尸，凶」，陰承於陽，順也。噬嗑六二「小吝，无咎」，承於九四，雖失其正，小吝无咎也。明出處者，存乎外内。遯，君子處外；臨，君子處内。

〔一〕「也」字原無，據漢魏叢書本補。
〔二〕「三」原作「二」，據周易師卦經文改。

遠近終始，各存其會，適得其時則吉，失其要會則凶。避險尚遠，趨時貴近。遯之上九「肥遯，无不利」，此尚遠也。觀之六四「觀國之光，利用賓于王」，此貴近也。比、復好先，乾、壯惡首。比初六「有孚，无咎」，上六「比之无首，凶」；復之初九「不遠復无祇悔，元吉」，上六「迷復，凶」；乾上九「亢龍，有悔」；大壯上六「羝羊觸藩，不能退，不能遂，无攸利」之例是也。明夷務闇，豐尚光大。明夷彖云「利艱貞，晦其明也」，豐繇云「勿憂，宜日中」是也。吉凶有時，不可犯也。時有吉凶，不可越分輕犯。動靜有適，不可過也。動靜適時，不可過越而動。犯時之忌，罪不在大；失其所適，過不在深。若夬之九三「壯于頄，有凶」，得位有應，時方陽長，同決小人，三獨應之，犯時之忌，凶其宜也。大過九四「棟隆吉，有它吝」，大過之時，陽處陰位爲美，九四陽處陰位，能隆其棟，良由應初，則有它吝，此所適違時也。動天下，滅君主，而不可危也。事之大者，震動宇宙，弑滅君主；違於臣道，不可傾危，若離之九四「突如其來如，焚如，死如，棄如」之例是也。侮妻子，用顏色，而不可易也。事之小者，侮慢妻子，用顏色。若家人尚嚴，不可慢易，家人九三「家人嗃嗃，悔厲吉。婦子嘻嘻，終吝」是也。故當其列貴賤之時，其位不可犯也。位有貴賤，爻有尊卑，職分既定，不可觸犯。遇其憂悔吝之時，其介不可慢也。吉凶之始彰也，存乎微兆，悔吝纖介雖細，不可慢易而不慎也。觀爻思變，變斯盡矣。

明象

夫象者，出意者也。言者，明象者也。立象所以表出其意。作其言者，顯明其象。若乾能變化，龍是變物，欲明乾象，假龍以明乾；欲明龍者，假言以象龍。龍則象之意也。盡意莫若象，盡象莫若言。象以表意，言以盡象。言生於象，故可尋言以觀象。若言能生龍，尋言可以觀龍。象生於意，故可尋象以觀意。乾能明意，尋乾以觀其意。意以象盡，象以言著。意之盡也，象以盡之；象之著也，言以著之。故言者所以明象，得象而忘言。象者所以存意，得意而忘象。既得龍象，其言可忘；既得乾意，其龍可捨。猶蹄者所以在兔，得兔而忘蹄；蹄以喻言，兔以喻象，存蹄得兔，得兔忘蹄。筌者所以在魚，得魚而忘筌也。求魚在筌，得魚棄筌。然則，言者象之蹄也，象者意之筌也。蹄以喻言，筌以比象。是故存言者，非得象者也；存象者，非得意者也。未得象者存言，言則非象；未得意者存象，象則非意。象生於意而存象焉，則所存者乃非其象也。所存者在意也。言生於象而存言焉，則所存者乃非其言也。所存者在象也。然則，忘象者，乃得意者也；忘言者，乃得象者也。忘象得意，忘言得象。得意在忘象，得象在忘言。棄執而後得之。故立象以盡意，而象可忘也。重畫以盡情，而畫可忘也。盡意可遺象，盡情可遺畫。若盡和同之意，忘其天火之象，得同志之心，拔茅之畫盡可棄也。

是故觸類可爲其象，合義可爲其徵。徵，驗也。觸逢事類則爲象，魚、龍、牛、馬、鹿、狐、鼠之類。大人、君子，義同爲驗也。義苟在健，何必馬乎？類苟在順，何必牛乎？大壯九三有乾，亦云「羝羊」。坤卦无乾，彖亦云「牝馬」。爻苟合順，何必坤乃爲牛？義苟應健，何必乾乃爲馬？遯无坤，六二亦稱牛。明夷无健〔一〕，六二亦稱馬。而或者定馬於乾，唯執乾爲馬，其象未弘也。案文責卦，有馬无乾，則僞説滋漫，難可紀矣。互體不足，遂及卦變，變又不足，推致五行。推廣金、木、水、火、土爲象也。一失其原，巧愈彌甚。一失聖人之原旨，廣爲譬喻，失之甚。縱復或值，而義无所取。蓋存象忘意之由也。失魚兔，則空守筌蹄；遺健順，則〔二〕空説龍馬。象〔三〕以求其意，義斯見矣。

〔一〕「健」，清乾隆年間仿刻相臺岳本周易略例（以下簡稱「仿宋本」）作「乾」。

〔二〕「則」下，原衍一「則」字，據漢魏叢書本删。

〔三〕「象」上，仿宋本有「忘」字。

辯位

案：象无初上得位失位之文，陰陽居之，不云得失。又繫辭但論三五、二四同功異位，亦不及初上，何乎？問其意也。唯乾上九文言云「貴而无位」，陽居之〔一〕也。需上六云「雖不當位」。陰居之也。若以上爲陰位邪？則需上六不得云「不當位」也。若以上爲陽位邪？則乾上九不得云「貴而无位」也。陰陽處之，皆云非位，而初亦不説當位、失位也。不論當位、失位，凶吉之由。然則初上者，是事之終始，无陰陽定位也。初爲始，上爲終。施之於人爲終始，非禄位之地也。故乾初謂之潛，過五謂之无位，未有處其位而云「潛」、上有位而云「无」者也。歷觀衆卦，盡亦如之。初上无陰陽定位，亦以明矣。

夫位者，列貴賤之地，待才用之宅也。宅，居也。二四陰賤，小人居之；三五陽貴，君子居之。爻者，守位分之任，應貴賤之序者也。各守其位，應之以序。位有尊卑，爻有陰陽。尊者陽之所處，卑者陰之所履也，故以尊爲陽位，卑爲陰位。去初上而論位分，則三五各在一

〔一〕「居之」原作「之居」，據漢魏叢書本乙。下同。

卦之上，亦何得不謂之陽位？二四各在一卦之下，亦何得不謂之陰位？初上者，體之終始，事之先後也。故位无常分，事无常所，非可以陰陽定也。尊卑有常序，終始无常主。四爻有尊卑之序，終始无陰陽之常主也。故繫辭但論四爻功位之通例，而不及初上之定位也。然事不可无終始，卦不可无六爻，初上雖无陰陽本位，是終始之地也。統而論之，爻之所處則謂之位，卦以六爻爲成，則不得不謂之「六位時成」也。

略例下

凡體具四德者，則轉以勝者爲先，故曰「元亨利貞」也。元爲生物之始，春也。亨爲會聚於物，夏也。利爲和諧品物，秋也。貞能幹濟於物，冬也。乾用此四德，以成君子大人之法也。其有先貞而後亨者，亨由於貞也。離卦云：「利貞，亨。」凡陰陽者，相求之物也。近而不相得者，志各有所存也。比之六三，處二四之間，四自外比，二爲五貞，所與比者皆非己親，是有所存者也〔一〕。故凡陰陽二爻，

〔一〕此節注文，津逮秘書本作「既濟六二，與初、三相近而不相得，是志各有所存也」。

率相比而无應，則近而不相得；隨之六三「係丈夫」、九四「隨有獲」，是无應而相得之例也〔一〕。有應，則雖遠而相得。既濟六二，有應於五，與初三相近，情不相得之例〔二〕。然時有險易，卦有小大。否險泰易，遯小臨大。同救以相親，同辟以相疏。睽之初九、九四，陰陽非應，俱是睽孤。同處體下，交孚相救，而得悔亡，是同救相親。困之初六，有應於四，潛身幽谷；九四有應於初，來徐徐，志意懷疑，同避金車，兩相疏遠也。故或有違斯例者也。然存時以考之，義可得也。或有情僞生，違此例者，存其時，考其驗，莫不得之。

凡彖者，統論一卦之體者也。象者，各辯一爻之義者也。彖統論卦體，象各明一爻之義。故履卦六三，爲兑之主，以應於乾。成卦之體，在斯一爻。故彖敘其應，雖危而亨也。彖云：「柔履剛，說而應乎乾，是以『履虎尾，不咥人，亨』也。」象則各言六爻之義，明其吉凶之行。去六三成卦之體，而指說一爻之德，故危不獲亨而見咥也。六三：「履虎尾，咥人，凶。」彖言不咥，象言見咥，明爻象其義各異也。訟之九二，亦同斯義。訟彖云：「有孚窒惕，中吉，剛來而得中。」注云：「其在二乎？以剛而來，正夫群小，斷不失中，應斯任矣。」九二「不克訟，歸而逋，其邑人三百户，无眚」也。凡彖者，通論一卦

〔一〕此節注文，津逮秘書本作「比之六三，无應於上，二四皆非己親，是无應則近而不相得之例」。
〔二〕此節注文，津逮秘書本作「同人六二，志在乎五，是有應則雖遠而相得之例」。

之體者也。一卦之體，必由一爻爲主。則指明一爻之美，以統一卦之義，䷍大有之類是也。卦體不由乎一爻，則全以二體之義明之，䷶豐卦之類是也。

凡言无咎者，本皆有咎者也，防得其道，故得无咎也。乾之九三：「君子終日乾乾，无咎。」若防失其道，則有過咎也。「吉，无咎」者，本亦有咎，由吉故得免也。師：「貞，丈人吉，无咎。」注云：「興役動衆，无功，罪也，故吉乃免咎。」「无咎，吉」者，先免於咎，而後吉從之也。比初六「有孚比之，无咎；終來有它吉」之例也。或亦處得其時，吉不待功，不犯於咎，則獲吉也。需之九二：「需于沙，小有言，終吉。」注云：「近不逼難，遠不後時，履健居中，以待其會，雖小有言，以吉終也。」或有罪自己招，无所怨咎，亦曰无咎。故節六三曰：「不節若，則嗟若，无咎。」象曰：「不節之嗟，又誰咎也。」此之謂矣。

卦略凡十一卦〔一〕。

䷂屯：此一卦，皆陰爻求陽也。屯難之世，弱者不能自濟，必依於彊，民思其主

〔一〕「凡十一卦」四字，原無，據漢魏叢書本、仿宋本補。

之時也。故陰爻皆先求陽，不召自往。馬雖班如，而猶不廢，不得其主，無所馮也。初體陽爻，處首居下，應民所求，合其所望，故大得民也。江海處下，百川歸之；君能下物，萬民歸之。

䷃蒙：此一卦，陰爻亦先求陽。夫陰昧而陽明，陰困童蒙，陽能發之。凡不識者求問識者，識者不求所告。闇者求明，明者不諮於闇。故童蒙求我，匪我求童蒙也。故六三先唱，則犯於爲女。四遠於陽，則困蒙吝。初比於陽，則發蒙也。

䷉履：雜卦曰：「履，不處也。」又曰：「履者，禮也。」謙以制禮。陽處陰位，謙也。故此一卦，皆以陽處陰爲美也。九五：「夬履，貞厲。」履道惡盈而五處尊位，三居陽位則見咥也。

䷒臨：此剛長之卦也。剛勝則柔危矣，柔有其德，乃得免咎。故此一卦，陰爻雖美，莫過无咎也。

䷓觀之爲義，以所見爲美者也。故以近尊爲尚，遠之爲吝。遠爲童觀，近爲觀國。

䷛大過者，棟橈之世也。本末皆弱，棟已橈矣。而守其常，則是危而弗扶，凶之道也。以陽居陰，拯弱之義也，故陽爻皆以居陰位爲美。濟衰救危，唯在同好，則所贍褊矣。九四有應，則有它吝；九二无應，則无不利也。大過之時，陽處陰位，心无係應爲吉，陽得位有應則凶也。

䷠遯：小人浸長。難在於內，亨在於外，與臨卦相對者也。臨剛長，則柔危；遯柔長，故剛遯也。遯以遠時爲吉，不係爲美。上則肥遯，初則有厲。

䷡大壯：未有違謙越禮能全其壯者也，故陽爻皆以處陰位爲美。用壯處謙，壯乃全也；用壯處壯，則觸藩矣。

䷣明夷：爲闇之主，在於上六。初最遠之，故曰「君子于行」。五最近之，而難不能溺，故謂之「箕子之貞，明不可息也」。三處明極而征至闇，故曰「南狩，獲其大首」也。遠難藏明，明夷之義。

䷥睽者，睽而通也。於兩卦之極觀之，義最見矣。極睽而合，極異而通，故先見怪焉，洽乃疑亡也。火動而上，澤動而下，睽義見矣。

䷶豐：此一卦，明以動之卦也。尚於光顯，宣揚發暢者也。故爻皆以居陽位，又不應陰爲美。其統在於惡闇而已矣。小闇謂之沛，大闇謂之蔀。闇甚則明盡，未盡則明昧，明盡則斗星見，明微故見昧，无明則无與乎世，見昧則不可以大事。折其右肱，雖左肱在，豈足用乎？日中之盛，而見昧而已，豈足任乎？豐之爲義，貴在光大，惡於闇昧也。

附録三　輯佚資料

輯王弼易論二篇

易論節〔一〕

乾坤成列，震巽始出，坎離居中，艮兑在末，制用之名也。天地定位，山澤通氣，雷風相薄，水火相逮，寫載之形也。形以寫載爲象，名以觀象爲義，故象者意之迹，而名者象之謂也。

夫卦以應時，治亂時也；爻以適時，變通時也。世有解蹇，故功有利害；時有濟

〔一〕此文，文淵閣四庫全書本稗編（以下簡稱稗編本）卷四亦收録，篇題作「易總論」。

否，故業有變通。是以大人君子虎豹其變，而通之以盡利也。靜則象潛龍以遁世，動則宜在田以見德。巨則彌綸天地之外，細則曲成秋毫之內。物无不麗乎理，事无不由乎道。道義之門，於斯乎存。故二五多功，三四多凶；違世惡變，適時貴中。大畜尚積，明夷好昧；豫損在進，謙益在退〔一〕。爲之有才，用之有時；得失有地，進退有司，不誣也。

夫動得所感，雖獨不懼；靜得所恒〔二〕，雖雜必〔三〕著。故卦有幽明治亂之象也，爻有內外貴賤之象也，位有剛柔靜躁之象也，體有乘據〔四〕會通之象也。感以不〔五〕義，雖近〔六〕而不可懷也；應必以理，雖遠而不可棄也。剛未必勝，失所據也；柔未必

〔一〕「退」下，續修四庫全書影印嘉靖刻本周易義叢（以下簡稱周易義叢）有「萃則務聚，解務散釋。漸露革藏，鼎盛井出」十六字。

〔二〕「恒」，周易義叢作「信」。

〔三〕「必」原作「不」，據周易義叢改。

〔四〕「據」，周易義叢作「比」，義勝。

〔五〕「以不」，稗編本、周易義叢作「不以」。

〔六〕「近」，稗編本作「邇」。

危，得所禦也。

夫適時之變，不在多離〔一〕；合世之功，不待博救。統之有无〔二〕，理之有主。善從事者，司契而已，故言易知，行易從也。

夫彖者何也？統其二象之材，以言乎卦斷者也。卦有晦明，則爻有陰陽之義；位有剛柔，故材有静躁〔三〕之宜。二五多譽，卦之宗也；三四多懼，爻失中也。苟獲其中，雖弱必治；苟非其正，雖强必災。是以大有六五柔非其體，在卦之宗，雖柔猶吉〔四〕；同人九三剛得其位，非爻之中，雖剛猶危。强而失正則强不足安，弱而得中則弱不足患。東鄰百勝而亳社斯喪，周雖陶穴而遠〔五〕有汝墳。自此觀之，斷可識矣！知其斷者，明乎彖者也。是故上天下澤謂之履，此稱物而言者也；見險而止

〔一〕「離」，稗編本作「算」，周易義叢作「端」。
〔二〕「无」，稗編本、周易義叢作「宗」，義勝。
〔三〕「静躁」，周易義叢作「動静」。
〔四〕「吉」，原作「言」，據周易義叢改。
〔五〕「遠」，原缺，據周易義叢補。

謂之蹇，此度勢而〔一〕言者也。是故義有通塞，則以〔二〕形於出處；才〔三〕有躁静，則以〔四〕見其語默。若困之「有言不信」，乖於時者也；節之「不出門庭」，違〔五〕於出者也。違世之怨，怨不在細；乖時之宜，咎不在大。匪言之難，處言難也；匪行之易，知行易也。是故雖物之雜而中爻備其義焉，雖象之衆而斷辭具其才焉。必才之具，名不患寡；必義之備，爻不待衆。卦之德乾，名雖約也，而六龍爲之御天，品物爲之流形。位之在五，爻雖一也，而天下爲之感應，群體爲之致用。静言其要，要在乎象。明者以之大觀，其思豈容過半〔六〕哉！

夫象者何也？總言一卦之體，因外物以設名者也。聖人有以見天下之至賾，而擬諸其形容，大則包天地以貞觀，小則備萬物以取類，是故言不足多，言有遺也；象

〔一〕「勢而」，原缺，據周易義叢補。
〔二〕「以」原作「事」，據周易義叢改。
〔三〕「才」，稗編本作「財」。
〔四〕「以」，稗編本無。
〔五〕「違」原作「還」，據稗編本改。
〔六〕「容過半」原作「云故」，據周易義叢改。

不足異，象有外也。忘迹者，行之適也；舍物者，神之全也。外其象以求志，而理可見矣；遺其言以觀象，而事可察矣。夫貴〔一〕言者則以文害志，而存〔二〕象者則以物防〔三〕情。情之所適，若循環之无窮；理之所生，若轉圓之无方。千變可爲之圖，萬物可爲之容，觸類而長之，備物而象之，斯可以觀意爲足，不可以審象爲善也。故或相傾以辯，或相危以辭〔四〕，此貴口者之累也。不爲月辰錯順之候，止求星歷妖異之占〔五〕，此存象者之責也。獨不聞聖人之言邪？易曰：「公用射隼于高墉之上，獲之无不利。」子曰：「隼者，禽也。弓矢者，器也。射之者，人也。君子藏器於身，待時而動，何不利之有？動而不括，是以出而有獲，語成器而動者也。」聖人之言，既自如斯分別明白，自謂无外〔六〕矣。而好事者，方始爲之辭焉。卦有震坎之象，爻又有

〔一〕「貴」，稗編本作「責」。
〔二〕「存」，稗編本作「有」。
〔三〕「防」，稗編本作「妨」。
〔四〕「辭」，稗編本作「亂」。
〔五〕「星歷妖異之占」，周易義叢作「星象妖異之言」。
〔六〕「自謂无外」，稗編本作「可謂无外」，周易義叢作「自謂无遺」。

離〔一〕。雷震百里，諸侯上公之位也。積爻累象，有似高墉。坎爲弓輪，又爲隱伏。離爲飛〔二〕鳥，又爲戈兵。兵而隱伏，藏器之象。兵及飛〔三〕鳥，獲之之義。難者猶嫌其闊略，射必假〔四〕手，而艮象於類不通，專自疑惑，則彼説滋章，聖人攻乎異端，而誣罔始興〔五〕，迷誤後昆，其游孔門不觀其議〔六〕也。

夫體義者存乎象，變通者存乎爻，大人者形與萬物接，神與造化偕，入則乘潛龍，出則乘飛龍，遠以觀道，邇以瞻器，其數无軌而不可既也。君子者，健以行志，非以神明變通者也。故自强不息以行其志，君子之道也。唯可與於健之體義，而未可與於健之變通也。故於象稱「君子」，舉其體義者也；於爻稱「大人」，叙其變通者也。或有在爻而稱「大人」者，義則盡於象故也。若離之爲明，其何不照？變而通之，无所

〔一〕「爻又有離」，周易義叢作「爻有互離象」。
〔二〕「飛」原作「龍」，據周易義叢改。
〔三〕「飛」原作「非」，據稗編本改。
〔四〕底本此處有小注「缺」字，據稗編本删。「假」，原缺，據稗編本補。
〔五〕「興」原作「學」，據稗編本改。
〔六〕底本此處原衍「議」字，據稗編本删。

不造，故其象云「大人繼明，照于四方」也。或有在爻而稱大人者，義有待於變故也。若否卦全〔一〕說君子避難，不榮於禄，與時通塞，可以適否而安其身，未足以兼善天下。在否而休也，惟大人爲能。休天地之否，達濟凝滯，開闡幽隔〔二〕，斯謂變否而亨者也，故六二云「大人否亨」，而九五云「大人休否」也。

夫象贍而爻不足者，離卦之類是也。義盡於象而不待於爻也。爻備而象不具者，否卦之類是也。象所未盡而待爻以備也。故象以體示而爻以變明，存斯以考其義，則窮通之旨顯，而開塞之塗見矣。夫彖者，全論一卦之體；而象者，各舉一爻之義。一卦所无，世之遺也；爻或有焉，才之所生也。故才生於世所不足，觀其逆順〔三〕，以定得失之占；察其乖合，以明休咎之徵。若小畜卦稱「密雲不雨」，而上九

〔一〕「全」，周易義叢作「象惟」。
〔二〕「隔」，稗編本作「門」。
〔三〕「順」原作「須」，據稗編本改。

爻〔一〕云「既雨既處」，在於不雨之時而〔二〕獨以能雨爲德者，存乎物之所欲也。若履卦稱「履虎尾，不咥人，亨」，而六三爻云「履虎尾，咥人，凶」，在於履亨之時而獨以見咥爲凶者，存乎衆之所忌也。

夫負世之才，雖小无易；適時之望，雖大无難，是以君子洗心，知終將有爲也。問焉而動，每居其適〔三〕，可以旁通而无際矣。

夫神以知來，來无方也；智以藏往，往有常也。物有常然，猶方之有所止；數无常體，猶圓之无所窮。故蓍之變通以設〔四〕，神之象也；卦别爻分，辭有典常，智之類也。智有所止，可以多識前言往行；神无所窮，可以逆照來事之會。故蓍圓以象神，卦方以象智也。

（録自宋李衡周易義海撮要卷十二，影印文淵閣四庫全書本）

〔一〕「爻」，原無，據稗編本補。
〔二〕「而」，原無，據稗編本補。
〔三〕「適」下，稗編本有「斯」字，屬下讀。
〔四〕「設」下，原有小注「缺」字，據稗編本删。

輔嗣易論節

夫意以象形，象以數分。陽卦必奇，陰卦必耦。卦體既然，爻亦如之。所以二卑而柔，五尊而剛。在耦則陰，在奇則陽。陰陽之辨，必之乎數。以數觀位，位有常矣。若探其義，揆其方，初則事之草昧，物之始萌，作事謀始，豈易乎哉？苟非剛位，不勝其任而負乘，鮮不及矣。上則道數已革，患在亢悔。亢悔之（缺）乎極陽，陽極必衰，靡不有災，是以柔順居之，僅可以（缺）物（缺）上象之中（缺）之則當矣。二獲下體之中，而四居上體之下，故以陰而處之則正矣。陰陽之位既已有體，則處之之才必有恒。然則時不可一，俗不可拘，才以統位，位以待時，或以陰居陽而獲吉，或以柔處剛而偶凶，斯蓋存乎世之異同也。夫六爻居正，陰陽當位，才稱於體，物值其宜，斯可與立矣。爻變位異，與世推移，要在大通，不乖〔一〕於常，斯可與權矣。故以正爲哀則能以遜爲樂，以知爲否則能以愚爲亨。其道屢遷則剛柔相易，忘其典要。道義有時，能觀

〔一〕「乖」，原作「串」，據四庫全書薈要本改。

其時所適。才雖殊物而用之有會，位雖不當而應之有時。能觀其時則位錯不足怪，能見其會則才異不足憂。无憂怪動則時无虛應，事无虛至。雖一言，可以興邦；雖辭費，而无瞻於功。請喻其所以得，得在知要而已。苟識其要，則言可忘。天何言哉，四時行焉，百物生焉。其要自然，不待修營，故每不習而无不利也。

（録自宋李衡周易義海撮要卷十二，影印文淵閣四庫全書本）

貞觀十四年祭酒孔穎達上五經正義表

伏以萬國文明，久仰緝熙之學；五經簡奥，曷彰訓詁之功？用輯前言，敬陳睿覽。中謝。竊以易言卜筮，紀卦爻辭象之文；書載典謨，盡政事謀猷之要。禮總言乎大小，詩遍採於歌謡。至若魯史之春秋，實出聖人之筆削。尊王抑伯，允著綱常。内夏外夷，具嚴界限。浩矣！文辭之盛。淵乎！旨趣之深。睠此群書，實爲大訓。蓋非但人君致治之本，抑且爲下學立心之基。更秦氏亂亡以來，不勝灰燼；迨漢儒補綴之後，僅免遺亡。且論説之紛然，于指歸之何在？百家裒集，宜明去取之公。萬理同歸，當著是非之正。用有殫於緗素，期不朽於汗青。恭惟皇帝陛下，羲畫心傳，禹謨天授。北辰示極，藹聲歌典制之華；南面居尊，袞褒貶賞罰之正。詢謀而宏教化，制作以闡人文。念師説之多端，恐經傳之益舛。遂令微藐，獲在討論。臣某俯愧非才，仰叨成命，用進冕旒之側，敢修鉛槧之功。願乞清閒，微加省覽。俾聖賢可法，遂明道統之傳；以帝王爲師，誕著治功之盛。

（録自明鄭真滎陽外史集卷六十，影印文淵閣四庫全書本）

附録四　書目解題

舊唐書卷四十六經籍志第二十六

〔周易〕又七卷，王弼注。

〔周易〕又十卷，王弼、韓康伯注。

周易正義十四卷，孔穎達撰。

周易文句義疏二十四卷，陸德明撰。

周易文外大義二卷，陸德明撰。

周易大衍論一卷，王弼撰。

經典釋文三十卷，陸德明撰。

新唐書卷五十七志第四十七藝文一

王弼、韓康伯注，十卷。

周易正義十六卷，國子祭酒孔穎達、顔師古、司馬才章、王恭，太學博士馬嘉運，太學助教趙乾叶、王談、于志寧等奉詔撰，四門博士蘇德融、趙弘智覆審。

陸德明周易文句義疏二十四卷，文外大義二卷。

陸德明經典釋文三十卷。

崇文總目卷一

周易十卷，王弼注。

周易正義十四卷，唐太尉長孫無忌與諸儒刊定。宋朝端拱初，國子司業孔維等奉詔是正，其言主申王學云。

崇文總目卷一

經典釋文三十卷，唐陸德明撰。德明爲國子博士，以先儒作經典音訓，不列注傳，全録文，頗乖詳略；又南北異區，音讀罕同，乃集諸家之讀九經、論語、老、莊、爾雅者，皆著其翻語以增損之。

（據影印文淵閣四庫全書本整理）

晁公武郡齋讀書志卷第一

王弼周易十卷。右上下經，魏尚書郎王弼輔嗣注，繫辭、説卦、雜卦、序卦，弼之門人韓康伯注；又載弼所作略例，通十卷。易自商瞿受於孔子，六傳至田何而大興，爲施讎、孟喜、梁丘賀。其後焦贛、費直始顯，而傳受皆不明，由是分爲三家。漢末，田、焦之學微絶而費氏獨存其學，無章句，惟以彖、象、文言等十篇解上下經。凡以彖、象、文言等參入卦中者，皆祖費氏。東京荀、劉、馬、鄭皆傳其學。王弼最後出，或用鄭說，則弼亦本費氏也。歐陽公見此，遂謂孔子古經已亡。按：劉向以中古文易經校施、孟、梁丘經，或脱去无咎、悔亡，惟費氏經與古文同，然則古經何嘗亡哉？

周易正義十四卷。右唐國子祭酒孔穎達與顔師古、司馬才章、王恭、馬嘉運、趙乾叶、王談、于志寧等同撰，蘇德融、趙弘智覆審。序稱：江南義疏有十餘家，辭尚虚誕，皆所不取，唯王弼之學獨冠古今，以弼爲本，采諸説附益之。

經典釋文三十卷。右唐陸德明撰。德明名元朗，以字行。釋易、書、詩、三禮、三傳、孝經、論語、爾雅、老、莊，頗載古文及諸家同異。德明，蓋博極群書者也。

（據郡齋讀書志校證整理，上海古籍出版社，一九九〇年十月第一版）

直齋書録解題卷一

周易注六卷，略例一卷，繫辭注三卷。魏尚書郎山陽王弼輔嗣注上下經，撰略例，晉太常潁川韓康伯注繫辭、説、序、雜卦。自漢以來，言易者多溺於象占之學，至弼始一切掃去，暢以義理，於是天下後世宗之，餘家盡廢。然王弼好老氏，魏晉談玄，自弼輩倡之。易有聖人之道四焉，去三存一，於道闕矣！況其所謂辭者，又雜以異端之説乎？范甯謂其罪深於桀紂，誠有以也。弼父業長緒本王粲族兄凱之子，粲二子坐事誅，文帝以業嗣粲。弼死時年二十餘。

周易正義十三卷。案：舊唐書經籍志作十六卷，唐書藝文志作十四卷。唐國子祭酒冀州孔穎達仲達撰。序云十四卷，館閣書目亦云今本止十三卷。案五經正義本，唐貞觀中，穎達與顔師古等受詔撰五經義贊，後改爲正義，博士馬嘉運駁正其失。永徽二年，中書門下于志寧等攷正增損，書始布下。其實非一手一足之力，世但稱孔疏爾。其説專釋一家注文爲正。案唐書，孔穎達、顔師古、司馬才章、王恭、馬嘉運、趙乾叶、王談、于志寧等奉詔撰，蘇德融、趙宏智覆審。崇文總目云：唐長孫無忌與諸儒刊定。

周易釋文一卷，唐國子博士吴郡陸德明撰。本名元朗，以字行。多援漢魏以前諸家説，蓋唐初諸書皆在也。卦首注某宫某世，用京房説。

（據民國商務印書館叢書集成初編本整理，該本據聚珍版叢書排印）

俞琰讀易舉要卷四

魏晉以後，唐宋以來諸家著述。

魏尚書郎山陽王弼字輔嗣，注上下經，撰略例，自漢以來言易者，溺於象占之學，至弼始一切掃去，專尚辭説，於是後世宗之，餘家盡廢。弼好老氏，其辭雜以異端之説，范甯謂其罪深於桀紂，蓋有以也。又有周易窮微一卷，稱王輔嗣，凡爲論五篇。館閣書目有王弼易辨一卷，其論彖、論象亦類略例，意即此書也。又有言弼著書已亡，至晉得之，王羲之承詔録藏於祕府，世莫得見，未知何所據而云。

晉太常潁川韓伯字康伯，注繫辭、説卦、序卦、雜卦。按隋經籍志，秦焚書，易以卜筮得全，惟失説卦一篇，後河内女子得之。今韓康伯以説卦一篇分出序卦、雜卦，然則古者序卦、雜卦與説卦合而爲一，總名之曰説卦，至康伯乃分而爲三爾。

唐國子祭酒冀州孔穎達仲達撰周易正義十三卷。按五經正義本，唐貞觀中，穎達與顔師古等受詔撰五經義贊，後改爲正義，博士馬嘉運駁正其失。永徽二年，中書門下于志寧等攷正增損，書始布下。其實非一手之力，世但稱孔疏爾。其説專主王弼，兼舉褚氏、莊氏、張氏、何氏、徐氏、周氏等。

唐四門助教邢璹撰補闕周易正義略例疏一卷。按蜀本略例有璹所注，止有篇首釋「略例」二字，與此同，餘皆不然。

唐國子博士吴郡陸德明撰周易釋文一卷。本名元朗，以字行。多援漢魏及六朝以前諸家，有鄭玄、王肅、虞翻、王述、子夏、劉歆父子、梁武帝、京房、荀爽、董遇、孟喜、陸績、徐邈、馬融、向秀、張璠、姚信、蜀才、黄穎、干寶、李軌、鄒湛、傅氏、王廙、韋昭、薛氏、韓伯、蘇林、王嗣宗、褚氏、郭璞、吕忱、翟子玄、江氏、宋衷、周氏、劉昞、服虔、李登、張軌、張晏、應劭、伏曼容、桓玄、荀柔之、卞伯玉等，蓋唐初諸書皆在也。卦首注某宫某世，京房説也。

（據影印文淵閣四庫全書本整理）

欽定四庫全書總目

周易注十卷，浙江巡撫採進本。

上下經注及略例，魏王弼撰。繫辭傳、説卦傳、序卦傳、雜卦傳注，晉韓康伯撰。舊唐書經籍志以王、韓之書各著録，故易注作六卷，略例作一卷，繫辭注作三卷。隋書經籍志、新唐書藝文志皆載弼注七卷，蓋合略例計之。今本作十卷，則併韓書計之也。考王儉七志，已稱弼易注十卷。案七志今不傳，此據陸德明經典釋文所引。則併王、韓爲一書，其來已久矣。自鄭玄傳費直之學，始析易傳以附經，至弼又更定之。説者謂鄭本如今之乾卦，其坤卦以下，又弼所割裂。然鄭氏易注至北宋尚存一卷，崇文總目稱，存者爲文言、説卦、序卦、雜卦四篇。則鄭本尚以文言自爲一傳，所割以附經者，不過彖傳、象傳。今本乾、坤二卦各附文言，知全經皆弼所更定，非鄭氏之舊也。每卷所題乾傳第一，泰傳第二，噬嗑傳第三，咸傳第四，夬傳第五，豐傳第六，各以卷首第一卦爲名。據王應麟玉海，此目亦弼增標，蓋因毛氏詩傳之體例，相沿既久，今亦仍舊文録之。惟經典釋文以泰傳爲需傳，以噬嗑傳爲隨傳，與今本不同，證以開成石經，一一與陸氏所述合，當由後人以篇頁不均，爲之移併。以非宏旨之所繫，今亦不復追改焉。

其略例之注，爲唐邢璹撰。璹里籍無考，其結銜稱「四門助教」。案唐書王鉷傳稱，爲鴻臚少卿邢璹子縡，以謀反誅，則終於鴻臚少卿也。太平廣記載其奉使新羅，賊殺賈客百餘人，掠其珍貨，貢於朝。其人殊不足道，其注則至今附弼書以行。陳振孫書録解題稱，蜀本略例有璹所注，止有篇首釋「略例」二字文與此同，餘皆不然。是宋代尚有一别本，今則惟此本存，所謂蜀本者已久佚矣。

弼之説易，源出費直。直易今不可見，然荀爽易即費氏學，李鼎祚書尚頗載其遺説。大抵究爻位之上下，辨卦德之剛柔，已與弼注略近，但弼全廢象數，又變本加厲耳。平心而論，闡明義理，使易不雜於術數者，弼與康伯深爲有功；祖尚虚無，使易竟入于老莊者，弼、康伯亦不能無過。瑕瑜不掩，是其定評。諸儒偏好偏惡，皆門户之見，不足據也。

周易正義十卷，内府刊本。

魏王弼、晉韓康伯注，唐孔穎達疏。易本卜筮之書，故末派寖流於讖緯。王弼乘其極敝而攻之，遂能排擊漢儒，自標新學。然隋書經籍志載晉揚州刺史顧夷等，有周易難王輔嗣義一卷，册府元龜又載顧悦之（案：「悦之」即顧夷之字）難王弼易義四十餘條，京口閔康之又申王難顧，是在當日已有異同。王儉、顔延年以後，此揚彼抑，互詰不休。至穎達等奉詔作疏，始專崇王注，而衆説皆廢，故隋志易類稱「鄭學寖微，今殆絶矣」。蓋長孫無忌等作志之時，在正義既行之後也。

今觀其書，如復彖「七日來復」，王偶用六日七分之説，則推明鄭義之善；乾九二「利見大人」，王不用利見九五之説，則駁詰鄭義之非。於「見龍在田，時舍也」，則曰「經但云時舍，注曰必以時之通舍者，則輔嗣以通解舍，舍是通義也」，而不疏「舍」之何以訓「通」。於「天玄而地黄」，則曰「恐莊氏之言，非王本意，今所不取」，而不言莊説之何以未允。如斯之類，皆顯然偏袒。至説卦傳之「分陰分陽」，韓注「二、四爲陰，三、五爲陽」，則曰「輔嗣以爲初、上無陰陽定位」，此注用王之説。「帝出乎震」，韓氏無注，則曰「益卦六二，王用享于帝吉。輔嗣注云：帝者生物之主，興益之宗，出震而齊巽者也」，「則輔嗣之意，以此帝爲天帝也」。是雖弼所未注者，亦委曲旁引以就之。然疏家之體，主於詮解注文，不欲有所出入，故皇侃禮疏，或乖鄭義，穎達斥爲狐不首丘，葉不歸根，其墨守專門，固通例然也。至於詮釋文句，多用空言，不能如諸經正義，根據典籍，源委粲然，則由王注掃棄舊文，無古義之可引，亦非考證之疏矣。

此書初名「義贊」，後詔改「正義」，然卷端又題曰「兼義」，未喻其故。序稱十四卷，唐志作十八卷，書録解題作十三卷，此本十卷，乃與王、韓注本同，殆後人從注本合併歟！

（據民國商務印書館發行之國學基本叢書本整理）

瞿鏞鐵琴銅劍樓藏書目録卷一

周易注疏十三卷，宋刊本。

首題「周易注疏卷一」，次題「國子祭酒上護軍曲阜縣開國子臣孔穎達奉勑撰」，餘卷並同此式，不題「王弼注」，繫辭亦不題「韓康伯注」。其分卷則乾一、坤二、師三、大有四、復五、咸六、損七、鼎八、旅九、繫辭上十、繫辭上第六章十一、繫辭下十二、説卦十三，蓋猶是孔氏舊第，與直齋書録解題合。序稱十四卷者，殆併略例計之也。經文與前單注本多同，惟「可與幾也」，「與」下無「言」字；「吾與爾靡之」，不作「縻」；「物不可以終動，止之」，無「動必」二字，三處爲異。餘詳陳仲魚經籍跋文。

正義之例，先釋經，後釋注。釋經不標起止，總繫一節之後。釋注則標注起止，總繫釋經之後。自後刻本以總釋者隨注分繫，遂多舛錯。如乾文言釋「六爻發揮」之義，反列上段「乾元」節下，其餘移易前後，改削字句，文義致多不貫。此則初無割裂，經注與正義原本尚可推尋其舊。繫辭以下亦總繫每章後，不分列各段注末，與前一例。

攷十三卷本，此外惟錢求赤鈔宋本、求赤，邑人，名孫保。山井鼎考文所引宋本而已。錢本悉與此同，蓋即此所自出，但轉寫不無譌脱。案：錢校蓋據明監本，故失校處每同監本。所影亦未是宋式。載群書拾補，可證也。考文本上下經皆同，而繫辭正義則散在各節注下，漸改舊觀；惟不似十行本，以釋一章大義者分列每章之首，猶爲差勝，是此實爲注疏合刻最初本也。此本之異於他本而足正其譌者，已備載考文，而盧氏群書拾補、阮氏校勘記又引之。其同者無煩複述，其不同者，如蒙初六疏「小爾雅云」不作「小雅云」；上家藏本，下考文本，餘並放此。大有初九注「術斯以往」，「以」不作「之」；蠱彖傳疏「往當有事」，「往」不作「位」；臨六三注「居剛正之世」，「世」不作「前」；賁六五注「賁于邱園，帛乃戔戔」，「園」不作「束」。又「乃得終吉」下有「也」字；困六三疏「難得配偶不同」，注作「耦」，與九四疏「惜其配偶」一例；鼎彖傳疏「特牲而已」，「牲」不作「牡」；又上九注

「高不誠亢」，「誠」不作「誠」；漸九五象疏標注「進以正邦，三年有成」，「年」不作「歲」，「成」下無「者」字，與錢本同；既濟彖傳注「以既濟爲象者」，「像」不作「家」；繫辭上「鼓萬物而不與聖人同憂」注「故順通天下」，「順」不作「顯」；「盛德大業，至矣哉」注「聖人功用之母」，「母」不作「無」。凡此數條，皆足資參攷，因悉著之。餘如咸卦九三有疏一段，凡百字，亦並不脱。讀注疏者，當以此爲祖本矣。

每半葉八行，行十九字，皆頂格。經下夾行注皆有「注云」二字。疏上則作陰文大「疏」字。疏仍夾行，行亦十九字。遇敬、殷、匡、恒、貞、桓、構字皆闕筆，而「慎」字不闕。陳仲魚謂即九經沿革例中所稱紹興初監本也。每葉楮背有「習説書院」長方印，知出宋時印本，惜首卷失去。仲魚於周漪塘家借錢本補全。首有進五經正義表，亦各本所無。盧抱經據以載入群書拾補中。惟後無略例、釋文，今以明翻八行本補之。卷末有仲魚題識，已刻入經籍跋文，兹不復録。卷中有「陳鱣所藏」朱記。

（據鐵琴銅劍樓藏書目録，續修四庫全書本，史部目録類，上海古籍出版社，二〇一三年五月）

澁江全善森立之等撰經籍訪古志卷一

周易注疏十三卷，南宋槧本，足利學藏。

每册首署「上杉右京亮藤原憲忠寄進」，下有花押。末録宋人標閲年月，云：「端平改元冬十二月廿三日，陸子遹三山寫易東牕〔一〕標閲。」每卷文少異。十三卷末書：「端平二年正月十日，鏡湖嗣陸子遹遵先君手標，以朱點傳之，時大雪始晴，謹記。」字體行楷，筆力遒勁。句讀及段落批點皆用朱筆，其塗抹文字則用雌黄，亦具見謹嚴。攷陸子遹乃放翁第六子，先君指放翁也。近藤守重云：「三山在山陰縣鏡湖中，放翁中年卜居地。東牕，翁詩中數見，所謂東偏得山多者是也。」蓋此本以宋槧，經宋人手校，最可貴者矣。近聞崇蘭館藏宋槧十行本，五、六兩卷缺。詳其板式，或是建安余仁仲所刊，未詳與此本同種否。姑録備後攷。

（據清光緒十一年徐承祖聚珍排印本整理）

〔一〕「牕」原作「䆫」，據日本足利學校藏八行本周易注疏卷末陸子遹「識語」改，下同。

附録五　序跋資料

陳鱣宋版周易注疏跋

孔穎達等周易正義，據序云十有四卷，新唐書藝文志及郡齋讀書志同，惟直齋書録解題作十三卷，引館閣書目亦云今本止十三卷。按序所云十有四卷者，蓋兼略例一卷而言。若正義原本止十三卷，舊唐書經籍志誤作十六卷，後皆作十卷，又爲妄人所併也。原本單疏並無經注，正經注語惟標起止，而疏列其下。注疏合刻起于南、北宋之間，至于音義，舊皆不列，本書附刻音義，又在慶元以後，即九經三傳沿革例所謂建本有「音釋注疏」是也。以其修版至明正德間止，亦偁正德本；以其每半葉十行，又謂之十行本。然它經音義附于每節注後疏前，獨周易總附于末卷之後，故題爲周易兼義，而不偁「附音」，若夫注疏初合刻本則並不附。今世通行者，曰閩本，曰監本，曰毛本，每半葉皆九行。鱣向藏十行本已爲罕有，今秋從吳賈得宋刻大字本十三卷，每半葉八行，行十九字，皆頂格，經下夾行注，有「注云」二字，注下作大字陰文「疏」字，仍夾行，先整釋經文，然後釋注，再接大字經文，其款式與日本山井鼎七經孟子攷文所據宋本一一脗合，書中避敬、恒、貞、桓〔一〕等字而不避慎字，間有避慎字者，審係修版，疑即沿革例所謂紹興初監本。其刷印則在乾道、淳熙間也。楮墨精良，古香可愛。每葉楮背有「習説書院」四字長印，未知所在。每卷首有「孫修景芳」印，似係明人。其經文如今本坤象傳「應地無疆」，此作「无彊」；大有象傳「明辨晢也」，此作「辯晢」；頤象傳「自求口食」，此作「口實」；解象傳「而百果草木皆甲拆」，此作「甲坼」；繫辭傳「其受命也如嚮」，此作「如響」；「其孰能與於此哉」，此無「於」字；「力小而任重」，此作「力少」；「辨是與非」，此作「辯是」；「兼三才而兩之」，此作「三材」，下「三才」同；序卦傳「傷於外者必反其家」，此作「於家」；雜卦傳「蠱則飭也」，此作「則飾」，俱與唐石經合。顧亭林石經攷以「力少」爲誤，錢辛楣辨之甚當。攷集解本作

〔一〕「桓」原作「恒」，徑改。按上文已出一「恒」字，不當重出。

「力少」，荀子儒效篇「是猶力之少而任重」，景祐本漢書王莽傳「自知德薄位尊，力少任大」，後漢書朱馮虞鄭周傳贊注引易亦作「力少」，三國志王修傳注引魏略「力少任重」，今得宋本作「力少」，尤可證俗間傳刻之失。其注疏中可以勘今本之脱誤更復不少，即如咸象傳疏一段凡一百一字，今本全脱，宋本之足寶貴如此。惜缺其首卷，復從吳中周猗唐明經借影宋鈔十三卷本，前有五經正義表，係錢求赤手校，覓善書者補全，自謂生平幸事。錢校本題識并附録焉。

（經籍跋文，清陳鱣撰，清涉聞梓舊本）

盧文弨周易注疏輯正題辭

余有志欲校經書之誤，蓋三十年於兹矣。乾隆己亥，友人示余日本國人山井鼎所爲七經孟子考文一書，歎彼海外小邦，猶有能讀書者。頗得吾中國舊本及宋代梓本，前明公私所梓復三四本，合以參校，其議論亦有可採。然猶憾其於古本、宋本之譌誤者不能盡加別擇，因始發憤爲之删訂，先自周易始，亦既有成編矣。庚子之秋，在京師又見嘉善浦氏鏜所纂十三經注疏正字八十一卷，於同年大興翁祕校覃溪所假歸讀之，喜不自禁。誠不意垂老之年，忽得見此大觀，更喜吾中國之有人，其見聞更廣，其智慮更周，自不患不遠出乎其上。雖然，彼亦何可廢也。余欲兼取所長，略其所短，乃復取吾所校周易，重爲整頓，以成此書，名之曰周易注疏輯正。正字於郭京、范諤昌之説，亦有取焉。余謂其皆出於私智穿鑿而無所用，故一切刊去。若漢以來諸儒傳授之本字句各異已見於釋文者，今亦不録，惟釋文本有與此書異者著焉。唐宋人語之近理者，雖於注疏未盡合，亦間見一二焉。如欲考經文之異同，則自有前明何氏楷所著古周易訂詁在，學者自求之可耳。毛氏汲古閣所梓，大抵多善本，而周易一書，獨於正義破碎割裂條繫於有注之下，致有大謬戾者。蓋正義本自爲一書，後人始附於經注之下，故毛氏標書名曰「周易兼義」，明乎向者之未嘗兼也。此亦當出自宋人，而未免失之鹵莽。正字亦未見宋時佳本，故語亦不能全是，此則今之官本爲近古也。周易舊本獨不載釋文於經注間，可無竄易遷就之弊。今就通志堂梓本並爲校之。輔嗣略例，余案頭祇有官本，亦就校之。噫！余非敢自詡所見出正字、考文上也。既覩兩家之美，合之而美始完，其有未及，更以愚管參之。夫校書以正誤也，而粗略者或反以不誤爲誤。考文於古本、宋本之異同，不擇是非而盡載之。此在少知文義者，或不肯如此，然今讀之，往往有義似難通，而前後參證，不覺涣然者，則正以其不持擇之故，乃得留其本真於後世也。既再脱稿，遂書其端云。

（清盧文弨抱經堂文集卷七，乾隆六十年刻本）

臧庸周易注疏校纂序

余師盧紹弓學士撰周易注疏輯正九卷、略例一卷，以校正易疏之譌。受讀下，因録其切要可據者，爲周易注疏校纂三卷。家藏明神廟十四年本，後附易釋文及周易略例，每卷首署「皇明朝列大夫國子監祭酒臣李長春奉勅重刊」，欵式與毛氏本同，即毛氏所依據者，而譌字較毛爲少，往往與兩宋本相合，可貴也。今所纂從錢孫保影鈔本爲多，有直載其異同而不書所據者，皆錢本也。斯事惟勤而耐性者乃能之。工始庚戌季冬，終於辛亥仲春，其間每爲他事所阻，不覺三閲月矣。

（清臧庸拜經堂文集卷二，民國漢陽葉氏寫本）

阮元周易注疏校勘記序〔一〕

古周易十二篇，漢後至宋晁以道、朱子始復其舊。自晁以道、朱子以前，皆彖、象、文言分入上、下經卦中，别爲繫辭上下、説卦、序卦、雜卦五篇，鄭玄、王弼之書，業已如是，此學者所共知，無庸觀縷者也。易之爲書最古，而文多異字。宋晁以道古文易，撏撦爲之，如郭忠恕、薛季宣古文尚書之比。國朝之治周易者，未有過於徵士惠棟者也，而其校刊雅雨堂李鼎祚周易集解與自著周易述，其改字多有似是而非者。蓋經典相沿已久之本，無庸突爲擅易，况師説之不同，他書之引用，未便據以改久沿之本也，但當録其説於攷證而已。臣元於周易注疏舊有校正各本，今更取唐、宋、元、明經本、經注本、單疏本、經注疏合本讎校，各刻同異，屬元和生員李鋭筆之，爲書九卷，别校略例一卷，陸氏釋文一卷，而不取他書妄改經文，以還王弼、孔穎達、陸德明之舊。

（阮元揅經室集一集卷十一，民國上海涵芬樓影印原刊初印本，收入四部叢刊集部）

〔一〕篇題，原作十三經注疏校勘記序，有十三篇，今節選周易部分，並據所選正文酌改篇題。

傳增湘宋監本周易正義跋

群經注疏以單疏本爲最古，八行本注疏次之。顧單疏刊於北宋，覆於南宋，流傳乃絶罕。就余所見者，尚書正義二十卷，藏日本帝國圖書寮；毛詩正義四十卷，藏日本内藤湖南家；禮記正義殘本四卷，藏日本身延山久遠寺；公羊疏殘本九卷，藏上海涵芬樓；爾雅疏十卷，二部，一藏烏程蔣氏孟蘋家，一藏日本静嘉堂文庫，又殘本五卷，藏寶應劉氏食舊德齋；儀禮疏舊藏汪閬源家，今不知何往。合周易計之，存於天壤間者，祇此七經而已。

易單疏本自清初以來，惟傳有錢孫保校宋本，然其書藏於誰氏則不可知。後閲程春海侍郎集，乃知徐星伯家有之。嗣歸道州何氏，最後爲臨清徐監丞梧生所得。監丞藏書夙富，然嚴扃深鐍，祕不示人。同時嗜古如繆藝風，窮經如柯鳳蓀，與監丞號爲石交，亦未得寓目。監丞逝世，遺書漸出。余偶訪令子聖與，幸獲一覩，驚爲曠世奇寶，時時往來於懷。旋聞其書業已易主，廉君南湖曾爲作緣，以未能諧價而罷。

昨歲殘臘，聞有人求之甚急，議垂成而中輟，然其懸價高奇，殊駭物聽。余詗知怦然心動，遂鋭意舉債收之，雖古人之割一莊以易漢書，無此豪舉也。雙鑑樓中藏書三萬卷，宋刊祕籍亦踰百種，一旦異寶來歸，遂巍然爲群經之弁冕，私衷寵幸，如膺九錫。顧竊自維念，此書自端拱奏進，紹興覆雕，傳世本稀，沿及今兹，更成孤帙，若復私諸帳秘，使昔賢留貽之經訓，前代守護之遺編，將自我而沈霾，何以告古人？更何以慰來者？爰郵致東瀛，選集良工，精摹影印，板式若一，點書無訛，紙幅標題，咸存舊蹟，庶與東邦覆印書疏聯爲雙璧，且俾數百年孤行之祕籍化爲百本，流播無窮。此區區傳布之苦心，當爲海内外人士所同鑑乎！

按：易疏世行少善本，阮氏校刻十三經注疏，論者以易經爲最劣，瞿氏書目嘗深訾之。緣其所據爲十行兼義本，書屬晚印，補版已多，譌奪在所難免。自陳仲魚得八行注疏本，撰有跋文，臚舉勝異，斷爲注疏合刻之祖本，其佳處自遠出閩中、北監、汲古各本之上。今其書藏常熟瞿氏，然於單疏原本，迄未嘗見也。日本流傳抄本尚多，如狩谷望之求古樓藏應永、永禄、天正三鈔本，增島固竹陰書屋藏永禄鈔本，澀江全善柳原書屋藏元龜鈔本，昌平學藏天正十年鈔本，見經籍訪古志中。楊惺吾隨使東邦，曾收得一本，歸國後以贈繆藝風。甲寅二月，吴興劉翰怡爲刻入嘉業堂叢書中，第以輾轉傳寫，訛繆觸目，深以宋本錮藏，不得校訂異同爲恨。是此書鈔本雖刊行，而近世鴻生鉅儒，其想慕宋槧，殆如飢渴之思飲食焉。

余得書之後，粗事披尋，取北監本校之，前四卷中，凡改定一百七十餘字，此外奪失之甚者，如觀卦脱去二十四字，咸卦脱去八十九字，遯卦脱去七字，艮卦脱去六字，皆賴以補完。其關係最要者，即本書卷第是也。考孔穎達序云：爲之正義，凡十有四卷。舊唐書志及郡齋讀書志同。至直齋書録解題乃作十三卷，且引館閣書目言今本只十三卷。殿本易疏朱良裘跋，謂廣羅舊本，得文淵閣所藏易疏殘帙，知孔疏王注分六卷爲十卷，合之韓注三卷，而十三卷自備，緣注疏合刻之始體例未定，故爾乖違。其説殊爲未審。至陳仲魚得八行祖本，亦十三卷，乃爲之説曰：「原本衹十三卷，今云十四卷者，殆兼略例一卷而言。」其説尤爲差謬。蓋孔氏爲王注作正義，於略例邢璹注未嘗加以詮釋，何緣併爲一談？今以宋本觀之，第一爲八論，第二乾，第三坤，以迄第十四爲説卦、序卦、離卦，則十四卷之次第完然具存，然後知朱、陳諸君所由懷疑不決者，可不煩言而解。夫目不覯原刊，而虚擬懸測，以曲爲之説，宜其言之無一當也。至如嘉業堂刊本，源出東邦舊鈔，又經藝風老人手勘，宜其正定可傳。今開卷標題大書周易正義十卷，已爲巨謬，而校記跋尾敍述各卷編次，又復與宋本差違，殊難索解。若卷尾所列銜名，刊本失載，諒爲傳録所遺，斯無足詫也。

又按：此書雕刊年月，取本書列銜與玉海證之，正相符合。玉海卷四十三云，端拱元年三月，司業孔維等奉敕校勘孔穎達五經正義百八十卷，詔國子監鏤板行之，易則維等四人校勘，李說等六人詳勘，又再校，十月板成以獻。今檢視銜名，勘官解損等四人，詳勘官李說等七人，而孔維實爲都勘官，且其後再列銜，維已改書守國子祭酒，疑此數月之中，校書官時有更迭，而維至進書時已擢守祭酒，故人數與官位咸有出入，非玉海誤記也。世傳此書爲北宋初刊本，乃據進書題端拱元年而言。兹詳檢卷中，桓、構等字皆已闕筆，則爲南渡後覆雕可知。考玉海載：「紹興九年九月七日，詔下諸郡索國子監元頒善本，校對鏤版。十五年閏十一月，博士王之望請群義疏未有板者，令臨安府雕造。二十一年五月，詔令國子監訪尋五經三館舊監本刻版。上曰：其他闕書亦令次第雕版，雖重修，所費亦不惜也。由是經籍復全。」循是推之，則五經正義覆刊當在紹興九年以後、二十一年以前，再證以廟諱之闕避、雕工之姓名、刻書之風氣，益可推勘得實，正不必侈言北宋監本以爲重也。第有不可解者，五經正義既爲紹興中葉覆刊，則當日頒行必遍於各州軍學，以直齋之聞見廣博，爲時不越百年，顧於奉敕重刊經籍乃獨未之寓目，其所著録仍循十三卷之失，抑又何耶？豈其書已佚，已不可復得耶？嗟乎！以宋賢所未見之書，而余幸得私之篋笥，此蕘圃所矜爲奇中之奇、寶中之寶者，可以侈然謚之而無愧矣。

至於流傳之緒，可考見者，宋代藏俞玉吾家，有「林屋山人」、「石澗」、「讀易樓」諸印。明代藏唐伯虎家，有墨記一行。入清代則歸於季滄葦，有藏印二方，延令書目中所題周易正義四册者是也。後遇徐星伯，有翁覃溪手跋一則，又題一行。別有「高松堂」及「莊虎孫」二印，其人無聞，意當在季氏之後、徐氏以前矣。若夫文字異同，當別爲校記，訂正刊行，俟諸異日。

乙亥冬至後三日，識於藏園之長春室中。

（據傳增湘藏園群書題記卷第一整理）